Rudolph Braun

Nachhaltiges Wirtschaften

Pilotierung internetgestützter Services
für das Nachhaltige Management

Mit einem Geleitwort von
Professor Dr. Werner F. Schulz

Berichte aus der Umweltinformatik

Rudolph Braun

Nachhaltiges Wirtschaften

Pilotierung internetgestützter Services
für das Nachhaltige Management

D 100 (Diss. Universität Hohenheim)

Shaker Verlag
Aachen 2004

Bibliografische Information der Deutschen Bibliothek
Die Deutsche Bibliothek verzeichnet diese Publikation in der Deutschen Nationalbibliografie; detaillierte bibliografische Daten sind im Internet über http://dnb.ddb.de abrufbar.

Zugl.: Hohenheim, Univ., Diss., 2004

Die Wiedergabe von Warenbezeichnungen, Handelsnamen oder sonstigen Kennzeichen in diesem Buch berechtigt nicht zu der Annahme, dass diese von jedermann frei benutzt werden dürfen. Vielmehr kann es sich auch dann um eingetragene Warenzeichen oder sonstige gesetzlich geschützte Kennzeichen handeln, wenn sie nicht eigens als solche markiert sind.

Copyright Shaker Verlag 2004
Alle Rechte, auch das des auszugsweisen Nachdruckes, der auszugsweisen oder vollständigen Wiedergabe, der Speicherung in Datenverarbeitungsanlagen und der Übersetzung, vorbehalten.

Printed in Germany.

ISBN 3-8322-3053-X
ISSN 1616-0886

Shaker Verlag GmbH • Postfach 101818 • 52018 Aachen
Telefon: 02407 / 95 96 - 0 • Telefax: 02407 / 95 96 - 9
Internet: www.shaker.de • eMail: info@shaker.de

Geleitwort

Nachhaltiges Wirtschaften, darüber sind sich Wissenschaft, Politik und auch zahlreiche Unternehmen einig, ist heute ein zentraler Wettbewerbsfaktor. In politischen Strategieentwürfen, wissenschaftlichen Kolloquien und den Vorworten entsprechender Unternehmensberichte wird Nachhaltigkeit als Leitbild immer wieder bemüht und soll als roter Faden für die Zukunft dienen. Bei näherer Betrachtung zeigt sich jedoch, dass die Umsetzung noch in den Kinderschuhen steckt. Das gilt vor allem für die breite Zahl kleiner und mittlerer Unternehmen.

Für die zögerliche Umsetzung des „Betrieblichen Umweltmanagements" und des noch umfassenderen „Nachhaltigen Managements" – zwei wichtige Bausteine einer nachhaltigen Wirtschaftsweise – werden mehrere Ursachen genannt: Als Hauptgrund für eine abwartende Haltung der Wirtschaft werden in verschiedenen empirischen Untersuchungen die zum Teil erheblichen Informationsdefizite in Unternehmen gesehen. Der zweite Grund folgt auf dem Fuß: mangelndes Know-how. Denn zu wissen, dass man etwas tun sollte, genügt nicht. Man muss auch wissen, wie man es anpacken kann. Schließlich wird die angespannte Finanzsituation als Hindernis für konkretes Handeln aufgeführt.

An dieser Stelle setzt die verdienstvolle Dissertation von Rudolph Braun an, der als Problemlösung internetgestützte Services („Tools") für die Unternehmen vorschlägt. Eine seiner zentralen Hypothesen lautet: Durch die Bereitstellung von über das Internet zu beziehenden Tools lässt sich die Diffusion des Umweltmanagements und in einem weiteren Schritt die des Nachhaltigen Managements erhöhen. Die nunmehr vorliegende Pionierarbeit, die aus unserer gemeinsamen Anwendungserfahrung beim Projekt Ökoradar entstanden ist, enthält interessante Schlussfolgerungen mit teilweise visionärem Charakter: Die globalen Optimierungspotenziale in den Bereichen Umwelt, Soziales und Wirtschaft, geschaffen durch informationstechnische Innovationen, erscheinen immens. Ich bin davon überzeugt, dass die Arbeit von Rudolph Braun einen konkreten Beitrag für eine nachhaltigere Wirtschaftsweise leisten wird.

Professor Dr. Werner F. Schulz
Ordinarius für Umweltmanagement

Vorwort

Einige Fassetten heutigen Geschäftsgebarens verkörpern die Charakteristiken eines Löwen – die eines beeindruckenden Raubtiers. Unternehmen als Raubtiere sind appetitgesteuerte Mitbewerber, die sich das *Gesetz des Dschungels* zu Eigen machen, in dem sich eine aggressive Nutzungsform von Umwelt- und Sozialkapital gegen „defensive und langfristige Nutzungsabsichten" durchsetzt.[1] Ein solches Verhalten wird zur Bildung von Wüsten führen, in denen kleine Oasen die restlichen Ressourcen an sich gebunden haben. Im Gegensatz dazu sind Elefanten eine geeignete Metapher für ein Nachhaltiges Wirtschaften: Elefanten sind Überlebenskünstler, können sich gut anpassen und leben in gemeinschaftlicher Harmonie mit ihren Mitlebewesen. Eine nachhaltige Verhaltensweise basiert auf diesem Grundverständnis von Symbiose und gemeinschaftlichem Miteinander. Ein Nachhaltiges Management, als betriebswirtschaftliche Instanz eines Nachhaltigen Wirtschaftens, erfordert außergewöhnliche Kommunikationsfähigkeiten und besondere Sinneswahrnehmung.[2]

Das Nachhaltige Management steckt jedoch sowohl in seiner Verbreitung als auch in seiner fachlich-theoretischen Durchdringung noch am Anfang seines Entwicklungspfads. Einen wichtigen Beitrag zu einem prosperierenden Nachhaltigen Management können Werkzeuge leisten. Basierend auf den traditionellen Werkzeugen des allgemeinen Managements, müssen Hilfsmittel entwickelt werden, die dem Nachhaltigkeitsmanager zur Hand gehen und ihm bei der Erledigung seiner Aufgaben helfen. Darüber hinaus müssen diese Werkzeuge neben der eigentlichen Dienstleistungsfunktion kostengünstig sein, um das Kosten-/Nutzenverhältnis des Nachhaltigen Managements zu optimieren.

Das Internet spielt hierbei eine zentrale Rolle. Über das weltumspannende Netz können zahlreiche Werkzeuge zur Kommunikation und Information kostengünstig zur Verfügung gestellt werden. Werkzeuge, die über das Internet angeboten werden können, werden hier *Services* genannt. Internetgestützte Services für das Nachhaltige Management stellen „komplexe Dienstleistungen" dar,[3] weil sie gleichsam wirtschaftliche, ökologische, soziale und techni-

---

[1] Vgl. Endres 2000, S. 2.
[2] Vgl. Visser 2002. Das Heranziehen der Metaphern „Löwe" und „Elefant" soll nicht den Eindruck erwecken, dass der Autor eine Wertigkeit dieser Tierarten vornehmen wolle. Beide Tierarten müssen gleichsam respektiert und geschützt werden.
[3] Eine Dienstleistung wird als komplex bezeichnet, wenn unterschiedliche Kompetenzen zu ihrer Erstellung notwendig sind, sie inhaltlich als komplex anzusehen ist, es sich eigentlich um ein Dienstleis-

sche Systeme und deren Aufgabenträger involvieren. Systemübergreifende und darum meist kostenintensive Aufgaben müssen gewissenhaft geplant, und wie bei dem bundesdeutschen Maut-Projekt gesehen, in ausreichendem Maße unter realen Bedingungen getestet werden. Es bietet sich somit an, vor einer Markteinführung zuerst ein Testsystem in Form eines Piloten für das Entwicklungsobjekt (hier: Services) zu schaffen und in ein ausgesuchtes Feld einzuführen.

Die Pilotierung von Innovationen zeichnet sich dadurch aus, dass sie einen umfassenden Forschungsrahmen bietet, der gleichsam für technische, humane und öko-ökonomische Fragestellungen zahlreiche Forschungsmethoden zulässt. In dieser Arbeit wird mit dem doIT Software-Award 2003 und dem „Hamburg Preis Nachhaltige Wirtschaftsinformatik 2003" ausgezeichneten Service-Konzept und -Prototyp „EPI" (Environmental Performance Indikator) der gesamte Pilotierungsprozess durchlaufen. Die dabei gewonnenen Erkenntnisse können für die Weiterentwicklung hin zu einem umfassenden System für Services des Nachhaltigen Managements eingesetzt werden. Darüber hinaus möchte diese Arbeit einen Beitrag zur Etablierung der Pilotierung als Forschungsmethode für die Umweltinformatik und einen Paradigmenwechsel von monolithischen zu offenen und flexiblen Systemen für das Umweltmanagement bzw. Nachhaltige Management leisten.

Eine solche Arbeit gelingt jedoch nicht isoliert; es sind zahlreiche helfende „Seelen" nötig. Zuallererst möchte ich mich bei meinem akademischen Lehrer und Betreuer dieser Dissertation Herrn Prof. Dr. Werner F. Schulz herzlichst bedanken. Er hat es immer wieder verstanden, die richtigen fachlichen wie auch menschlichen Worte zu finden. Die zahlreichen Gespräche mit Prof. Schulz waren stets Quell von Inspiration und Motivation. Bedanken möchte ich mich auch sehr herzlich bei Martin Kreeb (Ökoradar-Geschäftsführung). Gemeinsam mit Herrn Prof. Schulz schuf er das für einen Forscher nötige Umfeld und die Freiräume. Mein großer Dank richtet sich ebenfalls an das ganze umho-Team[4] für die fruchtbare Zusammenarbeit. Ebenfalls gilt Herrn Prof. Dr. Helmut Krcmar mein herzlicher Dank. Mit ihm und seinem Team durfte ich in den ersten beiden Jahren meiner wissenschaftlichen Laufbahn und im Projekt Ökoradar sehr produktiv zusammenarbeiten. Bedanken möchte ich mich auch ganz herzlich bei Herrn Prof. Dr. Reiner Doluschitz für die spontane Bereitschaft, das Zweitgutachten

---

tungsbündel handelt und Komponenten dieser Dienstleistung von unterschiedlichen Personen oder Organisationen erstellt und geliefert werden (vgl. Kersten, et al. 2003, S. 354f.).

[4] Lehrstuhl für Umweltmanagement der Universität Hohenheim.

zu übernehmen. Bei den wissenschaftlichen Hilfskräften ist insbesondere Markus Russ hervorzuheben und zu danken. Mein späterer Kollege konnte mit seinen außergewöhnlichen Programmierkenntnissen einen zentralen Beitrag zur Entwicklung von Prototypen leisten. Auch Henning Kolb gilt mein Dank, der mir durch zahlreiche Recherchen und bei der Erstellung von Abbildungen hilfreich zur Seite stand. Mein Dank richtet sich auch an Sebastian Maute, der als Mitarbeiter der Projekt-Server betreuenden ITM GmbH (Stuttgart) viel freundschaftliches Engagement gezeigt hat.

Mein tiefster Dank geht an dieser Stelle an meine Mutter und meine Geschwister: Miteinander sprechen und gemeinsam lachen wirken oft Wunder! Hieraus konnte ich viel Kraft schöpfen. Ein tiefstes Dankgefühl empfinde ich für meine geliebte Frau Claudia, die mich in den Monaten der Entstehung dieser Arbeit ertragen konnte und mir immer unterstützend zur Seite stand. Größte Dankbarkeit gilt ebenfalls meinem verstorbenen Vater. Mit ihm durfte ich die zentralen „Werkzeuge des Lebens" erlernen.

Rudolph Braun

Stuttgart, im Mai 2004

Inhaltsverzeichnis

GELEITWORT I

VORWORT III

INHALTSVERZEICHNIS VII

VERZEICHNIS DER ABBILDUNGEN XI

VERZEICHNIS DER TABELLEN XV

VERZEICHNIS DER ABKÜRZUNGEN XVII

1	**NACHHALTIGES WIRTSCHAFTEN ALS RAHMEN FÜR DAS FORSCHUNGSDESIGN**	**..1**
1.1	WAS IST NACHHALTIGES WIRTSCHAFTEN BZW. MANAGEMENT?	1
1.1.1	*Umweltmanagement und Umweltcontrolling*	*7*
1.1.2	*Betriebliche Umweltinformationssysteme*	*10*
1.1.3	*Anforderungen an ein BUIS*	*11*
1.2	PROBLEMSTELLUNG: NACHHALTIGES MANAGEMENT UND SEIN NUTZEN	12
1.3	ÖKOSOZIOTECHNOÖKONOMISCH RELEVANTE EFFEKTE DES INTERNETS	19
1.4	INTERNET-TECHNOLOGIEN UND -ANWENDUNGEN – EINE ÜBERSICHT	25
1.5	VORSTELLUNG DER FORSCHUNGSLANDSCHAFT ÖKORADAR	27
1.5.1	*„Integrierter Umweltschutz – Betriebliche Instrumente für nachhaltiges Wirtschaften"*	*28*
1.5.2	*Das BMBF-Projekt „Ökoradar"*	*29*
1.5.3	*Das Teilprojekt „internetgestützte Services für ein Nachhaltiges Management"*	*31*
1.5.3.1	Inhalte des Teilprojekts	31
1.5.3.2	Leitbilder zur Software-Gestaltung	32
1.5.3.3	„Werkzeuge" als Leitbild zur Entwicklung von Tool Services	37
1.6	FORSCHUNGSFRAGEN UND VORSTELLUNG DER FORSCHUNGSDISZIPLIN	38
1.7	PILOTIERUNG ALS FORSCHUNGSDESIGN - AUFBAU DER ARBEIT	41
1.7.1	*Pilotierung von Innovationen*	*41*
1.7.2	*Die Pilotierung als Forschungsmethode*	*43*
1.7.3	*Pilotierungsprozess internetgestützter Services für das Nachhaltige Management*	*50*
1.8	FORM UND GESTALT VON SERVICES IM INTERNET?	58
1.8.1	*Beschreibung des Vorgehens und der Datenbasis*	*58*
1.8.2	*Systematisierung von Internet-Services*	*60*
1.8.3	*Ergebnisse der Studie*	*61*
1.8.4	*Services für das Umweltmanagement – Ideen aus der Studie*	*68*
2	**PLANUNG UND DESIGN EINES PROTOTYPS**	**73**
2.1	PLANUNGSSTUFEN UND DESIGNSCHRITTE DER TOOL-ENTWICKLUNG	73

2.2	DER PROTOTYPENBAU ALS EINE METHODE DER PILOTIERUNG	78
2.3	ANFORDERUNGEN AN EINEN TOOL-PROTOTYP	80
2.3.1	*Fachliche Anforderungen*	*81*
2.3.2	*Ergonomische Anforderung*	*82*
2.3.3	*Technische Anforderungen*	*82*
2.4	UMWELTKENNZAHLEN ALS AUSGANGSPUNKT EINES UMWELTMANAGEMENTS	83
2.4.1	*Von der Theorie der Kennzahlen zu einem Umweltkennzahlensystem*	*83*
2.4.1.1	Begriffe und Definitionen	84
2.4.1.2	Systematisierung der betrieblichen Umweltkennzahlen	85
2.4.1.3	Anforderungen an Umweltkennzahlen und Umweltkennzahlensysteme	87
2.4.1.4	Bildung von Umweltkennzahlensystemen	88
2.4.1.5	Aufgaben und Nutzungsformen von Umweltkennzahlen	90
2.4.1.5.1	Zeitreihenvergleich	91
2.4.1.5.2	Soll-Ist-Vergleich	92
2.4.1.5.3	Drill-Down-Analyse	92
2.4.1.5.4	Benchmarking bzw. Unternehmensvergleich	93
2.4.1.5.5	Umweltberichterstattung	98
2.5	KONZEPT EINER TOOL-PLATTFORM	101
2.5.1	*Die Objektorientierung als Leitgedanke der Tool-Entwicklung*	*102*
2.5.2	*Die Tool-Plattform des ersten Prototyps*	*107*
2.6	VORSTELLUNG DES UMWELTKENNZAHLEN- UND BENCHMARKING-TOOLS	111
2.6.1	*Die Sicht des Users auf das Tool*	*112*
2.6.2	*Die Sicht des Tool- und Benchmarking-Administrators auf das Tool*	*123*
2.7	VORSTELLUNG WEITERER TOOLS	127
2.7.1	*Umweltbeauftragten-Tool*	*128*
2.7.2	*Verkehrskennzahlen-Tool*	*130*
2.7.3	*Best-Practice-Tool*	*132*
2.7.4	*Avatar*	*133*
3	**EXPERIMENTELLE NUTZUNG UND WEITERENTWICKLUNG DER PROTOTYPEN**	**137**
3.1	KONZEPTE FÜR DIE FACHLICH-STRATEGISCHE TOOL-PLANUNG	138
3.1.1	*Das allgemeine Gestaltungsmodell der Dienstleistungsentwicklung*	*138*
3.1.2	*Entwicklung von Konzepten und Modellen für die Gestaltung von Tools*	*141*
3.1.2.1	Entscheidungsunterstützungssysteme und ihre Werkzeuge	143
3.1.2.2	Der Planungsprozess potentieller Tool-Nutzer	146
3.1.2.2.1	Methoden des operativen Planungsprozesses	148
3.1.2.2.2	Methoden des strategischen Planungsprozesses	151
3.1.2.3	Von den Methoden zu den Tools	154
3.1.2.4	Konsequenzen für die Tool-Planung	155
3.1.3	*Weiterentwicklung der Tool-Planung für die Entwicklung von Portal Sustainability Services*	*157*
3.1.3.1	Der spezielle Planungsprozess des Umweltmanagements – operativer Fokus	157
3.1.3.2	Der spezielle Planungsprozess des Umweltmanagements – strategischer Fokus	173
3.1.4	*Baukasten eines Portal Sustainability Services-Systems*	*179*

3.1.5	Vorgehensmodell zur Entwicklung von Portal Services	187
3.1.6	Strategiebestimmung zur Service-Entwicklung für das Umfeld- und Betriebsradar von Ökoradar	189
3.2	WEITERENTWICKLUNG DES KONZEPTS EINER TECHNOLOGIEBEZOGENEN TOOL-PLATTFORM	192
3.2.1	EcOObjects	192
3.2.2	EcoWizards	196
3.2.3	EcoAvatar	197
3.2.4	Technische und administrative Einbettung der Tools in die Systemarchitektur	199
4	**DIE WIRKUNG DER INNOVATION IM FELD**	**203**
4.1	FALLSTUDIE ALS EINE EVALUATIONSMETHODE DER PILOTIERUNG	203
4.2	DESIGN DER FALLSTUDIEN ZUR UNTERSUCHUNG DES EPI-TOOLS	213
4.2.1	Das Vorgehensmodell des Fallstudienprojektes	215
4.2.2	Formulierung des Bezugsrahmens	218
4.2.3	Hypothesenformulierung	225
4.2.4	Das Design der Erhebungsmethoden	226
4.2.5	Fallauswahl	230
4.2.6	Schritte der Datenerhebung	231
4.3	UNTERSUCHUNG DER WIRKUNGEN DER INNOVATION	232
4.3.1	Fallstudienuntersuchungen in der Brauereibranche in Deutschland	232
4.3.1.1	Fallstudie bei einer mittleren Brauerei (Fall A)	232
4.3.1.1.1	Vorstellung des Unternehmens und der Erhebungssituation	232
4.3.1.1.2	Zusammengefasste Hypothesenüberprüfung	233
4.3.1.1.3	Schlussfolgerungen aus der Fallstudienuntersuchung	236
4.3.1.2	Fallstudie bei einer großen Brauerei (Fall B)	237
4.3.1.2.1	Vorstellung des Unternehmens und der Erhebungssituation	237
4.3.1.2.2	Zusammengefasste Hypothesenüberprüfung	237
4.3.1.2.3	Schlussfolgerungen aus der Fallstudienuntersuchung	242
4.3.1.3	Fallstudie bei einer kleinen Brauerei (Fall C)	243
4.3.1.3.1	Vorstellung des Unternehmens und der Erhebungssituation	244
4.3.1.3.2	Zusammengefasste Hypothesenüberprüfung	244
4.3.1.3.3	Schlussfolgerungen aus der Fallstudienuntersuchung	247
4.3.1.4	Interpretation des Fallblocks A bis C	248
4.3.2	Fallstudienuntersuchungen im südlichen Afrika	254
4.3.2.1	Fallstudie bei einer Brauerei (Fall D)	258
4.3.2.1.1	Vorstellung des Unternehmens und der Erhebungssituation	258
4.3.2.1.2	Zusammengefasste Hypothesenüberprüfung	258
4.3.2.1.3	Schlussfolgerungen aus der Fallstudienuntersuchung	262
4.3.2.2	Fallstudie bei einer Schlachterei (Fall E)	263
4.3.2.2.1	Vorstellung des Unternehmens und der Erhebungssituation	263
4.3.2.2.2	Zusammengefasste Hypothesenüberprüfung	263
4.3.2.2.3	Schlussfolgerungen aus der Fallstudienuntersuchung	267
4.3.2.3	Interpretation des Fallblocks D bis E	268
4.3.3	Zusammenfassende Betrachtung der Fälle	271

5	**WEITERENTWICKLUNGEN ZUM NACHHALTIGEN MANAGEMENT**..................**275**	
5.1	DIE INNOVATION IM FOKUS 275	
5.1.1	*Weiterentwicklung der Tool-Landschaft in die Tiefe* *275*	
5.1.2	*Weiterentwicklung der Tool-Landschaft in die Breite* *280*	
5.1.3	*Expertensysteme als systemtheoretischer Rahmen für eine erweiterte Tool-Landschaft* *284*	
5.2	DIE TECHNOLOGIE IM FOKUS 287	
5.2.1	*Open Source-Strategien zur Entwicklung von Umweltmanagement-Software* *287*	
5.2.1.1	Was ist Open Source? 288	
5.2.1.2	Gestalt einer Community für die Entwicklung von Umweltmanagement-Software 291	
5.2.2	*EcOOWebServices* *296*	
5.2.2.1	Fachliche Grundlagen zu Web Services und EcOOWebServices...................297	
5.2.2.2	Technische Grundlagen von Web Services und EcOOWebServices...............300	
5.2.2.3	Integration von EcOOWebServices mit ERPs am Beispiel von SAP R/3 303	
5.2.2.3.1	Grundlagen eines Fachkonzepts 303	
5.2.2.3.2	Grundlagen eines DV-Konzeptes 308	
5.2.2.4	Nutzungsszenarien von EcOOWebServices 309	
5.3	DIE FORSCHUNGSMETHODIK IM FOKUS 311	
5.4	ZUSAMMENFASSUNG UND VISION..316	

ANHANG..**321**

LITERATURVERZEICHNIS **339**

Verzeichnis der Abbildungen

Abbildung 1: Begriffsklärung zur Nachhaltigkeit 4

Abbildung 2: Ausprägung des Unternehmensbewusstseins 13

Abbildung 3: Einschätzung der sozialen und ökologischen Verantwortung 14

Abbildung 4: Hemmende Faktoren einer Nachhaltigkeitsorientierung 15

Abbildung 5: Ökoradar Projekt-Logo 29

Abbildung 6: Neue Medien als bewirkte Variablen 48

Abbildung 7: Neue Medien als bewirkende Variablen 49

Abbildung 8: Internetgestützte Services als bewirkte Variablen 51

Abbildung 9: Internetgestützte Services als bewirkende Variablen 53

Abbildung 10: Aufbau der Arbeit und Forschungsdesign 55

Abbildung 11: Internet Portal Services 60

Abbildung 12: Die größten web properties (Nutzerzahl in Tsd. / Monat) 62

Abbildung 13: Häufigkeit generischer Information Services 63

Abbildung 14: Häufigkeit personalisierter Information Services 64

Abbildung 15: Häufigkeit von Interaction Services 65

Abbildung 16: Häufigkeit von Tool Services 66

Abbildung 17: Beispiele von Internet Portal Services 67

Abbildung 18: Grundlegendes Vorgehensmodell der Systementwicklung 73

Abbildung 19: Ökoradar Solution Map 74

Abbildung 20: Objektorientiertes Life-Cycle-Modell 77

Abbildung 21: Differenzierungsmatrix der Umweltkennzahlen 86

Abbildung 22: Formen des Benchmarking 94

Abbildung 23: Business Objects und ihre Infrastruktur 106

Abbildung 24: Erste Tool-Plattform 107

Abbildung 25: UML-Klassendiagramm des ersten EcOObjects 110

Abbildung 26: EPI – Anmeldung 113

Abbildung 27: EPI – Willkommens-Fenster 114

Abbildung 28: EPI – Übersicht Kennzahlenerfassung 115

Abbildung 29: EPI – Kennzahlenerfassung, Dateneingabe Kategorie "Material" 116

Abbildung 30: Export von SAP R/3-Daten in ein Excel-Dokument (Teil 1) 117

Abbildung 31: Export von SAP R/3-Daten in ein Excel-Dokument (Teil 2) 117

Abbildung 32: EPI – Kennzahlenerfassung, Import der Kennzahlen 118

Abbildung 33: EPI – Benchmarking, Auswahl der Kennzahl (Rahmendaten) 119

Abbildung 34: EPI – Benchmarking, Auswahl von Kennzahlen für einen Vergleich 120

Abbildung 35: EPI – Benchmarking, Darstellung der Ergebnisse (graphisch) 121

Abbildung 36: EPI – SOLL-IST-Vergleich, Darstellung der Ergebnisse (graphisch) 122

Abbildung 37: EPI – Umweltleistung 123

Abbildung 38: EPI – Tool-Administration, Übersicht 125

Abbildung 39: EPI – Tool-Administration, Auswahl des Kennzahlensystems 126

Abbildung 40: EPI – Tool-Administration, Übersicht der definierten Kennzahlen 126

Abbildung 41: EPI – Benchmarking-Administration, Übersicht 127

Abbildung 42: Das Betriebsbeauftragten-Tool „beto" 129

Abbildung 43: Das Verkehrskennzahlen-Tool „veto" (Prototyp der englischen Fassung) ... 131

Abbildung 44: Good-Practices für den Bereich Wasser/Abwasser 133

Abbildung 45: Der Avatar-Prototyp "Gaia" 134

Abbildung 46: Allgemeines Produktmodell 139

Abbildung 47: Allgemeines Produktbündelmodell 140

Abbildung 48: Der Planungsprozess 147

Abbildung 49: Von den Methoden zu den Tools 155

Abbildung 50: Ein Modul-Repository zur Tool-Entwicklung 156

Abbildung 51: Der Planungsprozess des Umweltmanagements 158

Abbildung 52: Möglichkeiten der Verknüpfung von Tools und Community Services 180

Abbildung 53: Modell des Produkts EPI 185

Abbildung 54: Modell des Produktbündels onesus 186

Abbildung 55: Hierarchie der Tool-Komponenten 193

Abbildung 56: Module, gebildet aus EcOObjects (Konzept) 195

Abbildung 57: Architektur des Modultyps EcoAvatar 198

Abbildung 58: Überblick über die Gesamtarchitektur des Portal-Systems 200

Abbildung 59: Der eklektische Bezugsrahmen des Fallstudienprojekts 219

Abbildung 60: Typen unternehmerischer Umweltpolitik 225

Abbildung 61: Der erweiterte Bezugsrahmen 257

Abbildung 62: Architektur eines Online-BUES 286

Abbildung 63: Elemente einer OSS-Community für das Umweltmanagement 293

Abbildung 64: Ein Vorgehensmodell für eine partnerschaftliche OSS-Entwicklung 294

Abbildung 65: Entwicklung von Web Services bis 2005 298

Abbildung 66: Die Zugriffslogik auf EcOOWebServices 302

Abbildung 67: Übersicht über SAP R/3-Module 305

Abbildung 68: Die Schnittstellenarchitektur von SAP R/3 306

Abbildung 69: Das R/3-Business Object 307

Abbildung 70: Konzept und Entwicklung des EIP-Workplace „Umweltmanagement"........ 310

Abbildung 71: Technologisches Innovationsbündel 319

Abbildung 72: Ergebnisse des Voting (als unkommentiertes Ergebnis der Voting-Runde) 321

Abbildung 73: Analyse des Rücklaufs angeforderter Umwelterklärungen 321

Abbildung 74: Funktionsbaum des Umweltkennzahlen- und Benchmarking-Tools 322

Abbildung 75: Vollständiges Kennzahlensystem nach ISO 14031 323

Abbildung 76: Anschreiben an die Brauereien 337

Verzeichnis der Tabellen

Tabelle 1: Nutzenpotenziale der Informationstechnologie 16

Tabelle 2: Anforderungen an (Umwelt-)Kennzahlen und (Umwelt-)Kennzahlensysteme 87

Tabelle 3: Umweltrelevante Problemfelder in einem Umweltkennzahlensystem 88

Tabelle 4: Der Planungsprozess und seine Methoden (Teil 1) 149

Tabelle 5: Der Planungssprozess und seine Methoden (Teil 2) 150

Tabelle 6: Der Planungssprozess und seine Methoden (Teil 3) 151

Tabelle 7: Der strategische Planungsprozess und seine Methoden 153

Tabelle 8: Der Planungsprozess des Umweltmanagements und seine Methoden (Teil 1) 160

Tabelle 9: Der Planungsprozess des Umweltmanagements und seine Methoden (Teil 2) 164

Tabelle 10: Der Planungsprozess des Umweltmanagements und seine Methoden (Teil 3) .. 167

Tabelle 11: Der Planungsprozess des Umweltmanagements und seine Methoden (Teil 4) .. 169

Tabelle 12: Der strategische Planungsprozess der Umweltpolitik und seine Methoden 176

Tabelle 13: Nachhaltigkeitsorientiere TOWS-Analyse eines Elektrogeräteherstellers 177

Tabelle 14: Konzept eines Modul-Repository (stark verkürzte Fassung), Teil 1 182

Tabelle 15: Konzept eines Modul-Repository (stark verkürzte Fassung), Teil 2 183

Tabelle 16: Vorgehensmodell für die Theoriebildung durch Fallstudien 205

Tabelle 17: Anforderungen an eine Fallstudienforschung 209

Tabelle 18: Prinzipien interpretativer Fallstudien 211

Tabelle 19: Das Vorgehensmodell des Fallstudienprojektes 216

Tabelle 20: Die Hypothesen dieser Fallstudie 226

Tabelle 21: Fragenkonstruktion zur Hypothese 2 228

Tabelle 22: Ablaufplan einer Untersuchung 231

Tabelle 23: Anmerkungen zur Eingabe von Kennzahlen 240

Tabelle 24: Erste Erweiterung des Fragebogens 243

Tabelle 25: Mustererkennung des Fallblocks A bis C 250

Tabelle 26: Gegenstände der Optimierung 253

Tabelle 27: Zweite Erweiterung des Fragebogens 258

Tabelle 28: Mustererkennung des Fallblocks D bis E 270

Tabelle 29: Zusätzliche Gegenstände der Optimierung 270

Tabelle 30: Variablen und Indikatoren des Befragungsbogens 327

Tabelle 31: Variablen und Indikatoren des Beobachtungsbogens 328

Tabelle 32: 1. Fassung des Befragungsbogens 333

Tabelle 33: Der Beobachtungsbogen 336

Verzeichnis der Abkürzungen

AA	AccountAbility
AAG	Antialkoholische Getränke
AGB	Allgemeine Geschäftsbedingung
AI	Artificial Intelligence
API	Application Programming Interface
APS	Advanced Planning and Scheduling
ARIS	Architektur integrierter Informationssysteme
ASP	Application Service Providing
BAPI	Business Application Programming Interface
BB4-G	Beobachtungsbogen Fall 4 - Fragenblock G
BBS	Bulletin Board System
BEP	Best Ecological Practice
Beto	Betriebsbeauftragten-Tool
BImSchG	Bundes-Immissionsschutzgesetz
BM	Benchmarking
BMBF	Bundesministerium für Bildung und Forschung
BO	Business Object
BS	British Standard
BUES	Betriebliches Umweltexpertensystem
BUIS	Betriebliches Umweltinformationssystem
CAM	Computer Aided Manufacturing
CAP	Community Advisory Panel
CBA	Cost Benefit Analysis
CD-ROM	Compact Disk-Read Only Memory
CEP	Council on Economic Priorities
CGI	Common Gateway Interface
CMS	Content Management System
CO_2	Kohlendioxid
COM	Component Object Model
CORBA	Common Object Request Broker Architecture
CRM	Customer Relationship Management
CSD10	Tenth session of the UN Commission on Sustainable

	Development
CSE	Collaborative Service Engineering
CT	Computer Tomographie
CTM	Conversion Table Management
DCOM	Distributed Component Object Model
DIN	Deutsches Institut für Normung
DKNW	Deutsches Kompetenzzentrum für Nachhaltiges Wirtschaften
DO	Database Object
DSL	Digital Subscriber Line
DV	Datenverarbeitung
ECA	Embodied Conversational Agent
EcOObject (kurz: EcOO)	Ecological Business Object
EDV	Elektronische Datenverarbeitung
EH&S	Environment, Health & Safety
EIP	Enterprise Information Portal
E-Mail	Electronic Mail
EMAS	Environmental Management and Audit Scheme
EN	Euro-Norm
EnvirOObjects	Environmental Business Object
EPI	Environmental Performance Indikator
EPK	Ereignisgesteuerte Prozesskette
ERM	Entity-Relationship-Modell
ERP	Enterprise Ressource Planning (System)
EU	European Union
EUS	Entscheidungsuntersützungssystem
FAQ	Fequently Asked Questions
FB2	Fragebogen des Falles 2
FB2-I1a	Fragebogen Fall 2 - Fragenblock I1a
FB2-I1a-2	Fragebogen Fall 2 - Fragenblock I1a - Frage 2
FF	Faktfrage
FI	Finanzwesen
FTP	File Transfer Protocol
GDSS	Group Decision Support System

GHz	Gigahertz	
GIS	Geografisches Informationssystem	
gp_Finder	Good-Practice-Finder	
GRI	Global Reporting Initiative	
GSS	Group Support System	
GUI	Graphical User Interface	
HCI	Human Computer Interaction	
hl	Hekoliter	
HTML	Hyper Text Markup Language	
HTTP	Hyper Text Transport Protocol	
ifo	Institut für Wirtschaftsforschung	
IFR	Interface Repository	
IHK	Industrie- und Handelskammer	
IKT	Informations- und Kommunikationstechnologie	
IP	Internet Protocol	
IS	Informationssystem	
ISDN	Integrated Services Digital Network	
ISO	International Standardization Organisation	
IT	Informationstechnologie	
ITU	International Telecommunication Union	
IVS	Intervallskala	
J2EE	Java 2 Platform, Enterprise Edition	
JAX-RPC	Java API for XML-Based RPC-Paket	
JSP	Java Server Pages	
kBit	Kilobit	
Kfz	Kraftfahrzeug	
KMU	Kleine und mittlere Unternehmen bzw. kleine und mittelständische Unternehmen	
KoRe	Kostenrechnung	
KrW/AbfG	Kreislaufwirtschafts- und Abfallgesetz	
KVP	Kontinuierlicher Verbesserungsprozess	
kW	Kilowatt	
LAN	Local Area Network	
LKW	Lastkraftwagen	

MB	Megabyte
MBD	Market-Boundary-Definition-Konzept
MFG	Medien- und Filmgesellschaft Baden-Württemberg mbH
MHz	Megahertz
MIS	Managementinformationsystem
MM	Materials Management
MSN	Microsoft Network
NACE	National Accounts in Europe
NEF	New Economics Foundation
NGO	Non Governmental Organization oder Nichtregierungsorganisation
NO	Stickoxid
NoS	Nominalskala
OE	Organisationseinheit
OHSAS	Occupational Health and Safety Management Systems-Specification
OMG	OBJECT MANAGEMENT GROUP
OpenCMS	Open Source Content Management System
OS	Ordinalskala
OSD	Open Source Definition
OSI	Open System Interconnection
OSI	Open Source Initiative
OSS	Open Source Software
PC	Personal Computer
PCB	Polychlorierte Biphenyle
PDF	Portable Document Format
PHP	Ursprünglich: Personal Home Page, später: PHP Hypertext Preprocessor
PO	Presentation Object
PPS	Produktionsplanung- und steuerung
Px	Interpretatives Prinzip x
ReWe	Rechnungswesen
RPC	Remote Procedure Call
SAP	Systeme, Anwendungen, Produkte in der Datenverarbeitung

	(SAP AG, Walldorf)
SBSC	Sustainability Balanced Scorecard
SD	Sales and Distribution
SDSL	Symmetric Digital Subscriber Line
SDSS	Spatial Decision-Support System
SGE	Strategischen Geschäftseinheit
SMTP	Simple Mail Transfer Protocol
SO	System Object
SOAP	Simple Object Access Protocol
TBF	Theoriebildung durch Fallstudien
TCP	Transmission Control Protocol
TKS	Telekooperationssystem
TOWS	Threats, Opportunities, Weaknesses and Strengths
TPF	Theorieprüfung durch Fallstudien
UDDI	Universal Description, Discovery and Integration
ÜF	Überzeugungsfrage
UM	Umweltmanagement
UML	Unified Modeling Language
UN	United Nations
UN ISAR	United Nation Intergovernmental Working Group of Experts on International Standard of Accounting and Reporting
UNCED	United Nations Conference on Environment and Development
UNFCCC	United Nations Framework Convention on Climate Change
URI	Uniform Resource Identifiers
URL	Uniform Resource Locator
veto	Verkehrskennzahlen-Tool
VfU	Verein für Umweltmanagement in Banken, Sparkassen und Versicherungen
VMI	Vendor Managed Inventory
WBCSD	World Business Council for Sustainable Development
WCED	World Commission on Environment and Development
WHG	Wasserhaushaltsgesetz
WSD	Web Service Description
WSDL	Web Service Description Language

WSDP	Java Web Services Developer Pack
WSIS	WORLD SUMMIT ON THE INFORMATION SOCIETY
WWW	World Wide Web
XLMP	XLM Protocol
XML	Extensible Markup Language

1 Nachhaltiges Wirtschaften als Rahmen für das Forschungsdesign

Im Zentrum dieser Arbeit steht die Gestaltung „internetgestützter Services für ein Nachhaltiges Management". Diese Services möchten zwei Problemfeldern begegnen: Erstens soll mit Hilfe moderner Internettechnologien der noch unbefriedigende Verbreitungsgrad des Umweltmanagements bzw. des Nachhaltigen Managements erhöht werden. Zweitens gilt es geeignete Technologien für eine effiziente Service-Entwicklung zu identifizieren. Hierfür wird bewusst die Pilotierung als Forschungsdesign gewählt, da sie eine geeignete Verknüpfung einer evolutionären Prototypenentwicklung mit verschiedenen Methoden der empirischen Sozialforschung zulässt. „Nachhaltiges Wirtschaften" beschreibt den diese Arbeit umfassenden Bezugsrahmen.

1.1 Was ist Nachhaltiges Wirtschaften bzw. Management?

Nachhaltige Entwicklung (sustainable development) umschreibt *die* zentrale Globale Herausforderung des 21. Jahrhunderts.[5] „Dieser Herausforderung gerecht zu werden, erfordert tiefgreifende politische, soziale und ökonomische Reformen, die alle wichtigen Bereiche menschlicher Aktivität betreffen – einschließlich gewerblicher Betriebe […]".[6] „Nachhaltigkeit" ist kein monolithisches Thema. Es beschreibt vielmehr eine Ansammlung von Themen, wie u.a. „Ökonomische Umwandlung", „Grenzen des Wachstums", „Ressourceneffizienz", „Energiepolitik", „Armut in der Dritten Welt", „Verbesserung des Status von Frauen" und „Umweltschutz".[7]

Anfänge eines sich verändernden Bewusstseins der Menschen bezüglich ihres Verhältnisses zu ihrer Umwelt lassen sich in die Mitte des vorigen Jahrhunderts datieren. Nicht zuletzt die von der US-Raumkapsel Apollo aufgenommenen Bilder des „blauen Planeten" haben die Umweltsensitivität wachsen lassen. Angelehnt an diese Eindrücke lautete das Motto der ersten Umweltkonferenz der Vereinten Nationen (UN) 1972 in Stockholm „Only one Earth". Trotz mangelnder konkreter Ergebnisse dieser Konferenz wurde dadurch weltweit das Umweltgewissen geweckt.[8] Im gleichen Zeitraum erschienen die ersten Prognosen und Berichte

---

[5] Vgl. Kanning und Müller 2001, S. 14.
[6] Höschele 1992, S. 115.
[7] Vgl. Höschele 1992, S. 116ff.
[8] Vgl. Kanning und Müller 2001, S. 14.

des Club of Rome, mit denen die Endlichkeit der Rohstoffe, insbesondere der fossilen Energieträger, in den Vordergrund der öffentlichen Diskussion rückte.[9]

Der Begriff „sustainable development" wurde erst durch den sog. Brundtland-Bericht verbreitet. In diesem 1987 erschienenen Abschlussbericht der von der norwegischen Ministerpräsidentin Gro Harlem Brundtland geleiteten Weltkommission für Umwelt und Entwicklung (WCED) werden Wege einer Nachhaltigen Entwicklung aufgezeigt. Erste Erfolge in Form von internationalen politischen Vereinbarungen konnten schließlich auf dem zweiten „Erdgipfel", der Konferenz für „Umwelt und Entwicklung" der Vereinten Nationen (UNCED) in Rio de Janeiro 1992 getroffen werden.[10] Diese Konferenz brachte eine von über 170 Staaten unterzeichnete Erklärung hervor („Rio Declaration"). Diese Erklärung umfasst das Aktionsprogramm „Agenda 21". Die Agenda enthält Prinzipien politischer Handlungsbereiche, die in die Kategorien „Environmental Principles", „Economic Principles", „Social Principles" und „Peace Principles" eingeteilt sind. Die beteiligten Staaten haben sich dabei verpflichtet, diese Prinzipien in nationale Aktionsprogramme umzusetzen.[11]

Ein weiterer Schritt zu einem globalen Nachhaltigkeitsbewusstsein wurde 1997 mit der Verabschiedung des sog. Kyoto-Protokolls erreicht. Dieses im japanischen Kyoto ausgehandelte Protokoll ist ein internationales Abkommen der UN Organisation UNFCCC zum Klimaschutz. Es schreibt völkerrechtlich verbindliche Ziele für die Verringerung des Ausstoßes von so genannten Treibhausgasen fest, welche als Auslöser der globalen Erwärmung gelten.[12]

Im Jahre 2002 organisierte die sog. „tenth session of the UN Commission on Sustainable Development" (bekannt als CSD10) in Johannisburg den „World Summit on Sustainable Development". Dieser Gipfel brachte zehntausende Teilnehmer zusammen. Diese setzten sich sowohl aus Staats- und Regierungsoberhäuptern als auch Vertretern von Nichtregierungsorganisationen (NGO's), Unternehmen und weiteren Interessengruppen zusammen, um gemeinsam über schwierige Herausforderungen zu diskutieren und Pläne für die weitere Umsetzung der Maßnahmen der Agenda 21 zu erarbeiten. Diese Herausforderungen bezogen sich auch auf die Verbesserung der Lebensumstände, den Schutz natürlicher Ressourcen, die Bevölke-

---

[9] Vgl. Loske und Bleischwitz 1996, S. 190.
[10] Vgl. Kanning und Müller 2001, S. 15.
[11] Vgl. Rao 2000, S. 11 und Kanning und Müller 2001, S. 15.
[12] Vgl. Endres 2000, S. 211 und Rao 2000, S. 17f. und 357f.

rungsentwicklung, den damit verbundenen steigenden Bedarf für Nahrungsmittel, Wasser, Unterkünfte, Energie, Gesundheitsvorsorge und wirtschaftliche Sicherheit.[13]

Im Jahre 2003 wurde die sog. Genfer Deklaration auf dem Weltgipfel der Informationsgesellschaft (WSIS) verabschiedet. Dieser von der Internationalen Fernmeldeunion der UN (ITU) geleitete Weltgipfel definierte einen Aktionsplan, der für den Zeitraum bis 2015 zehn Ziele festhält. U.a. soll der Anschluss an Informations- und Kommunikationstechnologien für Unis, Schulen, Forschungseinrichtungen, Bibliotheken, Regierungseinrichtungen und Krankenhäuser weltweit umgesetzt werden. Bis 2015 sollte jeder Erdenbürger Zugang zu Fernsehen und Radio haben und mindestens jeder zweite Internet-Anschluss. Nicht in ausreichendem Maß wurden u.a. Grundsätze zu Arbeitsbedingungen oder dem Recht am Arbeitsplatz in der Informationsgesellschaft behandelt. Der zweite Weltgipfel der Informationsgesellschaft wird in Tunis im Jahre 2005 stattfinden.[14]

Das Leitbild des „Sustainable Development" hat facettenreiche Interpretationen und Übersetzungen erfahren. Im deutschsprachigen Diskurs fallen Begriffe wie nachhaltige Entwicklung, nachhaltiges Wachstum, dauerhaft-umweltgerechte Entwicklung, umweltgerechtes Wirtschaften, zukunftsfähiges Wirtschaften, nachhaltiges Wirtschaften, ökologische tragfähige Entwicklung, nachhaltig zukunftsverträgliche Entwicklung und nachhaltiges Management. Als Konsensterminus scheint sich „Nachhaltige Entwicklung" bzw. „Sustainability" durchzusetzen. „Nachhaltigkeit" wurde ursprünglich aus der Forstwirtschaft abgeleitet. Man versteht darunter eine Waldbewirtschaftung, bei der nur so viel Holz geschlagen wird, wie im gleichen Zeitraum nachwachsen kann. Diese Vorgehensweise folgt dem Konzept der Bestandserhaltung. Auf die Wirtschaft übertragen bedeutet dies, von den Zinsen zu leben, ohne das Kapital anzugreifen (Prinzip der ewigen Rente).[15]

Für einen Ökonomen kann es sinnvoll sein, die Zielfelder nachhaltiger Entwicklung der oben vorgestellten Nachhaltigkeitsbegriffe in ein für ihn bekanntes Muster einzuteilen. So benutzt der Ökonom die volkswirtschaftliche Sichtweise für die Erklärung nationaler, regionaler oder

---

[13] Vgl. United Nations 2002.
[14] Vgl. WSIS Executive Secretariat 2003.
[15] Vgl. Göllinger 2001, S. 4f. und Troßmann 1998, S. 519.

globaler wirtschaftlicher Phänomene und die betriebswirtschaftliche Sichtweise für die Auseinandersetzung mit unternehmensbezogenen Erscheinungen.[16]

Die volkswirtschaftliche Sichtweise ist die Wurzel der ersten entstandenen Konzepte zum Thema „Nachhaltige Entwicklung". Sie wurden in den letzten 15 bis 20 Jahren entwickelt.[17] Zentrale Aussage dieses Konzeptes ist das Ziel die Bedürfnisse heutiger Generationen zu befriedigen, ohne die Bedürfnisse kommender Generationen zu gefährden.[18] Darin liegt sowohl eine intergenerative Gerechtigkeit (gegenwärtiger wie auch zukünftiger Generationen) als auch eine intragenerative Gerechtigkeit (ethische Forderung nach einem Ausgleich zwischen Industrie- und Entwicklungsländern).[19] Mit verschiedenen Kapitalarten lassen sich die Inhalte Nachhaltiger Entwicklung erklären. Demnach schließt die Nachhaltige Entwicklung sowohl „menschengemachtes Kapital" (Produzierte Güter), Humankapital (Wissen und Fähigkeiten), Naturkapital (natürliche Ressourcen) und Sozialkapital (Beziehungen zwischen Individuen und Institutionen) in ihr Erklärungskonstrukt mit ein.[20] Analog dem oben beschriebenen Prinzip in der Forstwirtschaft kann eine Entwicklung als nachhaltig bezeichnet werden, wenn das Gesamtkapital oder zumindest der Kapitalertrag über die Zeit stabil bleibt. Werden die unterschiedlichen Formen von Kapital als untereinander substituierbar angesehen, so spricht man von schwacher Nachhaltigkeit. Widerspricht man der Möglichkeit einer Substitution, so spricht man von starker Nachhaltigkeit.[21] Die volkswirtschaftlich geprägte Sichtweise wird in dieser Arbeit als „Nachhaltiges Wirtschaften" bezeichnet (vgl. Abbildung 1).

Nachhaltige Entwicklung ⟩ Nachhaltiges Wirtschaften ⟩ Nachhaltiges Management

Abbildung 1: Begriffsklärung zur Nachhaltigkeit
(Quelle: Eigene Darstellung)

---

[16] Vgl. Wöhe 1993, S. 28ff.
[17] Vgl. Figge und Hahn 2002, S. 2.
[18] Vgl. Loske und Bleischwitz 1996, S. 24.
[19] Vgl. Kanning und Müller 2001, S. 18 und Rao 2000, S. 132f. und 235ff.
[20] „Wissen und Fähigkeiten" und „Beziehungen zwischen Individuen und Institutionen" werden in den Ausführungen dieser Arbeit unter der „sozialen" Komponente der Nachhaltigkeit zusammengefasst.
[21] Vgl. Figge und Hahn 2002, S. 2.

Die betriebswirtschaftliche Sichtweise (vgl. Abbildung 1) versucht, die traditionell volkswirtschaftlich orientierten Konzepte zur Nachhaltigen Entwicklung auf einzelne Unternehmen zu übertragen. Konzeptentwürfe der betriebswirtschaftlichen Sichtweise versuchen, geeignete Messzahlen für den Grad an Nachhaltiger Entwicklung eines Unternehmens zu identifizieren. Entsprechend den oben vorgestellten Formen von Kapital werden Unternehmen nach ihrer Wirtschafts-, Umwelt- und Sozialleistung beurteilt. Auch hier findet man unterschiedliche Denkschulen. So kann man zwischen Konzepten mit absoluten und relativen Messzahlen unterscheiden. Beiden gemeinsam ist der Vergleich von Kosten und Erlösen. Konzepte absoluter Messzahlen vergleichen die von einem Unternehmen sowohl intern als auch extern verursachten Kosten mit den Erlösen. Das Ergebnis wird mit „Net Value Added" oder „Green Value Added" bezeichnet. Konzepte relativer Messzahlen setzen den Erlös des Unternehmens ins Verhältnis zu Einheiten umweltlicher oder sozialer Einwirkungen. Die bekannteste relative Messzahl ist die sog. Ökoeffizienz (Eco-efficiency).[22]

Teilt man noch nicht die Managementfunktion eines Unternehmens in entscheidungsbefugte, steuernde und lenkende Führung und Controlling auf,[23] so hat ein Manager[24] die Aufgabe, Ziele zu setzen, zu planen, zu entscheiden, zu realisieren, zu kontrollieren und zu kommunizieren.[25] Dies gilt auch für unternehmerische Aufgaben einer Nachhaltigen Entwicklung. Die oben vorgestellten Messkonzepte helfen dem Manager, seine von ihm entschiedenen Maßnahmen zu kontrollieren und ggf. Anpassungsmaßnahmen vorzunehmen. Diese betriebswirtschaftlich geprägte Sichtweise wird in dieser Arbeit als „Nachhaltiges Management" bezeichnet (vgl. Abbildung 1).[26]

Als Grundstein eines Nachhaltigen Managements kann das in dieser Arbeit fokussierte Betriebliche Umweltmanagement[27] angesehen werden. Werden im klassischen Umweltmanagement umweltrelevante Fragen des Unternehmens behandelt, so können die dort angewandten

---

[22] Vgl. Figge und Hahn 2002, S. 5.
[23] Vgl. Küpper 1997, S. 18f.
[24] In diesem wie in allen folgenden Abschnitten dieser Arbeit wird ausschließlich die männliche Form verwendet. Allen Leserinnen sei jedoch versichert, dass dies nur aus Gründen der Lesbarkeit geschieht. Selbstverständlich ist immer auch die weibliche Form im Inhalt des jeweiligen Wortes miteingeschlossen.
[25] Vgl. Wöhe 1993, S. 99.
[26] „Nachhaltiges Management" wird in dieser Arbeit dem Inhalt des Begriffs „Nachhaltigkeitsmanagement" gleichgestellt.

Managementmethoden in einem weiteren Schritt mit sozialen Aspekten in Richtung eines umfassenden Nachhaltigen Managements ausgebaut werden. Dies bedeutet, dass ein Nachhaltiges Management auf die Infrastruktur des Umweltmanagements aufbauen kann. So können z.B. die Prozesse zur Formulierung der Umweltpolitik für eine Formulierung eines Leitbildes Nachhaltiger Unternehmensentwicklung oder eingesetzte Umweltkennzahlen in der Kombination mit sozialen Kennzahlen zu einem Nachhaltigkeitsindikatorensystem erweitert werden. Auch die Umweltberichte liefern eine gute Vorlage für die Erstellung eines Nachhaltigkeitsberichts.[28]

Der Weg zu einer selbstverständlichen Implementierung eines Nachhaltigen Managements in Unternehmen ist noch lang. So ist es notwendig, dass dieses Thema über Pionierleistungen in Politik, Wissenschaft und Wirtschaft vorangetrieben wird. SCHULZ beschreibt die aktuelle Situation:

„Nachhaltigkeit, darüber sind sich Wissenschaft, Politik und auch zahlreiche Unternehmen einig, ist heute ein zentraler Wettbewerbsfaktor. In politischen Strategieentwürfen, wissenschaftlichen Kolloquien und den Vorworten entsprechender Unternehmensberichte wird Nachhaltigkeit als Leitbild immer wieder bemüht und soll als roter Faden für die Zukunft dienen. Doch schaut man – wie die vorliegende Studie des Münchner ifo Instituts – genauer hin, so zeigt sich, dass die Umsetzung noch in den Kinderschuhen steckt. Das gilt vor allem auch für die breite Zahl kleiner und mittlerer Unternehmen. Hier wird, so meine ich, ein enormes Potenzial verschenkt: Kosteneinsparung, Innovationsfähigkeit, Mitarbeitermotivation und Akzeptanz in der Öffentlichkeit sind Chancen, die unsere Wirtschaft nicht vergeben darf, will sie langfristig wettbewerbsfähig bleiben. Was also hindert sie daran, die Möglichkeiten beherzt zu nutzen?"[29]

Die von SCHULZ abschließend gestellte Frage gilt als Hauptmotivation dieser Arbeit, sie wird hier aufgrund der für eine Beforschung zu geringen Praxispräsenz des Nachhaltigen Managements insbesondere an die Domäne „Betriebliches Umweltmanagement" gerichtet.

---

[27] Soweit nichts anderes angegeben wird, ist in den folgenden Ausführungen mit dem Begriff „Umweltmanagement" das „Betriebliche Umweltmanagement" gemeint.
[28] Vgl. Kanning und Müller 2001, S. 24f.
[29] Schulz und weitere Autoren 2002b, S. 2. Zur Studie des Münchner ifo Instituts, vgl. Schulz und weitere Autoren 2002b.

1.1.1 Umweltmanagement und Umweltcontrolling

Die Bezeichnung „Umweltmanagement" hat sich in den letzten 20 Jahren in Wissenschaft und Praxis als Überschrift für einen betriebswirtschaftlichen Ansatz etabliert, der zum Ziel hat, den Umweltschutzgedanken in Unternehmen methodisch und nachhaltig zu verankern.[30] Umweltmanagement ist dabei als ein Teilsystem des Managementsystems des Unternehmens zu verstehen, welches die Aufgaben des betrieblichen Umweltschutzes umfasst. Diese Aufgaben stellen alle Handlungen zur Bewältigung oder Verringerung betrieblicher Umwelteinwirkungen dar, die sowohl technischer als auch organisatorischer Art sein können.[31] Umweltschutz ist dabei eine sowohl funktions- als auch hierarchieübergreifende Aufgabe.[32] Umweltmanagement wird daher auch als „Querschnittsfunktion" bezeichnet.[33]

„Das Umweltmanagement berücksichtigt bei der Planung, Durchsetzung und Kontrolle der Unternehmensaktivitäten in allen Bereichen Umweltschutzziele zur Vermeidung und Verminderung der Umweltbelastungen und zur langfristigen Sicherung der Unternehmensziele".[34]

Der Nutzen eines Umweltmanagements lässt sich in drei Kategorien einteilen: Markt, Kostensenkung und Existenzsicherung. Während Nutzeneffekte des „Marktes" vor allem von Imagewirkungen eines zertifizierten Umweltmanagements abzuleiten sind, rühren Effekte der Kategorie „Kosteneffekte" von Effizienzerhöhungen bzw. Einsparungen her, u.a. bei Energie, Rohstoffen, Abfällen, Abwässern und Versicherungsprämien. Aber auch staatliche Förderungen lassen sich hier subsumieren. Weitere Nutzeneffekte der Kategorie „Existenzsicherung" sind u.a. Rechtssicherheit, Risikominimierung, Vertrauensverhältnis zu Anspruchsgruppen und Motivation der Mitarbeiter.[35]

Elemente des Umweltmanagements, wie Organisation, Zuständigkeiten, Verhaltensweisen, Verfahren, Methoden, Abläufe und Ressourcen bedürfen eines strukturierenden Systems, welches leicht anpassbare standardisierte Bausteine anbietet und den Planungs- und Entscheidungsprozess des Managements systematisch auf die Verwirklichung der Umweltschutzziele

---

[30] Vgl. Baumann, et al. 2003/Vorwort.
[31] Vgl. Arndt 1997, S. 95.
[32] Rathje 2001, S. 80.
[33] Meffert und Kirchgeorg 1998, S. 404.
[34] Meffert und Kirchgeorg 1998, S. 23.
[35] Vgl. Schitag Ernst & Young 1995, S. 4ff.

ausrichtet. Die folgenden Phasen oder Bausteine stehen im Zentrum des Diskurses eines „Umweltmanagementsystems":[36]

- **Unternehmensphilosophie**: Erklärung des Managements, Umweltverantwortung übernehmen zu wollen.
- **Umweltpolitik**: Die Umweltpolitik formuliert übergeordnete Umweltziele, die mit Hilfe des Umweltmanagementsystems erreicht werden sollen. Die Umweltpolitik wird auf der höchsten Managementebene festgelegt.[37]
- **Umweltorientierte Unternehmensplanung**: Die in der Umweltpolitik festgesetzten Zielrichtungen werden nach einer Ist-Analyse in quantifizierbare Ziele transformiert.
- **Umweltprogramm**: Beschlossene Umweltschutzmaßnahmen werden mit ihrem jeweils benötigten Zeitrahmen und Ressourceneinsatz dokumentiert.
- **Umweltaudit**: Das Umweltaudit stellt eine meist periodisch wiederkehrende und systematische Prüfung zur Kontrolle der Zielerreichung der Umweltschutzmaßnahmen und des bestehenden Umweltmanagementsystems dar. Die zwei wichtigsten Audittypen stellen die Umweltbetriebsprüfung nach EMAS (Environmental Management and Audit Scheme) und das Umweltmanagementsystemaudit nach ISO 14001 dar.[38]
- **Wiederaufnahme der Umweltorientierten Unternehmensplanung**: Identifikation von Korrekturbedarf. Ggf. Anpassung des Umweltmanagementsystems und des Umweltprogramms.

In den Verordnungen bzw. Normen der Audit-Typen findet sich diese Struktur wieder. Somit stellen diese Audit-Typen Mustervorlagen von Umweltmanagementsystemen dar.[39]

Die Art der Institutionalisierung eines Umweltmanagementsystems, also die Integration der Umweltschutzaufgaben in die Aufbauorganisation, hängt meist von der bestehenden Organi-

---

[36] Vgl. Müller-Christ 2001, S. 195ff.
[37] Vgl. Laxhuber, et al. 1998, S. 19.
[38] Vgl. Goebels 2001, S. 100ff.
[39] Vgl. Müller-Christ 2001, S. 198. Die Verbreitung in der Praxis offenbart jedoch noch ein enormes Entwicklungspotenzial: So haben je nach Unternehmensgröße erst 1 bis 18% aller Unternehmen in Deutschland ein Managementsystem nach diesen Mustern implementiert. ISO 14001 ist dabei weitaus öfters implementiert als EMAS. Dieser Beliebtheitsunterschied ist noch eklatanter, wenn danach gefragt wird, welches Umweltmanagementsystem Unternehmen einzuführen planen. Auch hier schneidet das ISO-System mit knapp 37 % im Vergleich zu 5 % für EMAS sehr viel besser ab (vgl. Schulz und weitere Autoren 2002b, S. 16). ISO steht für International Standardization Organisation.

sationsform des jeweiligen Unternehmens ab.[40] Bei einer Einlinienorganisation werden Aufgaben des Umweltschutzes in das bestehende Tätigkeitsfeld eines Mitarbeiters aufgenommen bzw. können auch zusätzliche Stellen für den Umweltschutz geschaffen und in die jeweiligen Funktionen (u.a. Beschaffung, Produktion, Absatz) integriert werden. Problematisch ist hierbei der lange Dienstweg, über den der Entscheidungs- und Informationsfluss zu erfolgen hat. Weitere Nachteile, wie mangelnde Spezialisierung und Überlastung der leitenden Instanzen, werden durch eine Stab-Linien-Organisation zu kompensieren versucht. Dabei werden Stabsstellen des Umweltschutzes den leitenden Funktionen in der Organisation zugeordnet. Diese Stabsstellen fungieren als Dienstleister der Funktionen und übernehmen Aufgaben der Entscheidungsvorbereitung, Kontrolle und der allgemeinen fachlichen Beratung. Auch eine Hierarchiebildung zwischen den Stabsstellen ist möglich. Eine weiter zunehmende Professionalisierung und Spezialisierung wird durch eine funktionale Organisation für den Umweltschutz erreicht. Hier wird zu den etablierten Unternehmensfunktionen das Umweltmanagement als eine weitere Funktion nebenan gestellt. Eine solche organisatorische Eingliederung birgt jedoch ein hohes Konfliktpotenzial zwischen dem Umweltmanagement und den anderen Funktionen, da ein Ressort-Denken leicht zu einer offen ausgetragenen Zielkonkurrenz zwischen Umwelt- und Wirtschaftszielen führen kann. Die Weiterentwicklung hin zu einer Matrixorganisation möchte eine verbesserte Zusammenarbeit der einzelnen Fachbereiche erreichen, indem das Umweltmanagement als Querschnittfunktion in alle traditionellen Unternehmensfunktionen hineinlangt. Darüber hinaus können Aufgaben des Umweltmanagements in zeitlich befristeten Projekten abgewickelt werden.[41]

Die Komplexität und die geforderte Anpassungsflexibilität eines marktorientierten Umweltmanagements erfordern eine effektive Koordination aller umweltschutzbezogenen Aktivitäten. Umweltcontrolling stellt dabei eine wichtige Unterstützungsfunktion und gleichzeitig eine Phase im Entscheidungsprozess des Umweltmanagements dar.[42]

Unabhängig von der jeweiligen Konzeption des Controllings[43] soll hier das Umweltcontrolling als wichtiges Subsystem des Umweltmanagements wie auch der Unternehmensführung verstanden werden, mit den Funktionen Anpassung und Innovation (Koordination), Zielsiche-

---

[40] Vgl. Rathje 2001, S. 81.
[41] Vgl. Meffert und Kirchgeorg 1998, S. 400ff.
[42] Vgl. Meffert und Kirchgeorg 1998, S. 410f.
[43] Vgl. Küpper 1997, S. 5ff.

rung und Service (Bereitstellung geeigneter Methoden, Informationsbereitstellung), wobei eine gewisse Trennschärfe zwischen *Controlling* und *Management* (Leitung) beibehalten wird:[44] „Das Controlling übernimmt in den sozialen Systemen nicht selbst Steuerungs- und Lenkungsaufgaben; sonst wäre es von der Leitung nicht mehr unterscheidbar. *Controlling* ist *Führungshilfe*."[45] Führungshilfe des Umweltcontrollings bezieht sich auf die Verwirklichung der dem Umweltmanagement zugeschriebenen Nutzeneffekte (siehe oben). Operative Instrumente des Umweltcontrollings sind u.a. Ökologische Buchhaltung, Ökobilanzierung, Belastungsbilanz, Umweltverträglichkeitsprüfung, Technologiefolgenabschätzung, Umweltkostenrechung und Umweltkennzahlen. Als strategische Instrumente können z.b. Ökologische Frühaufklärung, Ökologische Portfolioanalyse, Risikomanagement und strategische Treiberanalyse genannt werden.[46]

1.1.2 Betriebliche Umweltinformationssysteme

Unter einem Informationssystem versteht man heute die Kombination von Informations- und Kommunikationstechnik. Da ein Informationssystem auch immer im Kontext oder in Beziehung zu einer Nutzung durch den Menschen steht, spricht man auch von einem soziotechnischen System („Mensch-Maschine-System").[47] Informationssysteme helfen, Informationen zu verwalten, zu verarbeiten und bereitzustellen. Betriebliche Informationssysteme haben die Funktion, unternehmerische Leistungsprozesse und Austauschbeziehungen im Betrieb und mit ihrer Umwelt abzubilden.[48]

Betriebliche Umweltinformationssysteme (BUIS) sind zentrale Werkzeuge des Umweltcontrollings, die seit Jahren im Fokus der Forschung stehen.[49] BUIS haben die Funktion, (überwiegend computergestützt) umweltrelevante Daten so aufzubereiten, dass Entscheidungsträger sicher handeln können.[50] BUIS können in drei Grundtypen eingeteilt werden:[51]

---

[44] Vgl. Küpper 1997, S. 17ff.
[45] Küpper, et al. 1990, S. 283.
[46] Vgl. Faßbender-Wynands und Seuring 2001, S. 143ff.
[47] Vgl. König 1994, S. 80, Doluschitz und Spilke 2002, S. 19 und Krcmar 2003, S. 85.
[48] Vgl. Kirchgäßner 1995, S. 68f.
[49] Vgl. Schulz und Schulz 1993, S. 5.
[50] Vgl. Kreeb 2001a, S. 440 und Frings und Schmidt 2001, S. 575f.
[51] Vgl. Schulz und Schulz 1993, S. 8.

1. Sozioökonomische Konzepte: Hier stehen gesellschaftlich-ökologische Folgewirkungen von betrieblichen Aktivitäten im Vordergrund.[52]
2. Technische Konzepte: Hier stehen Belastungsbereiche (Luft, Wasser), die Ursachen der Belastung und ihr Ausmaß im Mittelpunkt.
3. Betriebswirtschaftlich-finanzwirtschaftliche Konzepte: Dieser Grundtyp umrahmt diejenigen Methoden und Instrumente, die das Unternehmen in seiner ökonomisch-ökologischen Effizienz steuern helfen (bspw. Kennzahlen, Berichterstattung, Investitionsrechnung).

Diese Arbeit und der später beschriebene Prototyp eines Umweltkennzahlen- und Benchmarking-Tools fokussieren den dritten Grundtyp eines BUIS.

1.1.3 Anforderungen an ein BUIS

Man kann drei Kategorien von Anforderungen an BUIS bzw. Aufgaben eines BUIS betrachten. Die erste Kategorie bezieht sich auf Dokumentations- und Informationsfunktionen eines BUIS. Hier muss ein BUIS neben der Verwaltung des Umweltmanagementhandbuchs auch in der Lage sein, die für das Unternehmen speziellen Handlungsanweisungen erstellen zu helfen, ein Anlagenkataster zu führen, Genehmigungsbescheide strukturiert abzuspeichern, eine (Gefahr-) Stoffdatenbank zu pflegen und Gesetzestexte einsehbar und kommentierbar zu machen.[53]

Die Erleichterung von operativen Abläufen stellt die zweite Kategorie von Anforderungen dar. So z.B. soll ein BUIS die Überwachung von Emissionen, Einleitungen und die Erstellung von Emissionsschutzerklärungen unterstützen. Gerade für Unternehmen der Recycling- und Abfallentsorgungsbranche stellt die manuelle Erstellung von Abfallbegleitscheinen und Entsorgungsnachweisen einen immensen Aufwand dar. Hier muss ein BUIS dem Verantwortlichen neben dem integrierten Zugriff auf die Kunden-/Lieferantendatenbasis geeignete Vorlagen bzw. Templates anbieten, um die Erstellung dieser Dokumente zu beschleunigen. Aber auch Abfallbilanzen und einfache Umweltbilanzen der operativen Ebene sind zu unterstützen.[54]

---

[52] Vgl. Dale und English 1999.
[53] Vgl. Frings und Schmidt 2001, S. 570.
[54] Vgl. Frings und Schmidt 2001, S. 577.

Den weitaus größten Integrationsbedarf mit den angestammten Informationssystemen stellen die Anforderungen der dritten Kategorie dar. Hier sollen BUIS das Controlling und die Planung durch detaillierte Umweltbilanzen, ein Stoffstrommanagement und die Umweltkostenrechnung unterstützen.[55] Darüber hinaus sollte ein BUIS ökologische Schwachstellenanalysen, die Erfolgskontrolle sowie die Herleitung von Alternativen ermöglichen. Dies erfordert wiederum die Fähigkeit eines BUIS, Modellanalysen und Simulationen flexibel durchführen zu können.[56]

1.2 Problemstellung: Nachhaltiges Management und sein Nutzen

Umweltmanagement oder Nachhaltiges Management bindet wie jede andere Managementdisziplin Ressourcen und kostet somit Geld. Jedoch bei guter Wahrscheinlichkeit eines positiven Kosten-/Nutzenverhältnisses handeln (rational denkende) Unternehmen und führen Methoden und Vorgehensweisen ein, welche diesen positiven Effekt herbeiführen helfen. Vor der Motivation zur Einführung eines diese Methoden und Vorgehensweisen umfassenden Managements bedarf es allerdings zuerst einer Wahrnehmung der Problemsituation bzw. einer Bewusstseinswerdung über existierende Optimierungspotenziale. Dies gilt auch für das Nachhaltige Management.

Zum Thema „Nachhaltiges Wirtschaften in Deutschland" wurde im Rahmen des Projektes Ökoradar im Jahre 2002 das ifo Institut für Wirtschaftsforschung, München, mit einer Studie zum Stand der Entwicklung beauftragt. In dieser Studie machten annähernd 1300 Unternehmen Angaben, inwieweit das Thema Nachhaltiges Management in der betrieblichen Praxis Fuß gefasst hat. Dabei fand man heraus, dass sich eine knappe Mehrheit der deutschen Unternehmen gegenüber dem Thema Nachhaltigkeit immer noch passiv verhält.[57]

---

[55] Vgl. Frings und Schmidt 2001, S. 577.
[56] Vgl. Haasis, et al. 1995, S. 10.
[57] Vgl. Schulz und weitere Autoren 2002b, S. 4ff.

[Bar chart showing Westdeutschland and Ostdeutschland with categories: passiv, umweltmanagementorientiert, nachhaltigkeitsorientiert]

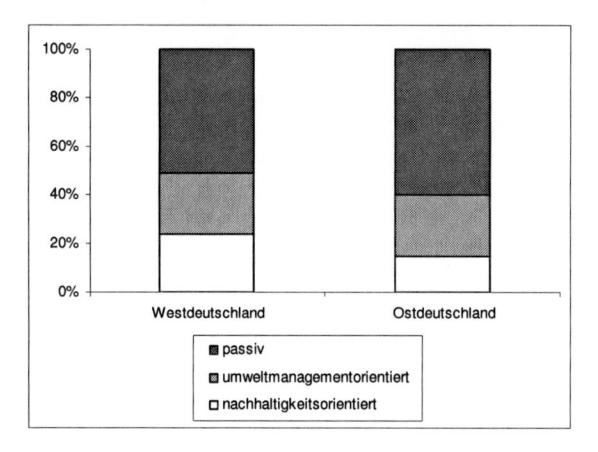

Abbildung 2: Ausprägung des Unternehmensbewusstseins
(Quelle: In Anlehnung an Schulz und weitere Autoren 2002b, S. 6)

Abbildung 2 zeigt, dass ostdeutsche Unternehmen in der Bewusstseinsbildung noch den größeren Nachholbedarf haben. Eine etwa gleich große Anzahl der Unternehmen sowohl in Ost wie West beschränkt sich auf das „klassische" Umweltmanagement. Nur insgesamt knapp 18% der Unternehmen kann man als nachhaltigkeitsorientierte Unternehmen einstufen.

Zwar verhalten sich viele Unternehmen in Deutschland noch weitgehend passiv. 58 Prozent der Befragten sind jedoch der Meinung, dass die Zukunft mehr Engagement von ihnen verlangt und die Wichtigkeit sozialer und ökologischer Verantwortlichkeiten steigen wird (vgl. Abbildung 3).[58]

---

[58] Vgl. Schulz und weitere Autoren 2002b, S. 6.

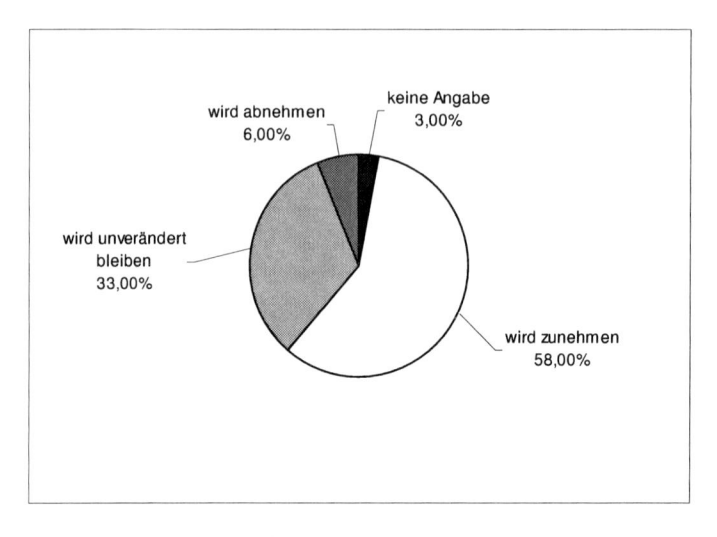

Abbildung 3: Einschätzung der sozialen und ökologischen Verantwortung
(Quelle: In Anlehnung an Schulz und weitere Autoren 2002b, S. 6)

Als Hauptantriebskraft des Nachhaltigen Wirtschaftens gilt die Möglichkeit, Innovationspotenziale auszuschöpfen und die eigene Wettbewerbssituation zu verbessern.[59] Somit drängt sich die Frage auf, welche Faktoren von Unternehmensseite als besonders hinderlich für die Verwirklichung einer Nachhaltigkeitsorientierung angesehen werden. So wird von den meisten Unternehmen darauf verwiesen, dass die derzeitige Finanzsituation und der Mangel an Kostenvorteilen[60] die wichtigsten hemmenden Faktoren auf dem Weg zu einer Nachhaltigkeitsorientierung seien (vgl. Abbildung 4), und dies trotz erhöhtem Verantwortungsbewusstsein und erkanntem Handlungsdruck.[61] In der ifo-Studie konnte sogar belegt werden, dass nachhaltigkeitsorientierte Unternehmen erfolgreicher als andere sind.[62]

---

[59] Vgl. Schulz und weitere Autoren 2002a, S. 31.
[60] Auch in einer 1991 vom Lehrstuhl für Wirtschaftsprüfung und Controlling der Universität Augsburg durchgeführten Analyse zu „Umweltschutz und betriebliches Zielsystem" stand bei den 1167 befragten Unternehmen die Auffassung im Vordergrund, dass Umweltschutz [Umweltmanagement] höhere Kosten verursacht bzw. den Gewinn schmälert (vgl. Kirchgäßner 1995, S. 10ff., vgl. auch Meffert und Kirchgeorg 1992, S. 47).
[61] Vgl. Schulz und weitere Autoren 2002a, S. 32.
[62] Vgl. Schulz und weitere Autoren 2002b, S. 7.

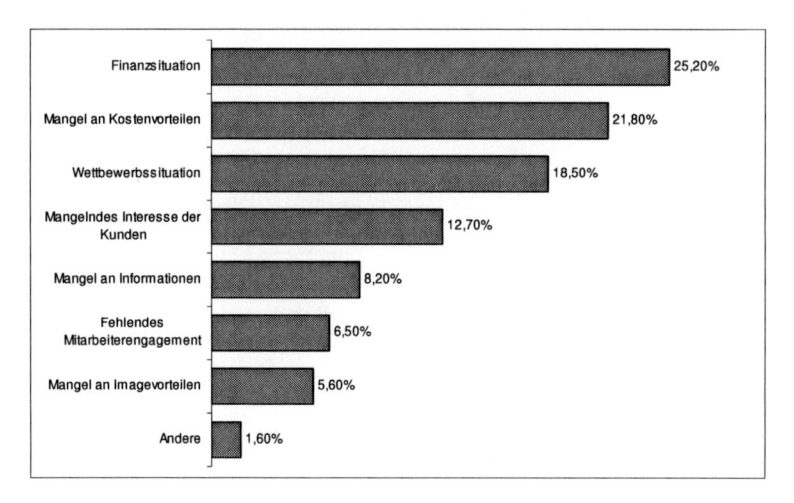

Finanzsituation	25,20%
Mangel an Kostenvorteilen	21,80%
Wettbewerbssituation	18,50%
Mangelndes Interesse der Kunden	12,70%
Mangel an Informationen	8,20%
Fehlendes Mitarbeiterengagement	6,50%
Mangel an Imagevorteilen	5,60%
Andere	1,60%

Abbildung 4: Hemmende Faktoren einer Nachhaltigkeitsorientierung
(Quelle: In Anlehnung an Schulz und weitere Autoren 2002a, S. 33)

Daraus kann man schließen, dass eine Manipulation des objektiven wie auch subjektiv eingeschätzten Kosten-/Nutzenverhältnisses eines Nachhaltigen Managements zugunsten der Nutzenseite eine Beschleunigung der Nachhaltigkeitsorientierung in den Unternehmen motivieren kann. Es müssen dazu Methoden bzw. Instrumente identifiziert werden, deren Einsatz einerseits die Finanzsituation des Unternehmens nicht negativ beeinträchtigt und andererseits den Nutzen eines Nachhaltigen Managements steigert. Oder anders ausgedrückt: Nachhaltiges Management muss effizienter gestaltet werden.

Durch den Einsatz von Informationssystemen verspricht man sich gemeinhin eine Effizienzsteigerung. Trotz zahlreicher Untersuchungen zum Produktivitätsparadoxon, in denen kein positiver Zusammenhang zwischen Investitionen in IKT (Informations- und Kommunikationstechnologien) und der Produktivität auf volkswirtschaftlicher oder Firmenebene nachgewiesen werden kann,[63] geht der Autor dieser Arbeit davon aus, dass ein richtiger Einsatz von Informationssystemen grundsätzlich Potenziale einer Effizienzsteigerung aufweist.[64] Während

---

[63] Vgl. Krcmar 2003, S. 342ff.
[64] Erklärungsversuche des Produktivitätsparadoxon findet man u.a. im Missmanagement von Information und Technik, in einer unzureichenden Reorganisation und Manifestierung überholter Strukturen und in Anlaufschwierigkeiten bei der Einführung von Informationssystemen (vgl. Krcmar 2003, S. 346f.).

sich die Kosten eines Informationssystems relativ leicht bestimmen lassen, ist die Bestimmung des Nutzens wesentlich komplexer.[65] Es können folgende generische Nutzenpotenziale von Informationstechnologien[66] vorgestellt werden:

IT-Potenzial	Organisatorischer Einfluss / Nutzen
Automatisch	Reduktion manueller Eingriffe und Standardisierung der Prozesse
Informativ	Verfügbarkeit großer Mengen detaillierter Informationen
Sequenziell	"Natürliche" Reihenfolge der Aktivitäten bis zur Parallelisierung
Zielorientiert	Kontinuierliche Verfolgung des Prozessstatus
Analytisch	Komplexe Auswertung vorhandener Informationen
Geografisch	Unabhängig von räumlichen Gegebenheiten
Integrierend	Zusammenfassung auch heterogener Aufgaben
Wissen schaffend	Flächendeckende Verfügbarkeit von Wissen und Expertise
Vereinfachend	Entfernung von Intermediären aus dem Prozess

Tabelle 1: Nutzenpotenziale der Informationstechnologie
(Quelle: In Anlehnung an Davenport 1993, S. 51ff., aus Krcmar 2003, S. 333)

Die aus diesen Potenzialen resultierbaren Effekte können in verschiedene Nutzenkategorien eingeteilt werden. Grundsätzlich kann man zwischen monetär quantifizierbarem und nicht quantifizierbarem Nutzen unterscheiden. Eine weitere Kategorisierung erfolgt nach „Einsparung gegenwärtiger Kosten" (direkter Nutzen), „Einsparung künftiger Kosten" (indirekter Nutzen) und dem „Nutzen aus den Sekundärwirkungen" des Einsatzes von Informationstechnologie bzw. den immateriellen Vorteilen (schwer fassbarer Nutzen).[67]

Eine weitere Kategorisierungsmöglichkeit erfolgt nach dem Nutzen, den man einem bestimmten Zweck des Einsatzes eines Informationssystems zuschreibt. So haben sog. *substitutive Informationssysteme* den Ersatz von Arbeitskräften oder Arbeitstätigkeiten zum Zweck. Dadurch erreichte Rationalisierungsvorteile lassen sich relativ leicht in messbare Kosteneinsparungen fassen. Die Zielrichtung *komplementärer Informationssysteme* ist die Unterstützung der Arbeitstätigkeit durch adäquate *Werkzeuge*. Dabei werden weniger die Tätigkeiten des Mitarbeiters an sich, sondern vielmehr die Hilfsmittel (Werkzeuge), die zur Arbeitsbewältigung eingesetzt werden, verändert. Diese Werkzeuge helfen den Mitarbeitern, eine größere Produktivität zu erzielen und ihre Fähigkeiten gezielter einzusetzen. Die Erlangung strategischer Wettbewerbsvorteile spricht man den sog. *innovativen Informationssystemen* zu. Der

---

[65] Vgl. Krcmar 2003, S. 333.
[66] Informationstechnologien als „Bausteine" von Informationssystemen.
[67] Vgl. Nagel 1988, S. 24.

Einsatz dieser Systeme ist meist mit umfassenden Veränderungen im Unternehmen verbunden. Informationssysteme haben hier die Aufgabe, die von der Unternehmensleitung formulierten Strategien zu unterstützen. Die hier vorgestellte Kategorisierungsmöglichkeit lässt sich in der Praxis nicht trennscharf halten. Die Grenzen der Kategorien sind eher fließend.[68] Darüber hinaus gibt es eine wechselseitige Beziehung zwischen Informationssystemen und Unternehmensstrategien. Oft werden Strategien erst durch innovative Informationstechnologien möglich bzw. denkbar („Informationssysteme als Enabler").[69]

ARNDT sieht ein effizientes Umweltmanagement nur über den Einsatz von geeigneten Informationssystemen als möglich an.[70] Die Nutzeneffekte eines (computergestützen) Betrieblichen Umweltinformationssystemen (BUIS, vgl. Abschnitt 1.1.2) sind somit eine Prämisse für die positive Manipulation des Kosten-/Nutzenverhältnisses des Umweltmanagements. Betrachtet man ein Umweltmanagement als evolutionäre Vorstufe eines Nachhaltigen Managements,[71] so können die für das Umweltmanagement identifizierten Nutzeneffekte von BUIS später in Nutzeneffekte von zu gestaltenden Informationssystemen für das Nachhaltige Management überführt werden.

Diese Nutzeneffekte von BUIS lassen sich direkt aus den in Abschnitt 1.1.3 vorgestellten Anforderungen an ein BUIS in Verbindung mit den in Tabelle 1 aufgeführten Nutzenpotenzialen von Informationstechnologie ableiten. Die meisten dieser Effekte lassen sich der Nutzenkategorie *komplementärer Informationssysteme* zuschreiben (vgl. weiter oben). So wird es erst durch ein (computergestütztes) BUIS möglich, die entsprechenden Daten redundanzarm und systematisch zu verwalten, den Zugriff auf diese Daten schnell und ortsunabhängig zu gestalten, um somit das Umweltcontrolling auch in komplexen Auswertungen kontinuierlich zu unterstützen.[72] *Ein BUIS hat dabei den Charakter eines Hilfsmittels bzw. einer Bündelung von auf verschiedene Aufgaben des Umweltmanagements spezialisierten Werkzeugen*, welche einzelne Arbeitsschritte beschleunigen helfen und komfortabler gestalten lassen.[73] Aber auch mit der Nutzenkategorie *innovativer Informationssysteme* lassen sich BUIS in Verbindung bringen. So kann es erst durch den Einsatz eines BUIS möglich sein, Innovationspotenziale

---

[68] Vgl. Nagel 1988, S. 24f.
[69] Vgl. Krcmar 2003, S. 31f. und 241 und Davenport 1993, S. 37ff.
[70] Vgl. Arndt 1997, S. 154.
[71] Vgl. Baumast 2001, S. 240ff.
[72] Vgl. Frings und Schmidt 2001, S. 576.
[73] Vgl. Arndt 1997, S. 144.

auszuschöpfen und die eigene Wettbewerbssituation zu verbessern, indem bspw. bestimmte Werkzeuge eines BUIS die Verfolgung der Strategie eines nachfragegerechten Designs von Öko-Produkten ermöglichen.[74]

Trotz allgemeiner Anerkennung der Nutzeneffekte von BUIS ist bei diesen Systemen noch nicht der große Durchbruch erzielt worden. ARNDT hat dazu zahlreiche Gründe einer gehemmten Entfaltung der Nutzeneffekte identifiziert. Er ordnet diese Gründe in die Gruppen „Anbieterseite", „Nutzerseite" und „Umfeld":[75]

- Gründe auf Anbieterseite
  - Unausgewogenes Kosten-/Nutzenverhältnis: Unerfüllte Erwartungen der Kunden bei relativ hohen Lizenzpreisen der BUIS-Produkte.
  - Konzentration auf monolithisch strukturierte Lösungen: Anbieter konzentrieren sich auf schwer wart- und pflegbare Komplettlösungen aus einem Stück und nicht auf flexibel kombinierbare Module.
  - Mangelnde Fachkenntnis der Berater: Lernkurveneffekte bei den Beratern sind nicht sehr ausgeprägt, wenn sie noch nicht eine genügend große Anzahl an BUIS-Projekten begleiten.
  - Fehlende Referenzen für Kosteneinsparmöglichkeiten: Fehlen eines eindeutigen Nachweises, dass BUIS die Kosten senken.
  - Hohe Entwicklungskosten: BUIS sind komplexe Systeme. Bei umfassenden Lösungen besteht eine hohe Integrationsintensität zu anderen betrieblichen Systemen.
- Gründe auf Nutzerseite
  - Fehleinschätzung von informationstechnischen Möglichkeiten: Ein BUIS ist keine „Eier legende Wollmilchsau". Es kann nicht alle Wünsche erfüllen.
  - Isolation der betrieblichen Querschnittsfunktion „Umweltmanagement": Die Integration des Umweltmanagements mit den einzelnen Abteilungen des Unternehmens wird vernachlässigt.

---

[74] So ermöglicht erst der Einsatz des Werkzeugs „Ökobilanz nach ISO 14040", welche die betrieblichen In- und Outputs ausgewählten Produkten oder Produktlinien zuordnet, eine „Begleitung" von Produkten über deren gesamten Lebensweg. Erkenntnisse daraus können dann in die Gestaltung ökologischer Produkte einfließen (vgl. Lehmann 2001, S. 201 und Burschel 2001, S. 269ff.).
[75] Vgl. Arndt 1997, S. 154ff.

- o Mangelnde Unterstützung durch die Unternehmensleitung: Die für eine Einführung eines BUIS notwendige Unterstützung der Unternehmensleitung ist nicht immer vorhanden.
- o Diskrepanz zwischen artikulierten Zielvorgaben und tatsächlich durchgeführten Maßnahmen: BUIS, die über den gesetzlichen Mindeststandard hinausgehen, haben schlechte Durchsetzungschancen.
- o Fehlende umweltorientierte Kostenrechnung: Kosteneffekte eines BUIS lassen sich somit kaum monetarisieren.
- o Hoher Verbrauch an betriebswirtschaftlichen Ressourcen: Hohe Ressourcenbindung während der Einführung von BUIS.
- Gründe im Umfeld
  - o Fehlender Marktdruck: Betrieblicher Umweltschutz hat heute noch seinen Schwerpunkt in der Kommunikation der Umweltleistung. Eine Verzahnung der Umweltleistungsmesspunkte über die Wertschöpfungskette mehrerer Unternehmen findet kaum statt. Dadurch sinkt auch der Handlungsdruck zur Einführung von BUIS.
  - o Konjunkturabhängigkeit des Umweltschutzes: Das Umweltbewusstsein und die Umweltgesetzgebung verhalten sich prozyklisch – und somit auch der Druck, ein BUIS einzuführen.
  - o Fehlende gesetzliche Vorgaben: Anbietern und Systementwicklern fehlen konkrete gesetzliche Vorgaben für die BUIS-Gestaltung.

1.3 Ökosoziotechnoökonomisch relevante Effekte des Internets

Unabhängig von der Sichtweise auf das Thema „Nachhaltige Entwicklung" (vgl. Abschnitt 1.1), besteht die Notwendigkeit einer systematischen Integration der verschiedenen Aspekte bzw. Inhalte von Nachhaltigkeit. Fasst man diese Aspekte als Überschriften für einzelne Teilsysteme auf, so gilt es, die in Umwelt-, Sozial- und Wirtschaftssystemen ablaufenden Prozesse auf ein Gesamtziel hin zu koordinieren.[76] Betrachtet man bekannte Vorschläge zum Themenkomplex der Nachhaltigkeit, so zeigt sich, dass die Entwicklung einer gleichsam für Mensch und Natur nachhaltigen Lebensart vornehmlich informationsintensive, also „intelligente Systeme" erfordert.[77] „Praktisch alle umweltverträglichen Produkte sind sogenannte ‚intelligente' Produkte; fast alle umweltfreundlichen Verfahren und Managementmethoden benötigen eine hohe Menge an Information. Ein nachhaltiger Umgang mit den Ressourcen

---

[76] Vgl. Alakeson, et al. 2003a, S. 1f. und Steinmüller 1993, S. 602.

muß informationsintensiv sein. Ohne die Informationsgesellschaft ist also keine Nachhaltigkeit zu erreichen; ohne die Nachhaltigkeit ist keine gedeihliche regionale und wirtschaftliche Entwicklung möglich".[78]

Die Technologie „Internet", als *das* zentrale Medium der Informationsgesellschaft, ist Träger zahlreicher intelligenter Systeme. Das bekannteste dieser Systeme ist das World Wide Web (WWW), welches als eine Art generisches Trägersystem für weitere konkrete Anwendungen dient. Das Internet mit seinen Systemen ermöglicht einen schnellen, günstigen und globalen Informationsaustausch. Diese Technologie hat somit das Potenzial, die Teilsysteme Umwelt, Soziales und Wirtschaft und die in ihnen ablaufenden Prozesse zu koordinieren und zu synchronisieren. Jedoch gilt es, bei der Gestaltung eines solchen „Pan-Systems" zahlreiche Effekte der modernen Informationsgesellschaft zu beachten und zu beherrschen. Im Folgenden werden einige dieser Effekte vorgestellt, wobei diese jeweiligen Effekte selten isoliert wirken.

Rationalisierung beschreibt im Allgemeinen Bemühungen zur Steigerung der Produktivität eines Systems. Bezieht man dieses Bemühen auf ein Unternehmen, so ist man danach bestrebt, eine gewisse Produktionsleistung bei einem möglichst geringen Einsatz von Inputfaktoren zu erreichen. Oder man hält die Inputfaktoren (Personal, Material, Energie u.a.) konstant und versucht, mit dem gegebenen Input einen möglichst großen Produktionsausstoß zu erreichen.[79] Die weltweite Vernetzung durch das Internet eröffnet neue Rationalisierungspotenziale. Die von STEINMÜLLER beschriebenen Technologiefolgen des Einsatzes von Informationssystemen kann man auf die Folgenabschätzung des Internets bzw. auf seine Rationalisierungspotenziale übertragen. Die Technologiefolgen werden durch das Internet teilweise noch weiter verstärkt:[80]

- Rationalisierung des Informationsprozesses
    - Rationalisierung geistiger Tätigkeiten: Komplexe Mensch-Maschine-Systeme können vormals getrennte Vorgänge geistiger Arbeit verbinden.

---

[77] Vgl. Grossmann, et al. 1999, S. 131 und Grossmann 1998, S. 65.
[78] Grossmann, et al. 1999, S. 131f.
[79] Vgl. Wöhe 1993, S. 49.
[80] Vgl. Steinmüller 1993, S. 435ff. Vgl. auch Eberhart und Fischer 2003, S. 17f.: „Verbundeigenschaften als Nutzeneffekte verteilter Systeme (Internet)".

- o Rationalisierung der Kommunikation: Dies ist meist gleichbedeutend mit der „Rationalisierung der Zeit", da stark verkürzte Antwortzeiten möglich sind.
- o Rationalisierung der Zwischenräume: Einsparung von Intermediären der Informationsübertragungskette.[81]
- Rationalisierung des Arbeiters
  - o Taylorisierung: Unterwerfung des Menschen unter den Arbeitstakt von computerisierten Systemen. Requalifizierung: Zusammenfassung mehrerer, bisher relativ selbständig verlaufender Arbeitsvorgänge durch Veränderung der Qualifikation der Beteiligten.
  - o Technologische Arbeitskräfteeinsparung: Strukturelle Verdrängung von Menschen durch Maschinen, auch bei intellektuellen Tätigkeiten.
- Rationalisierung des Arbeitsmaterials „Daten": Verknüpfung mehrerer Datenhaltungssysteme zu einem integrierten Gesamtsystem. Dadurch werden Mehrfachbearbeitungen von Redundanzen eingespart.
- Rationalisierung des Informationsgeräts: Vormals auf mehrere Systeme (Servern) verteilte Aufgaben können aufgrund der Leistungssteigerung von Hardware zusammengefasst oder auf Fremdsysteme verteilt werden.[82]

Überträgt man diese Rationalisierungspotenziale auf konkrete Anwendungsfälle für Unternehmen, so lassen sich u.a. folgende Nutzeneffekte aufführen: Engere Bindungen der Partner können realisiert werden, Vereinfachung von Abläufen, Verkürzung von Durchlaufzeiten, Erhöhung der Fertigungskapazitäten, Erhöhung der Flexibilität, Zusammenfassung von Funktionen, Realisierung einer umfassenden Informationsbasis, Erhöhung der Kundenservices, Erhöhung der Personalproduktivität, Überwindung räumlicher Grenzen, Minimierung von Transportzeiten, Erhöhung der Reaktionszeit und Gewinnung neuer Geschäftsfelder.[83]

Mit dem Begriff *„Digitale Spaltung"* wird das Phänomen einer Teilung der Gesellschaft hinsichtlich der Nutzung und Akzeptanz neuer Medien umschrieben. Die Gesellschaft unterteilt sich in eine sog. Online- und Offline-Gesellschaft. Die Mitglieder der Online-Gesellschaft

---

[81] Bspw. wird in der menschlichen und maschinellen Übertragungskette eines Computer Aided Manufacturing (CAM) zwischen Konstruktion und Ausführung der technische Zeichner nicht mehr benötigt (vgl. Steinmüller 1993, S. 443).
[82] Das Konzept der Nutzung verteilter (fremder) Systeme auf Hardware-Komponentenebene wird Grid-Computing genannt (vgl. Eberhart und Fischer 2003, S. 10f.).

sind neuen Medien gegenüber, insbesondere dem Internet, aufgeschlossen und haben Zugang zu diesen. Die Offline-Gesellschaft hat keinen Zugang zum Internet oder ist abgeneigt, die neuen Medien zu nutzen.[84]

Digitale Spaltung hat eine nationale und eine internationale Dimension. Während in Deutschland bzw. Europa die meisten Bürger sich zumindest theoretisch den technischen Zugang verschaffen können, ist dies vor allem in den Entwicklungsländern kaum möglich.[85] Auf nationaler Ebene sind im Besonderen die Bevölkerungsteile der Rentner / nicht Berufstätigen und der Volks- und Hauptschulabgänger in der Nutzung des Internets unterrepräsentiert. Aber auch bezüglich des Geschlechts und des Wohnorts kann man Unterschiede feststellen: So nutzen Frauen weniger das Internet als Männer, und Menschen, die in ländlichen Gebieten wohnen, sind seltener Internetnutzer als städtische Bürger.[86]

Nicht nur die digitale Kluft zwischen den Industrie- und Entwicklungsländern, sondern auch die ungleich verteilte Nutzung durch verschiedene Bevölkerungsteile in hoch entwickelten Volkswirtschaften kann massive Probleme verursachen. Sieht man „Information" als *das* Produktionsmittel der Neuzeit an,[87] so bekommt die Online-Gesellschaft durch das Internet einen signifikanten Wettbewerbsvorteil, der die Gräben zwischen arm / reich und zwischen ausgebildet / weniger ausgebildet noch größer werden lässt. Verschiedene Initiativen versuchen Gegenmaßnahmen zu dieser problematischen Entwicklung zu ergreifen, bspw. der in Abschnitt 1.1 vorgestellte Weltgipfel der Informationsgesellschaft (WSIS) in Genf 2002.

Hinter dem Begriff *„Dematerialisierung"* verbirgt sich wahrscheinlich das größte Potenzial bzw. die größte Chance zur Entwicklung einer nachhaltigen, ressourcenschonenden Wirtschaftsweise. Traditionelle (physische) Produktformen werden dabei digitalisiert und somit „entmaterialisiert". Produkte werden virtuell. Diese Produkte lassen sich über das Internet bei vernachlässigbaren Transportzeiten und -kosten vertreiben. Die Dematerialisierung durch *Digitalisierung* hat zwei umweltrelevante Haupteffekte: Erstens lässt sich das Wirtschaftswachstum von der Umweltbelastung entkoppeln, da Produkte und Services der „New Economy" meist weniger Ressourcen verbrauchen als die der „Old Economy". Zweitens kann man

---

[83] Vgl. Kurbel und Teuteberg 1998, S. 19f.
[84] Vgl. Krcmar und Wolf 2002, S. 29.
[85] Für globale Analysen der Internet-Nutzung vgl. Nua Internet Surveys 2004.
[86] Vgl. Van Eimeren, et al. 2001, S. 383 und Krcmar und Wolf 2002, S. 29.

das Wirtschaftswachstum vom Verkehrswachstum entkoppeln, weil die Produkte umweltschonend über das Datennetz transportiert werden können. Dies entlastet direkt die Umwelt. Darüber hinaus werden durch den Einsatz digitaler und vernetzter intelligenter Verkehrsinformationssysteme weitere Umweltentlastungseffekte möglich.[88]

Diese Potenziale der Dematerialisierung bzw. Digitalisierung müssen jedoch kritisch damit einhergehenden Nebeneffekten gegenübergestellt werden. Ein negativer Nebeneffekt entsteht durch die Produktion der Geräte, welche die Dematerialisierung erst ermöglichen. So ist der entstehende Elektronikschrott ein ernst zu nehmendes Thema. Ein weiterer Nebeneffekt entsteht durch sich verändernde Wirtschaftsstrukturen, Lebensgewohnheiten und Konsummuster. Wenn hierbei die Effizienzverbesserung durch Digitalisierung niedriger ausfällt als die Konsumwachstumsrate, so spricht man vom sog. „Rebound-Effekt".[89]

Ein zunehmendes Problem im Internet bzw. durch das Internet erst verursacht ist die rasant anwachsende Menge an Informationen.[90] Das gedruckte Wissen dupliziert sich alle acht Jahre und täglich kommen weltweit circa 1000 neue Bücher auf den Markt.[91] „Im Dezember 2000 gibt es zwei Milliarden Webseiten und täglich werden es (angeblich) um eine Million mehr".[92] Die Klagen von Menschen, dass sie der täglichen Flut von Informationen nicht mehr Herr werden, nehmen zu. Man spricht in diesem Zusammenhang von *Informationsüberflutung* und von „information and stimulus overload" und „data addiction".[93]

Durch große Mengen an ständig verfügbarer Information können Stress, Unentschlossenheit und, in extremen Fällen, sogar Krankheiten verursacht werden. Informationsüberflutung an sich besteht bereits seit Jahrzehnten, aber "Infostress" ist ein neues Phänomen, welches erst durch den ubiquiden Zugang zu Informationen über das Internet verursacht wird.[94] „Infostress ist jener Stress, den wir verspüren, wenn wir mit zu vielen Informationen konfrontiert werden;

---

[87] Vgl. Doluschitz und Spilke 2002, S. 18ff.
[88] Vgl. Kuhndt, et al. 2003, S. 13f.
[89] Vgl. Fichter 2003, S. 27.
[90] Vgl. Brunold, et al. 2000, S. 62.
[91] Vgl. Krcmar 2003, S. 51.
[92] Bauer 2001, S. 19.
[93] Vgl. Schenk 1987 und Krcmar 2003, S. 51.
[94] Vgl. Meyers 2003.

wir können mit dem Vorhandenen nicht umgehen, das Treffen von Entscheidungen wird behindert, und wir kommen nicht voran - das sind die Momente, in welchen wir wirklich auf Probleme stoßen und sogar krank werden".[95]

Neben den im Internet bzw. im World Wide Web übergroßen Mengen an zugreifbaren Informationen gibt es noch ein zweites Problemfeld: die Überflutung mit elektronischen Briefen (E-Mails). So ergibt eine Studie, dass schon im Jahre 2000 US-Mitarbeiter täglich im Durchschnitt 195 E-Mails bekamen. Diese überreichliche Anzahl von E-Mails macht die unbezweifelbaren Vorteile einer „one-to-many"-Kommunikation wieder zunichte.[96]

Unter *Entfremdung* im Zusammenhang mit dem Internet und seinen Technologien kann man die erzwungene Integration von Verhaltensweisen verstehen, die den Interessen der Technokraten, also den „Gestaltern" des Internets, entsprechen. Der User muss sich dem Internet anpassen und nicht umgekehrt. Darüber hinaus kann Entfremdung über die kulturelle *Manipulation* durch die massive Werbung entstehen.[97] Die Internet-Gesellschaft „[…] bedeutet nicht deshalb Entfremdung, weil sie die Menschen ins Elend stößt, sondern weil sie sie verführt und manipuliert".[98]

Das Anwendungspotenzial des Internets zur *Meinungsbildung* ist enorm. Jeder kann „Redakteur" seiner eigenen „Zeitung" sein, Informationen (fast) nach Belieben verbreiten und somit auf die Meinungsbildung anderer Einfluss nehmen. Einerseits birgt dies die Gefahr, dass über das Internet völlig unkontrolliert Fehlinformationen verbreitet werden. Andererseits ist dies auch gleichzeitig eine große Chance für Demokratisierungs- und Aufklärungsbewegungen: Internet-User müssen sich nicht mehr auf die Nutzung u.U. einseitig berichtender regionaler oder nationaler Medien beschränken.

Der anwachsende *Elektronikschrott* ist die Schattenseite des Dematerialisierungseffektes des Internets. Jährlich fallen ca. 1,5 Mio t Elektronikschrott an. Diese Abfallmengen werden meist auf dem für Hausmüll üblichen Wege entsorgt. Dabei werden selten die entstehenden Gefahren für Mensch und Umwelt beachtet. In vielen elektronischen Geräten und Bauteilen

---

[95] Meyers 2003.
[96] Vgl. Alakeson, et al. 2003b, S. 35.
[97] Vgl. Buß 1985, S. 240.
[98] Buß 1985, S. 240.

befinden sich Umweltgifte, wie bspw. Schwermetalle, Flammschutzmittel, PCB und Asbest, die gleichsam für Mensch und Tier und die natürliche Umwelt schädlich sein können. Krankheitsbilder können u.a. Allergien und Vergiftungen sein.[99]

1.4 Internet-Technologien und -Anwendungen – Eine Übersicht

In der Einführung zu Abschnitt 1.3 wurde das grundsätzlich vorhandene Potenzial des Internets, die „verteilten" Teilsysteme der Domänen Umwelt, Wirtschaft und Soziales koordinieren und synchronisieren zu können, umrissen. Überträgt man den Gedanken dieser abstrakten Teilsysteme auf computertechnologiebasierte Informationssysteme, so betrachtet man einzelne existierende oder noch zu gestaltende domänenbezogene Software-Systeme bzw. Anwendungssysteme, die es zu koordinieren und zu synchronisieren gilt und die nur im Verbund die Aufgaben einer Nachhaltigen Entwicklung bewältigen können. So z.B. stellt das in den Abschnitten 1.1.3 und 1.2 thematisierte BUIS ein computertechnologiebasiertes Informationssystem dar, welches die Domänen Umwelt und Wirtschaft auf betrieblicher Ebene koordinierend verbindet.

Das Konzept der verteilten und gleichzeitig verbundenen Systeme kann als die Ur-Idee des Internets verstanden werden und stellt gleichzeitig eine Evolutionsvorstufe der in dieser Arbeit fokussierten internetgestützten Services dar.[100] Die technologische Vielfalt des Internets und die darauf aufsetzenden Anwendungen werden im Folgenden vorgestellt.

Eine Grundvoraussetzung für eine funktionierende Kommunikation verteilter Systeme sind standardisierte Kommunikations- und Netzwerktechnologien. Die bekannteste Standardisierungsbemühung auf diesem Gebiet stellt das ISO-OSI-Referenzmodell dar (OSI = Open System Interconnection). Das OSI-Modell ist in sieben Schichten unterteilt, die jeweils einen gewissen Dienst innerhalb eines Kommunikationsprozesses übernehmen. Dabei fungiert jede Schicht als Dienstleistungserbringer der darüber liegenden Schicht. Jede Schicht umfasst mehrere Protokolle, in denen Vereinbarungen über den organisierten Ablauf einer Datenübertragung fixiert sind.[101]

---

[99] Vgl. Blum 1996, S. 1.
[100] Vgl. Eberhart und Fischer 2003, S. 16 und Österle und Reichmayr 2003, S. 566.
[101] Vgl. Stahlknecht und Hasenkamp 2002, S. 97ff.

Die unterste Schicht stellt die sog. „physikalische Schicht" dar. Hier werden elektrische und physikalische Eigenschaften von Steckverbindungen, Arten der Verkabelung oder Formen des Medienzugriffs definiert. Bekannte Netzwerkdefinitionen sind Ethernet, Wireless LAN, ISDN oder DSL. Über der darauf aufsetzenden „Sicherungsschicht" baut die „Vermittlungsschicht" auf, deren „Internet Protocol" (IP) das Herzstück des Internets darstellt. IP ermöglicht die Übertragung einzelner Datenpakete zwischen beliebigen Rechnern. Dazu gehört auch die Nutzung eines gemeinsamen Adressraums („IP-Adressen"). Darüber folgt die Transportschicht, welche mit dem Transmission Control Protocol (TCP) die wohl bekannteste Protokollpartnerschaft mit IP bildet (TCP/IP). TCP ist für die Steuerung und Überwachung der logischen Verbindung zwischen Sender und Empfänger verantwortlich. Darüber setzen drei weitere Schichten auf, die auch unter dem Begriff „Anwendungsdienste" zusammengefasst werden.[102] Die bekanntesten Protokolle bzw. Dienste dieser Schichten sind FTP (File Transfer Protocol, Datentransfer), SMTP (Simple Mail Transfer Protocol, E-Mail) und HTTP (Hyper Text Transport Protocol).[103] HTTP bildet zusammen mit den Standards HTML (Hyper Text Markup Language) und URL (Uniform Resource Locator) *den* Dienst des Internets: das World Wide Web (WWW). HTML ist die Beschreibungssprache der Inhalte einer Seite, die URL stellt die Adresse einer Seite dar, und HTTP ist das Kommunikationsprotokoll, welches zur Übertragung der HTML-Seiten dient.[104]

Einfache HTML-Seiten sind statischer Natur. Das bedeutet, dass einmal geschriebene HTML-Seiten in einem Dateiverzeichnis eines Web-Servers abgelegt und über einen Browser bei Bedarf angezeigt werden. Dieses Verfahren bedeutet jedoch bei sich häufig ändernden Seiteninhalten einen enormen Pflegeaufwand. Um diesem Pflegeaufwand gegenzusteuern, wurden Technologien zur dynamischen Web-Seitenerzeugung entwickelt. Dazu gehören sog. CGI-Skripte bzw. -Programme (CGI = Common Gateway Interface), Active Server Pages, PHP, Java Server Pages (JSP) und Java Servlets.[105] Mit diesen Technologien werden HTML-Seiten vollständig oder teilweise zum Zeitpunkt des Client-Aufrufs mit Hilfe server-seitig ablaufen-

---

[102] Vgl. Stahlknecht und Hasenkamp 2002, S. 98, Steinmetz 2000, S. 407ff. und 481ff., Eberhart und Fischer 2003, S. 22ff. und Kyas 1996, S. 74ff.
[103] Vgl. Kyas 1996, S. 77.
[104] Vgl. Kyas 1996, S. 261.
[105] Auch mit sog. Cascading Style Sheets kann eine gewisse Dynamisierung erreicht werden. Diese bezieht sich jedoch nur auf das Layout und nicht auf die in einer Seite dargestellten Informationen (vgl. Steinmetz 2000, S. 734).

der Programme generiert.[106] Dadurch lassen sich interaktive Web-Anwendungen jeglicher Art entwickeln, wie bspw. Bestellsysteme, Routenplaner oder zur Transportverfolgung. Auch lässt sich dadurch der Browser als ein universeller Client verschiedener Anwendungssysteme, wie bspw. SAP R/3[107] und Lotus Notes, einsetzen („Thin Client").[108]

Aus den zahlreichen Möglichkeiten von Web-Anwendungen haben sich verschiedene Typen entwickelt, die auch meist als nur noch auf bestimmte Rahmenbedingungen anzupassende Produkte angeboten werden („Customizing"). Neben den oben genannten Bestellsystemen haben sich u.a. Telekooperationssysteme (TKS) und Content Management Systeme (CMS) als Produkte etabliert. Ein CMS ist ein System zur Verwaltung eines Internet-Auftritts. Insbesondere bei umfangreichen Internet-Auftritten und bei Eingebundensein mehrerer (verteilter) Redakteure bedarf es eines solchen Systems, welches u.a. die Archivierung, Zugriffskontrolle, Redaktion-Workflows und Link-Kontrollen übernimmt.

Unabhängig von Interaktionen zwischen dem Client (Browser) und einem Web-Server können auch client-seitig verschiedene Technologien eingesetzt werden, die eine Dynamisierung dargestellter Seiteninhalte ermöglichen. Die wohl ursprünglichste Technologie stellen hierbei die sog. Java-Applets dar. Java-Applets sind in Java geschriebene Programme, die mit dem übrigen Seiteninhalt über das Internet in den Browser geladen und lokal ausgeführt werden. Weitere Technologien zur client-seitigen Dynamisierung von Seiteninhalten sind JavaScript, ActiveX und sog. Plug-Ins wie bspw. Flash-Animationen.[109]

1.5 Vorstellung der Forschungslandschaft Ökoradar

„Umweltmanagement als Wurzel eines Nachhaltigen Managements im Kontext zum Nachhaltigen Wirtschaften"; „ein unbefriedigender Verbreitungsgrad des Nachhaltigen Managements sowie des Umweltmanagements"; „Nutzeneffekte von BUIS als Diffusionsförderer sind erkennbar", jedoch „Hemmnisse gegenüber einem Einsatz von BUIS"; „das Internet und seine Technologien als Lösungsidee zur Überwindung dieser Hemmnisse" – an diesen in den vorigen Abschnitten beschriebenen Gedankengang knüpft das in dieser Arbeit dargestellte Projekt

---

[106] Vgl. Eberhart und Fischer 2003, S. 31. Diese server-seitig ablaufenden Programme interagieren dabei auch meist mit verschiedenen server-seitigen Datenbanken.
[107] R/3 ist ein betriebswirtschaftliches Standard-Software-Paket der SAP AG, Walldorf, für die Client/Server-Technologie.
[108] Vgl. Gröger 2000, S. 396f. und Stahlknecht und Hasenkamp 2002, S. 15, 64 und 128.
[109] Vgl. Mössenböck 2001, S. 259 und Steinmetz 2000, S. 738ff.

„internetgestützter Services für eine Nachhaltiges Management" an. Dieses Projekt ist in das „Mutterprojekt" Ökoradar eingebettet, dessen Inhalte und Förderschwerpunkte im Folgenden kurz vorgestellt werden.

1.5.1 „Integrierter Umweltschutz – Betriebliche Instrumente für nachhaltiges Wirtschaften"

Der BMBF-Förderschwerpunkt „Integrierter Umweltschutz – Betriebliche Instrumente für nachhaltiges Wirtschaften", in dem auch Ökoradar verankert ist, hat als Forschungsziel explizit vorgestellt, insbesondere kleinen und mittelständischen Unternehmen **„effiziente und in der Praxis anwendbare Methoden und Werkzeuge für ein nachhaltiges Wirtschaften"**[110] bzw. das Umweltmanagement an die Hand zu geben.

Im Rahmen dieses Förderschwerpunktes zu entwickelnde betriebliche Konzepte, Methoden und Instrumente sollen sowohl branchenbezogene als auch produktgruppenspezifische Ansätze umfassen.[111] Dabei sollen **„sämtliche Ebenen der betrieblichen Organisation über alle Geschäftsprozesse, entlang von Wertschöpfungsketten, über die verschiedensten Ebenen der betrieblichen Funktionsbereiche hinaus bis hin zu betriebsübergreifenden Fragestellungen"**[112] betrachtet werden. Es soll ein Anreiz zur Übernahme und Implementierung neuer Instrumente in betriebliche Prozesse geschaffen werden.[113]

Die inhaltlichen Schwerpunkte dieses Förderschwerpunkts sind informationstechnische Instrumente, Controllinginstrumente, Planungsinstrumente und Kommunikationsinstrumente. Diese vier Schwerpunkte wurden seitens der Förderungsinitiatoren durch umfangreiche Literaturrecherchen und Interviews mit Wissenschaftlern und Wirtschaftsvertretern ermittelt und sollen den Bedarf an der Weiterentwicklung dieser Instrumente abbilden. Aus den Zielen und Schwerpunkten dieses Förderschwerpunktes sind zahlreiche BMBF-geförderte Projekte ent-

---

[110] Grablowitz, et al. 2001, S. 65. Die Begrifflichkeitengebung in dem vom BMBF ausgerufenen Förderschwerpunkt kollidiert mit denen in dieser Arbeit dahingehend, dass mit den vom BMBF genannten Methoden und Instrumenten eines „nachhaltigen Wirtschaftens" hier die Methoden und Instrumente eines „Nachhaltigen Managements" gemeint sind.
[111] Vgl. Grablowitz, et al. 2001, S. 65.
[112] Grablowitz, et al. 2001, S. 65.
[113] Vgl. Grablowitz, et al. 2001, S. 65.

standen, die in unterschiedlichen Domänen, Branchen oder Problembereichen anzusiedeln sind.[114]

1.5.2 Das BMBF-Projekt „Ökoradar"

Das Projekt Ökoradar hat sich zum Ziel gesetzt, die Instrumente für Nachhaltiges Wirtschaften und Nachhaltiges Management mit der Technologie des Internets so zu verknüpfen, dass die *Effizienz* und somit die *Gesamtattraktivität einer nachhaltigen Wirtschaftsweise*, inbesondere des *Umweltschutzes*, erhöht wird. Hauptaufgabe des Projektes ist, ein *Internet-Portal* aufzubauen, welches das Wissen zum Umweltmanagement in strukturierter und konzentrierter Form anbietet und produktive Formen der Interaktion zwischen dem Portal und seinen Besuchern zulässt (www.oekoradar.de). Das vom Deutschen Kompetenzzentrum für Nachhaltiges Wirtschaften (DKNW) geleitete Projekt möchte den Verantwortlichen des Umweltmanagements eine Informations- und Interaktionsplattform zur Verfügung stellen, die ihnen hilft, Umweltmanagement bezogene Aufgaben zu erledigen bzw. das Wissen zur Erledigung ihrer Aufgaben bereitzustellen.

Abbildung 5: Ökoradar Projekt-Logo
(Quelle: Projektinterne Datenbank)

Ökoradar verfolgt die Philosophie, mit möglichst einfachen und überzeugenden Mitteln jene Unternehmen zur nachhaltigen Handlungsweise zu motivieren, die sich mit diesem Aspekt bislang gar nicht oder kaum beschäftigt haben. Ökoradar ist der Prototyp eines betrieblichen Früherkennungssystems, das dazu beitragen kann, dass Unternehmen umweltbedingte techni-

---

[114] Vgl. Grablowitz, et al. 2001, S. 65. Eine Auflistung dieser Projekte findet man unter www.ina-netzwerk.de.
(Grundsätzlicher Hinweis: Verweise auf fremde Internetseiten hatten zum Zeitpunkt der Erstellung dieser Arbeit keine vom Autor erkennbaren gesetzwidrigen Inhalte oder erkennbare technische Mängel. Der Autor übernimmt grundsätzlich keine Haftung für Verweise auf vom Autor nicht verwaltete Internetseiten. Für die Nutzung von Internetseiten, Software, Tools etc. des Projektes Ökoradar, sind die jeweiligen AGBs von Ökoradar zu beachten)

sche, politische und ökonomische Risiken, aber auch Marktchancen schneller als andere Wettbewerber erkennen und besser einschätzen können.[115]

Ökoradar geht über bisherige Ansätze einer webbasierten Unterstützung des Umweltmanagements in vielerlei Hinsicht hinaus: Inhaltlich werden nicht nur einzelne Teilbereiche des Umweltmanagements abgedeckt, sondern Ökoradar erhebt den Anspruch, den gesamten Themenkomplex des Umweltmanagements zu umfassen. Dieser Themenkomplex ist im Portal in acht verschiedene Radarschirme systematisch aufgeteilt. Neben diesen themenbezogenen Inhalten bietet Ökoradar zusätzlich bestimmte "Extras" an, z.b. Adressen, bestimmte Downloads und eine Übersicht über bestimmte Förderprogramme.

Durch die weitere Aufteilung jedes Radarschirms in einen Betriebsradar und einen Umfeldradar liefert Ökoradar einen Mikro-Makro-Link, so dass Themen des Umweltmanagements bzw. des Nachhaltigen Managements auch immer in Kontext zum nationalen und globalen Umweltschutz (Nachhaltiges Wirtschaften) gesetzt werden können.[116] Neben einem themenorientierten Einstieg möchte Ökoradar auch eine problemorientierte Unterstützung anbieten, so dass sich der Benutzer dieses Systems seine Problemlösung (bspw. Strategie zur EMAS-Einführung) mit Hilfe des Systems erarbeiten kann. Zur Lösung seiner Probleme soll der Benutzer zusätzlich auf bestimmte Werkzeuge des Umweltmanagements (Services) zugreifen können.[117]

Ökoradar möchte auf die Bedürfnisse der Praxis zugeschnitten sein. Dafür wurden im Projekt zahlreiche Netzwerke zwischen Praktikern, Experten und Wissenschaftlern gespannt. Um jedoch auch die politischen Forderungen zum Projekt Ökoradar in die Praxis transportieren zu können, ist dieser eher empirisch-deskriptive Charakter des Projektes auch um einen normativ-pädagogischen Anspruch erweitert worden („so sollte Nachhaltiges Management sein; so sollte es betrieben werden; so sollten wir den Unternehmen Nachhaltiges Managements erklären").

---

[115] Vgl. Schulz und Schulz 1993, S. 128ff.
[116] Vgl. Schulz und weitere Autoren 2002b, S. 19. Zu „Mikro-Makro-Link" vgl. auch Krcmar 2000, S. 235ff.
[117] Vgl. Braun, et al. 2002.

1.5.3 Das Teilprojekt „internetgestützte Services für ein Nachhaltiges Management"

Neben den von der Informationstechnologie losgelösten Aufgaben der Inhaltssammlung, -konsolidierung und -erstellung gliedert sich das Projekt in fünf technologische Teilprojekte auf: *Telekooperationssystem, Content Management System (CMS), Portal, Community* und *Internetgestützte Services für ein Nachhaltiges Management* (kurz: *Services*).

1.5.3.1 Inhalte des Teilprojekts

Aus den in Abschnitt 1.2 beschriebenen Hemmnissen gegenüber einem Einsatz von BUIS kann man ableiten, dass BUIS nur dann einem möglichst großen Anwenderkreis attraktiv gemacht werden kann, wenn diese Systeme bzw. seine Teilsysteme preiswert zu erwerben, modular gestaltet, vermittelbar für den Vertrieb, Kosteneinsparmöglichkeiten aufzeigend, kostengünstig zu entwickeln, nutzentransparent, integrierend (keine Insellösungen)[118], motivierend und einfach einzuführen sind. Das Internet und seine Technologien bieten dazu grundsätzlich das Potenzial, um aus diesen Anforderungen geeignete Produkte zu gestalten (vgl. Abschnitte 1.3 und 1.4). Teilsysteme eines BUIS werden hier als Arbeitsmittel verstanden, die in der Praxis des Umweltmanagements für die Verarbeitung und Verwaltung von umweltrelevanten Informationen eingesetzt werden. Werden Arbeitsmittel über das Internet angeboten, so werden sie in der hier vorliegenden Arbeit als *Services* bezeichnet. Der strategische Gedanke hinter diesem Konzept ist die Möglichkeit einer späteren Erweiterung der Anwendung solcher Services im Sinne einer umfassenden Integration der „verteilten" Teilsysteme der Domänen Umwelt, Wirtschaft und Soziales. Internetgestützte Services sollen dann nicht nur in Unternehmen eingesetzt werden können, sondern auch in anderen Lebensbereichen nutzenstiftend im Sinne einer nachhaltigen Lebensweise ihren Dienst verrichten. „Internetgestützte Services für ein Nachhaltiges Management" stehen im Mittelpunkt dieser Arbeit.

Für eine nähere Bestimmung von Services bzw. für die sinnvolle Gestaltung[119] von internetgestützen Arbeitsmitteln insgesamt ist es notwendig, einen gedanklichen Rahmen zu bilden bzw. Interpretationsschemata zu schaffen, um den Inhalt hinter dem Begriff „internetgestütztes Arbeitsmittel" erkunden zu können. Solche Interpretationsschemata werden auch Leitbilder genannt. Neben dem „Werkzeug" können „Maschine" und „Automat" als weitere

---

[118] Vgl. Arndt 1997, S. 152.
[119] Der Begriff „Gestaltung" setzt sich inhaltlich vom Begiff „Konstruktion" ab. Für die Entwicklung von internet-gestützen Services für ein Nachhaltiges Management ist neben der eigentlichen Herstel-

Leitbilder für zu entwickelnde Software genannt werden, die auf die Gestaltung internetgestützer Arbeitsmittel übertragen werden können.[120]

1.5.3.2 Leitbilder zur Software-Gestaltung

Das Leitbild des **Automaten** kann an einem Flugticketautomaten erklärt werden: Der Anwender steckt seine Kreditkarte in den Automaten, betätigt diverse Tasten und der Automat gibt das fertige Ticket aus. Dabei ist es für den Anwender fast völlig intransparent und auch weitgehend uninteressant, wie das Kreditkarten-Einstecken mit der Ausgabe des Flugtickets zusammenhängt. Kennzeichnend für Automaten ist eine Steuerung durch Befehle (z.B. das Betätigen diverser Tasten), ohne dass der Arbeitsgegenstand des Anwenders einsehbar ist.[121]

Ein Automat arbeitet weitgehend selbständig und ist auf menschliche Unterstützung zur Erledigung seiner programmierten Aufgaben nicht angewiesen.[122] Die aus der Sicht des Benutzers für einen Automaten charakteristische Intransparenz macht diesen auch manchmal unkontrollierbar, wenn z.B. der Flugticketautomat gar nicht mehr aufhören würde zu drucken und ein Endlospapierstreifen aus dem Automaten käme.[123]

Auf Software übertragen bedeutet dies, dass Software als Automat entwickelt ist, wenn sie dem Anwender als undurchschaubares Gerät erscheint, das in seinem Ablauf der Kontrolle des Benutzers weitgehend entzogen ist und seine Aufgaben selbständig, also ohne oder mit wenig menschlicher Interaktion, erledigt.[124] Dabei umkapselt der Automat seinen Arbeitsgegenstand und versteckt das, was und wie es verändert wurde. So kann der Anwender relativ schnell den Überblick über den Arbeitsprozess verlieren.[125]

Für das Leitbild der Software als **Maschine** sind die Wiederholung formal erfasster Vorgänge und der Zwang zu Einhaltung einer bestimmten Reihenfolge kennzeichnend. Ein Beispiel für

---

lung der softwaretechnischen Form auch das Verstehen des Anwendungskontextes zentral. Dies erweitert die Konstruktionsperspektive um die Gestaltungsperspekitve (vgl. Rolf und Hilty 1994, S. 269).
[120] Vgl. Schwabe 1995, S. 164. BUDDE und ZÜLLIGHOVEN beschreiben diese Leitbilder als Metaphern, welche die Übertragung der Bedeutung eines Artefakts von einer Domäne (physische Welt) zu einer anderen (Software) ermöglichen (vgl. Budde und Züllighoven 1992, S. 253).
[121] Vgl. Züllighoven 1992, S. 146, Budde und Züllighoven 1992, S. 262f. und Schwabe 1995, S. 165.
[122] Vgl. Steinmüller 1993, S. 338.
[123] Vgl. Schwabe 1995, S. 165.
[124] Vgl. Züllighoven 1992, S. 146f., Coy 1992, S. 227 und Schwabe 1995, S. 165.

eine Softwaremaschine ist ein Buchhaltungssystem der frühen 80er Jahre, das in genau bestimmter Reihenfolge die Eingabe der Rechnungssätze durch den Datentypisten verlangte, dann die Freigabe der Buchungsposten einfordert, um schließlich die Buchung durchzuführen. Eine Maschine verspricht für ihr Arbeitsergebnis eine gleich bleibende Qualität, einen Zeitgewinn und Ressourcenersparnisse durch Rationalisierung. Wer eine Software als Maschine entwirft, muss die Aufgabe gut verstanden haben und hat sie möglichst schon mehrmals wiederholt. Diesen Erfahrungsschatz überführt der Entwickler in einen Algorithmus. Dieser schützt den Anwender davor, dass ein wichtiger Arbeitsvorgang vergessen wird. Dazu darf aber die Aufgabe nicht zu kompliziert sein, da sonst der Algorithmus mit der Abbildung aller Ausnahmen unüberschaubar werden kann.[126]

Für eine Software als Maschine ist die Beherrschung des „dummen" Anwenders durch die Maschine kennzeichnend. Daraus folgt die Unterordnung des Menschen unter die von der Maschine vorgeschriebenen Rhythmen und Arbeitsinhalte.[127] Wenn Menschen ihr Verhältnis zum Arbeitsmittel verbalisieren, sagen sie nicht umsonst: „Wir *beherrschen* ein Werkzeug, aber wir *bedienen* eine Maschine."[128]

Das Leitbild Software als Maschine entwickelt bei uns Menschen Phantasien, in denen wir als Sklaven der Maschinen gehalten, ausgebeutet oder verfolgt werden. Diese Phantasien wurden auch in Kinofilmen wie *Terminator* oder *Matrix* sichtbar gemacht. Gegen diese düstere Vorschau wehren sich Budde und Züllighoven: „Die Vorstellung, daß Software entworfen werden könnte, um Arbeit zu unterstützen, aber nicht um zwischen die Menschen zu treten, ist durch die rationalistische Argumentationskette verstellt, daß Softwareeinsatz die Formalisierung von Arbeitsprozessen bedeutet, und die Formalisierung Entmenschlichung"[129].

Für das Leitbild der Software als **Werkzeug** ist kennzeichnend, dass der Anwender die Werkzeuge benutzen kann, wie er will, und sie jederzeit aus der Hand legen kann.[130] Sie können der Erweiterung der menschlichen Fähigkeiten dienen. Dabei ist für den Anwender des Werk-

---

[125] Vgl. Budde und Züllighoven 1990, S. 224 und Schwabe 1995, S. 165.
[126] Vgl. Budde und Züllighoven 1992, S. 260f., Gryczan und Züllighoven 1992, S. 265 und Schwabe 1995, S. 167f.
[127] Vgl. Steinmüller 1993, S. 339, Coy, et al. 1992, S. 315 und Schwabe 1995, S. 168.
[128] Budde und Züllighoven 1990, S. 37.
[129] Budde und Züllighoven 1990, S. 21.

zeugs der kausale Zusammenhang zwischen Ursache und Wirkung transparent. Darüber hinaus haben gute Werkzeuge die Eigenschaft, gleichzeitig unsichtbar und unabkömmlich zu sein.[131]

Werkzeuge als Erweiterung der menschlichen Fähigkeiten: Mit einer Drahtschere lässt sich ein Drahtzaun besser zurechtschneiden als mit der bloßen Hand. Mit einem Fahrrad kann ein Mensch schneller eine Strecke zurücklegen als zu Fuß. Ein Mensch erfährt durch ein Werkzeug Hilfe und Unterstützung bei seiner Arbeit, aber das Werkzeug nimmt ihm nicht seine Arbeit ab. Nicht nur zur Veränderung der menschlichen Umwelt bzw. des Arbeitsgegenstandes können Werkzeuge eingesetzt werden, sie können auch dazu dienen, die Umwelt bzw. den Arbeitsgegenstand besser wahrzunehmen und zu verstehen. So sieht ein Chirurg den Patienten anders, wenn er gelernt hat, mit Werkzeugen der Computer Tomographie (kurz CT) umzugehen.[132]

Bei der Anwendung von Werkzeugen sind kausale Zusammenhänge zwischen Ursache und Wirkung für den Nutzer transparent: Da bei der Anwendung eines Werkzeuges die Ursachen und Wirkungen direkt nachvollziehbar sind, wird das kausale Denken gefördert.[133] Der Anwender eines (Software-)Werkzeuges kann das Hantieren eines Arbeitsgegenstandes spielerisch-explorativ erkunden[134], indem es ihm permanent Aufschluss über den Zustand und die Veränderung des Arbeitsgegenstandes gibt und die Handlungen des Anwenders unmittelbar und transparent zurückkoppelt.[135]

Die Eigenschaft von Werkzeugen, gleichzeitig unsichtbar und unabkömmlich zu sein: Sowohl die Anwendung von gängigem Handwerkszeug als auch von Software-Werkzeugen erfordert ein Erlernen dieser Werkzeuge,[136] wobei der Anwender kein anderer Mensch werden muss,

---

[130] Ein „'Werkzeug' […] sei ein Gerät, das zur Erfüllung seiner Funktion menschlicher Aktivität bedarf, das deswegen aus der Hand gelegt werden kann" (Steinmüller 1993, S. 333).
[131] Vgl. Schwabe 1995, S. 171.
[132] Vgl. Schrage 1990, S. 66 und 96, Budde und Züllighoven 1992, S. 256f. und 258 und Schwabe 1995, S. 171.
[133] Vgl. Budde und Züllighoven 1990, S. 165 und Schwabe 1995, S. 172.
[134] Vgl. Maaß 1993, S. 193, Carrol 1992, S. 162 und Schwabe 1995, S. 172.
[135] Vgl. Budde und Züllighoven 1990, S. 175f., Winograd und Flores 1986, S. 164 und Schwabe 1995, S. 172. „This transparency of interaction is of utmost importance in the design of tools, including computer systems […]" (Winograd und Flores 1986, S. 164).
[136] Vgl. Budde und Züllighoven 1992, S. 256.

um das Werkzeug zu gebrauchen.[137] Nicht das Werkzeug selbst, sondern der Arbeitsgegenstand und der Mensch sehen im Vordergrund,[138] indem es am vertrauten Arbeitsumfeld des Anwenders ansetzt und sich darin eingliedert.[139]

Die bisher vorgestellten Leitbilder „Automat" und „Maschine" erscheinen in ihrer Reinform ungeeignet, als gedanklicher Rahmen für die Entwicklung von Software bzw. Arbeitsmitteln zu dienen. Software als Werkzeug, das dem Menschen zur Hand geht, indem es ihm bei seiner Arbeit unterstützt, produziert eher Gefühle der Akzeptanz und den Willen, solche Werkzeuge einzusetzen, als die Vorstellung, sich einer Maschine unterzuordnen oder durch einen Automaten ersetzt zu werden.[140]

Die Eigenschaften eines Werkzeuges fördern die Überzeugung, dass sein Leitbild für die Entwicklung von Software auch unter ethischen Gesichtspunkten dem Automaten- und Maschinenleitbild überlegen ist.[141] Einen verantwortungsvollen Umgang mit Computertechnik halten COY et al. nur dann für möglich, wenn die zu entwickelnde Software den Charakter eines Werkzeuges besitzt und die Entwicklungspraxis die besondere Konstitution der Menschen berücksichtigt. Menschliche Eigenschaften und Fähigkeiten dürfen nicht negiert werden, wenn für Menschen informationstechnische Arbeitsmittel entwickelt werden sollen.[142] Die einem Menschen angeborenen intuitiv-ganzheitlichen Eigenschaften verlangen, dass Arbeitsmittel persönliche Handlungsspielräume gewähren.[143]

Wenn komplexe und interdisziplinäre Aufgaben zu erledigen sind, wird eine Formalisierung durch einen Algorithmus bzw. eine maschinelle Abarbeitung sehr erschwert. Selbst wenn eine Arbeit des Umweltmanagements formalisiert werden kann, sind solche Standardvorgehensweisen oftmals zu starr und unflexibel, denn sie berücksichtigen weder Abkürzungen des Arbeitsvorgangs noch lassen sie Ausnahmen zu. Darüber hinaus ist die menschliche Arbeit bei

---

[137] Vgl. Schrage 1990, S. 66.
[138] Nach Heidegger 1986 aus Budde und Züllighoven 1990, S. 82.
[139] Vgl. Budde und Züllighoven 1990, S. 190, Maaß 1993, S. 197, Carrol 1992, S. 161, Gryczan und Züllighoven 1992, S. 268 und Schwabe 1995, S. 172.
[140] Vgl. Schwabe 1995, S. 169.
[141] Vgl. Schwabe 1995, S. 173. „The machine [..] perspective[s] neglect or underestimate users' needs and capabilities and should therefore be dismissed". [...] A tool „[..] perspective helps to concentrate on providing appropriate functionality [...]" Maaß und Oberquelle 1992, S. 250.
[142] Vgl. Coy, et al. 1992, S. 318 und Schwabe 1995, S. 173.
[143] Vgl. Volpert 1992, S. 179 und Schwabe 1995, S. 173.

schwer strukturierbaren Arbeitszusammenhängen der maschinellen Routine qualitativ überlegen.[144]

Für die Erledigung von Arbeitsaufgaben des Umweltmanagements ist ebenfalls das Leitbild eines Automaten ungeeignet, weil die meisten Aufgaben in diesem Bereich nicht so banal sind, dass sie automatisch erledigt werden könnten, und es in diesem Bereich geradezu oft darauf ankommt, Vorgänge und Wirkungszusammenhänge für ein weitergehendes Verständnis transparent zu machen. Zwar haben Automaten das Potenzial, unzuverlässige menschliche Arbeit durch Informationstechnologie zu ersetzen, die Qualität zu optimieren, den Menschen bei mühsamen Arbeiten zu unterstützen und Organisationen effektiver zu gestalten, jedoch bedingt das Ersetzen menschlicher Arbeit die vollständige Formalisierbarkeit der zu leistenden Arbeit. Dies ist jedoch im Umweltmanagement nicht gegeben. Automaten können hier u.U. unterstützende Aufgaben übernehmen, jedoch nicht den Kern der zu erledigenden Aufgabe lösen.[145]

Auch aus der Philosophie Heideggers kann die Ablehnung einer Software als Maschine und die Befürwortung einer durch das Leitbild des Werkzeugs geprägten Software abgeleitet werden: "Heidegger bestreitet, daß unser Umgang mit der Welt, d.h. unser Leben in seiner Gesamtheit, explizit durch Regelsysteme beschreibbar ist, und behauptet, daß das, was explizit durch Regelsysteme beschrieben ist, nicht unser Umgang mit der Welt ist. Diese These ist für die Informatik und die Softwareentwicklung von einschneidender Bedeutung. Sie kennzeichnet die Vergeblichkeit aller Versuche, menschliche Handlungen und Entscheidungsprozesse adäquat in vollständige formale (z.B. ablauffähige) Modelle übertragen zu wollen".[146]

Arbeiten des Umweltmanagements können also nur durch computergestützte Werkzeuge unterstützt werden, die eine freie Wahl der gewünschten Werkzeugkomponenten bzw. Dienste unterstützen.[147] Insbesondere die Eigenschaft von Werkzeugen, mit ihnen auch die Umwelt besser wahrnehmen und verstehen zu können (vgl. weiter oben), macht sie zu einem geeigneten Leitbild, welches den in Abschnitt 1.5.2 beschriebenen Ökoradar-Charakteren eines Früherkennungssystems entspricht.

---

[144] Vgl. Gryczan und Züllighoven 1992, S. 265, Kilbert, et al. 1993, S. 25f., Trevor, et al. 1993, S. 20 und Schwabe 1995, S. 169f.
[145] Vgl. Schwabe 1995, S. 166.
[146] Budde und Züllighoven 1990, S. 65.

1.5.3.3 „Werkzeuge" als Leitbild zur Entwicklung von Tool Services

Die in dem Pilotierungsprozess dieser Arbeit fokussierten internetgestützten Services für ein Nachhaltiges Management sollen nach dem Leitbild „Software als Werkzeug" entwickelt und verstanden werden. Diese als Werkzeuge verstandenen Services bearbeiten „Materialien". Analog zu Materialien wie Holz, Stahl oder auch „Tonmaterial", „Bildmaterial" oder „Textmaterial" werden Materialien des Umweltmanagements bzw. Nachhaltigen Managements zu Arbeitsgegenständen, die mit Arbeitmitteln bearbeitet oder erstellt werden.[148] Materialien des Umweltmanagements sind bspw. Umweltbilanzen, Nachhaltigkeitsberichte, Umwelterklärungen, Sozialpläne, Verordnungen, Checklisten, Kennzeichnungen, Richtlinien, Genehmigungen, statistische und analytische Auswertungen, Umwelthandbücher, Verträglichkeitsprüfungs- und Audit-Berichte, Notfall- und Katastrophenpläne, Entwicklungspläne und Abfallbegleitscheine. Die Bearbeitung bzw. Erstellung dieser Materialien stellen gleichzeitig zentrale Aufgaben des Umweltmanagements dar. Werkzeuge zur Bearbeitung von Materialien des Umweltmanagements bzw. Nachhaltigen Managements, die über das Internet zugänglich sind, werden in dieser Arbeit als „Tool Services" bezeichnet.

> Tool Services (kurz: Tools) sind internetgestützte Arbeitsmittel, die den Anwender bei der Erledigung regelmäßig oder unregelmäßig anfallender und komplexer Aufgaben unterstützen, indem sie seine menschlichen Fähigkeiten erweitern.

Für eine weiterführende Charakterisierung von Tool Services können die von COY vorgestellten Eigenschaften seiner sog. „soft engines" herangezogen werden.[149] Demnach werden Tool Servces folgendermaßen beschrieben:[150]

- Tool Services sind stand-alone Applikationen, die jedoch mit anderen Applikationen interagieren können.
- Tool Services müssen „nutzbar" sein, was bedeutet, dass der Nutzer des Services das agierende Subjekt der Arbeitssituation bleibt, während der Service das technische Nutzungsobjekt darstellt.
- Tool Services sind sofort, ohne weitere Anpassung einsetzbar.

---

[147] Vgl. Gryczan und Züllighoven 1992, S. 265.
[148] Zu „Material" als Arbeitsgegenstand vgl. Zerbe 2000b, S. 210ff. und Schwabe 1995, S. 161ff.
[149] Vgl. Züllighoven 1992, S. 147.
[150] Vgl. Coy 1992, S. 275.

- Tool Services können jedoch vom Nutzer individuell angepasst werden.
- Tool Services können in einen komplexen Arbeitsprozess eingebettet sein.

Nicht alle Software-Produkte können Tool Services sein.[151] Während Tool Services für das Hantieren, also das Bearbeiten oder Erstellen des Arbeitsgegenstandes bzw. Materials, eingesetzt werden, können weitere Services diesen eigentlichen Produktionsprozess untersützen oder ihn bequemer gestalten, wie z.b. E-Mail oder ein elektronisches schwarzes Brett.[152] Aber auch solche Services sind materialbezogen. Ihre Nutzung bezieht sich jedoch vielmehr auf *gemeinsam* verwendete Materialien, zur Unterstützung der Information und Kommunikation der am Arbeitsprozess Beteiligten.[153]

Grundsätzlich fällt es schwer, den „Nicht-Tool Services" einen Werkzeugcharakter in Gänze abzusprechen. Dennoch soll mit der Namensgebung *Tool Services* der eigentliche Fokus dieser Arbeit unterstrichen und der besondere Werkzeugchararkter dieser Services hervorgehoben werden.

1.6 Forschungsfragen und Vorstellung der Forschungsdisziplin

Aus dem identifizierten grundsätzlichen Leistungspotenzial internetgestützter Services für ein Nachhaltiges Management und der in dieser Arbeit bisher geleisteten Vorarbeit heraus lassen sich die folgenden ersten Forschungsfragen formulieren:

1. Welche grundsätzlichen Technologien und Vorgehensweisen eignen sich für die Konstruktion von Tools?
2. Wie ist ein Prototyp eines Tools gestaltet, der folgende Problemvariablen berücksichtigt?:
   - Wie kann man die Effizienz des Umweltmanagements steigern bzw. die Kosten für ein Umweltmanagement senken?
   - Wie können die Initialkosten einer Implementierung eines Umweltmanagements gesenkt werden?

---

[151] Vgl. Coy 1992, S. 276.
[152] Vgl. Budde und Züllighoven 1992, S. 255.
[153] Vgl. Maaß und Oberquelle 1992, S. 246. Diese Art von Services wird im späteren Verlauf dieser Arbeit als „Community Services" identifiziert (vgl. Abschnitt 1.8.2).

- Wie können vorhandene „Berührungsängste" der Verantwortlichen mit Umweltmanagementsoftware überwunden werden?
- Welches sind für einen praktischen Einsatz die wichtigsten Funktionalitäten eines Umweltmanagement-Tools?
3. Welche Wirkungen hat die Innovation internetgestützer Services auf das Umweltmanagement bzw. Nachhaltigkeitsmanagement?
4. Welche IT-Strategien sind für das Nachhaltige Management geeignet?

Die Entwicklung von Tools, begriffen als eine Form der Dienstleistungsentwicklung bzw. des Service Engineering (vgl. Abschnitt 3.1.1), setzt eine systematische Vorgehensweise voraus. Letztlich besteht das Ziel einer Transformation von Tool-Ideen in marktfähige Leistungen. Eine systematisch durchgeführte Tool-Entwicklung ist eine Querschnittsaufgabe. Aus diesem Querschnittscharakter resultiert die zwingende Interdisziplinarität einer Tool-Entwicklung.[154]

Die Analogien zur Entwicklung von Sachgütern lassen eine enge Verbindung zu den *Ingenieurwissenschaften* erkennen. Die bei der Entwicklung von Sachgütern eingesetzten standardisierten Vorgehensmodelle, Konstruktionsmethoden und bewährten Ansätze, beispielsweise komponentenbasierte Entwicklungsverfahren oder Variantenkonzepte, verheißen auch für die Entwicklung von Tools „signifikante Vorteile wie Reduktion der Entwicklungskosten und verkürzte Entwicklungszeit bis zur Markteinführung bei einer gleichzeitig stattfindenden Verbesserung der Qualität".[155] Diese ingenieurwissenschaftliche Disziplin bedient insbesondere die erste Forschungsfrage.[156]

Ebenfalls ist die Anwendung *betriebswirtschaftlicher Konzepte* im Rahmen der Tool-Entwicklung unverzichtbar. Management- und Controllingaufgaben sind dabei nicht nur für die Projektorganisation einer Tool-Entwicklung zu bewältigen.[157] Betriebswirtschaftliche Konzepte, Modelle oder Prinzipien können dabei auch in das zu entwickelnde Tool einfließen und somit ein Bestandteil des Tools werden. Die betriebswirtschaftliche Teildiziplin Um-

---

[154] Vgl. Bullinger und Scheer 2003, S. 4.
[155] Bullinger und Scheer 2003, S. 4f.
[156] Die Zuordnung der verschiedenen Disziplinen zu den Forschungsfragen soll nicht die ausschließliche Zuständigkeit einer Disziplin für eine Forschungsfrage bedeuten.
[157] Vgl. Bullinger und Scheer 2003, S. 5.

weltmanagement bzw. Nachhaltiges Management bedient insbesondere die zweite und Teile der vierten Forschungsfrage.

Überall, wo der „Faktor Mensch" eine Rolle spielt, kommen auch psychologische Phänomene zum Tragen. Insbesondere bei der Gestaltung der Schnittstelle zwischen Tool und Mensch kommen *psychologische und sozialwissenschaftliche Konzepte* zum Einsatz.[158] Diese Schnittstellendefinition bezieht sich nicht nur auf ergonomische Fragen, sondern auch auf institutionelle Arrangements, in denen Tool und Mensch zusammentreffen. Dies betrifft in dieser Arbeit die Institution des Umweltmanagements (Forschungsfrage 3). Aber auch „Berührungsängste" mit einer Innovation können mit psychologischen oder sozialwissenschaftlichen Ansätzen analysiert werden (Forschungsfrage 2, dritter Unterpunkt).

Zentraler Bestandteil einer Tool-Entwicklung sind *Konzepte der Informatik*. Der Informatik kommt dabei eine Doppelrolle zu: Einerseits stellt sie die für die Tool-Entwicklung nötigen Instrumente zur Verfügung, andererseits sind die Konzepte der Informatik Bestandteil des Tools an sich.[159] Bei der Entwicklung von Tools können die Konzepte der *Ingenieurwissenschaften* mit denen der Informatik verschmelzen. Die Disziplin *Informatik* bedient insbesondere Teile der ersten und vierten Forschungsfrage.

Die auch in anderen Bereichen der Forschung und Praxis vorzufindenden interdisziplinären Problemstellungen haben Fächer entstehen lassen, die zwei oder mehrere Disziplinen umfassen. So „versteht sich die Wirtschaftsinformatik als interdisziplinäres Fach zwischen Betriebswirtschaftslehre und Informatik, wobei sie sich zunehmend zu einer gleichberechtigten Disziplin zwischen diesen beiden Fachgebieten entwickelt".[160] Daneben besteht die Zielsetzung der Umweltinformatik in „der Nutzanwendung der Informatik zur Erarbeitung von Informationsgrundlagen und Maßnahmen zur Lösung komplexer Fragen der Belastungsminderung und Schadensbekämpfung im Umweltschutz".[161] Die betriebliche Umweltinformatik beinhaltet folglich die Disziplinen der Informatik und des Umweltmanagements, als Teildisziplin der Betriebswirtschaftslehre. Gemeinsame Arbeitsfelder zwischen der betrieblichen Umweltinformatik und der Wirtschaftsinformatik können dann in der Gestaltung von BUIS

---

[158] Vgl. Bullinger und Scheer 2003, S. 5.
[159] Vgl. Bullinger und Scheer 2003, S. 5.
[160] Stahlknecht und Hasenkamp 2002, S. 8.
[161] Page, et al. 1990, S. 6.

und weiteren computergestützten Werkzeugen des Umweltmanagements definiert werden.[162] Sieht man die Informatik als ingenieurwissenschaftliche Teildisziplin, fügt man ihr noch die Sozial-, Wirtschafts- und Umweltwissenschaften als Lehrinstitutionen einer Nachhaltigen Entwicklung und als Fundus weiterer Modelle, Methoden und Konzepte zur Erklärung von Phänomenen hinzu und überträgt ihr die Lösungskompetenz eines Teils von in diesem Bereich anfallenden Problemfeldern, so kann man auch von Nachhaltigkeitsinformatik oder *Sustainability Informatics* sprechen. Diese interdisziplinäre Forschungsdisziplin sollte sich zur Hauptaufgabe machen, die Teilsysteme Soziales, Wirtschaft und Umwelt mit Hilfe von Informationstechnologien effizient im Sinne einer Nachhaltigen Entwicklung zu integrieren.

Vor dem Hintergrund des in dieser Arbeit zu entwickelnden Erfahrungswissens über die Entwicklung internetgestützten Services für das Nachhaltige Management möchte diese Arbeit sich auch als einen Versuch verstehen, das interdisziplinäre Fachgebiet der Nachhaltigkeitsinformatik auszukleiden. Die Pilotierung als Forschungsdesign erscheint hierbei als ideal, sowohl die Forschungsfragen zu beantworten als auch die kaleidoskopische Vielfalt von Fragen an eine junge Disziplin zu bedienen.

1.7 Pilotierung als Forschungsdesign - Aufbau der Arbeit

Die Entwicklung internetgestützter Services für ein Nachhaltiges Management stellt eine öko-soziotechnoökonomische Herausforderung und Innovation dar.[163] Sowohl die geforderte Integration aller Teilsysteme der Nachhaltigkeit (vgl. Abschnitte 1.3 und 1.4) als auch die erforderliche Interdisziplinarität dieser Entwicklung (vgl. Abschnitt 1.6) müssen koordiniert werden. Das Forschungsdesign der Pilotierung stellt hierfür einen geeigneten Orientierungsrahmen bereit.

1.7.1 Pilotierung von Innovationen

Schon Anfang der 70er Jahre wurde in der betriebswirtschaftlichen Forschung die Methode „Pilotierung" diskutiert. 1971 argumentierte SZYPERSKI in der „Zeitschrift für betriebswirtschaftliche Forschung":[164]

"Eine Disziplin [..] muß sich entscheiden, ob sie
(1) Verfahrensregeln zur Handhabung und Reproduktion schon gegebener Systeme oder

---

[162] Vgl. Page und Hilty 1994, S. 24.
[163] Zur Abgrenzung einer „Innovation" von einer bloßen „Verbesserung" vgl. Davenport 1993, S. 10ff.

(2) Verfahrensregeln zur Gestaltung und Handhabung noch nicht realisierter Systeme schaffen will [..]. Da man im voraus nur gewisse Verhaltensbedingungen und einige Verhaltenscharakteristika noch nicht realisierter Systeme bestimmen kann, zwingt dieses zukunftsorientierte Wissenschaftsziel unter Umständen zu einer veränderten Phasenfolge in den Forschungsstrategien: nicht mehr nur Forschung - Entwicklung - Gestaltung, sondern auch Entwicklung - Gestaltung - Forschung sind als adäquate Folge zu betrachten. Oder genauer: diese drei Phasen müssen in einem wechselseitigen Prozeß gesehen werden, weil Entwicklungen immer ein gewisses Ausmaß an Erfahrung oder Forschung voraussetzen und Forschung die - in Prototypen oder wenigstens in realen Simulationssystemen - realisierten Systementwürfe bedingt. Der eingestellte betriebswirtschaftliche Forscher muß sich also an der forschungsgerechten realen Entwicklung beteiligen, um überhaupt weiter forschen zu können."[165]

Wenn die Entwicklung soziotechnischer Innovationen zu den Aufgaben der Betriebswirtschaftslehre gehört, dann müssen diese auch unter realitätsnahen Rahmenbedingungen erprobt werden. SZYPERSKI charakterisiert die Gestaltung und anschließende Erprobung von Innovationen als eine mindestens dreistufige Forschungsstrategie:[166]

"Eine einstufige Forschungsstrategie kennt nur die geistige Arbeit des Aussagenentwurfs und der logischen Überprüfung. Bei einer mindestens zweistufigen Forschungsstrategie werden die gedanklichen Ergebnisse in einer zweiten Stufe an den gegebenen, realen Systemen überprüft. Mindestens drei Stufen sind zu unterscheiden, wenn sich die Aussagen auf ein Kultursystem beziehen, das erst noch zu realisieren ist, so daß zuvor konkrete Gestaltungsalternativen konzipiert und entwickelt werden müssen. Eine voll entfaltete systemorientierte Forschungsstrategie kennt zusätzlich das Entwerfen und Durchführen von Laborversuchen, das Konzipieren und Untersuchen von Prototypen sowie das Konzipieren und Studieren von Pilotsystemen, die, in ihrer realen Umwelt eingesetzt, den Nullserien der Fertigung entsprechen und in die laufenden Routinesysteme übergehen".[167]

Die Wirtschaftsinformatik hat ausdrücklich die Gestaltung soziotechnischer Systeme bzw. Innovationen in ihr wissenschaftliches Betätigungsfeld aufgenommen.[168] Die Entwicklung von Anwendungsprototypen ist sogar fester Bestandteil der Wirtschaftsinformatikfor-

---

[164] Vgl. Schwabe 2000, S. 186. Zu folgenden Abhandlungen zur „Pilotierung" vgl. auch Braun 2002.
[165] Szyperski 1971, S. 268.
[166] Vgl. Schwabe 2000, S. 186.
[167] Szyperski 1971, S. 280.
[168] Vgl. König, et al. 1995 und König 1994. Zu *soziotechnischer Nutzungsinnovation* vgl. auch Baumgarten, et al. 2001.

schung.[169] KÖNIG sieht Anwendungsprototypen als „implementierte Hypothesen", die sich bezüglich ihrer Vorteilhaftigkeit praktisch bewähren müssen. Diese Vorteilhaftigkeit bezieht sich nach KÖNIG nicht nur auf die technische Effizienz, sondern schließt auch Fragen ökonomischer Nutzen- und Gewinngrößen mit ein (soziotechnoökonomisches System).[170] Dies lässt den Schluss zu, dass die Gestaltung von ökosoziotechnoökonomischen Systemen bzw. Innovationen als ein fester Bestandteil des wissenschaftlichen Betätigungsumfeldes der Umweltinformatik und Nachhaltigkeitsinformatik definiert werden kann und Anwendungsprototypen im gleichen Maße wie in der Wirtschaftsinformatik als Untersuchungsgegenstand der Wissens- und Erfahrungsgenerierung der Umweltinformatik dienen können.[171]

Das von SZYPERSKI angesprochene „zu gestaltende Kultursystem" macht die Komplexität bzw. den Aufwand eines Pilotierungsprojektes deutlich und zeigt auf, dass ein ökosoziotechnoökologisches System in seiner Gesamtheit gestaltet werden muss.[172] Zusätzlich zu den zu bewältigenden Herausforderungen der rein technischen Umsetzung, dem Beherrschen angestoßener sozialer Variablen durch einen im Feld erprobten Prototyp und der angemessenen Abbildung des ökologischen Zielsystems muss zuerst eine Kultur der Innovationsnutzung geschaffen werden.

1.7.2 Die Pilotierung als Forschungsmethode

Pilotprojekte sind bestimmte Varianten der eingreifenden Wissenschaft. Dies bedeutet, dass für die Datenerhebung auch (bewusst) reaktive bzw. teilnehmende Methoden eingesetzt werden (bspw. teilnehmende Beobachtung) und gleichzeitig die Veränderung des Ist-Zustandes eines soziotechnischen Systems in Kauf genommen bzw. erwünscht wird. In Pilotprojekten werden technologische Innovationen in ihrem natürlichen organisatorischen und sozialen Umfeld entwickelt und implementiert.[173] Der Raum für die Erkenntnisgewinnung eines Pilotprojektes ist somit nicht das Labor, sondern das Feld. „Feldexperimente stellen den Versuch dar, Hypothesen und die darin aufgestellten Behauptungen über kausale Beziehungen zwischen zwei oder mehreren Variablen durch kontrollierte Eingriffe in natürliche soziale Situationen zu überprüfen. [...] Im Gegensatz zum Laborexperiment mit seiner hohen internen Validität

---

[169] Vgl. Schwabe 2000, S. 186f.
[170] Vgl. König 1994, S. 81.
[171] Vgl. Rolf und Hilty 1994, S. 270.
[172] Vgl. Schwabe 2000, S. 187.
[173] Vgl. Schwabe und Krcmar 2000, S. 133.

hat das Feldexperiment den Vorteil der hohen externen Validität, das heißt der Gültigkeit von experimentell festgelegten Aussagen für die Realität".[174]

Die Pilotierung einer Innovation kann als eine **Variante des Action Research Ansatzes** bzw. der Aktionsforschung dargestellt werden. Als Charaktere des Action Research sind zu nennen:[175]

1. Der Forscher greift aktiv in die soziale Organisation ein, um das Wohlergehen der Organisation und die wissenschaftlichen Erkenntnisse voranzubringen bzw. zu verbessern.
2. Das Projekt besteht aus Phasen der Intervention und Reflexion mit dem Fokus auf den Forschungszweck.
3. Der Forscher muss den ethischen Herausforderungen des Intervenierens gerecht werden.

Die Aktionsforschung gehört zur Gattung der angewandten Forschung, die versucht, für Gruppen, denen der Forscher sich anschließt, Ergebnisse von praktischem Wert zu liefern, während gleichzeitig der theoretische Wissenshorizont erweitert wird. Sie ist der Fallstudienanalyse ähnlich, verlangt jedoch vom Forscher eine erhebliche Verantwortung, wenn Zielkonflikte mit anderen Gruppierungen bestehen. Moral spielt bei der Untersuchung eine Schlüsselrolle.[176]

Die Aktionsforschung wird zwar in der deutschen IS-Gemeinschaft[177] angewandt, aber nicht bewusst gelebt. Dies ist unter anderem durch eine zu traditionellen Ansätzen der Aktionsforschung unterschiedliche Sicht auf die Untersuchungsphase der „Intervention" bedingt: Die Intervention bzw. das Eingreifen des Forschers wird nicht nur in rein sozialer (wie beim klassischen Ansatz der Aktionsforschung), sondern auch in soziotechnischer, manchmal sogar in rein technischer Hinsicht gesehen.[178]

---

[174] Witte 1997, S. 427.
[175] Vgl. Schwabe und Krcmar 2000, S. 132.
[176] Vgl. Galliers 1991, S. 337.
[177] IS-Gemeinschaft = Informationssystem-Gemeinschaft, Gruppe von Wissenschaftlern und Experten, die Informationssysteme erforschen.
[178] Vgl. Schwabe und Krcmar 2000, S. 132.

In der teilweise der „Kritischen Theorie"[179] angelehnten Aktionsforschung versucht der Forscher ganz bewusst und kontrolliert das Forschungsobjekt im Verlauf der Forschung zu verändern, indem sich der Forscher zeitweilig selbst dem sozialen Umfeld einfügt.[180] Die Aktionsforschung ist eine „sozialwissenschaftliche Forschungsmethode, die, von angenommenen oder bereits bekannten sozialen Gesetzmäßigkeiten ausgehend, durch planmäßigen Eingriff z.B. in konkrete soziale Gruppensituationen die daraufhin einsetzenden Veränderungs- und Wandlungsprozesse mit wissenschaftlichen Mitteln beobachten, messen und theoretisch bestimmen will."[181]

In einem typischen Forschungsprojekt computergestützer Systeme wird eine innovative Software entwickelt und in das Feld der Beobachtung eingeführt. Mit den aus der Anwendung und Weiterentwicklung dieser Software gewonnenen Erkenntnissen kann man dann die Software verbessern. Die Anwendung dieser Software stellt gleichzeitig einen Eingriff in das soziale Umfeld dar. Dies kombiniert das Vorgehensmodell des Prototyping der Computerwissenschaften mit dem Ansatz der Aktionsforschung der Sozialwissenschaften, ohne dessen typische rhetorische Positionen zu übernehmen.[182] Die Pilotierung kann in diesem Kontext somit als eine „computerwissenschaftliche Ausprägung" der Aktionsforschung beschrieben werden. Das Vorgehensmodell der Aktionsforschung kann dadurch als Muster zur Planung eines Forschungsdesigns für ein computerwissenschaftliches Pilotierungsprojekt herangezogen werden.[183]

---

[179] Die Vertreter der *Kritischen Theorie* wollen aufzeigen, dass jede Wissenschaft eine Theorie der Gesellschaft zu ihrer Ausgangslage hat. Somit ruht jede Wissenschaftstheorie auf dem Fundament der jeweiligen gesellschaftlichen Rahmenbedingungen und bekommt dadurch den Bezug zur realen Lebenswelt. Empirisch-analytische und hermeneutische Wissenschaftsentwürfe werden nicht ausgeschlossen, sondern als zu interpretierende erkenntnisleitende Interessen als Elemente von Wissenschaft einbezogen. Das Ziel der Kritischen Theorie ist die unvoreingenommene Diskussion über die allem gesellschaftlichen Handeln zugrunde liegenden und die Interessen der Wissensgenerierung mitbestimmenden Normen und Werte (vgl. Tschamler 1996, S. 81ff.).

[180] Vgl. Kromrey 1994, S. 432, Atteslander 2000, S. 58 und Kern 1982, S. 252.

[181] Hartfiel und Hillmann 1982, S. 15.

[182] Vgl. Schwabe und Krcmar 2000, S. 132. Theoretische Grundlagen zum Prototyping werden in Abschnitt 2.2 geschaffen.

[183] Vgl. Aufbau und das Forschungsdesign dieser Arbeit, Abbildung 10. Dieser Aufbau entspricht dem Muster einer experimentellen Aktionsforschung mit Feedback-Schleifen (vgl. Chein, et al. 1948, S. 48ff.). Der Eingriff in das System an sich geschieht in dieser Arbeit nicht nach den weiterreichenden Kriterien einer Aktionsforschung. Diese Arbeit versteht sich vielmehr als eine nach dem Verlauf einer Aktionsforschung aufgebauten Pilotierung mit dem Eingriffsgegenstand „Tool" und dem Messinstrument der Fallstudie.

Pilotprojekte sind vorwiegend Machbarkeitsstudien; das bedeutet, dass sie feststellen sollen, ob eine vorliegende Invention (Erfindung) in der realen Umgebung eingesetzt und angewendet werden kann. Sie helfen, die Vorstellungen über das Neue und die Möglichkeiten seiner Nutzung zu klären.[184]

Die gewünschte Erkenntnisgewinnung durch Pilotprojekte kann man in drei **Dimensionen** einordnen: Bei der *Funktionsfähigkeit* geht es um die Frage, „ob das technisch Neue so funktionstüchtig ist, dass es die gewollte Leistung hervorbringt"[185] bzw. ob es überhaupt verwendet werden kann. Die Dimension des *Markterfolgs* beschreibt u.a., ob die Informationen eines Testangebots eine solide Ermittlung des Bedarfs, die Berechnung der zu erwartenden Preis-Absatz-Funktion, die Ermittlung der quantitativen und qualitativen Nachfrage im Zeitverlauf und die Schichtung des Abnehmerkreises nach Merkmalen der Zielgruppenforschung zulassen. Die dritte Dimension der Erkenntnisgewinnung beschreibt die der *gesellschaftlichen Wirkungen*. Hier werden mögliche negative bzw. positive Wirkungen der Innovation auf die Gesellschaft untersucht bzw. politische und gesellschaftliche Folgen beleuchtet.[186]

Zur **Geschichte** der Pilotierung in der deutschen Betriebswirtschaftsforschung: Die umfassende Erprobung von Innovationen war in der betriebswirtschaftlichen Literatur vor 1980 nicht ihrer Bedeutung entsprechend rezipiert worden.[187] „Dies mag an dem Umstand liegen, dass die Fragestellung, die experimentelle Vorgehensweise und die inhaltlichen Aussagen, vor allem aber die wissenschaftliche Autorenschaft nicht so dokumentiert worden sind, wie dies in der Hochschulforschung regelmäßig geschieht".[188]

Ein erster (bewusster) Einsatz hatte die Methode der Pilotierung in Verbindung mit der Einführung des Kabelfernsehens. Mit einer groß angelegten Feldstudie sollten insbesondere die gesellschaftlichen Wirkungen untersucht werden. In dieser Zeit meldeten sich viele kritische Stimmen, die durch ein massiv erweitertes Angebot an Kanälen eine Reizüberflutung und Vereinsamung der Konsumenten befürchteten. Dieses Pilotprojekt lieferte wichtige Erkenntnisse für die wirtschaftlichen und politischen Entscheidungsträger und diente als positives Vorbild für weitere Pilotprojekte, wie die Erprobung des Bildschirmtextes (1980 bis 1983),

---

[184] Vgl. Witte 1997, S. 420 und 431.
[185] Witte 1997, S. 431.
[186] Vgl. Witte 1997, S. 431ff.
[187] Vgl. Witte 1997, S. 419.

das Unterstützungspotenzial innovativer Techniken zur Kooperation von Personen und Organisationen (POLIKOM, ab 1993) und den Einsatz von Multimedia-Technologien (ab 1995).[189]

Pilotprojekte können in drei **Freiheitsstufen** eingeteilt werden: Die Akzeptanz einer gegebenen technologischen Innovation wird in Pilotprojekten der Stufe eins getestet. In Pilotprojekten der Stufe zwei startet man mit einem grundlegenden Prototypensystem und versucht, dieses System während der Laufzeit des Pilotprojekts zu testen und zu verbessern. Pilotprojekte der Stufe 3 starten mit einem organisatorischen Problem, das grundsätzlich durch ein soziotechnisches System gelöst werden kann. Nach einer Bedarfsanalyse wird das System entwickelt und in der Organisation eingeführt. Schließlich wird das System im restlichen Verlauf des Projektes optimiert und ggf. zur Anwendungsreife gebracht. Als Beispiel für ein Pilotprojekt der Stufe 3 sei hier POLIKOM genannt. Dieses Projekt hatte die Aufgabe, eine elektronische Brücke zwischen Bonn und Berlin für die dezentrale deutsche Regierung einzurichten.[190]

Auf Pilotprojekte bezogen, können **Wirkhypothesen** auf zwei unterschiedlichen Abstraktionsebenen formuliert werden bzw. kann man die Variablen in verschiedene **Abhängigkeitsordnungen** setzen:

1. Die Bestandteile des soziotechnischen Systems und ihr Kontext sind die bewirkenden (unabhängigen) Variablen, wohingegen die Realisation der Innovation als die bewirkte (abhängige) Variable erscheint (vgl. Abbildung 6).[191]

---

[188] Witte 1997, S. 419.
[189] Vgl. Witte 1997, S. 424ff.
[190] Vgl. Schwabe und Krcmar 2000, S. 133.
[191] Vgl. Schwabe 2000, S. 187.

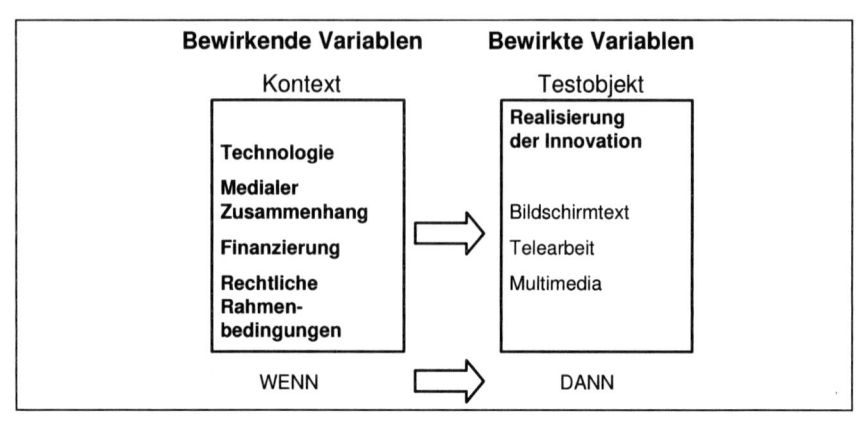

Bewirkende Variablen	Bewirkte Variablen
Kontext	Testobjekt
Technologie Medialer Zusammenhang Finanzierung Rechtliche Rahmenbedingungen	Realisierung der Innovation Bildschirmtext Telearbeit Multimedia
WENN	DANN

Abbildung 6: Neue Medien als bewirkte Variablen
(Quelle: Nach Witte 1997, S. 422)

Ein Pilotprojekt kann somit aufzeigen: Wenn die bewirkenden Variablen in einer angemessenen Art und Weise kombiniert werden, ist Umsetzung bzw. Realisation der Innovation möglich.[192]

2. Die Realisation der Innovation ist die bewirkende (unabhängige) Variable, und die Auswirkungen der Innovation bzw. der Technologie werden als die bewirkten (abhängigen) Variablen bezeichnet (vgl. Abbildung 7).[193]

---

[192] Vgl. Schwabe 2000, S. 187.
[193] Vgl. Schwabe 2000, S. 188.

```
┌─────────────────────────────────────────────────────────┐
│   Bewirkende Variablen      Bewirkte Variablen –        │
│   Stimulus (Testobjekt)          Effizienz              │
│                            (Technologiefolgen)          │
│                                                         │
│   ┌─────────────┐         ┌─────────────────┐           │
│   │             │         │ Verwendung      │           │
│   │ Videotext   │         │ Wirtschaftliche │           │
│   │ Telearbeit  │   ⇨     │ Effizienz       │           │
│   │ Multimedia  │         │ Wirkungen auf die│          │
│   │             │         │ Gesellschaft    │           │
│   └─────────────┘         └─────────────────┘           │
│                                                         │
│         WENN         ⇨          DANN                    │
└─────────────────────────────────────────────────────────┘
```

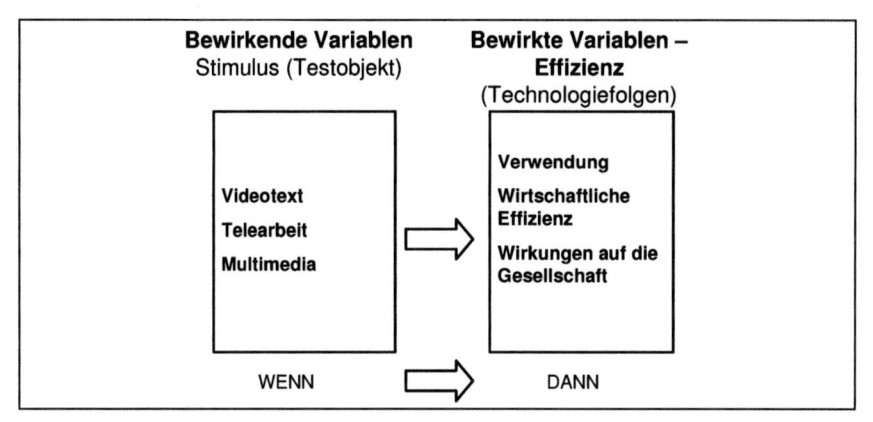

Abbildung 7: Neue Medien als bewirkende Variablen
(Quelle: Nach Witte 1997, S. 423)

Diese Form der Schlussfolgerung zeigt auf: Wenn eine gegebene soziotechnische Innovation eingeführt wird (hier als Beispiele Videotext, Telearbeit und Multimedia), dann kann diese Innovation Auswirkungen zeigen, wie bspw. eine bestimmte Nutzungsform, eine bestimmte wirtschaftliche Effizienz und Veränderungen in der Gesellschaft (vgl. weiter oben zu Dimensionen der Erkenntnisgewinnung durch Pilotprojekte).[194]

Grundsätzlich können Pilotprojekte zweierlei **Funktionen** ausüben:

1. **Pilotprojekte können eine Innovation testen:** Um die Machbarkeit und die Auswirkungen einer soziotechnischen Innovation abschätzen zu können, muss man diese in ihrem natürlichen Einsatzgebiet testen. Teile einer technischen Machbarkeitsstudie können durch Simulationen ausgefüllt werden, jedoch haben Feldexperimente zum wiederholten Male gezeigt, dass während ihrer Ausführung neue Technologiewünsche aufkamen, die dann noch nachträglich in den Soll-Katalog mit aufgenommen werden mussten.[195]

Des Weiteren werden Features einer Innovation während der Nutzung oft anders gewichtet als in der Phase der rein technischen Entwicklung. Das Einfließenlassen

---

[194] Vgl. Schwabe 2000, S. 188.
[195] Vgl. Schwabe 2000, S. 189.

der Informationen dieser Neugewichtung in den Fertigstellungsprozess der Innovation ist für deren Akzeptanz von großer Wichtigkeit.[196]

2. **Pilotprojekte als ein Beispiel für eine Innovation:** Erfolgreiche Pilotprojekte können als Referenz für andere interessierte Zielgruppen dienen (sog. „Best Practice"). Solche Beispiele zeigen dann nicht nur die technischen Vorzüge auf. Sie können auch ein umfassendes Bild über die Entscheidungen geben, die hin zu einer Innovation nötig sind.[197] Gerade bei umfassenden und kostspieligen Innovationen zeigt sich die Risikoaversion der Entscheider. Pilotprojekte können helfen, den Entscheidern ein recht detailliertes Bild über die Auswirkungen bzw. Implikationen einer Innovation zu geben. Pilotprojekte können Angst nehmen.[198]

1.7.3 Pilotierungsprozess internetgestützter Services für das Nachhaltige Management

Aufbau der Arbeit

Da die in dieser Arbeit untersuchten „internetgestützten Services für das Nachhaltige Management" den ganzen Zyklus, von der Entwicklung der Innovation bis zum Messen ihrer Auswirkungen durchlaufen, kann diese Innovation sowohl als bewirkte wie auch als bewirkende Variable betrachtet werden (beides explanativer Untersuchungstyp[199]). Betrachtet man „internetgestützte Services für das Nachhaltige Management" als bewirkte Variable, so ist man an den Bedingungen bzw. Faktoren interessiert, die zu einer Umsetzung dieser ökosoziotechnoökonomischen Innovation beitragen (vgl. Abbildung 8[200]).[201]

---

[196] Vgl. Schwabe und Krcmar 2000, S. 133.
[197] Vgl. Schwabe und Krcmar 2000, S. 134.
[198] Vgl. Witte 1997, S. 424ff.
[199] Während explorative Untersuchungen sich der Bildung von Theorien und Hypothesen widmen, haben explanative Untersuchungen die Aufgabenstellung, die Prüfung von Theorien und Hypothesen umzusetzen. Dieser theorieprüfende Typus untersucht Ursache-Wirkungszusammenhänge von Variablen schon aufgestellter Hypothesen und Theorien. Deskriptive Untersuchungsformen betreiben die Beschreibung von Populationen und Phänomenen (vgl. Zigmund 1997, S. 38ff.).
[200] EcoTools, EcoWizards und EcoAvatars sind Typen internetgestützer Services zum Nachhaltigen Management, die in Abschnitt 3.2 vorgestellt werden.
[201] Vgl. Schwabe und Krcmar 2000, S. 135.

Bewirkende Variablen	Bewirkte Variablen
Kontext	**Testobjekt**
Technologie (Internet, Java, ...)	**Realisierung der Innovation** „internetgestützte Services für ein Nachhaltiges Management"
Entwicklungs-Know how	
Strategische Entwicklungskonzepte	EcoTools
Mäzene / Förderer	EcoWizards
Finanzierung	EcoAvatars
Rechtliche Rahmenbedingungen	
Koordination der Entwicklungskräfte	
WENN ⇒	DANN

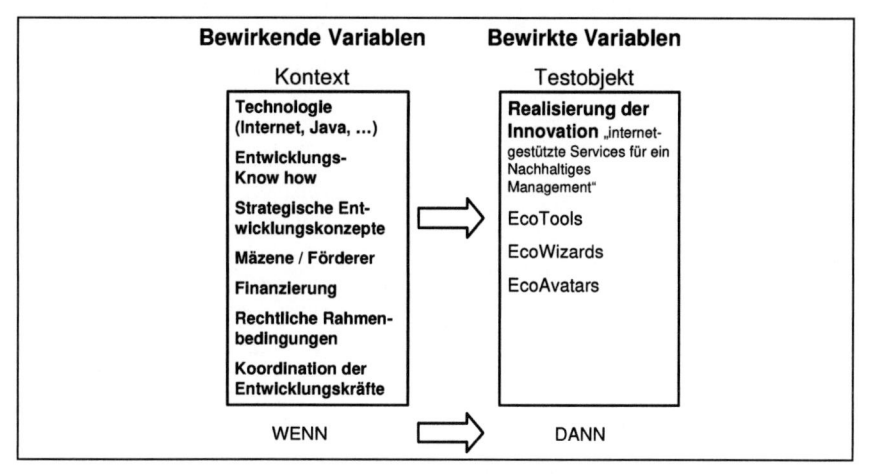

Abbildung 8: Internetgestützte Services als bewirkte Variablen
(Quelle: In Anlehnung an Witte 1997, S. 422)

Beispiele für solche Faktoren sind die einsetzbaren Technologien, das vorhandene Entwicklungs-Know-how, strategische Entwicklungskonzepte[202], aber auch „moralische Förderer", die – im Bewußtsein einer möglichen Fehlentwicklung – immer wieder für Motivationsschübe sorgen müssen. Darüber hinaus muss natürlich auch die Finanzierung des Projektes gesichert sein, und die rechtlichen Rahmenbedingungen dürfen keine unüberbrückbaren Hürden darstellen (bspw. Einhaltung des Datenschutzes). Wichtige Bedingung zur Realisation der Innovation ist auch die Fähigkeit, alle am Entwicklungsprozess Beteiligten koordinieren zu können. Ohne koordinierende Kraft erscheint es unmöglich, eine homogene Entwicklungsstrategie zu verfolgen und die Kräfte aufeinander abzustimmen.

Für Projekte zur Einführung von ökosoziotechnoökonomischen Systemen ist die Rolle eines koordinierenden „Entwicklungsmanagers" zentral.[203] „Er benötigt Freiraum und Ressourcen, um die organisatorische und technische Einführung aktiv voranzutreiben. Er kann sich als 'Moderator' in die partizipative Tradition der Organisationsentwicklung stellen oder als 'Advokat der Veränderung' alle erlaubten Mittel einsetzen, um seine Vorstellungen umzusetzen. Der Prozess der Einführung verläuft nur in Teilen geplant; der Implementierer ist auch gefor-

---

[202] Darunter wird hier die allgemeine Architektur einer neuen Dienstleistung verstanden, die es zu pilotieren gilt (vgl. Junginger, et al. 2003, S. 600).
[203] Vgl. Schwabe 2000, S. 237.

dert, wenn die Aneignungsprozesse der Nutzer neue Arbeitsformen hervorbringen oder wenn sich ungeplante Gelegenheiten bieten, die Einführung voranzubringen."[204]

Der Entwicklungsmanager muss gleichzeitig eine Fach-, Methoden- und Sozialkompetenz aufweisen. Die Sozialkompetenz stellt die Grundvoraussetzung dar, um überhaupt mit den am Pilotierungsprozess Beteiligten agieren zu können. Bei der Fachkompetenz handelt es sich um pilotierungsobjektspezifische und projektspezifische Kenntnisse. Das Pilotierungsobjekt dieser Arbeit sind „internetgestützte Services für das Nachhaltige Management". Der Entwicklungsmanager dieses Projektes muss sowohl die Technologie „Internet" verstehen und ihr Anwendungspotenzial erkennen als auch in der Domäne des Nachhaltigen Managements firm sein. Die Methodenkompetenz erstreckt sich in diesem Projekt der Services-Entwicklung auf fach- und DV-konzeptionelle Methoden der Wirtschaftsinformatik und ein zumindest grundsätzliches Verständnis der softwaretechnischen Implementierung.[205] Das Management der Entwicklung beinhaltet auch die Kommunikation der (Zwischen-) Resultate. Ergebnisse müssen „verkauft" werden, wenn die langfristige Finanzierung der Entwicklung gesichert sein und die Praxis aufmerksam gemacht werden soll.[206]

Betrachtet man „internetgestützte Services für das Nachhaltige Management" als bewirkende Variable (vgl. Abbildung 9), so möchte man die Konsequenzen der ökosoziotechnoökonomischen Intervention beleuchten, insbesondere ihren Einfluss auf die Effizienz.[207] Die wirtschaftliche Effizienz bezieht sich hier auf die Kosten-/Nutzenrelation eines Nachhaltigen Managements bzw. Umweltmanagements. Die These lautet: WENN man internetgestützte Services zum Nachhaltigen Management, instanziiert durch EcoTools, EcoWizard und EcoAvatars, einsetzt, DANN wird die Kosten-/Nutzenrelation zugunsten des Nutzens verändert und somit die Diffusion des Nachhaltigen Managements gefördert.

---

[204] Schwabe 2000, S. 237. Der „Implementierer" wird in diesem Zusammenhang dem „Verwirklicher" einer Lösung, also dem Entwicklungsmanager und nicht dem Software-Programmierer gleichgesetzt (vgl. Daniel 2001, S. 15f.).
[205] Vgl. Daniel 2001, S. 276. „DV" steht für Datenverarbeitung.
[206] Vgl. Junginger, et al. 2003, S. 600. Der „Verkauf" von Zwischenresultaten erfolgte in diesem Projekt hauptsächlich über Fachveröffentlichungen, Konferenzteilnahmen und Vorträge.
[207] Vgl. Schwabe und Krcmar 2000, S. 136.

```
┌─────────────────────────────────┬─────────────────────────────┐
│   Bewirkende Variablen          │   Bewirkte Variablen –      │
│   Stimulus (Testobjekt)         │        Effizienz            │
│                                 │   (Effekte der Innovation)  │
│  ┌───────────────────────┐      │  ┌────────────────────────┐ │
│  │ Internetgestützte     │      │  │                        │ │
│  │ Services zum          │      │  │ Nutzung                │ │
│  │ nachhaltigen          │      │  │                        │ │
│  │ Management            │      │  │ Wirtschaftliche        │ │
│  │ EcoTools              │  ⇒   │  │ Effizienz              │ │
│  │ EcoWizards            │      │  │ (Wirkungen auf die     │ │
│  │ EcoAvatars            │      │  │ Gesellschaft)          │ │
│  │                       │      │  │                        │ │
│  └───────────────────────┘      │  └────────────────────────┘ │
│                                 │                             │
│         WENN            ⇒       │         DANN                │
└─────────────────────────────────┴─────────────────────────────┘
```

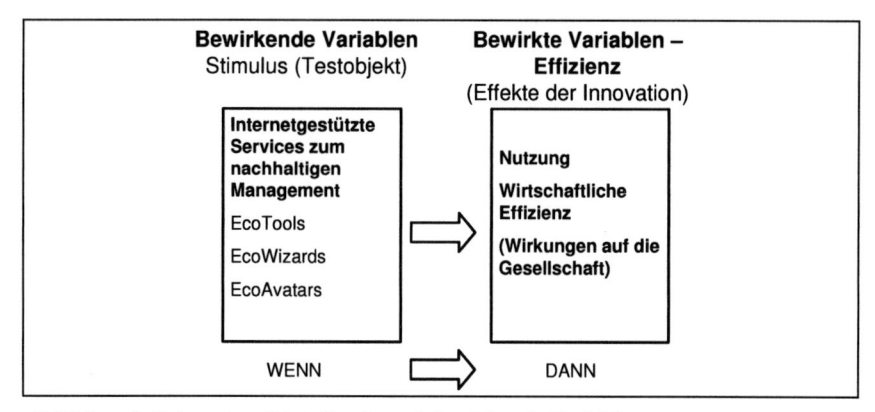

Abbildung 9: Internetgestützte Services als bewirkende Variablen
(Quelle: In Anlehnung an Witte 1997, S. 423)

Daneben stehen auch Ausprägungen und Erscheinungen der Nutzung internetgestützter Services für das Nachhaltige Management im Interesse des Forschers. So z.B. kann die Nutzung dieser Services zu ganz neuen, von der Praxis geschaffenen Arbeitsabläufen im Unternehmen führen, die die Forscher bzw. Entwickler so nicht vorgesehen hatten, deren Verständnis aber für eine Weiterentwicklung dieser Services enorm wichtig sein kann. Auch kann die Nutzung dieser Services zu Wirkungen auf die Gesellschaft führen. Denkbar wäre bspw., dass die Öffentlichkeit durch das Wissen über die Möglichkeiten und das Vorhandensein internetgestützter Services für das Nachhaltige Management die betriebswirtschaftliche Integration dieser Services als „normal" und gegeben ansieht und sich dementsprechend ihr Erwartungshorizont den Unternehmen gegenüber verändert.[208]

„Internetgestützte Services für das Nachhaltige Management" sowohl als bewirkte als auch als bewirkende Variable entsprechen dem Erkenntnisziel dieser Arbeit. Im ersten Fall (vgl. Abbildung 8) soll insbesondere betrachtet werden, welche IKTs (Informations- und Kommunikationstechnologien) und welches Entwicklungs-Know-how sich für die Entwicklung eines Service- bzw. Tool-Prototypen eignen und welche weiterführenden Entwicklungskonzepte als geeignet erscheinen (vgl. Kapitel 2 und 5).

---

[208] Vgl. Lang und Reinhardt 2003, S. 112.

Im zweiten Fall (vgl. Abbildung 9) soll der Fokus der Untersuchung einerseits auf den Einfluss dieser Services auf die Effizienz des Umweltmanagements gerichtet sein und dabei analysieren, ob diese internetgestützten Services die Einführung eines Umweltmanagements oder eines Nachhaltigen Managements fördern können.[209] Andererseits steht die Nutzung dieser Services im Interesse dieser Untersuchung (vgl. Kapitel 4). Hieraus gewonnene Erkenntnisse können dann in weitere Prototypenentwicklungen eingeflochten werden. Messungen von Wirkungen auf die Gesellschaft werden in dieser Arbeit weitgehend vernachlässigt, wobei dieser Aspekt in die weiteren hier vorgestellten Konzepte mit einfließt.

Insbesondere der zweite Fall erzwingt eine sog. Nullmessung vor der Intervention, um diese mit den Ergebnissen nach der Intervention zu vergleichen bzw. um den Bedarf der Interventionsstärke[210] zu bestimmen.[211] Diese Nullmessung soll hier als Ist-Stand des Umweltmanagements bzw. des Nachhaltigen Management definiert werden, wobei der Ist-Stand nicht in höheren Skalierungen festgehalten wird, sondern vielmehr die Summe aus Eindrücken von Studien (vgl. Abschnitt 1.2, „ifo-Studie"), Sekundärliteratur und des allgemeinen Fachverständnisses darstellt (vgl. Kapitel 1).

Nachdem der Pilotierungsprozess durch die Nullmessung angestoßen wurde, ergibt sich einerseits aus dieser Analyse des Ist-Standes ein signifikanter Bedarf nach Unterstützung durch internetgestützte Services (vgl. Abschnitt 1.2 und 1.5.3), andererseits kann der Bedarf von den Anforderungen der Geldgeber (hier BMBF, vgl. Abschnitt 1.5.1) abgeleitet werden. Diese ersten Schritte stellen die Domäne des Umweltmanagements bzw. des Nachhaltigen Managements in den Mittelpunkt (vgl. „Kapitel 1 - Domänenbezogen" in Abbildung 10).

Abbildung 10 zeigt die weiteren Hauptschritte des Pilotierungsprozesses (symbolisiert durch die von links nach rechts aufeinander folgenden Pfeile). Der Prozessschritt „Planung und Design eines Prototypen" (vgl. „Kapitel 2 – Technologiebezogen") folgt auf die Feststellung eines Bedarfs nach Service- bzw. Tool-Unterstützung. Im Fokus dieses Schrittes steht die

---

[209] Vor allem sind die Unternehmen interessant, die bisher bezüglich der Einführung eines Umweltmanagements sozusagen „auf der Kippe" standen. Die Frage ist hier, ob internetgestützte Methoden für ein Nachhaltiges Management die zu einer positiven Entscheidung noch fehlenden Kostensenkungs- oder Nutzenssteigerungseffekte mitbringen können.
[210] Die Frage lautet hier: Gibt es überhaupt Bedarf nach einer Entwicklung, und wenn ja, was muss entwickelt werden?
[211] Vgl. Schwabe 2000, S. 245f.

Frage, welche Technologien, Methoden und Vorgehensweisen sich grundsätzlich für die Konstruktion eines ersten Prototypen eignen, unter Berücksichtigung von Problemvariablen wie laufende Kosten, Effizienz und Initialkosten des Umweltmanagements, Nutzungshemmungen mit Umweltmanagementsoftware und Funktionsumfang eines Services bzw. Tools für das Umweltmanagement (aus Forschungfragen 1 und 2, vgl. Abschnitt 1.6).

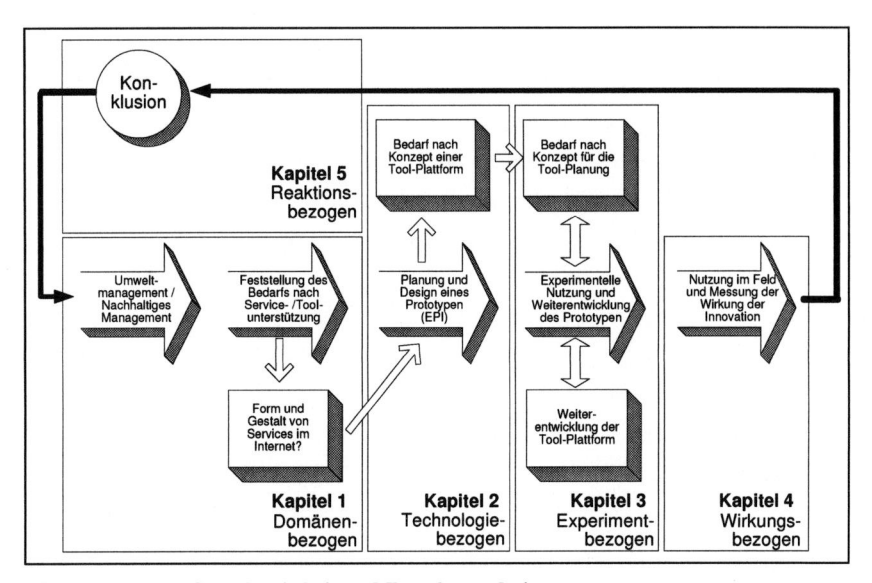

Abbildung 10: Aufbau der Arbeit und Forschungsdesign
(Quelle: Eigene Darstellung)

Diese Problemvariablen bzw. die in Abschnitt 2.3 beschriebenen Anforderungen an einen Prototyp bilden weiter die gedanklichen Leitsätze für den Schritt der experimentellen Nutzung und Weiterentwicklung des Prototyps (vgl. „Kapitel 3 – Experimentbezogen" in Abbildung 10). In diesem Schritt reflektiert das Entwicklungsmanagement des Prototyps das bisher Geschaffene sowohl anhand der gestellten Anforderungen als auch anhand der erfahrenen technologischen Grenzen. Die daraus gewonnenen Erkenntnisse und die Erfahrungen aus dem experimentellen Einsatz des Prototyps innerhalb eines ausgewählten Expertenkreises fließen in die Weiterentwicklung ein.

In Kapitel 4 wird dann der zur allgemeinen Nutzung gereifte Prototyp im Feld auf seine von ihm ausgehenden Wirkungen auf das Umweltmanagement bzw. Nachhaltige Management und auf seine Tauglichkeit hin evaluiert (aus Forschungsfrage 3, vgl. Abschnitt 1.6). Diese Forschungsfragen werden über insgesamt fünf Fallstudien zu beantworten versucht (vgl. „Kapitel 4 – Wirkungsbezogen" in Abbildung 10).[212]

Die in Kapitel 5 untersuchte strategische Weiterentwicklung zum Nachhaltigen Management konzentriert sich sowohl auf den Fokus „Innovation" und „Technologie" als auch auf die „Forschungsmethodik" der Pilotierung. Hier wird der Entwicklungsstand der Innovation (Tools bzw. Services) analysiert und hinsichtlich Optimierungsfeldern und -potenzialen reflektiert und ggf. reagiert. Im technologischen Fokus wird erörtert, welche IT-Strategie für das Nachhaltige Management verfolgt werden soll (aus Forschungsfrage 4, vgl. Abschnitt 1.6). Darüber hinaus wird das Forschungsdesign der Pilotierung für die Nachhaltigkeitsforschung weiterentwickelt. Letztlich können dann diese Erkenntnisse in eine Weiterentwicklung der Domäne „Umweltmanagement / Nachhaltiges Management" einfließen und weitere Pilotierungsschleifen anstoßen (vgl. „Kapitel 5 – Reaktionsbezogen" in Abbildung 10).

Felduntersuchungen haben immer wieder gezeigt, dass während ihrer Durchführung neue konzeptionelle und technische Fragestellungen auftauchten, die vor weiteren Projektschritten gelöst werden mussten.[213] Diese sog. *Pilotierungsnebenprodukte*[214] werden in Abbildung 10 als Quader dargestellt. Aus dem erkannten Bedarf nach einer effizienten Tool-Untersützung des Umweltmanagements resultieren die Fragestellungen, wie Services im Internet abgebildet sind, welche es schon gibt, wo sie eingesetzt werden und welche Funktionen sie haben (vgl. Abbildung 10 „Kapitel 1 - Domänenbezogen"). Diese Fragestellungen werden in einer empirischen Erhebung abgebildet, in der die am meisten besuchten Internet-Auftritte auf ihre angebotenen Services hin untersucht werden (vgl. Abschnitt 1.8). Die aus dieser Studie gewonnenen Erkenntnisse über Form und Gestalt von Services fließen einerseits in den allgemeinen Tool-Ideenfindungsprozess mit ein, andererseits liefern sie eine wichtige gedankliche Basis für das Design eines Prototyps.

---

[212] Theoretische Grundlagen der hier unternommenen Fallstudien werden in Abschnitt 4.1 aufgezeigt.
[213] Vgl. Schwabe 2000, S. 189 und Witte 1997.
[214] „Pilotierungsnebenprodukte" in Anlehnung an die Nebenprodukte, die in einer Kuppelproduktion entstehen (vgl. Pohle 1991, S. 508). Der Produktionsinput ist in dieser Arbeit das umweltfachbezogene, ingenieurtechnische, sozialwissenschaftlich und wirtschaftliche Wissen, das Produktionshauptziel ist die Schaffung von internetgestützten Services für das Nachhaltige Management und die Nebenpro-

Aus dem Design eines Prototyps resultiert die Fragestellung, wie eine Tool-Plattform bzw. deren Architektur gestaltet sein soll, auf der der erste Prototyp, aber auch weitere Prototypen entwickelt und implementiert werden können (vgl. Abbildung 10 „Kapitel 2 – Technologiebezogen"). Dieses Pilotierungsnebenprodukt entsteht einerseits auf Basis des technischen Fachverständnisses (u.a. Erfahrungen aus vorigen Projekten, Plattform-Architekturen anderer Anbieter), andererseits in einem kontinuierlichen „Lerning-by-Doing-Prozess" und fließt in die weitere Tool-Planung ein (vgl. Abschnitt 2.5).

Durch die experimentelle Nutzung des Prototyps wird den Beteiligten des Projekts bewusst, wie ein Tool aussieht und was ein Tool leisten kann. Diese „Awareness" schafft neue Wünsche nach Modifikationen des ersten Prototyps und nach weiteren Tools. Diese Wünsche müssen geordnet werden, da sonst weitere Tool-Komponenten und Tools bezüglich ihrer Funktionalität nicht überschneidungsfrei entwickelt werden können. Auch ein Setzen von Schwerpunkten von Unterstützungsleistungen von Tools seitens der Projektleitung ist ohne ein Planungskonzept nicht umsetzbar (vgl. Abschnitt 3.1). Dieses Konzept oder Muster einer Tool-Planung entwickelt sich in Interaktion mit dem Pilotierungsschritt des experimentellen Einsatzes, indem einerseits neue Wünsche, Ideen und Anforderungen zu Tools in dieses Konzept eingehen, andererseits erst durch die Entwicklung dieses Konzepts konkretere Anforderungen artikuliert werden können. Während der experimentellen Nutzung des Prototyps wird auch deutlich, dass die in Abschnitt 1.8 identifizierten Community Services einen wertvollen Beitrag zur Tool-Landschaft geben können und dass sie in eine umfassende Service-Planung mit eingeschlossen werden müssen (vgl. Abbildung 10 „Kapitel 3 – Experimentbezogen", oberer Quader).

Die in Abschnitt 3.1 gewonnenen Erkenntnisse zur Tool-Planung erfordern eine Anpassung und Weiterentwicklung des in Abschnitt 2.5 vorgestellten Konzepts einer Tool-Plattform (vgl. Abbildung 10, „Kapitel 3 – Experimentbezogen", unterer Quader). Die Weiterentwicklung dieser Tool-Plattform wird in Abschnitt 3.2 vorgestellt.

Die Pilotierung „internetgestützter Services für das Nachhaltige Management" kann bezüglich der in Abschnitt 1.7.2 beschriebenen Freiheitsstufen eines Pilotierungsprojektes in die Stufe 3 eingeordnet werden. In dieser Pilotierung soll nicht nur die Akzeptanz einer gegebenen tech-

---

dukte sind während der Pilotierung aufgekommene Fragen und daran anknüpfende Lösungskonzepte,

nologischen Innovation getestet oder mehrere Entwicklungschleifen mit einem grundlegenden Prototypensystem durchlaufen werden, sondern es wird, ausgehend vom identifizierten organisatorischen Problem einer unzureichenden Diffusion des Umweltmanagements bzw. Nachhaltigen Managements, versucht, ein ökosoziotechnoökonomisches System (in Form von Services bzw. Tools) zu entwickeln, dieses in die Organisation einzuführen und zur Anwendungsreife zu bringen.

Dieses Pilotprojekt hat sowohl die Funktion, die Innovation „internetgestützte Services für ein Nachhaltiges Management" zu testen, um die beim Testen gewonnenen Erkenntnisse wieder in die Weiterentwicklung einfließen zu lassen, ferner soll die Pilotierung als ein reales Beispiel für diese Innovation dienen und dabei Entscheidungsträgern ein umfassendes Bild über die technischen Vorzüge, den Umsetzungsaufwand und die Auswirkungen dieser Innovation auf die Domäne des Umweltmanagements geben. Dieses Pilotprojekt soll als „Best Practice" oder als Vorlage für eine umfassende Entwicklung von „internetgestützten Services für das Nachhaltige Management" dienen (vgl. Abschnitt 1.7.2).

1.8 Form und Gestalt von Services im Internet?

Um sich eine Übersicht über die allgemeine Services-Landschaft zu verschaffen und ein „Gespür" für Inhalt, Form und Ausprägungen von existierenden Services zu bekommen, wurde eine Studie verfasst, welche die Services der meistbesuchten Internet-Portale zusammenfasst.[215] Zusätzlich kann diese Studie eine Grundlage für die Weiterentwicklung einer Community-Plattform für Ökoradar bilden und einen wichtigen Beitrag für die Internationalisierungsstrategien von Ökoradar leisten.

1.8.1 Beschreibung des Vorgehens und der Datenbasis

Da die Angebotsdichte von Services innerhalb von Internetauftritten höchst unterschiedlich ist, müssen zunächst geeignete Seiten mit entsprechenden Services gefunden werden. Außerdem müssen Kriterien bestimmt werden, an Hand derer die einzelnen Services systematisiert werden können.

Als für die Untersuchung geeignete Internetauftritte erscheinen Angebote, die von vielen Nutzern besucht werden. Die häufige Frequentierung lässt darauf schließen, dass das Angebot des

---

die wiederum in den weiteren Pilotierungsprozess mit einfließen können.
[215] Für Ausführungen zur Studie, vgl. Braun, et al. 2003e.

jeweiligen Betreibers den Bedürfnissen der Nutzer entspricht und diese dadurch einen Mehrwert erhalten. Somit liegt die erste Aufgabe darin, Internetauftritte zu finden, die über eine große Zahl an Nutzern verfügen.

Das renommierte amerikanische Marktforschungsinstitut ACNielsen untersucht in regelmäßigen Abständen die Internetnutzung von Probanden in 21 Ländern. Dabei werden u.a. auch „web properties" mit der größten Nutzerzahl bzw. Frequentierung erhoben. Als „web properties" werden alle Internetauftritte bezeichnet, die in den Verantwortungsbereich eines Unternehmens fallen. Dabei kann sich das Angebot auf einen einzigen Internetauftritt beschränken, aber auch eine Mehrzahl von Internetauftritten umfassen.[216]

ACNielsen veröffentlicht diese Zahlen in seinen sog. „Netratings".[217] Dabei wird teilweise zwischen der Nutzung von zu Hause (Home) und der geschäftlichen Nutzung (Work) unterschieden. Da allerdings ACNielsen nicht in allen Ländern diese Unterscheidung macht, beschränkt sich diese Studie auf die Internetnutzung von zu Hause. Veröffentlicht werden jeweils pro Land die zehn web properties mit den höchsten Nutzerzahlen (bzw. in den USA die 25 am häufigsten genutzten Angebote).

Diese Studie beschränkt sich auf den deutsch- und englischsprachigen Raum. Daher wurden „web properties" aus den Ländern USA, Kanada, Großbritannien, Irland, Neuseeland, Australien, Schweiz, Österreich, Singapur, Hong Kong und Deutschland analysiert. Die Daten stammen aus dem Zeitraum zwischen März und Oktober 2002.

Da sich die web properties der einzelnen Staaten überschneiden, d.h. die gleichen Angebote in verschiedenen Staaten genutzt werden (bspw. Google oder MSN), werden die 125 web properties von ACNielsen auf 64 zu untersuchende Internetangebote reduziert. Während der Studie wird deutlich, dass einige web properties überwiegend asiatische Schriftzeichen enthalten bzw. eine Registrierung durch den Nutzer notwendig ist. Somit reduziert sich die

---

[216] „A property is defined as a consolidation of multiple domains and URLs owned by a single entity" (Bumatay, et al. 2001, S. 2). Es wird geschätzt, dass die durchschnittliche Lebensdauer einer Informationsseite im Internet bzw. einer URL nur ca. 70 Tage beträgt (vgl. Doluschitz 2002b, S. 23). Auch deshalb kann eine Zusammenfassung zu web properties sinnvoll sein.

[217] http://www.nielsen-netratings.com.

Grundgesamtheit schließlich auf 54 analysierte Angebote, die hinsichtlich der zur Verfügung gestellten Services untersucht werden.[218]

1.8.2 Systematisierung von Internet-Services

Zum Zeitpunkt dieser Studie sind die Erscheinungsformen von Tools bzw. Services noch nicht klar erkannt und definiert, und man weiß auch noch nicht genau, wonach man eigentlich sucht. Daher benötigt man ein gedankliches Raster, das den Verdacht erweckt, inhaltlich dem Such- und Definitionsobjekt ähnlich zu sein. Als gedankliches Raster wird auf das Studienkonzept bzw. Schema von DAUM et al.[219] zurückgegriffen, die in ihrer Untersuchung den Fokus auf Community Services setzt.

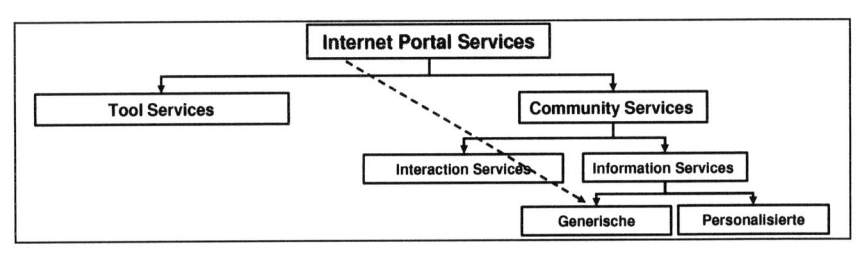

Abbildung 11: Internet Portal Services
(Quelle: In Anlehnung an Daum, et al. 2001, S. 4)

Community Services sind Dienste, die der Information und Interaktion von Menschen bzw. Gruppen innerhalb einer internetgestützten Gemeinschaft dienen. Kennzeichnend für diese virtuelle Form des „sich Treffens" ist ein Wir-Gefühl der Mitglieder, das durch gleiche Interessen oder Probleme begründet ist. Die Mitglieder einer Community werden selber aktiv und stellen zum Teil selber Informationen zur Verfügung.[220] Gemäß ihren zwei Hauptfunktionen lassen sich Community Services in die beiden Subkategorien Information und Interaction Services unterteilen (vgl. Abbildung 11).

Die Information Services sollen dem Nutzer aktuelle und für seine Arbeit bzw. sein Interesse relevante Daten zur Verfügung stellen. Wichtig dabei ist eine gute Aufbereitung des Textes,

---

[218] Da manche Anbieter (bspw. Microsoft) so umfangreiche und tief verlinkte web properties haben, ist eine allumfassende Analyse unwirtschaftlich. Somit beschränkt sich die Analyse auf die interne Sphäre, d.h. es werden keine externen Links weiter verfolgt.
[219] Vgl. Daum, et al. 2001.
[220] Vgl. Brunold, et al. 2000, S. 24.

damit der Leser die Informationen schnell aufnehmen und verarbeiten kann. Diese Services lassen sich nochmals hinsichtlich ihrer Personalisierbarkeit unterscheiden (vgl. Abbildung 11). Dabei stellen generische Information Services Dienste dar, die für jeden Benutzer die gleichen Funktionen bereitstellen und meist keine Registrierung verlangen.[221] Personalisierbare Information Services hingegen lassen sich individuell den Bedürfnissen des Benutzers anpassen. Das bedeutet, dass der Nutzer meist bestimmte Einstellungen an diesen Services vornehmen kann, um möglichst komfortabel damit arbeiten zu können bzw. nur die Informationen zu erhalten, die interessant für ihn sind, wie bspw. zum eigenen Aktienportfolio. Ein weiteres Merkmal dieser Services besteht darin, dass oft eine Registrierung des Nutzers verlangt wird. Interaction Services[222] dienen dem interpersonellen Austausch von Menschen, die beispielsweise ihre Erfahrungen oder Probleme über das Internet publik machen wollen, um dadurch anderen Personen zu helfen bzw. selber Unterstützung zu erhalten.[223]

Da man bei Voruntersuchungen auf Formen von Services stieß, die sich nicht ohne weiteres in das Klassifikationsschema der Community Services einordnen lassen, musste dieses Schema um eine weitere Klasse erweitert werden (vgl. Abbildung 11). Diese Klasse wird „Tool Services" genannt, da einerseits diese Services einen ausgesprochenen Werkzeugcharakter ausstrahlen und andererseits in diesen Services keine offensichtliche Gemeinschaftsbildungsfunktion identifiziert werden kann (vgl. Abschnitt 1.5.3.3). Die Tool Services und Community Services werden zu Internet Portal Services zusammengeführt (vgl. Abbildung 11).

1.8.3 Ergebnisse der Studie

In der Abbildung 12 werden die zehn web properties abgebildet, die im Zeitraum dieser Studie die höchsten Nutzerzahlen aufwiesen.

---

[221] Der gestrichelte Pfeil von Internet Portal Services zu den generischen Information Services soll verdeutlichen, dass Internetauftritte, auch ohne den Anspruch, eine Community darzustellen, sehr wohl gewisse Dienste anbieten können, insbesondere generische wie bspw. eine Suchfunktion oder Zugriffsstatistiken.
[222] Unter Interaktion „versteht man zweckgerichtete wechselseitige soziale Beziehungen zwischen mindestens zwei Interaktionspartnern" (Staehle 1999, S. 308).
[223] Vgl. Daum, et al. 2001, S. 3ff.

Die größten Web Properties

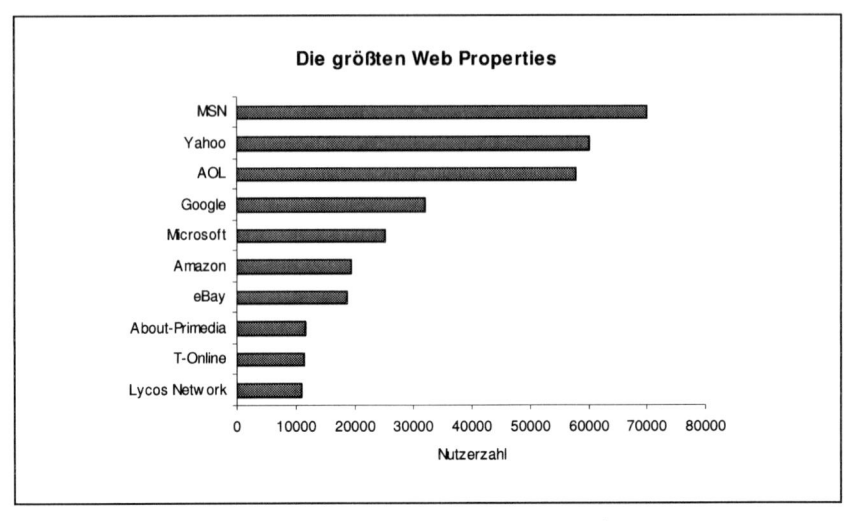

Property	Nutzerzahl
MSN	~70000
Yahoo	~60000
AOL	~58000
Google	~32000
Microsoft	~25000
Amazon	~20000
eBay	~20000
About-Primedia	~12000
T-Online	~11000
Lycos Network	~11000

Abbildung 12: Die größten web properties (Nutzerzahl in Tsd. / Monat)
(Quelle: aus Braun, et al. 2003e)

Die Werte stellen dabei die aggregierten Nutzerzahlen der einzelnen Länder dar. Microsoft Network stellt dabei mit fast 70 Mio. Nutzern pro Monat die am häufigsten besuchte web property dar. Auffällig dabei ist, dass es sich nicht nur um Suchmaschinen (Google, Yahoo und Lycos Network) und Internet Service Provider (AOL, T-Online) handelt, deren primäre Funktion es ist, einen Zugang zum Internet bereitzustellen, sondern auch „Transaktions-Portale" wie beispielsweise das Auktionshaus eBay oder der Buchversand Amazon.

Generische Information Services
Diese Informationsdienste stellen einen zentralen Bestandteil bei fast allen Internetseiten dar. Dies wird durch die Services wie Verlinkungen zu bestimmten Themen anderer Anbieter oder die Bereitstellung von Nachrichten, Schlagzeilen oder Textartikeln besonders deutlich. Auch die Möglichkeit, nach bestimmten Schlagwörtern zu suchen, wird von sehr vielen Firmen angeboten. Diese drei Services weisen alle eine Häufigkeit von jeweils über 80% auf (vgl. Abbildung 13).

Generic Information Services

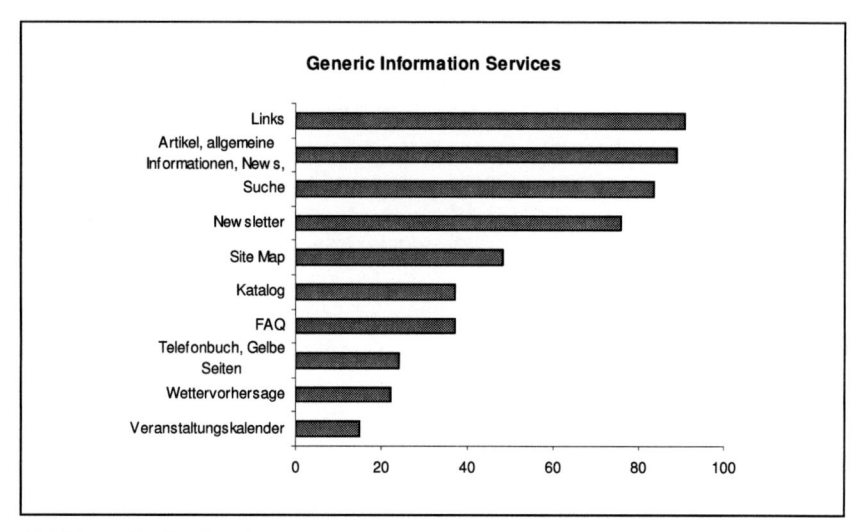

Service	Häufigkeit
Links	~90
Artikel, allgemeine Informationen, News	~88
Suche	~82
Newsletter	~75
Site Map	~48
Katalog	~38
FAQ	~38
Telefonbuch, Gelbe Seiten	~22
Wettervorhersage	~20
Veranstaltungskalender	~12

Abbildung 13: Häufigkeit generischer Information Services
(Quelle: aus Braun, et al. 2003e)

Newsletter zählen auch zu den häufig vorkommenden Services. Mit Hilfe dieses Service kann der Betreiber eines Internetauftritts die Mitglieder regelmäßig per Email über Veränderungen oder neue Erkenntnisse informieren, ohne den logistischen Ballast einer kostenintensiven Briefaktion auf sich zu nehmen. Site Maps werden auf etwa jeder zweiten web property angeboten. Dies ist insbesondere für Internetseiten interessant, die relativ komplex aufgebaut sind und den Nutzer bei der Navigation durch das Angebot unterstützen wollen. Neben katalogisiert aufbereiteten Informationen und den sog. FAQ (Fequently Asked Questions) findet man weitere interessante Services wie Telefonbücher, Wettervorhersage und Veranstaltungskalender. In dieser Studie werden insgesamt 21 unterschiedliche Services dieser Form erfasst. Abbildung 13 zeigt davon die zehn am häufigsten angebotenen Services.

Personalisierte Information Services

Abbildung 14 gibt einen Überblick über die am häufigsten angebotenen personalisierten Information Services. Services dieser Kategorie werden bisher noch recht selten angeboten. Etwas mehr als 20% der Internetauftritte bieten dem User die Möglichkeit, eine persönliche Startseite einzurichten. Hierbei besteht zum Beispiel die Möglichkeit, die Farben der Benutzeroberfläche zu verändern oder die aktuellen Kurse ausgewählter Aktien angezeigt zu bekommen. Alle anderen Services, wie Jobsuche, Web-Organizer oder Buddy Lists, sind sehr selten anzutreffen.

Personalized Information Services

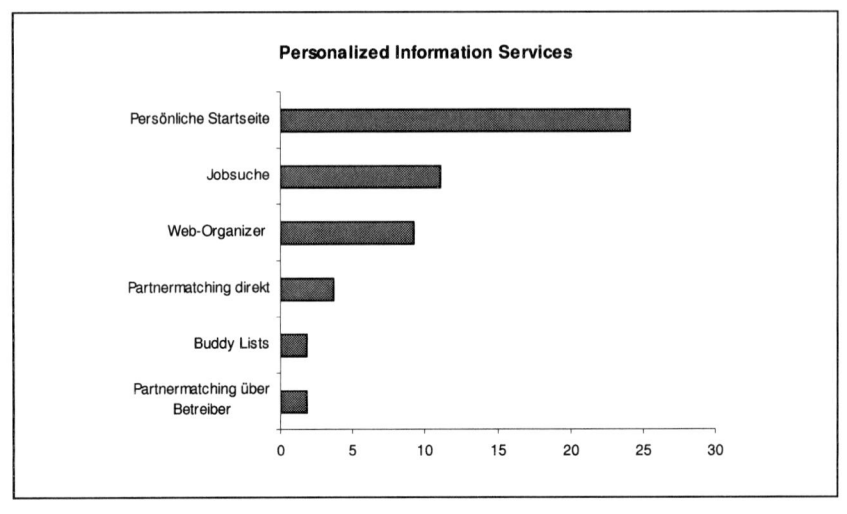

Service	Häufigkeit
Persönliche Startseite	~24
Jobsuche	~11
Web-Organizer	~9
Partnermatching direkt	~4
Buddy Lists	~2
Partnermatching über Betreiber	~2

Abbildung 14: Häufigkeit personalisierter Information Services
(Quelle: aus Braun, et al. 2003e)

Interaction Services

Ein zentraler Service dieser Kategorie besteht in der Möglichkeit, über E-Mail mit dem Betreiber einer Internetseite in Kontakt zu treten. Weit über 80% aller Anbieter stellen ihren Kunden diesen Service zur Verfügung (vgl. Abbildung 15).

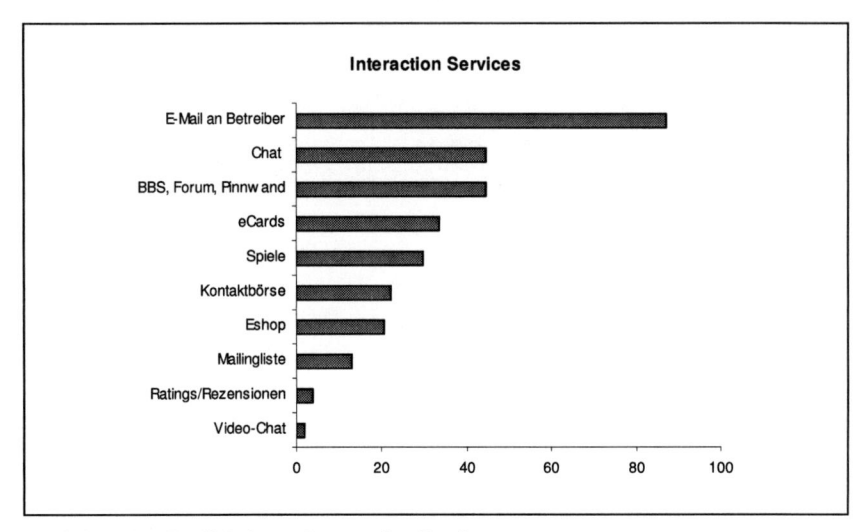

Abbildung 15: Häufigkeit von Interaction Services
(Quelle: aus Braun, et al. 2003e)

Chatrooms und Foren werden auf über 40% der untersuchten web properties angeboten. Die Nutzung dieser Services fällt allerdings recht unterschiedlich aus. In manchen Foren gibt es täglich eine Vielzahl neuer Einträge. In anderen Foren dagegen stehen über einen Zeitraum von mehreren Jahren lediglich ein Dutzend Einträge. Interaction Services bieten einen nicht zu unterschätzenden Nutzen für die User, da sie eine orts- und zeitunabhängige, sehr komfortable und kostengünstige Interaktion mit anderen Menschen über große Distanzen erlauben.[224]

Tool Services

Ein typischer Vertreter dieser Services sind sog. „Spezialrechner" (vgl. Abbildung 16), die nach Eingabe gewisser Daten durch den Benutzer entscheidungsrelevante Ergebnisse zurückliefern können. Ein klassisches Beispiel hierfür stellen die unzähligen Angebote von Versicherern dar, bei denen sich die Versicherungsprämien für die Kraftfahrzeughaftpflicht berechnen lassen.[225] Nach Eingabe von Leistung und Fahrzeugtyp kann sich der Anwender die Versicherungskosten für sein Fahrzeug anzeigen lassen.

---

[224] Vgl. Dumont du Voitel, et al. 2002, S. 5.
[225] Vgl. beispielhaft o.V. 2002.

Tool Services

Spezialrechner	▓▓▓▓▓▓▓▓▓▓▓▓▓▓▓▓▓▓ 32
Simulatoren	▓▓▓▓▓▓▓ 13
Remote-Services	▓ 2

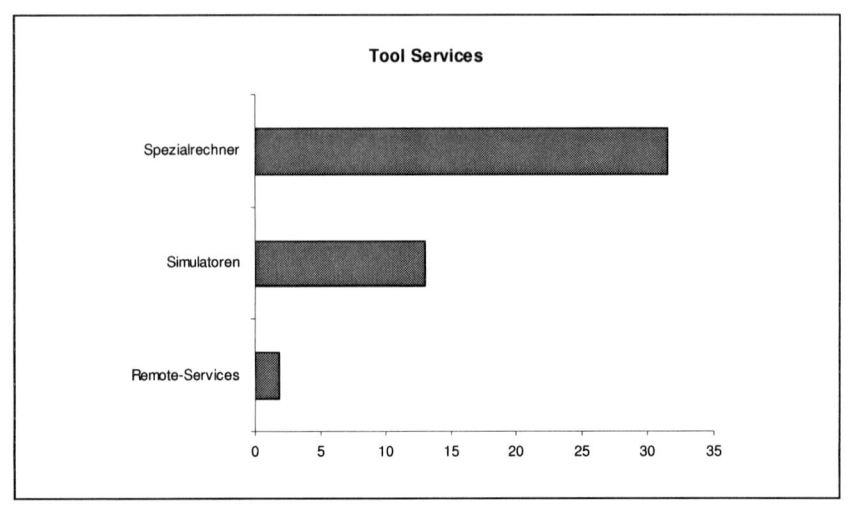

0   5   10   15   20   25   30   35

Abbildung 16: Häufigkeit von Tool Services
(Quelle: aus Braun, et al. 2003e)

Eine weitere Variante ergibt sich aus sog. Simulatoren, mit denen sich der Benutzer gewisse Szenarien anzeigen lassen kann. Hierbei kann man an die Konfiguratoren von Autoherstellern denken, bei denen es möglich ist, ein Auto nach Farb-, Ausstattungs-, Form- und Leistungsbedürfnissen zusammenzustellen und sich das Ergebnis visuell darstellen zu lassen.[226]

Ein weiterer Service dieser Klasse sind die sog. „Remote-Services". Diese Dienste lassen eine *entfernte* Steuerung oder Beobachtung eines bestimmten Objektes über einen Internetauftritt zu. Beispiel hierfür ist die Möglichkeit, eine Anlage oder Maschnine über das Internet einstellen,[227] den Füllstand eines Silos einsehen[228] oder (Bewegt-)Bilder von seinem Hauseingang betrachten[229] zu können.

---

[226] Vgl. beispielhaft o.V. 2003a.
[227] Dabei entfällt die Notwendigkeit, dass bspw. ein Techniker zu einer Anlage oder Maschine reisen muss, um diese zu warten, einzustellen oder um etwaige Fehler zu beseitigen. Eine österreichische Telefongesellschaft bietet hierzu die Möglichkeit, die Funktionen des eigenen Telefons über das Internet zu konfigurieren (vgl. o.V. 2003b).
[228] Diese Dienste werden auch als „VMI – Vendor Managed Inventory" bezeichnet (vgl. Kämpf und Dieffenbacher 2004).
[229] Vgl. beispielhaft o.V. 2004a. Der Dienst „(Bewegt-)Bilder" kann auch als personalisierter Information Service eingeordnet werden.

Insgesamt kann gesagt werden, dass Tool Services noch relativ selten in Internetauftritten vorzufinden sind. Der mit Abstand am häufigsten angebotene Service dieser Kategorie stellen die Spezialrechner (ca. 30%) dar (vgl. Abbildung 16). Den zweithäufigsten Service stellen mit 13% die Simulatoren. Es muss jedoch darauf hingewiesen werden, dass hierin auch eine Vielzahl von Horoskopen enthalten ist. Remote Services konnten nur in knapp 3 % der untersuchten Internetauftritte erkannt werden.

Ein Überblick über alle Services gibt Abbildung 17. Hier werden neben den Services, die bereits in der Studie von Daum et al. identifiziert werden konnten, weitere der auf den Web Properties gefundenen Services aufgeführt. Außerdem werden Services erfasst, die in diversen Vorstudien[230] aufgefallen waren.

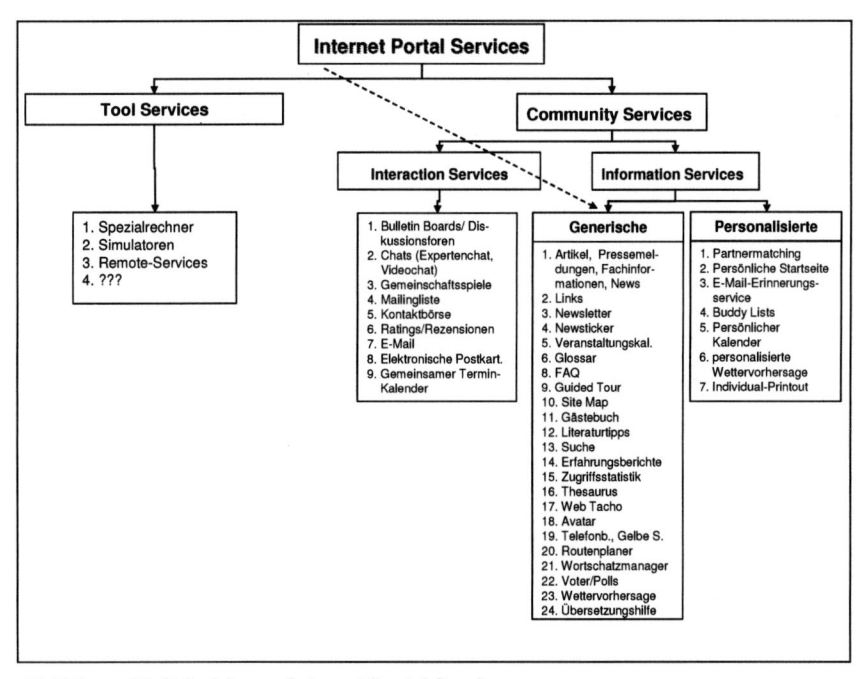

Abbildung 17: Beispiele von Internet Portal Services
(Quelle: Aus Braun, et al. 2003e, Teile in Anlehnung an Daum, et al. 2001, S. 4)

---

[230] Vgl. auch Braun und Krcmar 2002.

Insgesamt kann durch diese Studie die in Abschnitt 1.5.3.3 formulierte Definition der Tool Services (Tools) und die Unterscheidung zwischen Tool Services und Community Services bestätigt werden. Während bei den Community Services die Interaktion von Menschen bzw. der computergestützte Austausch von Informationen im Vordergrund steht, tritt bei der Serviceform der Tool Services die Interaktion zwischen Mensch und Werkzeug in den Vordergrund. Tool Services haben keine (ausgesprochene) Gemeinschaftsfunktion, d.h. sie dienen nicht vornehmlich dem Zweck, Menschen zusammenzuführen.

Tool Services liefern dem Portal-Besucher nicht nur singuläre Informationen, sondern lassen die Weiterverarbeitung von Zwischenergebnissen zu. Tool Services sind in ihrer Ausprägung kontextbezogen (domänenspezifisch), lassen sich also kaum ohne weitere Modifikationen in ein anderes Einsatzgebiet überführen. Im Gegensatz zu den Community Services gibt es für die technische Entwicklung und Integration von Tool Services meist keine vorgefertigten Programmmodule, wie bspw. fertige JavaScript-Module für die Aufnahme einer Suchfunktion in die jeweilige Seite oder für das Zählen der Portal-Besuche („Visitor Counter").

1.8.4 Services für das Umweltmanagement – Ideen aus der Studie

Aus dieser Studie bzw. den Vorstudien heraus können nun Ideen für geeignete Services formuliert bzw. Ansatzpunkte identifiziert werden, die als Grundlage für eine explorative Entwicklung von Services für das Umweltmanagement dienen könnten. In diesem Abschnitt sollen Ideen vorgestellt werden, wie „herkömmliche" Services, die prinzipiell nichts mit der Domäne „Betriebliches Umweltmanagement" zu tun haben, sinnvoll für das Umweltmanagement bzw. Nachhaltige Management eingesetzt werden könnten.

Generische Information Services können in vielen Fällen ohne größere Anpassung auf das Anwendungsgebiet des Umweltmanagements übertragen werden. Zumeist muss nur eine themenspezifische Anpassung vollzogen werden. So können beispielsweise gewöhnliche Chat- oder Newsforen-Services von Mitgliedern der Domäne Umweltmanagement direkt genutzt werden. Bei wenigen dieser Services ist jedoch eine Anpassung notwendig. Solche Services sind bspw. Telefonbücher/Gelbe Seiten und Routenplaner.

Auf Basis der Services Telefonbücher und Gelbe Seiten wäre es möglich, „Grüne Seiten"[231] zu entwickeln, in denen Unternehmen aufgelistet werden, die Umweltmanagementsysteme implementiert haben und zertifiziert sind. Gelegentlich ist es bei der Vergabe von Aufträgen notwendig, dass alle am Auftrag direkt oder indirekt beteiligten Unternehmen Umweltstandards in ihren Geschäftsprozessen implementiert haben und diese auch nachweisen können. Grüne Seiten können Unternehmen dabei helfen, bei der Auswahl von Partnerunternehmen, die als Lieferant oder Abnehmer fungieren, einen möglichst hohen Nachhaltigkeitsgrad in der Produktion oder in Projekten sicherzustellen.

Bei Routenplanern wäre es möglich, nicht nur Zeit- oder Streckenkomponenten, wie bei den bereits bestehenden Produkten[232], zu beachten, sondern auch topologische Gegebenheiten in die Planung miteinzubeziehen. Damit könnten Routen berechnet werden, die möglichst energiesparend sind. Das wäre insbesondere für Transportunternehmen sehr interessant, die schwere LKWs einsetzen und daran interessiert sind, ein möglichst flaches Streckenprofil zu nutzen („Ökologistik").[233]

Auch in der Kategorie der personalisierten Information Services lassen sich die meisten Angebote relativ einfach auf den Umweltbereich übertragen. Ein Service, der sich in dieser Kategorie besonders für den Umweltbereich eignen würde, ist das Partnermatching. Hierbei steht das Kennenlernen anderer Personen im Mittelpunkt. Für Manager kann es interessant sein, andere Menschen kennen zu lernen, die bereits Erfahrungen mit dem Einsatz bestimmter Umwelttechnologien gemacht haben oder die bereits ein Umweltmanagementsystem in ihrem Unternehmen eingeführt haben.

In der Kategorie der Interaction Services erscheint besonders der Chat mit Expertenbetreuung für eine Weiterentwicklung interessant. Eine Betreuung von im Umweltmanagementbereich unerfahrenen Unternehmen oder angehenden Umweltmanagern kann durch ein Chat mit Expertenbetreuung umgesetzt werden. Hierbei kann eine qualifizierte Person gezielte Antworten auf die Fragen der Nutzer geben, aber auch Einträge anderer Nutzer in einem Diskussionsforum auf deren Richtigkeit überprüfen. Ein Chat mit Expertenbetreuung wurde in dieser Studie nicht gefunden. Auch eine Kontaktbörse bzw. - auf den Umweltbereich übertragen - eine

---

[231] Vgl. o.V. 2004b.
[232] Bsp. für den Service „Routenplanung": www.map24.de.
[233] Zu Ökologisitik vgl. Rautenstrauch 1999b, S. 122.

Wertstoffbörse, über die der einzelne Unternehmer seine Abfallstoffe oder seine benötigten Rohstoffe bekannt gibt, kann einen Nutzen stiftenden Service darstellen.[234]

Tool Services stehen im Fokus des in dieser Arbeit beschriebenen Pilotierungsprozesses. Für die in der Studie identifizierten Spezialrechner, Simulatoren und Remote-Services (vgl. Abschnitt 1.8.3) sollen kurze Skizzen erläutert werden.

Spezialrechner könnten im Umweltschutzkontext bspw. dazu genutzt werden, die Steuer- und Abgabenlast vor dem Hintergrund unternehmensspezifischer Daten wie Energieverbrauch oder Abfallaufkommen zu berechnen. Außerdem ist es denkbar, dass unterschiedliche Rohstoffe auf ihre Umwelt(schutz-)kosten bzw. auf ihre Wirtschaftlichkeit hin analysiert werden könnten. So könnte einem Manager bei der Entscheidung zwischen herkömmlichem Diesel und Diesel aus Rapsöl Hilfestellung gegeben oder der Unterschied hinsichtlich Kosten und Umweltbeeinträchtigung zwischen Strom aus der Kohle und Strom aus Windkraft berechnet werden.[235]

Simulatoren dienen dazu, bestimmte Verhaltensweisen eines Systems unter Vorgabe einer bestimmten Strategie experimentell am Modell zu analysieren.[236] Dadurch können teure Versuche vermieden werden, indem verschiedene Entscheidungsalternativen und ihre Auswirkungen aufgezeigt werden.[237] Für Unternehmen könnten solche Simulatoren beispielsweise dann interessant sein, wenn neue Anlagen beschafft oder neue Produkte entwickelt werden müssen um diese hinsichtlich ihrer Umweltverträglichkeit oder ihrer Umweltinvestitionskosten bewerten zu können.[238] Die Möglichkeiten internetgestützter Services für die Simulation werden sich in den nächsten Jahren massiv erweitern.[239]

Eine Umsetzung der Remote Services auf den Umweltbereich könnte bspw. dadurch erfolgen, dass sich ein Unternehmen über ein Portal an einem Zentralrechner des Wetterdienstes registriert und diesen auf die Steuerelektronik seiner Anlagen zugreifen lässt. Dieser Zentralrechner könnte dann in Gefahrensituationen (z.B. Hochwasser oder Sturm) Anlagen bzw. Ventile der

---

[234] Vgl. Schulz, et al. 2002, S. 254f. und beispielhaft o.V. 2003c.
[235] Vgl. beispielhaft Russ und Diffenhard 2004.
[236] Vgl. Adam 1996, S. 488 und Wirth 1999, S. 44.
[237] Vgl. Wirth 1999, S. 45.
[238] Vgl. Rolf und Hilty 1994, S. 268.
[239] Vgl. Bauer 1995.

Anlagen entsprechend bedienen. Auch könnte ein solcher leistungsstarker Zentralrechner umfassende Berechnungen zur Optimierung der Energie- und Rohstoffproduktivität oder der Abfall- und Emissionsreduzierung eines Unternehmensprozesses durchführen und die Anlagen des Unternehmens entsprechend einstellen.[240] Remote Services in Form von über Internetkameras übertragenen Bildern könnten auch das Informationsdefizit zwischen einer Entscheidung und ihrer (entfernten) Umweltbeeinträchtigung überwinden helfen („visuelles Umweltmonitoring").[241]

Unabhängig von der technischen Untermauerung beschreiben ENGLISH/DALE weitere Einsatzgebiete bzw. Aufgabenfelder von Services für das Umweltmanagement:[242]

- Für generelle Analysezwecke: Zum Aufspüren von ökologierelevanten Informationen, die mit herkömmlichen Werkzeugen nicht gefunden werden können.
- Zur Unterstützung des Führungsinformationssystems: Insbesondere die Verdichtung von ökologierelevanten Informationen zur Integration in den Unternehmensführungsprozess kann eine wichtige Aufgabe spezieller Tool Services darstellen.
- Unterstützung für Notfallaktionen: Hier können Tool Services eine wichtige Unterstützung für das Notfall-Management darstellen, bspw. zur Erstellung und Verwaltung von Notfall- und Katastrophenplänen.
- Unterstützung von Standardprozessen: Neben der Unterstützung des Führungsinformationssystems können Tool Services in Ökoradar insbesondere die alltäglich wiederkehrenden Aufgaben des Umweltmanagements unterstützen.
- Konfliktmanagement: Services können helfen Konflikte zu entschärfen, indem Problemfelder transparent gemacht werden. „Konfliktlösung durch Kommunikation" ist sicherlich ein wichtiges Aufgabengebiet.
- Kollaboratives Lernen: Möglichkeiten der Abbildung von Ideen und einer gemeinsamen Erarbeitung von Wissen können durch diverse Community Services geschaffen werden.

---

[240] Vgl. Rolf und Hilty 1994, S. 268.
[241] Zu „Umweltmonitoring" vgl. Günther, et al. 1994, S. 54f.
[242] Vgl. English und Dale 1999, S. 322f.

2 Planung und Design eines Prototyps

In Kapitel 2 wird aufgezeigt, dass ein Umweltkennzahlensystem, als Kern eines Betrieblichen Umweltinformationssystems (BUIS) bzw. des Umweltcontrollings, als geeignet erscheint, in einem Tool Service-Prototyp abgebildet zu werden und als Forschungsobjekt die Schritte einer Pilotierung zu durchlaufen. Nach der Darlegung des Entwicklungsprozesses der Tool-Entwicklung und des Anforderungskatalogs an zu entwickelnde Prototypen wird ein Überblick über das Umweltmanagement und die Umweltkennzahlentheorie gegeben. Darauf aufbauend wird ein Umweltkennzahlen- und Benchmarking-Tool entwickelt und erläutert.

2.1 Planungsstufen und Designschritte der Tool-Entwicklung

Jedes Vorhaben ab einer bestimmten Komplexität erfordert ein strukturiertes und zielgerichtetes Vorgehen.[243] Im Bereich der Systementwicklung werden zur Bewältigung der Komplexität anfallender Koordinationsaufgaben sog. Phasenmodelle eingesetzt, welche die Sequenz von der Idee bis zur Fertigstellung bzw. Pflege (Maintenance) eines zu entwickelnden Systems abbilden.[244] Weiterentwicklungen von Phasenmodellen werden auch Vorgehensmodelle genannt.[245]

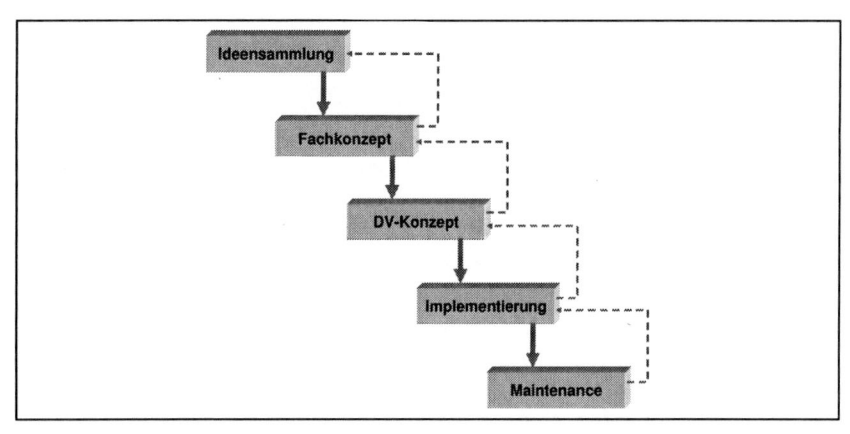

Abbildung 18: Grundlegendes Vorgehensmodell der Systementwicklung
(Quelle: Eigene Darstellung in Anlehnung an Scheer 1998b und Balzert 1998, S. 99)

---

[243] Vgl. Abhandlungen zu „Planung", Küpper 1997, S. 69ff.
[244] Vgl. Stahlknecht und Hasenkamp 2002, S. 218ff.

Abbildung 18 zeigt das grundlegende Vorgehensmodell der Systementwicklung für das Projekt Ökoradar. Dieses Modell vermischt die Ansätze eines Wasserfallmodells mit der Vorgehenssequenz nach ARIS (Architektur Integrierter Informationssysteme).[246] Dieses Vorgehen erscheint für Multipersonen- und -disziplinenprojekte wie die Entwicklung von Portalsystemen geeignet, die Kompetenzen und Aufgaben der verschiedenen an der Entwicklung beteiligten Fachrichtungen zu ordnen und kontinuierlich zu überprüfen.

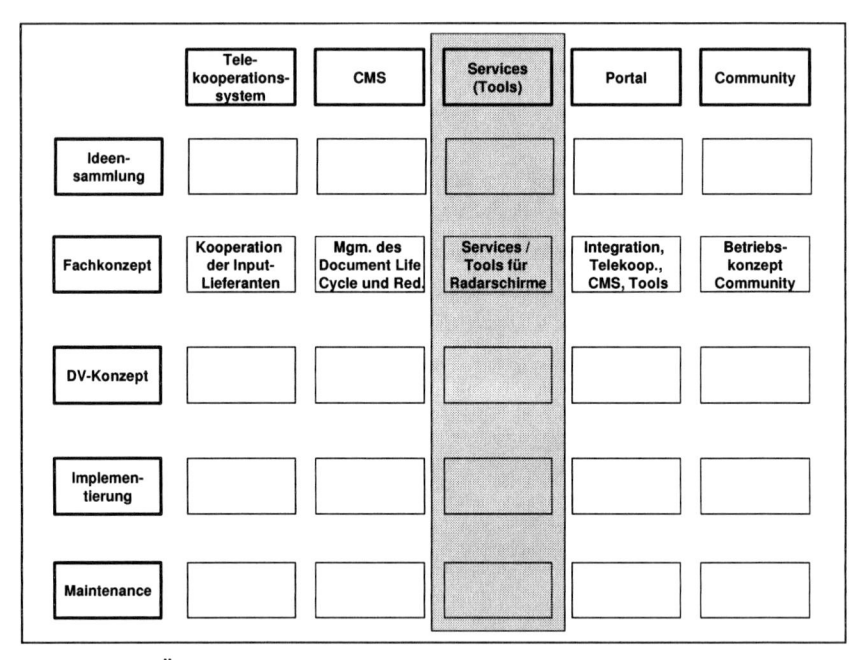

	Telekooperationssystem	CMS	Services (Tools)	Portal	Community
Ideensammlung					
Fachkonzept	Kooperation der Input-Lieferanten	Mgm. des Document Life Cycle und Red.	Services / Tools für Radarschirme	Integration, Telekoop., CMS, Tools	Betriebskonzept Community
DV-Konzept					
Implementierung					
Maintenance					

Abbildung 19: Ökoradar Solution Map
(Quelle: In Anlehnung an Krcmar, et al. 2003)

In Abbildung 19 werden in der Horizontalen die verschiedenen Plattformen bzw. technologischen Teilprojekte (Teilsysteme) des Portals Ökoradar aufgezeigt. Für jedes Teilprojekt lassen sich die Aufgaben und Kompetenzen über die Phasen der Systementwicklung (vgl. Abbildung 18) hinweg aufzeichnen. Beispielhaft kann man diverse Aufgaben der Fachkonzept-Ebene aus der Abbildung 19 herauslesen. Auf die namentliche Delegierung der Aufga-

---

[245] Vgl. Krcmar 2003, S. 122.
[246] Vgl. Stahlknecht und Hasenkamp 2002, S. 222f. und Scheer 1998b.

ben wurde hier verzichtet. Im Folgenden werden die Phasen anhand der Tool-Entwicklung aufgezeigt.

Projekte mit hohem Innovationscharakter (insbesondere Forschungsprojekte) stellen meist Aufgaben, die in gleicher Weise in keinem früheren Projekt zur Bewältigung anstanden. Die Entwicklung internetgestützer Services / Tools für das Nachhaltige Management und die Integration dieser in das Portal Ökoradar ist eine innovative und zugleich interdisziplinäre Aufgabe (vgl. Abschnitt 1.6). Durch diese Interdisziplinarität entstehen unterschiedliche Sichtweisen auf die zu entwickelnden Tools bzw. auf deren Anforderungen und Funktionalität. Diese Sichtweisen, artikuliert in Tool-Ideen, müssen gesammelt und geordnet werden.

Geeignete Hilfsmittel für die Konsolidierung von Ideen bzw. Vorschlägen in Gruppen stellen so genannte Group Decision Support Systems (GDSS, auf Deutsch „Gruppenentscheidungsunterstützungssysteme") dar. GDSS sind rechnergestützte Systeme, die eine Gruppe als Entscheidungsträger in schlecht- oder unstrukturierten Entscheidungssituationen unterstützen sollen. Systeme ohne Entscheidungszwang werden auch GSS (Group Support System) genannt. GSS werden als rechnergestützte Systeme definiert, die die geistige Zusammenarbeit von Gruppen verbessern können.[247] Eines der am Markt gängigen GSS stellt GROUPSYSTEMS dar. Hier können die Teilnehmer anonym ihre eigenen Ideen und Anregungen zu den Ideen anderer in das System über einen PC (Personal Computer) eingeben. Nach einer Brainwriting-Runde können die gefundenen Ideen in von der Gruppe definierte Kategorien eingeteilt werden. Anschließend kann ein computerunterstütztes Voting mit anschließendem Ranking vorgenommen werden.[248]

Nach dem Ideensammlungsprozess folgt der Schritt des Fachkonzepts. Ein Fachkonzept beschreibt das betriebswirtschaftliche Anwendungskonzept und strukturiert dieses mit Hilfe von formalisierten Beschreibungssprachen.[249] Hierzu bietet ARIS einen Baukasten von Elementen

---

[247] Vgl. Schwabe 1995, S. 149f.
[248] In Abbildung 72 im Anhang sind Teilergebnisse des Workshops dargestellt, der im Rahmen der Tool-Ideenfindung von Ökoradar im TeleTeam-Raum des Lehrstuhls für Wirtschaftsinformatik (Universität Hohenheim) mit 8 Teilnehmern aus unterschiedlichen Disziplinen durchgeführt wurde. Es hat sich u.a. gezeigt, dass es für eine spätere Nachbearbeitung der Tool-Ideen wichtig ist, die Tool-Bezeichnungen bzw. -Beschreibungen, die in das System eingegeben werden, möglichst umfassend auszuformulieren. Weitere Ansatzpunkte für eine Ideengenerierung findet man in Reckenfelderbäumer und Busse 2003, S. 152ff.
[249] Vgl. Schwarzer und Krcmar 1999, S. 116.

an, mit denen integrierte System(teil)modelle erstellt werden können.[250] So kann man auch, wie im Falle der Tool-Entwicklung in Ökoradar, auf in anderen Projekten erstellte Vorarbeiten zurückgreifen und auf diesen aufbauen.[251] Neben den durch Funktionsbäume[252], Prozesskettendiagramme, Entity-Relationship-Modelle (ERMs) und Organigrammen beschriebenen fachlichen Inhalten, bietet es sich u.a. auch an, Formeltabellen (fachbezogene Berechnungsalgorithmen) zur Beschreibung der Software-Logik einzufügen. Fachkonzepte werden meist von Wirtschaftsinformatikern in Zusammenarbeit mit dem jeweiligen Fachexperten erarbeitet.

Im Schritt des DV-Konzeptes werden - meist von einem Wirtschaftsinformatiker - die Inhalte des Fachkonzepts in eine technologienahe Verständigung übersetzt. Dieses DV-Konzept soll dem Programmierer als Vorlage dienen. Beispielsweise kann es für die Entwicklung von Tools sinnvoll sein, dass im DV-Konzept der Programmablauf und die gewünschte Benutzeroberfläche mit Hilfe von skizzenhaften Graphiken „nachgebaut" und die Funktionen der abgebildeten Buttons mit sog. Pseudocode beschrieben werden.

Mit Hilfe des DV-Konzeptes erstellt der Programmierer den Software-Code des zu programmierenden Tools. Dabei scheint es insbesondere in Projekten mit hohem Innovationscharakter und gleichzeitig engen Budgetgrenzen wichtig zu sein, dass zwischen den an der Tool-Erstellung Beteiligten kurze Rückkopplungswege eingerichtet werden (vgl. gestrichelte Feedbackschleifen in Abbildung 18. So kann sich der Wirtschaftsinformatiker (hier Nachhaltigkeitsinformatiker, vgl. 1.6) als Mediator zwischen der Informatik und dem jeweiligen Fachgebiet (hier Umweltmanagmenent bzw. Nachhaltigkeitsmanagement) verstehen. Er muss dabei fortlaufend zwischen den Wünschen des Auftrag- bzw. Ideengebers des Tools und den technischen und finanziellen Begrenzungen Kompromisslösungen aushandeln und diese im Fach- und DV-Konzept festhalten.

Auch die Pflege und Wartung (vgl. Abbildung 18 „Maintenance") steht nicht isoliert am Ende des Tool-Entwicklungsprozesses. Da auch im Bereich des Systembetreibers laufend Anpas-

---

[250] Nach ARIS erstellte Modelle können sowohl für die Schulung von Tool-Usern wie auch für den Kommunikationsprozess zwischen der Projektleitung (Auftraggeber) und dem Tool-Entwicklungsteam eingesetzt werden.
[251] So konnte in Ökoradar u.a. auf die Vorarbeiten aus dem Projekt EcoIntegral zurückgegriffen werden (vgl. Krcmar 2000). Bspw. konnte auf Basis einiger Teilmodelle zu Umweltkennzahlen (-systeme) das EPI-Tool weiterentwickelt werden.

sungen wie Updates, Patch-Einspielungen oder Bug-Fixes durchgeführt werden, sollten auch von der Maintenance Feedbackschleifen zu den vorigen Entwicklungsschritten implementiert werden. Auch fachliche Anpassungen bzw. Neuerscheinungen können weitere Aktionen in allen Schritten der Tool-Entwicklung erzwingen.

Speziell für die Entwicklung von objektorientierten Tools wird das in Abbildung 18 beschriebene Vorgehen erweitert. Als gedankliche Grundlage bietet sich hierfür das objektorientierte Life-Cycle-Modell von POMBERGER[253] an (vgl. Abbildung 20).

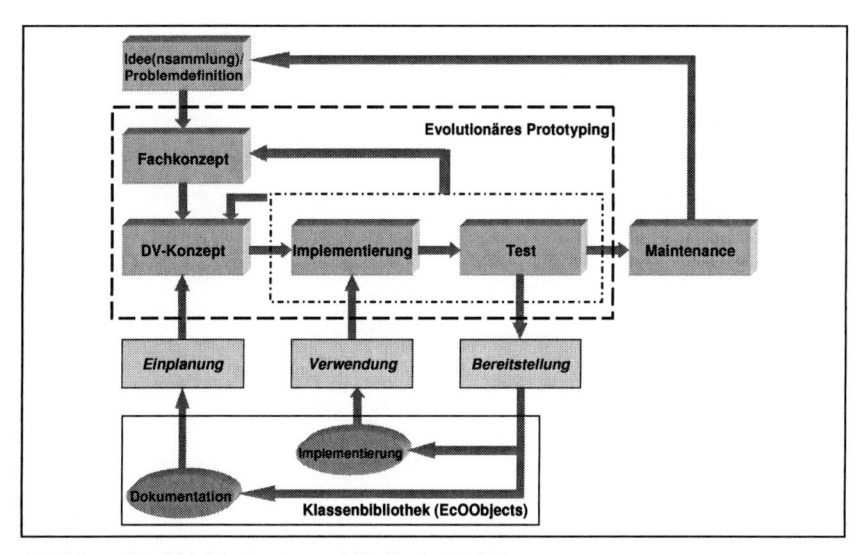

Abbildung 20: Objektorientiertes Life-Cycle-Modell
(Quelle: In Anlehnung nach Pomberger und Blaschek 1996, S. 30 und Hallmann 1990, S. 54f.)

Charakteristisch für dieses Vorgehensmodell ist die Klassenbibliothek, die bestimmte Klassen von validiertem Software-Code vorhält (vgl. Abbildung 20 unten). Dieser Code kann schon im technischen Entwurf (DV-Konzept) in die Planung mit einbezogen werden. Da gewisse Klassen über viele Tools hinweg wieder verwendet und erweitert werden können, muss der

---

[252] Im Anhang (Abbildung 74) sind die zentralen Funktionen des später vorgestellten EPI-Tools in Form eines Funktionsbaums dargestellt.
[253] Vgl. Pomberger und Blaschek 1996, S. 30.

Code für das jeweils zu erstellende Tool nicht völlig neu erstellt werden.[254] Nach der Entwicklung eines Tools wird dessen Code kommentiert, dokumentiert, u.U. neu geordnet und wieder in die Klassenbibliothek für die Entwicklung weiterer Tools eingestellt.

Die durch die objektorientierte Vorgehensweise aufgebrochene (strenge) Phasenabfolge wird durch die Aufnahme des Prototypengedankens weiter an die Entwicklungsbedingungen schlecht strukturierter Probleme angepasst. Dabei bleibt die grundlegende Phaseneinteilung bestehen, jedoch werden zwischen den Phasen Fachkonzept, DV-Konzept und Implementierung/Test Zyklen eines evolutionären Entwicklungsdesigns integriert (vgl. Abbildung 20).[255] Eine solche Modifikation dieses Vorgehensmodells erscheint notwendig, da sich die endgültigen Systemanforderungen meist erst im Verlauf des Entwicklungsprozesses herausbilden und externe Faktoren, wie bspw. strukturorganisatorische Maßnahmen, gesetzliche Änderungen, neue Leistungsmöglichkeiten von Hard- und Software, schon während der Systementwicklung Änderungen an Fach- und DV-Konzepten notwendig machen können. Erschwerend kommt für das reine Phasenmodell hinzu, dass dem Anwender keine prüffähige Vorabversion ausgeliefert werden kann, anhand der er mögliche Änderungswünsche vorbringen kann.[256]

2.2 Der Prototypenbau als eine Methode der Pilotierung

„Der Grundgedanke des Prototyping besteht darin, in Analogie zur Entwicklung technischer Produkte vom Endgültigen Anwendungssystem ein ablauffähiges Muster in Form einer Vorabversion, d.h. einen *Prototyp*, zu entwickeln, mit dem experimentiert werden kann".[257] Dieses Experiment kann im Labor oder im Feld durchgeführt werden. Ein Prototyp wird zum Labormodell, wenn er den Entwicklern intern als Bewertungsmaßstab dient, um Fragen der technischen Umsetzung und Realisierung zu klären.[258] Möchte man jedoch einen Prototyp unter realen Bedingungen testen, so bleibt meist kein anderer Weg als die kontrollierte Integration des Prototyps in sein für ihn vorgesehenes Anwendungsfeld. Dadurch wird ein Prototyp

---

[254] Vgl. dazu Ausführungen über die EcOObjects in Kapitel 3.2.1.
[255] Vgl. Hallmann 1990, S. 54f.
[256] Vgl. Stahlknecht und Hasenkamp 2002, S. 222ff.
[257] Stahlknecht und Hasenkamp 2002, S. 223.
[258] Unter einem Laborexperiment kann man die Identifikation präziser Beziehungen zwischen ausgewählten Variablen mit Hilfe einer künstlich geschaffenen Laborumgebung verstehen, unter Einsatz quantitativer Analyseverfahren, die allgemeingültige Aussagen über reale Sachverhalte erlauben (vgl. Galliers 1991, S. 337).

zum Pilotsystem.[259] Ein Prototyp wird hierdurch zugleich zum Gegenstand der Entwicklung, Baustein der Gestaltung und Element des beforschten soziotechnischen Systems.

Hinsichtlich ihrer Verwendung kann man Prototypen zwischen Wegwerfprototypen (Rapid Prototyping) und wieder verwendbaren Prototypen (evolutionäres Prototyping) unterscheiden. Im Hinblick auf das Phasenschema der Systementwicklung unterscheidet man zwischen dem explorativen und dem experimentellen Prototyping. Während sich das explorative Prototyping auf das Fachkonzept, d.h. auf die Funktionalität des Anwendungssystems beschränkt, werden im experimentellen Prototyping die Alternativen der informationstechnischen Realisierung getestet. Des Weiteren unterscheidet man zwischen vollständigen und unvollständigen Prototypen. Vollständige bzw. vertikale Prototypen beschränken sich nur auf ein funktionales Teilsystem, bilden dieses jedoch über alle Systemebenen (Präsentation, Applikation, Datenbank) ab. Unvollständige bzw. horizontale Prototypen bilden nur eine ausgesuchte Systemebene ab. Diese bezieht sich meist auf die Benutzerschnittstelle (Präsentation).[260] Die in diesem Pilotierungsprojekt herangezogenen Arten eines Prototyps und des Prototyping sind unterstrichen.

Der hypothetisch-deduktive Charakter des Prototyping führt zum Lager der positivistischen Forschung:[261] In den Phasen des Prototyping (Fachkonzept - DV-Konzept - Implementierung/Test, vgl. Abbildung 20) werden in jedem Zyklusdurchlauf Annahmen (Hypothesen) über die Umsetzbarkeit von Teilergebnissen für die nächste Phase bzw. den nächsten Zyklusdurchlauf getroffen. Teilergebnisse können u.a. Modelle, Struktogramme und lauffähige Teilsysteme sein. Das empirische Testen dieser Hypothesen geschieht im Prototyping über Beobachtungen, „Entwicklungen und Entdeckungen" bzw. Variation der Bedingungen dieses

---

[259] Vgl. Hallmann 1990, S. 26.
[260] Vgl. Stahlknecht und Hasenkamp 2002, S. 223f.
[261] Aus verschiedenen Ausprägungen von Wissenschaftstheorie heraus haben sich in der Forschungspraxis zwei „Forschungslager" gebildet, deren Vertreter den richtigen Weg des Forschens zu proklamieren versuchen. Das eine Forschungslager kann als „positivistisch" (empirisch-analytisch-positivistisch-quantitativ-objektiv), das andere als „interpretativ" (hermeneutisch-interpretativ-qualitativ-subjektiv) bezeichnet werden (vgl. Krcmar 2002, S. 6). In der Forschungspraxis wird der positivistische Ansatz oft auch, angelehnt an die Forschungsansätze in der Physik, Biologie und anderen Naturwissenschaften, als „naturwissenschaftliches Modell" der Forschung bezeichnet. Der Positivismus fordert drei notwendige, in wechselseitiger Beziehung stehende Bedingungen von Logik ein: Regeln der formalen Logik, Regeln des experimentellen und quasi-experimentellen Designs und die Regeln der hypothetisch-deduktiven Logik (vgl. Lee 1999, S. 12). Im Rahmen der hypothetisch-deduktiven Forschung erscheint es als sinnvoll, vielmehr die Bedingungen eines experimentellen Tests zu variieren, als die Anzahl der Beobachtungen zu erhöhen (vgl. Lee 1999, S. 15f.).

experimentellen (Labor-) bzw. quasi-experimentellen (Feld-) Tests.[262] Bestätigen sich die Hypothesen, gelten die Teilergebnisse als vorläufig verifiziert, und der Prototyp kann in die nächste Entwicklungsstufe gehen. Doch sobald ein Prototyp das Labor verlassen hat, um in der „realen Welt" getestet zu werden, erscheinen Denkstrukturen der interpretativen Forschung als nicht ungeeignet, für eine anforderungsgerechte Weiterentwicklung Tatsachen und Daten zu sammeln, die über objektive oder frei zugängliche Aspekte der menschlichen Verhaltensweise hinausgehen.[263]

2.3 Anforderungen an einen Tool-Prototyp

An die für die Pilotierung von Innovationen entwickelten Prototypen müssen grundlegende Qualitätsanforderungen gerichtet werden. So ist es notwendig, dass ein Prototyp dem angestrebten Leistungsvermögen entspricht, damit die Testperson den Anwendungsnutzen und das Leistungsbündel überhaupt erkennen und verstehen kann. Dafür muss ein Prototyp die Leistungen umfassend abbilden, so dass erste Einführungs- oder Schulungskonzepte entworfen werden können. Darüber hinaus muss ein Prototyp grundsätzlich testbar sein, d.h. durch seine Beurteilung sollten valide Aussagen getroffen werden können, welche Verbesserungen notwendig und wie die Erfolgsaussichten einer Markteinführung gestaltet sind. Ein Prototyp sollte ebenfalls Variationsmöglichkeiten mitbringen, so dass auch alternative Lösungsmöglichkeiten aufgezeigt werden können.[264]

---

[262] Vgl. Hallmann 1990, S. 54f.
[263] Vertreter des interpretativen Forschungslagers beklagen die im positivistischen Ansatz vernachlässigte Dimension der sog. „Lebenswelt", wie die Welt des Bewusstseins und durch Menschen geschaffene Bedeutungen. Der Sozialwissenschaftler muss also nicht nur Tatsachen und Daten sammeln, die objektive oder frei zugängliche Aspekte der menschlichen Verhaltensweise aufzeigen, sondern muss sein Erkenntnisinteresse auch auf die subjektive Bedeutung richten, die eine bestimmte Verhaltensweise für die Menschen selber hat. Diese Sichtweise erfordert andere Methoden als die bekannten des positivistischen Ansatzes: Ethnography (von der Anthropologie), teilnehmende Beobachtung (von der Soziologie), geschichtliche Auswertung und Hermeneutik gehören zum Fundus der interpretativen Methoden. Ungleich zur positivistischen Welt, bekennt sich der Forscher dazu, selbst das Instrument der Beobachtung, der Auswahl, Abstimmung und Interpretation zu sein. In Fällen der Beobachtung irrationalen Verhaltens ist es die Aufgabe des interpretativen Forschers, zumindest die rationalen Komponenten aus augenscheinlich irrationalem Verhalten wahrzunehmen. Weiter bekennt sich der interpretative Forscher dazu, dass die gleichen frei beobachtbaren Verhaltensweisen verschiedene Bedeutungen unter verschiedenen organisatorischen Anordnungen haben können. Die Bedeutung einer individuellen Handlung und die Bedeutung der organisatorischen Testbedingung sind voneinander abhängig (vgl. Lee 1999, S. 16ff.).
[264] Vgl. Bruhn 2003, S. 246f.

Neben diesen Qualitätskriterien einer „Testtauglichkeit" werden weitere Anforderungen an einen Prototyp gerichtet: Über die Erfüllung Umweltmanagement-fachlicher Anforderungen hinaus müssen Tools besonderen ergonomischen Kriterien gerecht werden, die sich insbesondere auf die Nutzungsfähigkeit bzw. -freundlichkeit beziehen. Die technischen Anforderungen fokussieren Kriterien, welche die Güte der technischen Entwicklung beschreiben.[265] Diese Anforderungen kann man als weitere Ausformulierung der in Abschnitt 1.6 vorgestellten ersten und zweiten Forschungsfrage verstehen.

2.3.1 Fachliche Anforderungen

Folgende fachliche Anforderungen sollen Tools für das Umweltmanagement bzw. das Nachhaltigkeitsmanagement leisten, wobei Tools qua Definition (vgl. Abschnitt 1.5.3.3) nicht alle Anforderungen gleichzeitig erfüllen, sondern auf einzelne Anforderungen bzw. Aufgaben spezialisiert sein können: [266]

- Tools sollen das Beschaffen, Organisieren und Analysieren von Informationen für Entscheidungsprozesse im Umweltmanagement unterstützen.
- Tools sollen helfen, Informationen aus bekannten Quellen zu sammeln und daraus neue Informationen zu entwickeln.
- Tools sollen helfen, Grenzen aufzuzeigen.
- Tools sollten die Fähigkeit haben, Perspektiven verschiedener Disziplinen zu integrieren (Umwelt, Wirtschaft, Soziales, Ingenieurwesen).
- Tools sollen Annahmen des Entscheidungsprozesses aufdecken helfen, was oft für eine Kommunikation von einschneidenden Entscheidungen notwendig ist.
- Tools sollen große Datenmengen verständlich machen, sollen also eine Verdichtungsfunktion haben, um Entscheidungsträger vor einer Informationsüberfrachtung zu schützen.
- Tools sollten neues Wissen generieren helfen.
- Tools sollen Schätzungen und Voraussagen ermöglichen, wenn wichtige Informationen fehlen.

---

[265] Diese Kategorisierung der Anforderungen soll nur eine Strukturierungshilfe sein. Bestimmte Anforderungen und Kriterien können nicht immer trennscharf einer Kategorie zugeordnet werden.
[266] Vgl. English und Dale 1999, S. 317.

- Tools sollen helfen, Prioritäten bezüglich Zeitplanung, Ressourcenallokation und Datenbedarf[267] zu setzen.
- Tools sollen Alternativen evaluieren und Handlungsanleitungen aufzeigen.
- Tools sollen den Zugriff auf gefällte Entscheidungen unterstützen.

2.3.2 Ergonomische Anforderung

Tools sollten den Anforderungen eines einfachen und verständlichen Hantierens genügen:[268]

- Tools sollten nicht schwierig in der Bedienung sein und wenig Einarbeitungszeit benötigen, somit nicht nur von Fachleuten verwendet werden können.
- Die benötigten Hilfsmittel sollten weit verbreitet und möglichst kostenfrei sein.
- Die benötigten Daten sollten keine Spezialfälle abbilden, Daten-Ressourcen sollen einfach zugänglich sein.
- User von Tools sollten über den Funktionsumfang und die dahinter stehenden Annahmen im Klaren sein.
- Tools sollten explizit die Arten von Daten, die sie verwenden, spezifizieren.
- Tools sollen auch weiche Faktoren, also qualitative Informationen berücksichtigen.
- Die Verarbeitungszeit sollte möglichst kurz sein.
- Tool-Ergebnisse und die Tool-Logik sollten klar kommuniziert werden.
- Ergebnisse müssen präzise und transparent sein bzw. in einer didaktisch ansprechenden Form dargestellt werden.
- Hoher Bedienungskomfort und gute Verbreitungsmöglichkeiten des Tools (dies sollte schon während des Designs eingeplant werden).
- Vom Tool generierte Informationen sollen gemäß Nutzerprofilen individuell aufbereitet werden können.[269]

2.3.3 Technische Anforderungen

Die technischen Anforderungen beziehen sich auf die eingesetzten Mittel und die Güte der technischen Entwicklung. Da das Tool für das Interaktionsmedium Internet entwickelt werden soll, schränken gewisse Rahmenbedingungen die Umsetzungsfreiheit ein.

---

[267] Zu „objektiven vs. subjektiven Informationsbedarf", vgl. Krcmar 2003, S. 50ff.
[268] Vgl. English und Dale 1999, S. 317 und 324f., Manderfeld 2002, S. 8 und DIN EN ISO 9241, Teil 10.
[269] Vgl. Manderfeld 2002, S. 8.

Folgende Anforderungen sollen einen Überblick verschaffen:

- Für die oben geforderten kurzen Ladezeiten müssen der Softwarecode der GUI (Graphical User Interface) und die Schnittstellen des Tools „schlank" programmiert sein. Das bedeutet u.a., dass die graphischen Darstellungen bezüglich ihrer Auflösung optimiert werden müssen und jegliche Befehls- oder Verarbeitungslogik mit einem Minimum an Code ausgeführt werden kann.
- Einerseits sollte der Entwickler die ganze Bandbreite geeigneter moderner Technologien ausnützen, andererseits sollte er auf die Nutzung proprietärer Technologien vollständig verzichten. So z.B. sollte das Tool keine sog. Plug-Ins für den Browser benötigen.[270] Auch sollten keine Browser-spezifischen Befehle eingesetzt werden.
- Der Softwarecode des Tools muss transparent und verständlich für einen Dritten sein, da sonst eine langfristige Weiterentwicklung erschwert wird.
- Die Tool-Architektur[271] sollte flexibel erweiterbar sein. Das bedeutet, dass die Entwicklung möglichst objekt- und modulorientiert konzipiert werden soll.
- Die Benutzerschnittstelle (GUI) sollte die Designvorgaben und -elemente des Projektes bzw. der Organisation (hier oekoradar.de) übernehmen.

2.4 Umweltkennzahlen als Ausgangspunkt eines Umweltmanagements

Kennzahlensysteme gehören neben der Budgetierung und Lenkungspreise zu den übergeordneten Koordinationsinstrumenten des Controllings. „Übergeordnet", da sowohl ihr Koordinationspotenzial weitreichend ist als auch Kennzahlen bzw. Kennzahlensysteme Bausteine für weitere Controllinginstrumente darstellen können.[272] So fließen (Umwelt-)Kennzahlen in Berichtssysteme und Analysesysteme (z.B. Benchmarking, Soll-Ist-Vergleich) ein, die wiederum zu Instrumenten des Controllings werden können.

2.4.1 Von der Theorie der Kennzahlen zu einem Umweltkennzahlensystem

Kennzahlen können sowohl als ein Extrakt aus anspruchsvollen und umfassenden Rechnungen als auch als Keimzelle zur Entwicklung anspruchsvollerer Rechnungskonzepte angesehen

---

[270] Plug-Ins sind Zusatzkomponenten, welche die Funktionsfähigkeit und Kompatibilität eines Internet-Browsers erweitern (vgl. Steinmetz 2000, S. 741f.).

[271] Inhalt des in dieser Arbeit verwendeten Begriffs „Architektur": "Architecture is that set of design artifacts, or descriptive representations, that are relevant for describing an object such that it can be produced to requirements (quality) as well as maintained over the period of its useful life (change)" (Zachman 1987).

werden.[273] Insbesondere letzterer Aspekt lässt auf das Entwicklungspotenzial von Kennzahlen für das Umweltmanagement schließen. Erst durch die Implementierung eines Umweltkennzahlensystems werden Instrumente wie Stoffstromanalyse, Technologiefolgenabschätzung oder Umweltberichterstattung möglich. Für diese fortschrittlichen Instrumente werden Umweltkennzahlen zu Ingredienzien bzw. Modulen.[274]

Das Instrument der Umweltkennzahlen scheint sich dadurch für eine internetgestützte Umsetzung in einem Prototyp zu empfehlen. Gerade auch in Bezug auf die später vorgestellte Systemarchitektur als Ausgangsbasis zur Entwicklung von Software für das Umweltmanagement (vgl. Abschnitt 3.2.1) bietet es sich an, die Entwicklung mit einem zentralen Basisinstrument wie den Umweltkennzahlen zu beginnen, um einerseits die kognitive Verarbeitungskapazität des Entwicklungsmanagements nicht zu überlasten, und andererseits bei den Software-Entwicklern von Beginn an ihren Blick auf „Module" zu schärfen.[275] Dieses Denkmuster kann zur Transparenz und somit zur Weiterentwicklungsfähigkeit eines Systems, sowohl aus Umweltmanagement-fachlicher, als auch aus Informationssystem-technischer Sicht beitragen.

2.4.1.1 Begriffe und Definitionen

In der Literatur wird der Kennzahlenbegriff unterschiedlich diskutiert. Ein weit verbreiteter ist die Definition von STAEHLE. Demnach sind betriebliche Kennzahlen absolute und relative Zahlen, die „in konzentrierter Form über einen zahlenmäßig erfassbaren betriebswirtschaftlichen Tatbestand informieren".[276] Die Theorie der Kennzahlen bzw. der betrieblichen Kennzahlen lässt sich auf Umweltkennzahlen übertragen, wobei man oft keine klare inhaltliche Trennlinie zwischen einer Umweltkennzahl und einer Nicht-Umweltkennzahl ziehen kann. „Eine Kennzahl wird zur Umweltkennzahl, wenn sie einen betrieblichen Sachverhalt unmittelbar mit einem der natürlichen Umwelt verbindet".[277] Eine Kennzahl wird dann zu einer betrieblichen Umweltkennzahl, wenn sie als solche verstanden und verwendet wird.[278]

---

[272] Vgl. Küpper 1997, S. 289 und Troßmann 1994, S. 519 und 535.
[273] Vgl. Seidel, et al. 1998, S. 249.
[274] Vgl. Seidel 1998, S. 28.
[275] Vgl. Hallmann 1990, S. 50.
[276] Staehle 1969, S. 50.
[277] Vgl. Goldmann, et al. 2001, S. 598.
[278] Vgl. Loew, et al. 1997, S. 3. So kann bspw. eine in der Halbleiterindustrie eingesetzte kostspielige Entwicklerchemikalie für den Einkauf eine zentrale Kenngröße für die Planung Ihrer Einkaufsstrategie sein, aber gleichzeitig auch als Kenngröße in Gefahrengutanalysen des Umweltmanagements einfließen.

Analog zu allgemeinen Kennzahlensystemen, spricht man dann von einem Umweltkennzahlensystem, wenn einzelne Kennzahlen in eine sinnvolle Beziehung zueinander gebracht oder verknüpft werden und der Aussagegehalt des Systems einen umweltschutzrelevanten Bezug aufweist.[279]

Innerhalb der Diskussion über Umweltkennzahlen und über die „Environmental Performance Indicators" gemäß der Norm ISO 14031 wurde, abgeleitet von der englischen Vokabel „indicator", der Begriff „Indikator" eingeführt. Trotz leicht unterschiedlicher Interpretationen der Begriffe Kennzahl und Indikator[280] sollen hier diese gleichgesetzt verwendet werden. Darüber hinaus sollen nur betriebliche Umweltkennzahlen betrachtet werden.

2.4.1.2 Systematisierung der betrieblichen Umweltkennzahlen

Grundsätzlich kann man zwischen absoluten und relativen Kennzahlen unterscheiden. Absolute Kennzahlen kann man wiederum in Einzelzahlen, Summenzahlen, Differenzen und Mittelwerte einteilen.[281] Ein Beispiel für eine absolute betriebliche Umweltkennzahl wäre der betriebliche Trinkwasserverbrauch in einem Jahr. Relative Kennzahlen können nach Gliederungszahlen, Beziehungszahlen und Messzahlen unterschieden werden. Der Trinkwasserverbrauch in Liter pro hergestellter Einheit eines Produktes wäre ein Beispiel für eine relative Umweltkennzahl als Beziehungszahl.[282]

Zur Unterscheidung betrieblicher Umweltkennzahlen nach Kategorien wird auf die Norm ISO 14031 verwiesen (vgl. im Anhang Abbildung 75). Hier wird auf oberster Ebene nach Umweltleistungskennzahlen und Umweltzustandsindikatoren unterschieden. Letztgenannte werden insbesondere von Unternehmen eingesetzt, deren Umwelteinwirkungspotenzial auf die umliegenden Regionen signifikant ist.[283] So z.B. könnte für ein Kraftwerk die Wassertemperatur des angrenzenden und für Kühlzwecke verwendeten Flusses einen zentralen Umweltzustandsindikator darstellen. Bei Umweltleistungskennzahlen unterscheidet man operative Leistungskennzahlen und Managementleistungskennzahlen. Die Krankentage oder Umweltschulungstage pro Mitarbeiter können Beispiele für Managementleistungskennzahlen sein.

---

[279] Vgl. Kern 1971, S. 703 und Reichmann und Lachnit 1976, S. 707.
[280] Vgl. Loew, et al. 1997, S. 3.
[281] Vgl. Krcmar 2000, S. 157.
[282] Für eine nähere Betrachtung relativer Kennzahlen siehe auch Küpper 1997, S. 317f.

Die operativen Leistungskennzahlen können hinsichtlich der Umweltschutzbereiche, auf die sie angewendet werden, der Betrachtungsgegenstände und der Abbildungsebenen unterschieden werden (vgl. Abbildung 21)

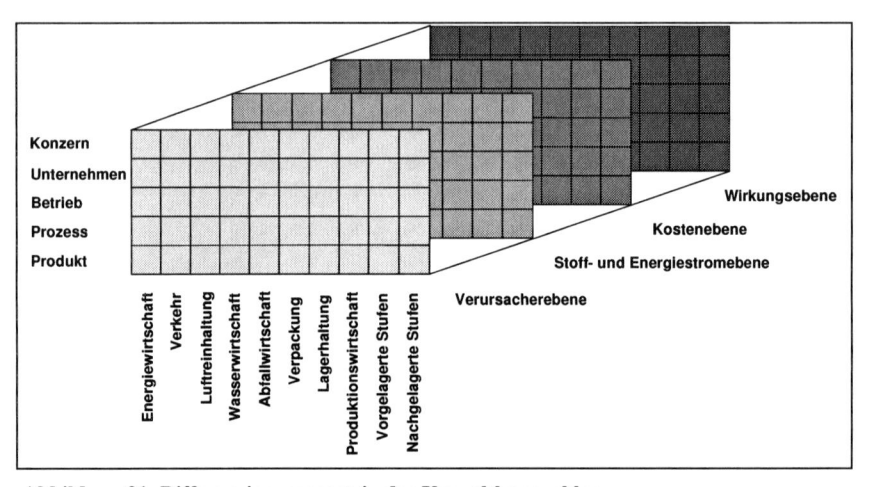

Abbildung 21: Differenzierungsmatrix der Umweltkennzahlen
(Quelle: Erweiterte Abbildung nach Loew, et al. 1997, S. 6)

In der Praxis des Umweltmanagements werden meist die Umweltschutzbereiche Energiewirtschaft, Verkehr, Luftreinhaltung, Lagerhaltung, Wasserwirtschaft, Abfallwirtschaft, Verpackung, Produktionswirtschaft und die vor- und nachgelagerten Stufen betrachtet, wobei diese Sicht nicht überschneidungsfrei ist.[284] Als Betrachtungsgegenstände können Unternehmen, Betrieb, Prozess und Produkt unterschieden werden.

Eine weitere Differenzierung kann anhand der Abbildungsebenen Verursacherebene, Stoff- und Energiestromebene, Kostenebene und Wirkungsebene vorgenommen werden (vgl. Abbildung 21). Kennzahlen der Verursacherebene zielen auf die Ursachen der Stoff- und Energieströme ab. Ein Beispiel hierfür ist die Kennzahl Personenkilometer. Aus ihr lassen sich dann Kennzahlen der Stoff- und Energiestromebene bilden (bspw. „NO_x-Ausstoß der Kunden mit Kfz"). Lassen sich Stoff- und Energiestromkennzahlen in monetäre Größen umrechnen,

---

[283] Vgl. Goldmann, et al. 2001, S. 620.
[284] Vgl. Loew, et al. 1997, S. 5 und Bundesumweltministerium und Umweltbundesamt 2001, S. 335ff.

können Kennzahlen auf der Kostenebene gebildet werden. Kennzahlen über Effekte der Stoff- und Energieströme des Unternehmens auf die Biosphäre werden auf der Wirkungsebene abgebildet.[285]

2.4.1.3 Anforderungen an Umweltkennzahlen und Umweltkennzahlensysteme

Umweltkennzahlen und Umweltkennzahlensysteme sind Instrumente des Umweltcontrollings und werden dort für verschiedene Aufgaben eingesetzt. Aus diesen Aufgaben lassen sich zwei grundlegende Anforderungsgruppen an Umweltkennzahlen und Umweltkennzahlensysteme ableiten: funktions- und qualifikationsbezogene sowie umweltschutzbezogene Anforderungen.

Die Gruppe der funktions- und qualifikationsbezogenen Anforderungen umfasst Ansprüche, die allgemein an Kennzahlen gerichtet sind. Die Anforderungen stellen auch gleichzeitig die Qualtiätskriterien eines Kennzahlensystems dar, welches die zentralen Funktionen Planung, Kontrolle und die Aufdeckung von Optimierungspotenzialen innehat. Tabelle 2 gibt einen Überblick über die wichtigsten Anforderungen und die Funktionen, die die Anforderungen verlangen.[286]

Anforderung	Funktionen, die die Anforderung verlangen
Vollständigkeit	Planung, Optimierungspotenziale
Aktualität	Planung, Optimierungspotenziale, Motivation
Vergleichbarkeit	Planung, Optimierungspotenziale, Motivation, Kontrolle
Vereinfachung	Planung, Optimierungspotenziale, Motivation, Zielsetzung, Kontrolle
Aggregation zu einer Maßzahl	Planung, (Optimierungspotenziale)
Relevanz und Nützlichkeit	Planung, Optimierungspotenziale, Motivation, Zielsetzung, Kontrolle
Hantierbarkeit und Wirtschaftlichkeit	Planung, Optimierungspotenziale (Gewinnmaximierung)

Tabelle 2: Anforderungen an (Umwelt-)Kennzahlen und (Umwelt-)Kennzahlensysteme (Quelle: aus Loew, et al. 1997, S. 13)

Neben den funktions- und qualifikationsbezogenen Anforderungen, die eher allgemeingültige und Bezugsobjekt-übergreifende Kriterien darstellen, muss ein Kennzahlensystem einen klaren Domänenbezug aufweisen. Für die Domäne des Umweltmanagements bedeutet dies, dass

---

[285] Vgl. Loew, et al. 1997, S. 6f.
[286] Vgl. Loew und Hjálmarsdóttir 1996, S. 33f.

umweltschutzbezogene Problemfelder im Kennzahlensystem abgebildet sein sollen. Tabelle 3 gibt einen Überblick über besonders wichtige Problemfelder.[287]

Paradigmen	Umweltprobleme
Ressourcen	Rohstoffverbrauch Regenerierbarkeit nachwachsender Ressourcen Transport Energieverbrauch
Vergiftung	Verteilung toxischer Stoffe Versauerung Photooxidanzienbildung Abfalldeponierung Lärm und Geruch Radioaktivität
Natürliches Gleichgewicht	Flächenverbrauch Treibhauseffekt Eutrophierung[288] Eingriffe in natürliche Wasserhaushalte
Mitwelt	Tierleid Tiertötung Beeinträchtigung der Schönheit von Landschaft und Natur

Tabelle 3: Umweltrelevante Problemfelder in einem Umweltkennzahlensystem
(Quelle: aus Loew und Hjálmarsdóttir 1996, S. 36, in Anlehnung an Clausen und Rubik 1996, S. 14)

Es ist jedoch nicht auszuschließen, dass in Zukunft weitere Umweltprobleme von der Wissenschaft oder von der Gesellschaft auch als relevant eingestuft werden. Darüber hinaus stellt die Diskussion über die Ausdehnung des Umweltschutzes um Nachhaltigkeitskomponenten einen erweiterten geistigen Nährboden für zusätzlich zu definierende Problemfelder dar.[289]

2.4.1.4 Bildung von Umweltkennzahlensystemen

Um den in Tabelle 2 beschriebenen Funktionen von Umweltkennzahlen bzw. Umweltkennzahlensystemen gerecht werden zu können, sollte die Bildung eines solchen Systems in systematischer Weise erfolgen. Grundsätzlich kann man die Bildung eines betrieblichen Umweltkennzahlensystems in fünf Phasen beschreiben.

---

[287] Vgl. Kottmann, et al. 1999, S. 19.
[288] Unerwünschte Zunahme von Nährstoffen in einem Gewässer und damit verbundenes nutzloses und schädliches Pflanzenwachstum (vgl. o.V. 2000, S. 420).
[289] Vgl. Kottmann, et al. 1999, S. 19.

In der ersten Phase findet eine Situationsanalyse bzw. eine Bestandsaufnahme aller umweltrelevanten Aspekte der Geschäftstätigkeit statt.[290] Hier wird versucht, von der Realität ein Abbild bzw. ein Modell zu entwerfen, um dies später als Strukturvorlage für die Bildung eines Umweltkennzahlensystems heranzuziehen. Diese Phase ist von zentraler Bedeutung, da einerseits ein verengter Fokus der Anforderung der Vollständigkeit, ggf. auch der Aktualität nicht gerecht werden würde, andererseits aber ein zu weit gesteckter Fokus den Anforderungen nach Vereinfachung, Hantierbarkeit und Wirtschaftlichkeit widersprechen würde (vgl. Tabelle 2).

In der zweiten Phase wird das Kennzahlensystem gestaltet bzw. in seiner Struktur festgelegt, wobei sich als Vorlage das Umweltkennzahlensystem nach ISO 14031 gut eignen kann.[291] Für die in der Bestandsaufnahme ermittelten Bereiche werden geeignete Kennzahlen festgelegt. Hierbei muss darauf geachtet werden, dass die umweltrelevanten Bereiche mit einer überschaubaren Anzahl aussagekräftiger Kennzahlen abgedeckt ist.[292]

Nachdem die Struktur des Umweltkennzahlensystems festgelegt worden ist, werden die benötigten Daten erfasst und die in der vorigen Phase definierten Kennzahlen mit konkreten Werten ausgefüllt (dritte Phase). Nicht zu vernachlässigen ist hier die Dokumentation von Datenerfassungs- und Abgrenzungsrichtlinien zur Wahrung der Homogenität des gebildeten und gefüllten Umweltkennzahlensystems über die Jahre seiner Nutzung hinweg.[293]

Nachdem das Kennzahlensystem gebildet und befüllt wurde, schließt sich die Phase der Nutzung an (vierte Phase, vgl. Abschnitt 2.4.1.5). Hierbei ist insbesondere auf eine richtige Interpretation korrekter Umweltkennzahlen zu achten. Somit ist das Personal hinsichtlich seines Interpretationsvermögens zu qualifizieren.[294]

Im Sinne eines kybernetischen Regelkreislaufes soll das regelmäßige Überprüfen des Umweltkennzahlensystems auf seine Eignung zur Messung und Verbesserung der Umweltleistung durchgeführt werden (fünfte Phase).[295] Dies kann dazu führen, dass weniger aussage-

---

[290] Vgl. Bundesumweltministerium und Umweltbundesamt 1997, S. 14.
[291] Vgl. Kottmann, et al. 1999, S. 36.
[292] Vgl. Bundesumweltministerium und Umweltbundesamt 1997, S. 14f.
[293] Vgl. Bundesumweltministerium und Umweltbundesamt 1997, S. 16.
[294] Für weitere typische Fehlerquellen im Umgang mit Kennzahlen, vgl. Kottmann, et al. 1999, S. 17.
[295] Vgl. Bundesumweltministerium und Umweltbundesamt 1997, S. 19

kräftige Umweltkennzahlen durch besser geeignete ersetzt werden müssen.[296] Diese „Nachbesserung" entspricht der Aufgabenstellung der zweiten Phase. Durch diesen iterativen Prozess kann eine fortlaufende Optimierung des Kennzahlensystems erreicht werden. Einen Nebennutzen dieser Nachprüfung stellt die Ableitung von neuen Zielen und Maßnahmen für das Umweltmanagement dar.[297]

2.4.1.5 Aufgaben und Nutzungsformen von Umweltkennzahlen

Umweltkennzahlen unterstützen die Informations-, Planungs-, Steuerungs- und Kontrollfunktion des Umweltcontrollings.[298] Die Unterstützungsleistung besteht in

- der Aufstellung quantifizierbarer Umweltziele bzw. planerischen Koordination[299],
- in der Ermittlung von Schwachstellen und Optimierungspotenzialen,
- der Dokumentation der kontinuierlichen Verbesserung sowie
- in der Kommunikation der Umweltleistung.[300]

Die Ermittlung von Schwachstellen und Optimierungspotenzialen ist ein zentraler Aspekt der Kontrollfunktion des Umweltcontrollings. Die Aufdeckung eklatanter Schwachstellen oder einer Abweichung von vorgegebenen Planwerten fließt dann wiederum als Information der Planungsfunktion zu.

Entwickelt man aus Kennzahlen ein Zielsystem, so steht die Steuerungsfunktion im Vordergrund. Dann dienen Kennzahlen als Ziele zur Planung und Bewertung von Alternativen, zur Verhaltensbeeinflussung von Handlungsträgern und zur Durchführung von Kontrollen.[301] Wenn man die vorzugebenden Kennzahlen zu einem Kennzahlensystem ordnet, verbindet sich mit dem Steuerungscharakter eine Koordinationsfunktion. Das Kennzahlen- und Zielsystem ist dann im Hinblick auf eine optimale Gesamtzielerreichung so aufzubauen, dass es eine Koordination der Einzelentscheidungen bewirkt oder zumindest fördert.[302]

---

[296] Vgl. Kottmann, et al. 1999, S. 30 und 184.
[297] Vgl. Bundesumweltministerium und Umweltbundesamt 1997, S. 7.
[298] Vgl. auch Zwingel 1997, S. 151ff.
[299] Zur „Koordination innerhalb der Planung", vgl. Küpper 1997, S. 59ff.
[300] Vgl. Bundesumweltministerium und Umweltbundesamt 1997, S. 10 und Tabelle 2.
[301] Vgl. Küpper 1997, S. 133.
[302] Vgl. Küpper 1997, S. 133.

Anhand von Umweltkennzahlen können betriebliche Umweltschutzziele festgelegt und verfolgt bzw. dokumentiert werden, wobei der Schwerpunkt auf der Integration ökologischer Aspekte in den organisationalen Ablauf liegt. Die Kenngrößen verdeutlichen dabei die Bemühungen, betrieblich verursachte Umweltbelastungen zu verringern, indem im Unternehmen ein kontinuierlicher Verbesserungsprozess verankert wird.[303]

Die Informationsfunktion des Umweltcontrollings arbeitet in zwei Richtungen: Die Informationseinholung arbeitet als Vorstufe für die Planungs-, Steuerungs- und Kontrollfunktion, die Informationsabgabe nimmt die in Planungs-, Steuerung- und Kontrollprozessen generierte Information auf und gibt sie aufbereitet an interne und externe Anspruchsgruppen des Unternehmens weiter. Umweltkennzahlen spielen hier eine zentrale Rolle, da sie durch ihre Informationsdarstellung in verdichteter Form den Komplexitätsgrad der Kommunikation erheblich senken und somit zu einer anspruchsgruppengerechten Darstellung von unternehmensbezogenen Umweltdaten beitragen können.

Zur Erfüllung dieser Aufgaben existiert eine Reihe von Anwendungsvarianten in der Nutzung von Umweltkennzahlen, u.a.:[304]

- Zeitreihenvergleich
- Soll-Ist-Vergleich
- Drill-Down-Analyse
- Unternehmensvergleich (Benchmarking)
- Umweltberichterstattung bzw. Umweltleistungsbericht[305]

2.4.1.5.1 Zeitreihenvergleich

Es ist der besondere Charakter von Kennzahlen, der es erlaubt, wichtige Entwicklungen im betrieblichen Umweltschutz zahlenmäßig zu beschreiben und über Perioden hinweg vergleichbar zu machen.[306] Der Zeitreihenvergleich soll Schwachstellen in der Umweltleistung aufdecken und der Umweltschutzstrategie gegenläufige Tendenzen frühzeitig enttarnen.[307] Es ist wichtig, Trends in der Datenentwicklung zu erkennen und nach deren Ursachen zu for-

---

[303] Vgl. Kottmann, et al. 1999, S. 32 und 184.
[304] Vgl. Krcmar 2000, S. 152.
[305] Vgl. Bundesumweltministerium und Umweltbundesamt 1997, S. 12.
[306] Vgl. Krcmar 2000, S. 153.
[307] Vgl. Bundesumweltministerium und Umweltbundesamt 1997, S. 10.

schen.[308] Beispielsweise sollte die relative Umweltkennzahl „Trinkwasserverbrauch / Produzierte Einheiten" zu weiteren Ursachenforschungen anregen, wenn der Trinkwasserverbrauch, trotz gleich vieler produzierter Einheiten, im Vergleich zu den vorigen Untersuchungszeiträumen, eklatant gestiegen ist.[309] Der Zeitreihenvergleich kann somit die Funktion eines Frühwarnsystems übernehmen.[310]

2.4.1.5.2 Soll-Ist-Vergleich

Bei einem Soll-Ist-Vergleich werden tatsächliche Werte (Ist) mit geplanten Werten (Soll) verglichen. Besonders aussagekräftig wird der Soll-Ist-Vergleich dann, wenn wie bei der Zeitreihenanalyse die Entwicklung der Werte über mehrere Berichtszeiträume verglichen wird. So unterstützt der Soll-Ist-Vergleich die Kontrolle der Erreichung von Umweltzielen sowie die Dokumentation der Entwicklung des betrieblichen Umweltschutzes.[311] Darüber hinaus eignet sich diese Analyseform auch als Baustein eines Konzepts zur Motivation der Belegschaft.[312]

2.4.1.5.3 Drill-Down-Analyse

Wie in Abschnitt 2.4.1.2 erläutert, wird eine Kennzahl dann zu einer relativen Kennzahl, wenn sie in Bezug zu einer oder mehreren anderen Kennzahlen gesetzt wird. Insbesondere wenn mehrere Kennzahlen zueinander in Beziehung gesetzt werden, entstehen komplexe Informationsträger. Für eine Ursachenforschung müssen ggf. solche Informationsträger wieder in ihre Bestandteile zerlegt werden. Man spricht hier auch von einer Drill-Down-Analyse.

Komplexe Kennzahlen bzw. Kennzahlen auf einer hohen Aggregationsebene werden auch Spitzenkennzahlen genannt. So z.B. setzt sich die Spitzenkennzahl Materialoutput aus den Kennzahlen Produktoutput und Reststoffoutput zusammen. Die Kennzahl Reststoffoutput wiederum besteht aus den Kennzahlen Abfall, Abluft und Abwasser. So können bei einer Drill-Down-Analyse durch eine immer weitere Konkretisierung mögliche Einflussfaktoren des beobachteten Problems ausfindig gemacht werden.[313]

---

[308] Vgl. Krcmar 2000, S. 153.
[309] Das Ergebnis dieser Untersuchung kann aber auch sein, dass der Trinkwasserverbrauch nur die Folge eines Produktwechsels ist oder dass ein neues Produktionsverfahren zwar viel mehr Wasser braucht, jedoch gleichzeitig überproportional Strom einsparen hilft. Aber allein die Sensibilisierung der Mitarbeiter bzw. die Schärfung ihres Blickes für den Trinkwasserverbrauch lässt das Potenzial einer kommunizierten und diskutierten Zeitreihenanalyse erkennen.
[310] Vgl. Krcmar 2000, S. 153.
[311] Vgl. Bundesumweltministerium und Umweltbundesamt 1997, S. 12 und Zwingel 1997, S. 154f.
[312] Vgl. Frese und Kloock 1989, S. 27.
[313] Vgl. Krcmar 2000, S. 152f.

2.4.1.5.4 Benchmarking bzw. Unternehmensvergleich

Benchmarking wird als fortdauerndes Bemühen bezeichnet, bei dem gewisse Kenngrößen bzw. Kennzahlen wirtschaftlicher bzw. ökologischer Tätigkeit über mehrere Unternehmen oder Bereiche hinweg verglichen werden, mit dem Ziel, Unterschiede zu anderen Unternehmen oder Bereiche offenzulegen, Ursachen für Unterschiede aufzuzeigen und wettbewerbliche bzw. ökologische Zielvorgaben zu ermitteln.[314] Benchmarking ist der Versuch, die besten Praktiken anderer kennen zu lernen („best practices"), sie nachzuahmen und wenn möglich zu übertreffen.[315]

Das Benchmarking kann verschiedene Formen annehmen (vgl. Abbildung 22). Internes Benchmarking untersucht ähnliche Funktionen oder Prozesse auf verschiedenen Ebenen oder Bereichen eines Unternehmens. Es eignet sich besonders für Großunternehmen oder international tätige Firmen, die in unterschiedlichen Unternehmensbereichen ähnliche Funktionen oder Prozesse haben.[316] Als Ergebnis einer solchen Untersuchung eignen sich die schwächeren Bereiche des Unternehmens die Methoden und Vorgehensweisen des besten Bereichs an. Dies kann auch dazu beitragen, eine Kultur der „unternehmensinternen Konkurrenz" zu fördern.

---

[314] Vgl. Macharzina 1999, S. 242, Horváth 1992, S. 5, Pieske 1992, S. 149 und Clausen und Kottmann 2001, S. 242.
[315] Vgl. Camp 1994, S. 4f.
[316] Vgl. Camp 1994, S. 77.

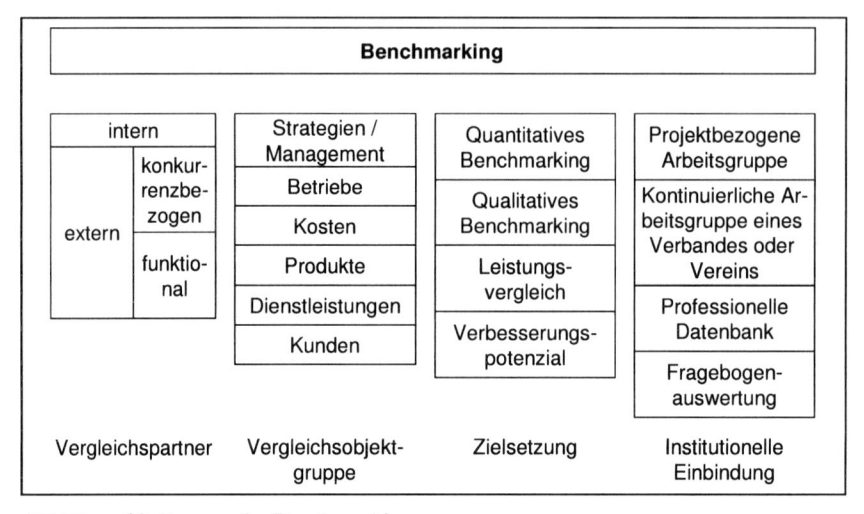

Benchmarking			
intern / extern (konkurrenzbezogen, funktional)	Strategien / Management, Betriebe, Kosten, Produkte, Dienstleistungen, Kunden	Quantitatives Benchmarking, Qualitatives Benchmarking, Leistungsvergleich, Verbesserungspotenzial	Projektbezogene Arbeitsgruppe, Kontinuierliche Arbeitsgruppe eines Verbandes oder Vereins, Professionelle Datenbank, Fragebogenauswertung
Vergleichspartner	Vergleichsobjektgruppe	Zielsetzung	Institutionelle Einbindung

Abbildung 22: Formen des Benchmarking
(Quelle: In Anlehnung an Legner 1999 und Clausen und Kottmann 2001, S. 242f.)

Das externe Benchmarking kann man in konkurrenzbezogen und funktional einteilen. Im konkurrenzbezogenen Benchmarking werden Unternehmen der gleichen Branche untersucht. Im Gegensatz zum internen Benchmarking kann die Datenbeschaffung problematisch sein, da die zu vergleichenden Unternehmen natürlich versuchen, Informationen zu augenscheinlichen Alleinstellungsmerkmalen zu verstecken.[317] Der Vergleich mit einem Konkurrenten ermöglicht einem Unternehmen, Verbesserungsmöglichkeiten zu identifizieren und seine Position zum Wettbewerber zu optimieren.[318]

Funktionales Benchmarking untersucht und vergleicht Prozesse, Methoden oder Funktionen von Unternehmen ähnlicher Größe, jedoch unterschiedlicher Branchen. Da die betroffenen Unternehmen in keinem Wettbewerbsverhältnis stehen, kann diese Form des Benchmarking auch als „generisches Benchmarking", also „ohne Warengattung" bezeichnet werden.[319]

Als Vergleichsobjekte (vgl. Abbildung 22) können neben Strategien das Management selbst, Kosten, Prozesse, Produkte, Dienstleistungen oder Kunden herangezogen werden. Bezüglich

---

[317] Vgl. Camp 1994, S. 78.
[318] Vgl. Leifried und McNair 1996, S. 150-153.
[319] Vgl. Rau 1996, S. 47f. und Karlöf 1994, S. 67.

der Zielsetzung kann man zwischen quantitativem und qualitativem Benchmarking, dem Leistungsvergleich und der Analyse von Verbesserungspotenzial unterscheiden.

Quantitatives Benchmarking beschreibt das Messen der Leistungen verschiedener Vergleichsobjekte anhand von „harten" Faktoren. Diese Messungen lassen sich in Form von skalierten Zahlenwerten darstellen. So z.B. stellen Produktivitätszahlen wie Kosten je produzierter Einheit oder gesamter Produkt-Output im Verhältnis zur gesamten Mitarbeiterzahl Kenngrößen eines quantitativen Benchmarking dar. Aber auch Maße für die Qualität wie Ausschussquoten oder der Prozentsatz pünktlicher Lieferungen sind gängige Kenngrößen.[320]

Im Gegensatz zum quantitativen Benchmarking beinhaltet das qualitative Benchmarking in der Regel „weiche" Faktoren, sie sind mit Hilfe üblicher Skalierungssysteme nur unzureichend zu erfassen. Sie können jedoch für ein Unternehmen entscheidungskritische und existenzielle Werte darstellen. Somit ist deren Messung anhand von Näherungsverfahren vorzunehmen.[321] Beispiele für qualitative Kenngrößen sind die Komplexität eines Produktes wie die durchschnittliche Variantenzahl, die wiederholte Kaufabsicht, Benutzerfreundlichkeit, die gegenwärtige Marktpenetration oder die gesamte Einführungszeit eines Produkts bzw. einer Dienstleistung.

Möglichkeiten und Grenzen des Benchmarking sind vielfältig. Ein zentraler Vorteil der Benchmarking-Methode ist deren Anwendbarkeit auf fast allen Unternehmensebenen bzw. in fast allen Unternehmensbereichen. Das Untersuchungsobjekt kann sich sowohl auf das ganze Unternehmen wie auch auf ein einzelnes Produkt beziehen.[322] Darüber hinaus kann durch das Durchlaufen und Mitgestalten des Benchmarking-Prozesses die sog. Betriebsblindheit gelindert werden. Die detaillierte Auseinandersetzung mit den eigenen betrieblichen Prozessen führt im Unternehmen zu einem prozessorientierten Denken und somit zu einem besseren Verständnis der eigenen Organisation und der Fokussierung auf die eigentlichen Arbeitsinhalte.[323] Zusätzlich kann die Risikoeinschätzung zu Auswirkungen des eigenen Handelns auf die Gesamtorganisation durch das Studieren firmenexterner Praktiken besser kalkuliert und ziel-

---

[320] Vgl. Leifried und McNair 1996, S. 201-203.
[321] Vgl. Karlöf 1994, S. 83f. und Pieske 1995, S. 120f.
[322] Vgl. Meyer 1996, S. 25.
[323] Vgl. Karlöf 1994, S. 18.

gerichteter koordiniert werden.[324] Benchmarking fördert den Kommunikationsprozess innerhalb und zwischen den Unternehmensebenen. Dies kann den Ideenfindungsprozess im Unternehmen stimulieren und insgesamt die Innovationsfähigkeit erhöhen.[325]

Im Rahmen des Benchmarking diskutiert man auch über die Nichtvergleichbarkeit der Untersuchungsobjekte, da im Grunde genommen keine Organisation wie die andere ist und somit ein augenscheinlich vergleichbares Untersuchungsobjekt trotzdem in einem anderen Kontext oder unter verschiedenen Rahmenbedingungen gesehen werden muss. Daraus resultiert die problematische und komplexe Identifikation und Definition von Vergleichsgrößen.[326] Darüber hinaus ist es generell schwierig, neue Praktiken in Organisationen einzuführen (sog. „not invented here"-Phänomen).[327] Der Vorwurf der Industriespionage lässt sich entkräften, wenn man nur auf öffentlich zugängliches Zahlenmaterial zurückgreift (bspw. Bilanz, Umweltbericht, Pressemitteilungen) oder die Einwilligung des zu vergleichenden Unternehmens einholt.[328] Häufig wird das Benchmarking erst in unternehmenskritischen Situationen eingesetzt. Jedoch geht bei einem rein reaktiven Einsatz des Benchmarking die eigentliche vorbeugende Wirkung des Benchmarking verloren.[329] Somit gilt es, das Benchmarking als einen kontinuierlichen Begleitprozess in die betrieblichen Abläufe zu integrieren.

Das ökologieorientierte Benchmarking[330] wird analog zum konventionellen Benchmarking als systematischer und detaillierter Vergleich eines Unternehmens mit den Besten definiert. Im ökologieorientierten Benchmarking stehen der Vergleich von Umweltkennzahlen und die Identifikation und Aneignung bester ökologischer Praktiken (BEP)[331] zur Integration in den eigenen betrieblichen Ablauf im Vordergrund.[332] Der brancheninterne Vergleich hat dabei in den letzten Jahren enorm an Bedeutung gewonnen.[333]

---

[324] Vgl. Leifried und McNair 1996, S. 34.
[325] Vgl. Camp 1994, S. 19 und Legner 1999, S. 12.
[326] Vgl. Karlöf 1994, S. 34.
[327] Vgl. Camp 1994, S. 294.
[328] Vgl. Meyer 1996, S. 24.
[329] Vgl. Camp 1994, S. 11.
[330] Im wissenschaftlichen Schrifttum existieren weitere Begrifflichkeiten wie ökologisches Benchmarking und Öko-Benchmarking (vgl. Goldmann und Schellens 1995 und Günther und Kottmann 1998).
[331] BEP= „Best Ecological Practice", vgl. Dyllick und Schneidewind 1995, S. 6.
[332] Vgl. Bartolomeo und Ranghieri 1998, S. 1.
[333] Vgl. Goldmann, et al. 2001, S. 600.

Das ökologieorientierte Benchmarking kann dabei eine umfassende Analyse der betrieblichen Umweltleistung unterstützen, indem bestehende Leistungslücken zwischen der tatsächlichen und der gefundenen besten Umweltleistung aufgedeckt werden.[334]

Messergebnisse des ökologischen Benchmarkings (= ökologische Benchmarks) können nach maßnahmen- und ergebnisorientierten Bestwerten unterschieden werden:

- Bei maßnahmenorientierten Benchmarks steht die Analyse der Handlungsebenen und -objekte des Umweltmanagements im Vordergrund. Diese Analyse konzentriert sich auf Umweltleitbilder, -ziele, -programme oder Umweltinstrumente und gibt Auskunft über den Trend der Umweltschutzbezogenheit des Unternehmens. Maßnahmenorientierte Benchmarks umfassen nur qualitative Kriterien.[335]

- Ergebnisorientierte Benchmarks: Hier werden die relevanten Umweltwirkungen bzw. die Umweltleistung eines Unternehmens über quantitative Größen erfasst. Das ergebnisorientierte Benchmarking kann sich dabei vorerst auf die in der Norm ISO 14031 definierte "operative Leistung" respektive auf relative und absolute Kennzahlen sowohl aus dem Bereich Stoff- und Energieflüsse als auch aus dem Bereich Infrastruktur und Verkehr konzentrieren. Dazu ist der Aufwand der Datenbeschaffung überschaubar, da diese Umweltkennzahlen aus veröffentlichten Umwelterklärungen (nach EMAS) oder aus Umweltberichten (nach ISO 14001) extrahiert werden können.[336] Diese Daten weisen eine ausreichende Qualität auf, da Umwelterklärungen von unabhängigen Umweltgutachtern geprüft werden müssen.[337] Zusätzlich zur schwierigen Vergleichbarkeit der Daten auf Grund unterschiedlicher Produkte und Technologien kommen Probleme bei der Benchmarking-Datenerfassung hinzu, da die in den Umwelterklärungen erfassten Umweltkennzahlen, trotz gleicher Branchenzugehörigkeit, immense Unterschiede in ihrer Definition und Messung aufweisen können.[338]

---

[334] Vgl. Clausen und Kottmann 2001, S. 241.
[335] Vgl. Dyllick und Schneidewind 1995, S. 15.
[336] Der Aufwand der Datenbeschaffung eines ökologieorientierten Benchmarking ist zwar im Vergleich zum nicht-ökologieorientierten Benchmarking einfacher, jedoch scheint dieser Aufwand ohne Tool-Untestützung immer noch zu groß zu sein (vgl. Clausen und Kottmann 2001, S. 248).
[337] Vgl. Fichter und Strobel 2001, S. 662f.
[338] Vgl. Dyllick und Schneidewind 1995, S. 15-17 und Zwingel 1997, S. 271f.

2.4.1.5.5 Umweltberichterstattung

Das Berichtswesen ist ein wesentlicher Bestandteil des betrieblichen Informationssystems, der sich auf die Phase der Übermittlung oder Weiterleitung von Informationen bezieht. Berichte stellen dabei „unter einer übergeordneten Zielsetzung, einem Unterrichtungszweck, zusammengefasste Informationen"[339] dar. Diese können an interne oder externe Empfänger gerichtet sein.[340]

Zentrale Berichtszwecke sind[341]

- Dokumentation, u.a. aufgrund gesetzlicher Vorschriften,
- Auslösung von Arbeitsvorgängen, wenn ein Istwert zu stark vom Zielwert abweicht, sowie
- Vorbereitung und Kontrolle von Entscheidungen.

Weitere Merkmale von Berichten sind die Informationsart (Istwerte, Prognosewerte, Vorgabewerte u.a.), die Erscheinungsweise (regelmäßig, unregelmäßig), das auslösende Ereignis (Zeitablauf, Toleranzwertüberschreitung, individueller Bedarf), der Datenträger (Schriftstück, Magnetband, Diskette, Bildschirm u.a.), der Verdichtungsgrad (Ursprungswert, Kennzahlen u.a.) und der Berichtsgegenstand. Hier kann man nach Berichten für Unternehmensteile, Prozesse, Funktionen u.a. einteilen.[342]

Ein weiterer Berichtsgegenstand kann das Verhältnis des Unternehmens zur (ökologischen) Umwelt sein. Dieses Verhältnis wird in der Umweltberichterstattung abgebildet. Unternehmen stellen mit Umweltberichten ihre Umweltschutzaktivitäten und -leistungen vor und schaffen damit eine wichtige Grundlage für den Dialog zwischen dem Unternehmen und verschiedenen internen und externen Zielgruppen. Zusätzlich zur Beziehung „Unternehmen – Umwelt" tritt auch die Beziehung „Unternehmen – Gesellschaft", im Sinne einer Nachhaltigkeitsberichterstattung, immer stärker in den Vordergrund. Die Zielgruppen von Umweltberichten können höchst unterschiedlich sein. So stehen bei einem Pesitizid herstellenden Che-

---

[339] Blohm 1969, S. 728.
[340] Vgl. Küpper 1997, S. 148.
[341] Vgl. Küpper 1997, S. 148f.
[342] Vgl. Küpper 1997, S. 149.

mieunternehmen die Anwohner im Fokus des Dialogs, während bei einer Näherei für Bekleidung die Zielgruppen Handel und Konsumenten im Vordergrund stehen.[343]

Auslöser und Motive für eine Umweltberichterstattung können unterschieden werden nach

- unfreiwilliger Umweltberichterstattung (bspw. als Stellungnahme bei Störfällen zur Schadensbegrenzung)
- Pflichtberichterstattung (gesetzlich vorgeschrieben bspw. Emissionserklärungen, Meldung von Abwasserdaten, Unterrichtung der Bevölkerung nach der Störfallverordnung) und
- freiwilliger Umweltberichterstattung (dazu gehören Umweltberichte, Umwelterklärungen, (Umwelt-)Tage der offenen Tür).[344]

Für die Umweltberichterstattung haben sich zwei Hauptstandards etabliert: In der EMAS-Verordnung nennt man die Berichte „Umwelterklärungen", in der ISO-Normierung (ISO 14001) spricht man von „Umweltberichten".[345] Neben der Definition der Standortgrenzen eines Berichtsobjektes (Unternehmen, Betrieb u.a) gibt es noch weitere Unterschiede in diesen Standards, die hier im Einzelnen nicht betrachtet werden sollen. Weitgehend gemeinsam sind die Inhalte der Umwelterklärung:[346]

- Tätigkeitsbeschreibung der Organisation und Umweltrelevanz,
- Umweltpolitik und Umweltprogramm,
- Umweltmanagementsystem,
- Beurteilung zentraler Umweltfragen,
- formelle Anforderungen (u.a. Terminplanung für die Vorlage der nächsten Umwelterklärung, Name des zugelassenen Umweltgutachters, der die Validierung vornimmt, Anschrift des Unternehmens) und
- Zusammenfassung umweltrelevanter Zahlenangaben.

---

[343] Zu Umwelterklärungen und Umweltberichten vgl. auch Fichter und Strobel 2001, S. 659ff.
[344] Vgl. Fichter und Strobel 2001, S. 661f.
[345] Vgl. Daldrup 2001, S. 116ff.
[346] Vgl. Fichter und Strobel 2001, S. 662f. und Baumann, et al. 2003, S. 59.

Die Zusammenfassung umweltrelevanter Zahlenangaben geschieht meist in Form von strukturiert aufbereiteten Kennzahlen. Eine besondere Form der Umweltkennzahlendarstellung ist die Umweltbilanz. Je nach Problemstellung und Anforderungen kann man einen geeigneten Bilanztypus auswählen. Die Stoff- und Energiebilanz nach dem Schema der betrieblichen Umweltbilanz zeigt die In- und Outputs eines Betriebes auf.[347] Auf der „Aktivseite" einer Bilanz können die Inputs nach Material, Energie und Wasser gruppiert werden. Auf der „Passivseite" werden Outputs, wie Abfall, Abluft, Abwasser und Produkte, aufgelistet.[348] Werden in der Stoff- und Energiebilanz die betrieblichen Abläufe betrachtet, so spricht man von einer Prozessbilanz. Eine noch feinere Granularität des Bilanzierungsobjektes wird in der Ökobilanz abgebildet. Hier ist der Fokus auf die In- und Outputs ausgewählter Produkte oder Produktlinien gerichtet. Ein weiterer Bilanztyp der Standort- und Anlagenbetrachtung erfasst die nicht durchlaufenden Güter wie Produktionsanlagen, Gebäude und Flächen.[349] Kennzahlen spielen somit in der Umweltberichterstattung eine zentrale Rolle.[350]

Die Kosten für die Umweltberichterstattung sind nicht zu unterschätzen. Das Zusammentragen der Daten, die Bildung und Darstellung aussagekräftiger Kennzahlen, graphische Anpassungen (Stichwort „Corporate Design") und die redaktionelle Überarbeitung kosten Zeit und somit Geld. Je nach Berichtsstandard (EMAS oder ISO) und Mitarbeiterzahl schwanken die zur Durchführung der Umweltberichterstattung benötigten Arbeitstage zwischen 17 und 69. Die Kosten belaufen sich, auch abhängig von Berichtsstandard und Mitarbeiterzahl, zwischen 3000 und 92000 Euro.[351]

Im nächsten Schritt wird nun das Vorgehen für die Entwicklung von Tools beschrieben, die in ihrer Nutzung sowohl die Hemmungen gegenüber der Implementierung eines Umweltmanagements abbauen als auch seine Kosten-/Nutzenrelation verbessern helfen sollen (vgl. Abschnitt 1.2). Das in Abschnitt 2.6 vorgestellte Umweltkennzahlen- und Benchmarking-Tool („EPI") soll insbesondere die Schritte der Bildung und Auswertung von Umweltkennzahlen erleichtern (vgl. Abschnitt 2.4.1.4) und dabei auch die für die Umweltberichterstattung not-

---

[347] Vgl. Lehmann 2001, S. 200f.
[348] Diese Input- und Output-Kategorien entsprechen den Umweltleistungskennzahlen „Stoffe und Energie" des Umweltkennzahlensystems gemäß der Norm ISO 14031 (vgl. Goldmann, et al. 2001, S. 600f.).
[349] Vgl. Lehmann 2001, S. 200f.
[350] Vgl. Kottmann, et al. 1999, S. 181.
[351] Vgl. Fichter und Strobel 2001, S. 664f.

wendigen Vorarbeiten begleiten. Um jedoch die technologische Tool-Entwicklung als ein von vornherein langfristig statuiertes Vorhaben anzulegen, bedarf es eines durchdachten Vorgehens, welches seinen Ursprung in der Konzeption einer Tool-Plattform sieht.

2.5 Konzept einer Tool-Plattform

Sowohl im Bereich der Entwicklung von Investitions- und Produktionsgütern als auch im Bereich der traditionellen Software-Entwicklung spielen sog. Plattformen eine zentrale Rolle. So gibt es Automobilkonzerne, die ihre Vielfalt unterschiedlichster Fahrzeugmodelle auf nur wenigen Plattformen aufbauen.[352] „Der Kern jeder Plattformstrategie liegt in der **Standardisierung** von wesentlichen Bestandteilen eines Leistungsangebots".[353] In der Software-Entwicklung werden unterschiedliche Plattformdefinitionen eingesetzt, die sich oft an den Abstraktionsebenen zwischen Hardware und Software orientieren. So spricht man bspw. von den beiden Plattformalternativen „Java" von Sun Microsystems (zusammen mit weiteren Open-Source-Produkten) und Microsofts „.Net-Framework", die sich beide für die Entwicklung von internetbasierten Software-Produkten eignen. Aber auch auf Betriebssystemebene findet man verschiedene Plattformalternativen. Hier haben sich in den letzten Jahren „Windows" und „Linux" als die bedeutsamsten Alternativen entwickelt.[354]

Eine Produktplattform kann man als eine Ansammlung von Teilsystemen und Schnittstellen definieren, die gemeinsam eine stabile Struktur bilden. Von dieser Struktur aus können vielfältige Produkte abgeleitet, effizient entwickelt und produziert werden.[355] Darauf aufbauend, definiert MÜLLER eine Produktplattform als „ein Bündel gemeinsamer Elemente und Strukturen, die in mehreren Einzelprodukten eingesetzt wird, um diese schnell und kostengünstig entwickeln zu können".[356]

Betrachtet man eine Dienstleistung als Produkt, so lassen sich die Plattformkonzepte auch auf diese übertragen. Auch für die Entwicklung von Tools, als einer bestimmten Form einer internetgestützten Dienstleistung, kann der Plattformgedanke implementiert werden. Eine Tool-

---

[352] Die Plattform eines Automobils umfasst einen Großteil der Bauteile, die der Fahrer nicht sieht, wie u.a. die Bodengruppe, der Motor, der Kühler, die Vorderachse, das Getriebe und die Bremsanlage (vgl. Stauss 2003, S. 331f.).
[353] Stauss 2003, S. 335.
[354] Vgl. Stauss 2003, S. 330 und Eberhart und Fischer 2003, S. 354.
[355] Vgl. Meyer und Lenhard 1997, S. 39.
[356] Müller 2000, S. 17.

Plattform lässt sich schaffen, indem Software-Komponenten, Schnittstellen und andere Infrastrukturelemente, die für die Entwicklung von jedem Tool benötigt werden, standardisiert und somit Teil von jedem entwickelten Produkt werden. Dadurch lassen sich mehrere positive Effekte realisieren:[357]

- verkürzte Entwicklungszeiten von neuen Tools,
- verkürzte Einführungszyklen für weitere Tools,
- Kostensenkung in der Neuentwicklung von Tools durch Rückgriff auf vorgefertigte und standardisierte Komponenten, Module, Strukturen und Erfahrungskurveneffekte,
- Möglichkeit der Individualisierung und Personalisierung von Tools auf Basis von Standardkomponenten, -modulen und -strukturen,
- Erhöhung der Qualität durch Einsatz bewährter Komponenten, Module und Strukturen,
- Schaffung von standardisierten Integrationsmöglichkeiten für anwenderspezifische Software,
- Erleichterung der Internationalisierungsbemühungen durch die bessere Möglichkeit, länderspezifische Varianten auf Basis von Standardkomponenten, -modulen und -strukturen zu erstellen und
- Interoperabilität zwischen den Tools durch standardisierte Schnittstellen.

2.5.1 Die Objektorientierung als Leitgedanke der Tool-Entwicklung

Eine wie oben beschriebene Plattform zur Entwicklung und Steuerung von Tools stellt ein komplexes Software-System dar.[358] Ein solches System muss beherrschbar, wartbar und erweiterbar sein. Die Objektorientierung stellt einen Ansatz dar, wie man die Komplexität beherrschen kann. Sie gibt Richtlinien vor, wie man ein System sinnvoll in Teilsysteme oder Komponenten zerlegen kann. Ziel dabei ist, eine Teilsystemstruktur zu schaffen, die dem Betrachter Sichten unterschiedlichen Abstraktionsniveaus auf das Gesamtsystem erlaubt. So kann man einen „Kompromiss" schaffen zwischen der Restriktion der menschlichen Aufnahmefähigkeit und dem Willen alles verstehen zu wollen.[359]

---

[357] Vgl. Stauss 2003, S. 331.
[358] Zur Komplexität von Software-Systemen vgl. Booch 1994, S. 17ff.
[359] Vgl. Booch 1994, S. 32.

Objekte bilden das Granulat einer objektorientierten Systementwicklung. Sie stellen die Basiselemente eines Systems dar und bilden die Grundlage aller Abstraktions- und Standardisierungsbemühungen.[360] Objekte entsprechen den fachlich relevanten Gegenständen eines Anwendungsbereichs.[361] Die in der objektorientierten Analyse identifizierten Objekte und damit erstellten Modelle dienen zur Weiterentwicklung eines objektorientierten Designs. Hier werden gemäß festgelegten Notationen[362] statische und dynamische Aspekte eines Modellsystems beschrieben. Dessen Ergebnisse können als strukturierte Vorlagen für die vollständige Implementierung eines Systems mit Methoden der objektorientierten Programmierung dienen.[363]

Betrachtet man bspw. den „Anwendungsbereich" eines Fitnessstudios, so kann man dort u.a. die Objekte „Trainingsgerät", „Regal", „Gast" und „Trainer" identifizieren und modellieren und sie letztlich in der objektorientierten Programmierung eines Fitnessstudioinformationssystems abbilden.

Objekte werden softwaretechnisch durch Klassen dargestellt. Diese Klassen stellen sog. Erzeugungsmuster für Objekte dar.[364] Ein Klasse „beschreibt in Form einer Schablone eine Kategorie von Objekten, die gleiche oder ähnliche Strukturen und Verhaltensmuster aufweisen. Von einer Klasse können Objekte (Instanzen, Exemplare) erzeugt werden".[365] Eine Klasse fasst Eigenschaften (so genannte Attribute) und Operatoren (auch Methoden genannt) zusammen. Die Eigenschaften beschreiben, welche Daten die Klasse bzw. das Objekt enthält, Operatoren stellen ausführbare Tätigkeiten im Sinne von Funktionen dar. Sie beschreiben das Verhalten der Klasse bzw. des Objekts.[366]

Weitere wichtige Elemente bzw. Prinzipien der objektorientierten Entwicklung stellen Klassenhierarchien, die Vererbung, Botschaften und Kapselung dar. Bestehen zwischen Klassen Gemeinsamkeiten, so können die Ähnlichkeiten generalisierend in einem Oberbegriff zusammengefasst werden. Dadurch entstehen hierarchische Klassensysteme mit sog. Oberklassen und Unterklassen. Inhalte einer Oberklasse stehen zunächst den Unterklassen zur Verfü-

---

[360] So hat auch die Organisationsentwicklung die objektorientierte Perspektive für weitere Optimierungsbemühungen entdeckt, vgl. Kilbert, et al. 1994, S. 137ff.
[361] Vgl. Kilbert, et al. 1993, S. 9.
[362] UML (Unified Modeling Language) stellt eine Notation zur graphischen Darstellung objektorientierter Konzepte dar (vgl. Balzert 1999, S. 138 und Abschnitt 3.2.1).
[363] Vgl. Booch 1994, S. 56ff.
[364] Vgl. Kilbert, et al. 1994, S. 10.
[365] Balzert 1999, S. 137.
[366] Vgl. Balzert 1999, S. 137f.

gung. Diesen Mechanismus bezeichnet man als Vererbung.[367] Objekte bzw. Klassen kommunizieren durch sog. Botschaften miteinander. Eine Botschaft stellt dabei eine Aufforderung eines Senders (Objekt oder Klasse) an einen Empfänger (Objekt oder Klasse) dar, durch Ausführung einer Methode bzw. Operation eine Dienstleistung zu erbringen.[368] Die Botschaften treffen dabei auf für den Empfang und das Senden von Botschaften spezialisierte Objektelemente, die Schnittstellen. Die hinter einer Schnittstelle implementierten Objektinhalte bleiben vorerst verborgen. Dieses Prinzip der Trennung von Schnittstelle und Implementierung nennt man Kapselung.[369]

Insgesamt zeichnet sich die objektorientierte Systementwicklung durch zahlreiche Vorteile gegenüber nicht-objektorientierten Vorgehensmodellen (bspw. dem funktionsorientierten Systementwurf) aus, wie z.B.

- objektorientierte Modellierung führt zu einer „natürlicheren" Beschreibung,
- objektorientierter Systementwurf (Analyse, Design, Programmierung) ist ein durchgängiges Verfahren,
- objektorientierte Modellierung reduziert die Komplexität,
- objektorientierte Modelle sind stabiler,
- in objektorientierten Modellen können mehrere Ebenen der Abstraktion erfasst werden und
- objektorientierte Software ist in höherem Maße wiederverwendbar.[370]

Darüber hinaus vereinfacht eine objektorientierte Entwicklung die Bildung sog. Module. Unter einem Modul wird hier die Zusammenlegung logisch miteinander in Beziehung stehender Klassen und Objekte verstanden, um anderen nach diesem Prinzip gebildeten Modulen nur diejenigen Modulelemente offen zu legen, die für eine Konnektierung notwendig sind. Dieses Konzept der Trennung zwischen der Schnittstelle eines Moduls und seiner Implementierung geht Hand in Hand mit der oben beschriebenen Kapselung von Objektinhalten. Eine durch diese Modulbildung erreichte Komplexitätsreduktion eines Systems ist insbesondere bei gro-

---

[367] Vgl. Kilbert, et al. 1994, S. 10f.
[368] Vgl. Balzert 1999, S. 137f.
[369] Vgl. Booch 1994, S. 70f.
[370] Vgl. Schwabe 1995, S. 75ff.

ßen und skalierfähigen Systemen notwendig. In der objektorientierten Programmierung werden aus Modulen separat compilierte Teile eines Programms.[371]

Das Konzept der objektorientierten Systeme greift die OBJECT MANAGEMENT GROUP (OMG) für die Entwicklung von sog. „Business Objects" auf. Die OMG ist eine Vereinigung von zahlreichen Software-Entwicklern und -Anwendern, die Standards zur Definition und Entwicklung von objektorientierter Software für das Unternehmen schaffen wollen. Der zentrale Gestaltungsgegenstand sind Business Objects, die interoperabel, wieder verwendbar und auf verschiedene Plattformen übertragbar sind.[372]

„A business object is defined as a representation of a thing active in the business domain, including at least its business name and definition, attributes, behavior, relationships, rules, policies and constraints. A business object may represent, for example, a person, place, event, business process or concept. Typical examples of business objects are: employee, product, invoice and payment."[373] Ein Business Object umkapselt seine Beziehungen zu anderen Objekten, seine Attribute und Verhaltensregeln und isoliert dabei die in ihm enthaltene Geschäftslogik sowohl von Fragen der Benutzerschnittstelle als auch des Datenbanksystems. Diese Abstraktion von der technischen Ebene macht das Business Object-Modell zu einem geeigneten Ansatz, den "shape" eines Unternehmens technologieunabhängig abbilden zu können.[374]

Business Objects benötigen eine Einbettung in einer technologischen Infrastruktur bzw. Systemarchitektur. Dazu spezifiziert die OMG weitere Objekttypen und Komponenten (vgl. Abbildung 23). Eine zentrale Infrastrukturkomponente stellt die sog. „Business Object Facility" dar: „The Business Object Facility provides the interoperable infrastructure and/or framework required to support business objects as application components (common, domain specific or enterprise specific) of a business solution. It provides the interfaces and protocols for the application components to collaborate and the infrastructure to support them as "Plug & Play" application components."[375]

---

[371] Vgl. Booch 1994, S. 76ff.
[372] Vgl. Object Management Group 1996 und Erler 2000, S. 140ff.
[373] Object Management Group 1996, S. 19.
[374] Vgl. Object Management Group 1996, S. 5.

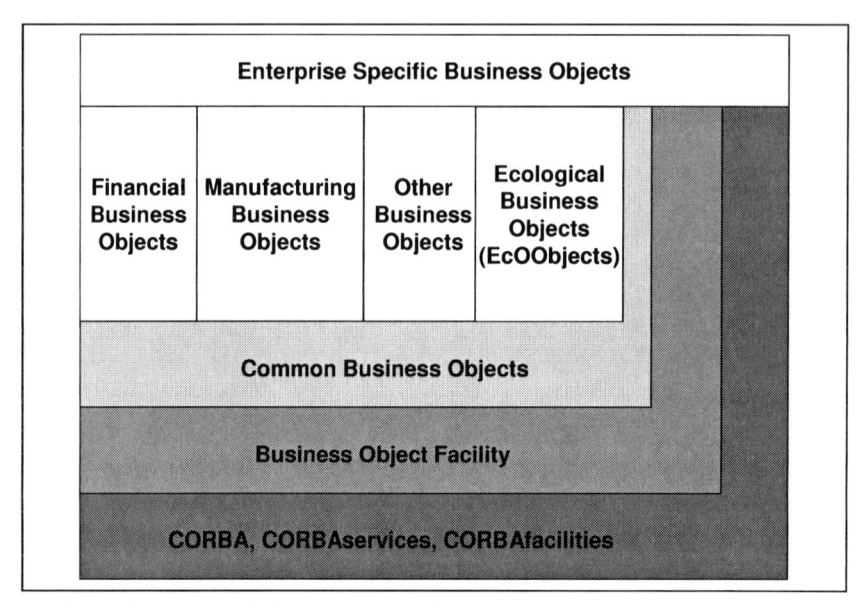

Abbildung 23: Business Objects und ihre Infrastruktur
(Quelle: In Anlehnung an Object Management Group 1996, S. 20)

CORBA (Common Object Request Broker Architecture, vgl. Abbildung 23) ist eine Technoligie der OMG, die einen entfernten Methodenaufruf ermöglicht. Anhand der CORBA-Spezifikationen können Softwarehäuser interoperable Produkte schaffen.[376] Die sog. „Common Business Objects" repräsentieren Geschäftslogik, die branchenübergreifend oder für einen bestimmten betrieblichen Funktionsbereich gültig ist. So können bspw. spezielle Business Objects für den Finanzbereich oder für die Produktion definiert werden. Die „Enterprise Specific Business Objects" bilden die für ein bestimmtes Unternehmen gültige Geschäftslogik ab.[377]

Die in dieser Arbeit diskutierten Tools werden aus dem betrieblichen Funktionsbereich „Umweltmanagement" heraus entwickelt. Hierbei werden für die Gestaltung dieser Tools insbesondere Vorgehensmodelle bzw. Muster der objektorientierten Systementwicklung, angelehnt

---

[375] Object Management Group 1996, S. 22.
[376] Vgl. Eberhart und Fischer 2003, S. 63 und 81.
[377] Vgl. Object Management Group 1996, S. 18ff.

an den OMG-Ansatz, herangezogen. Diese Objektorientierung findet sich auch in der ersten Tool-Plattform wieder.

2.5.2 Die Tool-Plattform des ersten Prototyps

Für eine effiziente Tool-Entwicklung muss eine Tool-Plattform geschaffen werden, die gemeinsam verwendete Software-Komponenten, Schnittstellen und andere Infrastrukturelemente bereithält (siehe oben).[378] Abbildung 24 zeigt die erste für die Ökoradar-Tools entwickelte Tool-Plattform.

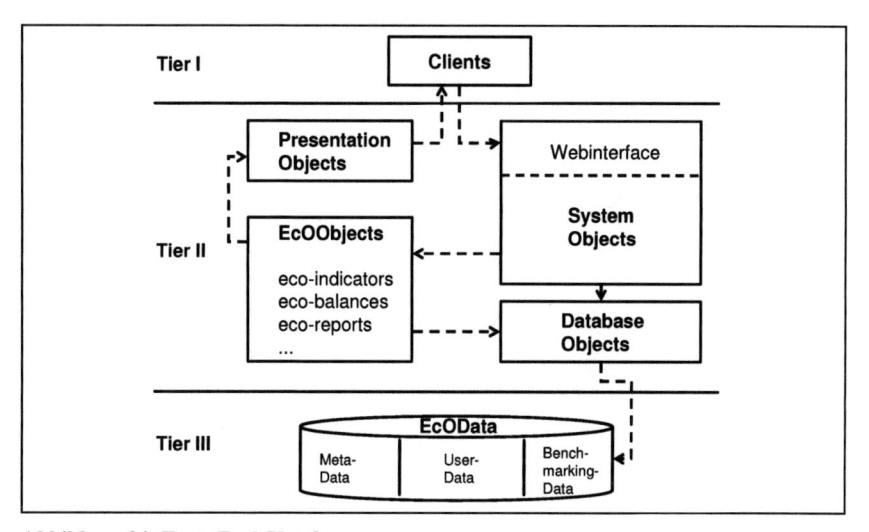

Abbildung 24: Erste Tool-Plattform
(Quelle: In Anlehnung an Braun, et al. 2004, S. 151)

Für die Gestaltung der Tool-Plattform wurde eine dreischichtige Architektur gewählt. Sie ermöglicht eine Aufteilung von Plattformkomponenten und deren Eingliederung in die Präsentations-, Applikations- und Datenbank-Schicht ("Tier" entspricht dem deutschen Wort "Schicht").[379]

Schicht III repräsentiert die Datenbank „EcOData". In ihr werden u.a. die Meta-, User- und Benckmarking-Daten in entsprechenden Containern gespeichert. „Metadaten" beschreiben

---

[378] Zu allg. Vorteilen einer plattformorientierten Entwicklung, vgl. Müller 2000, S. 3ff.
[379] Vgl. Peters 1999, S. 69.

alle Datendefinitionen, mit denen ein Tool-User zur Laufzeit arbeitet oder die ihn als User definieren. „Metadaten" bestehen aus einem Framework verschiedener Datencluster, die sowohl versionisierbar als auch skalierbar sind. Beispielsweise sind hier Definitionen gespeichert, die die Basis für die Konstruktion eines bestimmten Kennzahlensystems darstellen. Der Container „User-Daten" umfasst die Daten der im System registrierten User. „Benchmarking-Daten" enthalten relevante Umweltdaten ausgesuchter Unternehmen, die u.a. für einen Kennzahlenvergleich herangezogen werden können.

Auf der Basis dieser Datenbank operieren die sog. „EcOObjects" (kurz: „EcOOs"). Diese Objekte bilden, zusammen mit den Hilfsobjekten (Infrastruktur[380]) „Presentation Objects", „Database Objects" und „System Objects", die sog. „Middleware" auf der Schicht II. Das Grundkonzept der EcOObjects setzt sich aus Aspekten der Objektorientierung, der Modularisierung und standardisierter Schnittstellen zusammen.[381] Ein Tool kann aus 1 bis n EcOObjects bestehen. Jedes EcOObject besitzt standardisierte Schnittstellen. Durch den Schnittstellenstandard ist die Kompatibilität verschiedener EcOObjects und ihrer Tools gewährleistet.

EcOObjects kann man als eine bestimmte Ausprägung der in Abschnitt 2.5.1 beschriebenen Common Business Objekts definieren. EcOObjects („Ecological Business Objects") repräsentieren und kapseln reale betriebswirtschaftliche Objekte, die für den Funktionsbereich des Umweltmanagements bzw. Nachhaltigen Managements typisch sind (vgl. Abbildung 23).[382] Die Vision der EcOObjects ist, Bausteine von Tools zu repräsentieren, die erweiterbar, wiederverwendbar und technologieunabhängig zur Entwicklung verschiedener Tools für das Umweltmanagement bzw. Nachhaltigen Management eingesetzt werden können.

Schicht I beschreibt den Tool-Zugang auf Client-Ebene. Der Zugang geschieht über einen Browser. Da die Schichten II und III Server-seitig implementiert sind, ist der Großteil der Rechenlast von den Clients zu den Servern verlagert.

---

[380] „Presentation Objects", „Database Objects" und „System Objects" entsprechen der in Abschnitt 2.5.1 vorgestellten „Business Object Facility".
[381] Vgl. Turowski, et al. 2002, S. 1.
[382] Die Begriffswahl „EcOObjects" soll verdeutlichen, dass die Definition solcher „Objekte des Umweltschutzes" nicht nur auf das Betriebliche Umweltmanagement beschränkt ist, sondern auch für die Entwicklung überbetrieblicher bzw. regionaler Umweltinformationssysteme (bspw. GIS, Geografisches Informationssystem) möglich ist. Eine spätere speziellere Typisierung von „Objekten des Umweltschutzes" soll dann zwischen „EnvirOObjects" (Environmental Management bzw. Betriebliches Umweltmanagement) und „EcOObjects" (Nicht-betrieblicher Umweltschutz) unterscheiden.

Die Funktion der Hilfsklassen „System Objects" (SO) ist die Kontrolle laufender Kommunikationsprozesse der Clients und die Weitervermittlung von Client-Anfragen an bestimmte EcOObjects. Bestimmte SOs übernehmen die Web-Anfragen über HTTP. Das Zugriffsmanagement der SOs und EcOOs auf die Datenbank übernehmen die „Database Objects" (DOs). Um die Konsistenz der Datenbasis zu sichern, erfolgen die meisten Zugriffe auf die Datenbank über die EcOObjects. „Presentation Objects" (POs) kapseln die für eine auf den Clients für eine korrekte Darstellung nötigen Daten.

Innerhalb der objektorientierten Analyse bestehen zahlreiche Möglichkeiten zur Identifikation geeigneter Objekte. „Bis zum Ende der 80er Jahre haben Forscher auf dem Gebiet der Objektorientierung behauptet, die Objekte eines Anwendungsgebietes lägen 'auf der Hand' [...], seien also sehr einfach zu finden. Diese Behauptung wurde in der jüngsten Zeit fast einhellig kritisiert [...]: Einige Objekte sind einfach zu finden; andere sehr schwer. Graham [..] beschreibt das Identifizieren der richtigen Objekte als den Engpaßfaktor der objektorientierten Analyse [...]. Brooks [..] weist darauf hin, daß es immer schwierig ist, 'das Essentielle' einer komplexen Anwendungsumgebung zu entdecken [...]".[383]

In der objektorientierten Analyse findet man zwei grundsätzliche Ansätze der Objektidentifikation: Die sog. Strukturalisten gehen - basierend auf Erfahrungen aus dem Datenbankbereich - davon aus, über die Existenz von Strukturbeziehungen zwischen Objekten (z.B. Ganzes-, Teil- und Instanzenbeziehungen) und die Eigenschaften (Attribute) eines Objektes auf geeignete Objekte schließen zu können. Hiervon grenzen sich die sog. Verhaltensforscher ab. Im Prozess der Objektsuche bzw. -identifikation gehen sie nicht von Strukturen, sondern vom Verhalten eines Systems aus. Sie fragen sich, was das System können soll und welche Systemelemente dafür zuständig sind. Der Objektmodellierende beobachtet hier den Umgang mit Gegenständen und Artefakten eines Anwendungsgebiets und schließt aus dem geforderten Verhalten auf die Objekte. Nach dieser Vorgehensweise entworfene Objektmodelle beginnen mit Klassen als Bündel von Dienstleistungen, die von diesen Klassen zu erbringen sind.[384]

---

[383] Schwabe 1995, S. 80 aus Meyer 1988, S. 51, Coad und Yourdan 1991, S. 52, Graham 1991, Brooks 1987.
[384] Vgl. Schwabe 1995, S. 81.

Die Methode zur Identifikation der ersten EcOObjects folgt der Vorgehensweise nach ABBOTT (veröffentlicht durch die „Gang of Four"[385]) und kann als Mischung der oben vorgestellten Ansätze der Objektidentifikation beschrieben werden. Diese Vorgehensweise schlägt vor, eine Problemdefinition niederzuschreiben und dann aus diesem Text die Verben und Substantive herauszufiltern.[386] Die Verben entsprechen den Objektmethoden, die Substantive definieren die Objekte selbst.[387] Zum Auffinden geeigneter EcOObjects werden verschiedene wissenschaftliche Texte über das Umweltmanagement entsprechend dieser Vorgehensweise analysiert. Dafür wird ein kleines Hilfswerkzeug entwickelt, welches erste Schritte einer Textfilterung automatisiert. Ein Teilergebnis dieser Textanalyse zeigt Abbildung 24 (im Kasten „EcOObjects"). Darüber hinaus können die gefundenen Objekte mit Hilfe des theoretischen Hintergrundwissens über das Umweltmanagement in eine sinnvolle Struktur zueinander gebracht werden. So können bspw. die Objekte "Umweltkennzahl", "Umweltbilanz" und "Umweltbericht" identifiziert werden. Abbildung 25 zeigt das Grundgerüst des EcOObjects "Environmental Performance Indicator" (entspricht „eco-indicators" in Abbildung 24), in Form eines UML-Klassendiagramms.

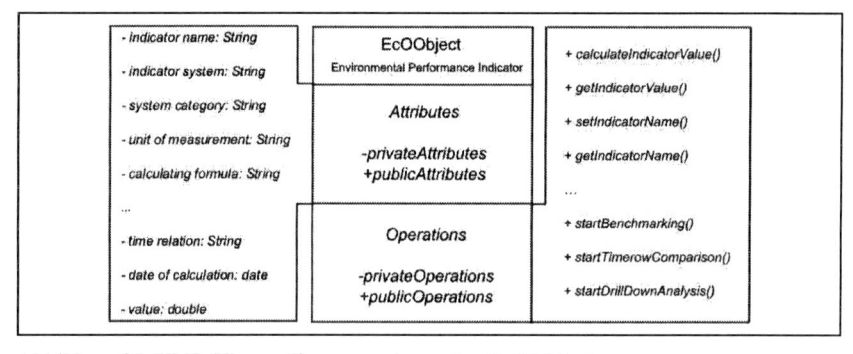

- indicator name: String - indicator system: String - system category: String - unit of measurement: String - calculating formula: String ... - time relation: String - date of calculation: date - value: double	**EcOObject** Environmental Performance Indicator Attributes -privateAttributes +publicAttributes Operations -privateOperations +publicOperations	+ calculateIndicatorValue() + getIndicatorValue() + setIndicatorName() + getIndicatorName() ... + startBenchmarking() + startTimerowComparison() + startDrillDownAnalysis()

Abbildung 25: UML-Klassendiagramm des ersten EcOObjects
(Quelle: Braun, et al. 2004, S. 150)

Dieses Objekt dient als zentraler Baustein des Tool-Prototyps "EPI". Das Ziel mit diesem Prototyp ist, ein komplett über das Internet administrierbares System zu schaffen. EPI ist auf Basis der in Abbildung 24 beschriebenen Tool-Plattform erstellt und darin integriert. Um das

---

[385] Erich Gamma, Richard Helm, Ralph Johnson und John Vlissides sind vier berühmte Entwickler, bekannt unter dem Spitznamen *Gang of Four*.
[386] Vgl. Gamma, et al. 1996, S. 14.

EcOObject "Environmental Performance Indicator" werden noch weitere geeignete EcOObjects entwickelt, die für EPI weitere Bausteine darstellen.[388]

Die technische Implementierung wird auf der Betriebssystemplattform "Microsoft Windows 2000" umgesetzt. Als objektorientierte Programmierplattform wird das J2EE-Framework (Java 2 Enterprise Edition) von Sun Microsystems eingesetzt. Dieses Framework verfügt über einige Werkzeuge zur Programmierung und eine riesige Klassenbibliothek für die Entwicklung auch von mächtigen verteilten Anwendungen. Auf dieser Plattform entwickelte Tools werden in der Programmiersprache Java geschrieben.[389] Weitere hier eingesetzte J2EE-Komponenten sind „Java Servlets" und „Java Server Pages" (JSP). Java Server Pages (nach ihrer Übersetzung in ein Servlet) und Java Servlets stellen Programme aus Java-Klassen dar, die Server-seitig ablaufen (vgl. Abschnitt 1.4).[390] Alle EcOObjects wurden gemäß dem sog. "JavaBean"-Standard entwickelt. Dieser Standard schreibt gewisse von einem Objekt zu erfüllende Strukturen fest.[391]

2.6 Vorstellung des Umweltkennzahlen- und Benchmarking-Tools

Das im Rahmen von Ökoradar entwickelte Umweltkennzahlen- und Benchmarking-Tool (kurz: EPI[392]) soll insbesondere den KMUs (kleine und mittelständische Unternehmen) beim ersten Kontakt mit dem Thema „Nachhaltiges Management" bzw. „Umweltmanagement" unterstützen bzw. deren Einstieg in dieses Thema kostengünstig ermöglichen. Das mit dem *„doIT Software-Award 2003 für herausragende wissenschaftliche Leistungen aus der Software-Forschung"*[393] und dem „Hamburg Preis Nachhaltige Wirtschaftsinformatik 2003"[394]

---

[387] Vgl. Abbott 1983, S. 882ff.
[388] Vgl. Abschnitt 3.2.1.
[389] Vgl. Eberhart und Fischer 2003, S. 36ff.
[390] Vgl. Hall 2001, S. 28 und Eberhart und Fischer 2003, S. 43.
[391] Für weiterführende Beschreibungen der für den ersten Prototyp eingesetzten Technologien vgl. Braun, et al. 2002.
[392] EPI steht für Environmental Performance Indicator und entwickelte sich vom reinen Arbeitstitel zur gängigen Kurzbezeichnung des Tools. Der erste Prototyp wurde im Rahmen der am Lehrstuhl für Wirtschaftsinformatik der Universität Hohenheim von Markus Russ durchgeführten und vom Autor betreuten Diplomarbeit „Internetbasierte Kennzahlen-Tools für das Umweltmanagement" entwickelt (vgl. Russ 2002).
[393] Veranstalter der Awards: MFG Medien- und Filmgesellschaft Baden-Württemberg mbH, http://www.doit-award.de.
[394] Der Fachbereich Informatik der Universität Hamburg und das Umweltteam dieser Universität vergeben mit Unterstützung der BP Deutschland den „Hamburg Preis Nachhaltige Wirtschaftsinformatik".

ausgezeichnete Tool-Entwicklungskonzept bzw. Tool soll dabei ein vollständiges Hosting von betrieblichen Umweltkennzahlen ermöglichen und als ein Beispiel internetgestüzter Services für das Nachhaltige Management dienen. Dieses Hosting beinhaltet das (anonyme) strukturierte Speichern von eigenen Daten, deren Auswertung über angebotene Funktionen („Features") sowie die Nutzung von bereitgestellten Daten aus den EPI-eigenen Datenbeständen.[395]

Die auf das jeweilige Unternehmen bezogenen Kennzahlen gewinnen für den betreffenden Tool-User noch mehr an Aussagekraft, wenn seine eigenen Kennzahlen denen der in seiner Branche befindlichen Mitanbietern gegenübergestellt werden. Diese Gegenüberstellung deckt das EPI-Tool über seine Benchmarking-Funktionalität ab.[396] Diese und weitere Funktionen werden im Folgenden vorgestellt. Dieses Tool stellt gleichzeitig den Prototyp dar, der alle Phasen des Pilotierungsprozesses (vgl. Abschnitt 1.7.3) durchläuft und im Zentrum der Evaluation (vgl. Kapitel 4) steht. Dabei orientiert man sich bei der Tool-Entwicklung an den in Abschnitt 2.3 beschriebenen Anforderungen an einen Prototyp und zieht die in Abschnitt 2.4 aufbereitete Kennzahlentheorie als fachliche Vorlage heran.

2.6.1 Die Sicht des Users auf das Tool

Nachdem der User sich registriert hat, meldet er sich unter seinem Benutzernamen und mit seinem Kennwort an (vgl. Abbildung 26). Dieser Benutzername verwendet das Tool für eine persönliche Ansprache des Users (im Folgenden wird mit dem Test-User „braumittel" gearbeitet, der für eine mittelgroße Brauerei steht). User, die eine Registrierung scheuen, können die unten rechts angebrachte „QUICK Benchmarking"-Funktion nutzen. Hier können einzelne Kennzahlenwerte mit denen der eigenen Branche verglichen werden, ohne dass der User sich anmelden oder Daten abspeichern muss (Näheres zum Benchmarking-Feature weiter unter).

---

[395] In der Zeit der Erstellung dieser Arbeit kann das EPI-Tool als experimenteller (vertikaler) Prototyp verstanden werden, der innerhalb bestimmter Rahmenbedingungen praxistauglich eingesetzt werden kann (www.oekoradar.de/onesus).
[396] vgl. dazu Braun, et al. 2003b.

Abbildung 26: EPI – Anmeldung
(Quelle: Screenshot)

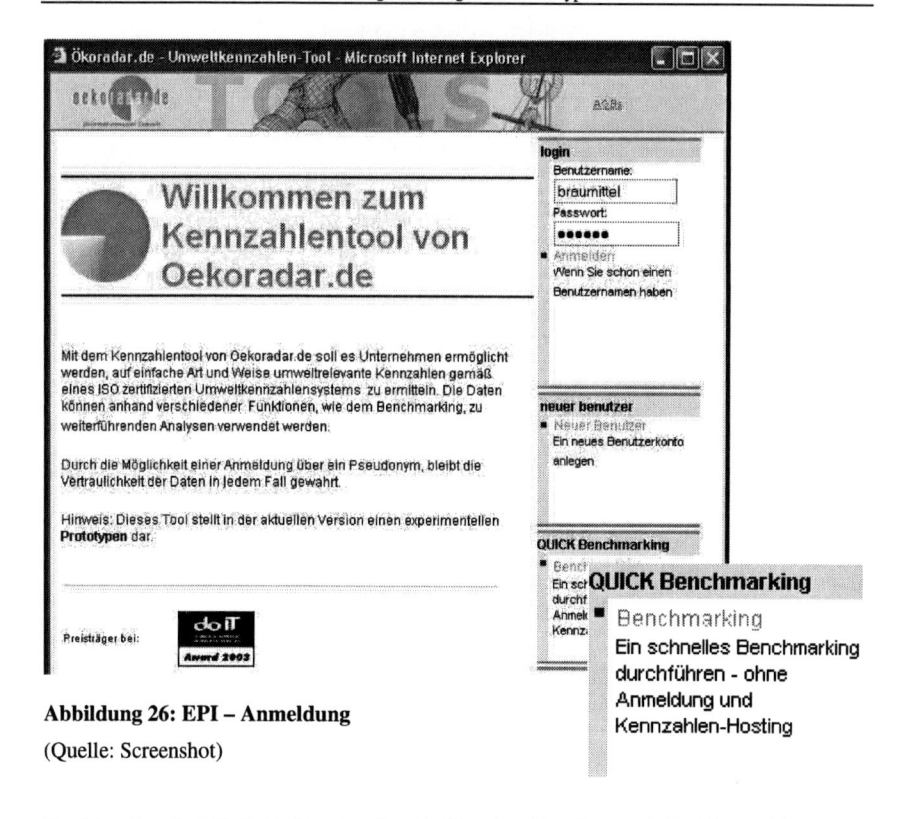

Der User hat die Möglichkeit, entweder ein für seine Branche spezielles Kennzahlensystem auszuwählen oder ein generisches Kennzahlensystem nach ISO 14031 zu verwenden.[397] Auf dem Willkommensfenster wird linkerhand das gewählte Kennzahlensystem graphisch dargestellt (vgl. Abbildung 27), und durch Mouse-over-Events werden dem Benutzer weiterführende Erklärungen zu jeder Kennzahlensystemkategorie gegeben (bspw. mit den für eine Brauerei typischen „Input"-Materialien, vgl. Abbildung 27).

---

[397] Die Auswahl eines alternativen Kennzahlensystems ist zum Zeitpunkt der Erstellung dieser Arbeit ausgeklammert. Dieser Zustand wird anhalten, bis eine genügend große Anzahl an branchenspezifischen Kennzahlensystemen eingepflegt sein wird.

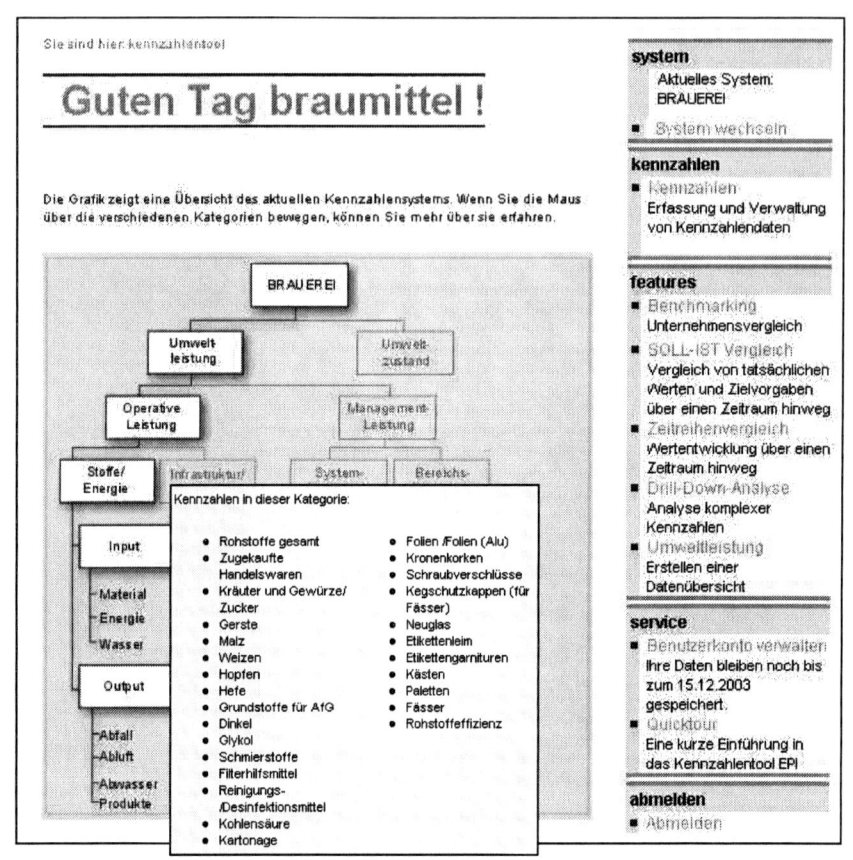

Abbildung 27: EPI – Willkommens-Fenster
(Quelle: Screenshot)

In Abbildung 27 kann man erkennen, dass das EPI-Tool auf der Struktur des Kennzahlensystems gemäß ISO 14031 basiert. Dieser Prototyp beschränkt sich auf den Kennzahlensystemteil „Operative Leistung" und innerhalb dieses Teils wiederum auf „Stoffe/Energie". Der nächste Entwicklungsschritt wird sein, den Teil „Infrastruktur/Verkehr" in das EPI-Tool mit aufzunehmen. Als Vorarbeit hierzu kann das in Abschnitt 2.7.2 beschriebene „Verkehrskennzahlen-Tool" gesehen werden.

Abbildung 27 zeigt rechterhand die Funktionen des Tools, die man im sog. „Tool-Menü" auswählen kann. Unter „System wechseln" kann der User des Tools verschiedene Kennzahlensysteme aufrufen bzw. sein aktuelles Kennzahlensystem wechseln. In der Menürubrik „Kennzahlen" werden die Kennzahlenwerte des jeweiligen Users bzw. Unternehmens erfasst und verwaltet. Unter „Features" sind zentrale Instrumente bzw. Methoden des Controllings aufgelistet, die auf einem Kennzahlensystem aufsetzen (vgl. Abschnitt 2.4). In der Rubrik „Service" kann das Konto des Users verlängert werden. Darüber hinaus können in der „Quicktour" Erklärungen über die Tool-Bedienung nachgelesen werden. Unter „Abmelden" kann der User sich sauber aus der laufenden Tool-Session herausholen und seine Arbeit mit dem Tool beenden. Beim Anklicken einer im Menü aufgeführten Funktion gelangt der User jeweils auf ein weiteres Fenster, welches wiederum ein (Sub-)Menü auf der rechten Seite enthalten kann. Insgesamt ist die Fensterführung des Tools hierarchisch aufgebaut.

Im Einstiegsbild zur „Kennzahlenerfassung" sind rechterhand im Menü weitere Funktionen vorhanden (vgl. Abbildung 28): Unter „Erfassen" werden die Kennzahlenwerte des Users bzw. seines Unternehmens eingepflegt. Nachdem der User hier das gewünschte Berichtsjahr ausgewählt hat, gibt er in einem weiteren Fenster die Unternehmensrahmendaten, wie „Gesamtumsatz" oder „Mitarbeiter gesamt", an.

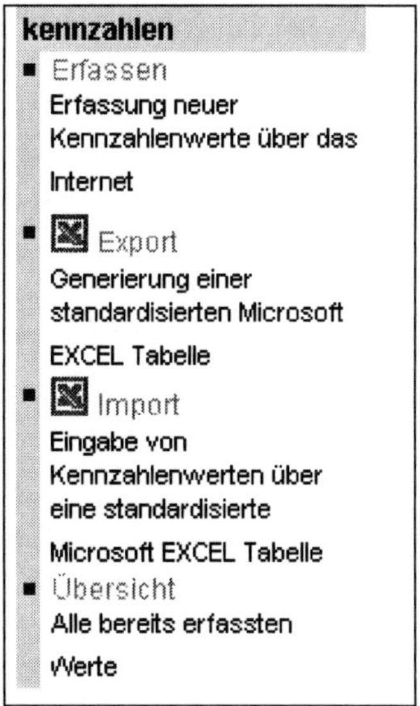

Daraufhin gelangt der User auf ein neues Fenster, in dem er die Kennzahlenkategorie auswählen kann. Daraufhin können für die gewählte Kategorie und das betreffende Berichtsjahr die Kennzahlenwerte eingegeben und abgespeichert werden (vgl. Abbildung 29, hier wurde „Material" als Kategorie ausgewählt). Zusätzlich kann der User Zielwerte für das folgende Berichtsjahr eingeben, die dann in dem weiter unten beschriebenen Soll-Ist-Vergleich ausgewertet werden. Der User kann jederzeit unter „Übersicht" (vgl. Abbildung 28) die Aufstellung aller Kennzahlenwerte einsehen.

kennzahlen
- Erfassen
  Erfassung neuer Kennzahlenwerte über das Internet
- Export
  Generierung einer standardisierten Microsoft EXCEL Tabelle
- Import
  Eingabe von Kennzahlenwerten über eine standardisierte Microsoft EXCEL Tabelle
- Übersicht
  Alle bereits erfassten Werte

Abbildung 28: EPI – Übersicht Kennzahlenerfassung
(Quelle: Screenshot)

Kennzahl	Wert		Zielwert 2001	
Rohstoffe gesamt	4200.0	t	4500.0	t
Zugekaufte Handelswaren	19500.0	hl	18700.0	hl
Kräuter und Gewürze/ Zucker	1000.0	t	1100.0	t
Gerste	20000.0	kg	16000.0	kg
Malz	56.0	t	55.0	t
Weizen	320.0	t	310.0	t
Hopfen	7.2	t	6.8	t
Hefe	6500.0	l	6500.0	l
Grundstoffe für AfG	350.0	t	380.0	t
Dinkel	25.0	t	28.0	t
Glykol	1500.0	l	1650.0	l
Schmierstoffe	1200.0	kg	1100.0	kg
Filterhilfsmittel	63.0	t	60.0	t
Reinigungs- /Desinfektionsmittel	180.0	t	170.0	t
Kohlensäure	190.0	t	210.0	t

Abbildung 29: EPI – Kennzahlenerfassung, Dateneingabe Kategorie "Material"
(Quelle: Screenshot)

Über die „Import"- und „Export"-Funktionen (vgl. Abbildung 28) können die Kennzahlenwerte auch halbautomatisiert in das Tool ein- bzw. ausgelesen werden. Neben dem Vorteil der allgemeinen Erleichterung der Dateneingabe kann der User über ein Excel-Sheet seine unternehmensinternen Informationssysteme (bspw. SAP R/3, Navision Finance, Lexware financial office pro) relativ leicht mit dem Umweltkennzahlen- und Benchmarking-Tool verknüpfen.

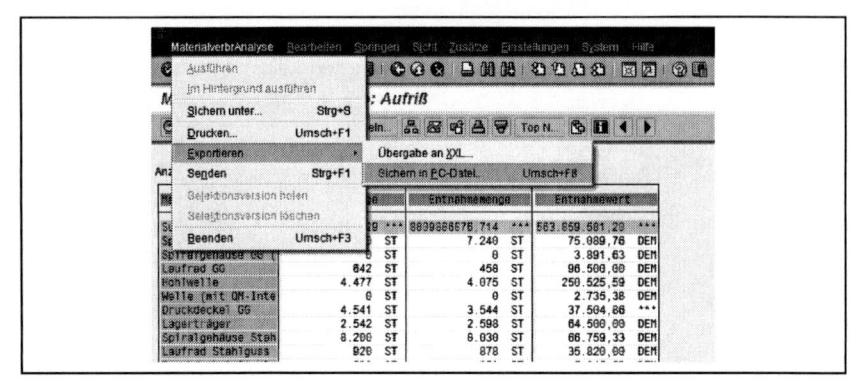

Abbildung 30: Export von SAP R/3-Daten in ein Excel-Dokument (Teil 1)
(Quelle: Screenshot aus SAP R/3 mit Beispieldaten, SAP AG, Walldorf)

Abbildung 30 und Abbildung 31 zeigen dies am Beispiel eines SAP R/3-Kennzahlenexports aus dem R/3-Modul Materialwirtschaft. Nachdem ein Excel-Dokument aus R/3 heraus generiert wurde, kann nun dieses über eine zu erstellende Umrechnungstabelle in das richtige Format für den Excel-Import des EPI-Tools gebracht werden.

Abbildung 31: Export von SAP R/3-Daten in ein Excel-Dokument (Teil 2)
(Quelle: Screenshot aus SAP R/3 mit Beispieldaten, SAP AG, Walldorf)

Liegen bspw. die Werte zu Erdgas-Verbrauch in R/3 nur in Kg vor (Zelle B11 der SAP-Tabelle), so kann mit Hilfe einer Umrechnungstabelle in die für das EPI-Tool benötigte kW-Einheit umgerechnet werden:

> [braumittel2000.xls] Tabelle1!$C$6 =
> '[SAP-Export_Materialwirtschaft2002.xls]Tabelle1'!$B$11*
> [Umrechnungstabelle_SAP_EPI.xls]Tabelle1!$B$3

Sind erst einmal die Zellbezüge zwischen der SAP-, EPI- und der Umrechnungstabelle eingerichtet, bleibt der jährliche Anpassungsaufwand überschaubar. Die nicht aus SAP extrahierbaren Daten müssen entweder aus weiteren Systemen entnommen oder manuell in das Tool eingepflegt werden.

Nachdem aus allen Systemen des Unternehmens die benötigten Kennzahlenwerte in der EPI-Tabelle zusammengetragen sind und im richtigen Format bzw. in korrekten Einheiten vorliegen, kann nun dieses Excel-Dokument über die Import-Funktion des EPI-Tools wieder importiert werden (vgl. Abbildung 32).

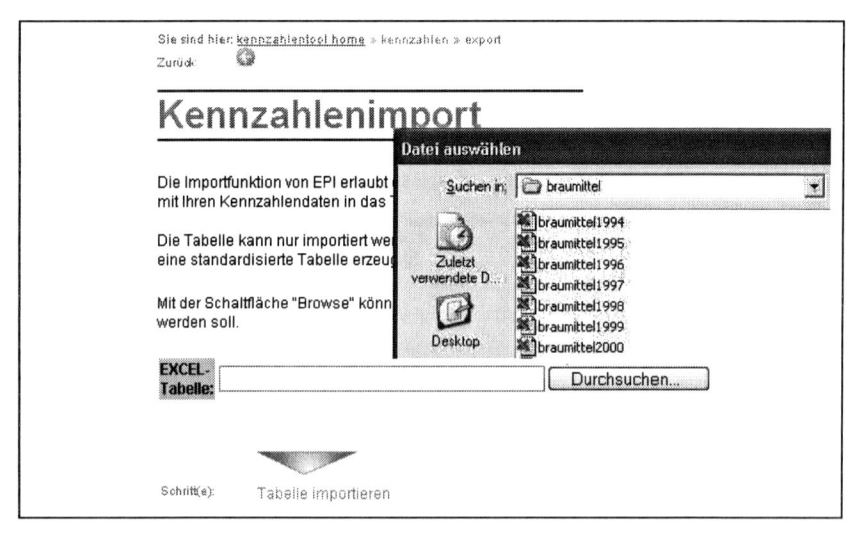

Abbildung 32: EPI – Kennzahlenerfassung, Import der Kennzahlen
(Quelle: Screenshot)

Das zentrale Feature dieses Tools stellt sicherlich das Benchmarking dar. Hier kann der User mit allen im Kennzahlensystem vorhandenen Unternehmenskennzahlenwerten einen branchenweiten Vergleich unternehmen. Zuerst wählt der User das von ihm gewünschte Berichtsjahr aus, welches er für einen Vergleich heranziehen möchte. Nach erfolgter Auswahl wählt der User die Kennzahlensystemkategorie aus, innerhalb derer er seine betreffende Kennzahl sucht. Es kann sein, dass der User nur zwischen den Kategorien Energie, Abluft und Abwasser wählen kann, da er entweder keine weiteren Kategorien im Tool eingepflegt hat oder in der Benchmarking-Datenbasis für Branche, Berichtsjahr oder Kennzahlenkategorie keine Vergleichswerte gefunden werden konnten.[398]

Nach erfolgter Auswahl kann der User seine gewünschte Kennzahl auswählen und diese optional zu anderen Kennzahlen in Bezug setzen. Zur Bildung relativer Kennzahlen kann der User in diesem Beispiel zwischen Unternehmensrahmendaten „Gesamtbetriebsfläche" oder „Mitarbeiter gesamt" (vgl.Abbildung 33) und weiteren „Kennzahlen" (vgl. Abbildung 34) auswählen.

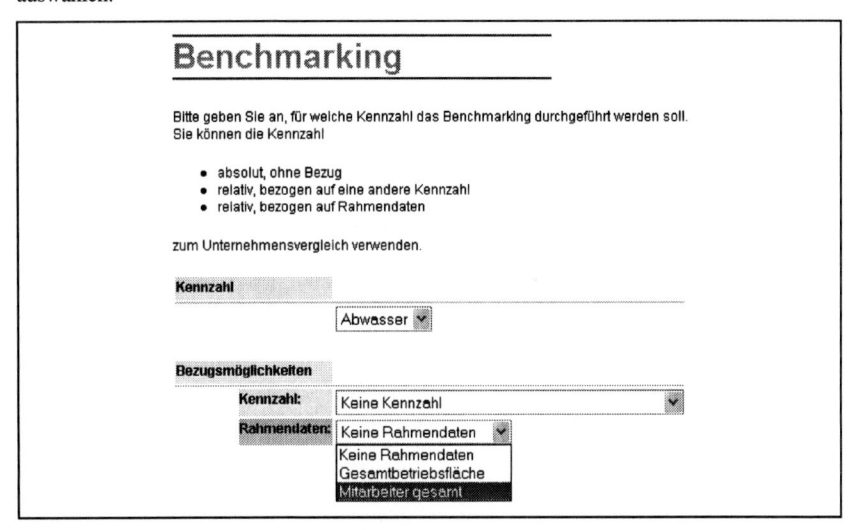

Abbildung 33: EPI – Benchmarking, Auswahl der Kennzahl (Rahmendaten)
(Quelle: Screenshot)

Bei den im Drop-down-Feld in Abbildung 34 ersichtlichen Kennzahlen, handelt es sich um die Gesamtheit der im Kennzahlensystem „Brauerei" eingepflegten und gleichzeitig mit Werten belegten Kennzahlen.[399] Durch diese freie Auswahl kann der User viele Kennzahlenkombinationen bilden. So kann bspw. eine Input-Kennzahl (Erdgas) mit einer anderen Input-

---

[398] Weitere Erläuterungen zur Benchmarking-Datenbasis in 2.6.2.
[399] Aus Darstellungsgründen kann nur ein Ausschnitt aus der Gesamtheit aller Kennzahlen angezeigt werden.

Kennzahl (Hopfen) oder eine Output-Kennzahl (Bier, konventionell) mit einer Input-Kennzahl (Neuglas) usw. in Relation gesetzt und mit Branchenwerten verglichen werden.

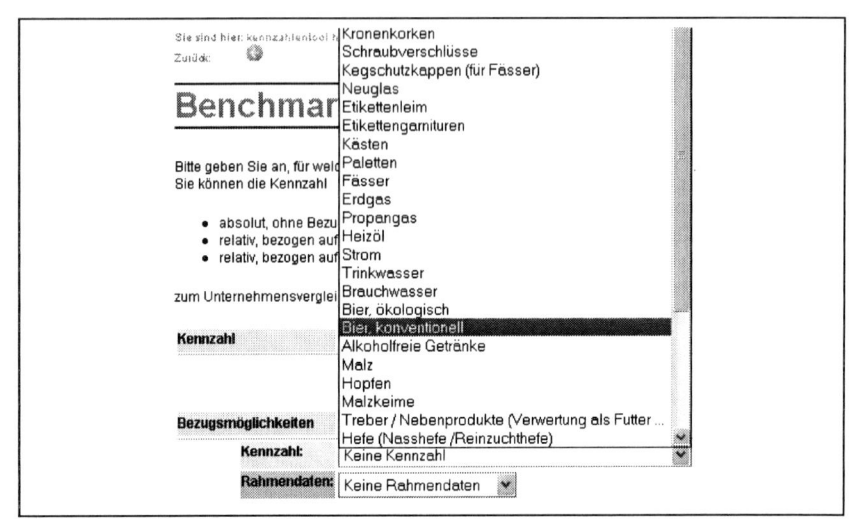

Abbildung 34: EPI – Benchmarking, Auswahl von Kennzahlen für einen Vergleich
(Quelle: Screenshot)

Nach erfolgter Auswahl erhält der User nach einer kürzeren Wartezeit ein Diagramm, das die Benchmarking-Ergebnisse graphisch darstellt (vgl. Abbildung 35). In diesem Beispiel wurde die relative Kennzahl „Abwasser/Bier, konventionell" des Jahres 1997 mit den Branchenwerten verglichen.

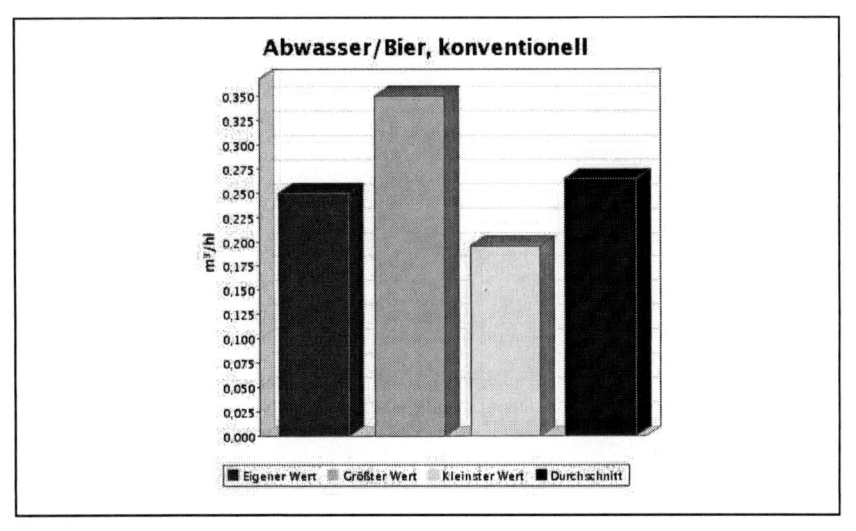

Abbildung 35: EPI – Benchmarking, Darstellung der Ergebnisse (graphisch)
(Quelle: Screenshot)

Aus Abbildung 35 kann man herauslesen, dass der Kennzahlenwert „Abwasser/Bier, konventionell" (in m^3/hl) des Jahres 1999 unterhalb des Branchendurchschnittes (blauer Balken) lag, es jedoch ein Unternehmen gab, welches einen besseren Wert gemessen hatte. Insgesamt lässt sich festhalten, dass diese Kennzahl für „braumittel" keine kritische Größe darstellt und somit Umweltschutzmaßnahmen hier vorerst nicht angedacht werden müssten. Über die Optionen „Druckansicht" und „Datenansicht" gelangt man auf weitere Benchmarking-Funktionen. In „Druckansicht" kann sich der User das gezeigte Benchmarking-Ergebnis ausdrucken lassen und bspw. in diverse Unterlagen oder Präsentationen einfügen.[400] Die „Datenansicht" übersetzt die graphische Darstellung in strukturierte Daten. Diese können dann wiederum mit dem größten und dem kleinsten Benchmarking-Wert verglichen und graphisch dargestellt werden (Benchmarking-Trendanalyse).

Ein weiteres Feature ist der „SOLL-IST-Vergleich" (vgl. Abbildung 27): Die in unter „Kennzahlenerfassung" (vgl. Abbildung 29) eingepflegten Daten können hier über alle Berichtsjahre hinweg auf ihre Soll-Ist-Abweichung verglichen werden. Diese Analyse kann mit jeder vom

---

[400] So kann das mit dem Tool generierte Daten- und Graphikmaterial in das betriebliche Berichtswesen, bspw. in sog. KVP-Formblätter für Fachverantwortliche, integriert werden (vgl. Goldmann, et al. 2001, S. 621f.). (KVP = Kontinuierlicher Verbesserungsprozess).

User eingepflegten Kennzahl gemacht werden. Abbildung 36 zeigt dies für die Kennzahl „Abwasser" über die Jahre 1997 bis 2002. Das Feature „Zeitreihenvergleich" verläuft analog zum „Soll-Ist-Vergleich", wobei jedoch die Zielwerte ausgeklammert sind. Ein weiteres Feature ist die „Drill-Down-Analyse" (vgl. Abbildung 27).

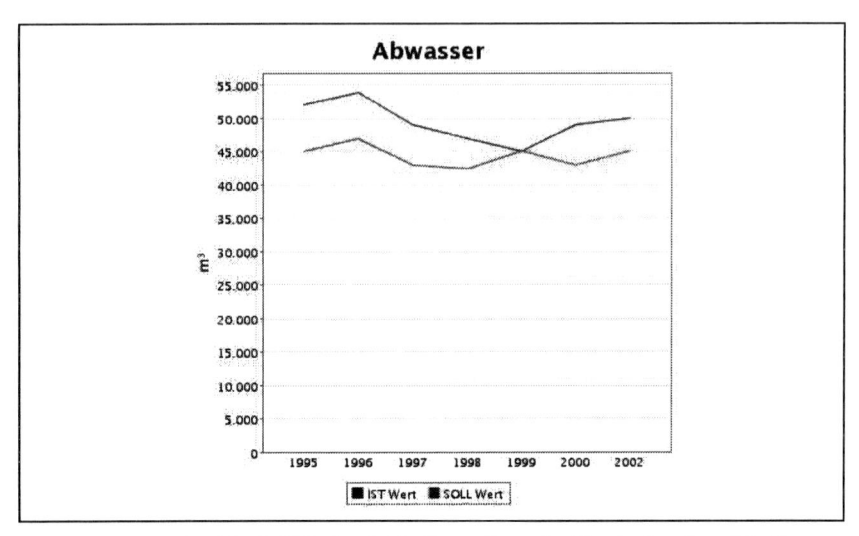

Abbildung 36: EPI – SOLL-IST-Vergleich, Darstellung der Ergebnisse (graphisch)
(Quelle: Screenshot)

Die „Umweltleistung" stellt ein weiteres Tool-Feature dar (vgl. Abbildung 37). Hier werden die gesamten Umweltkennzahlenwerte einer gewählten Berichtsperiode in Form einer Input-Output-Analyse strukturiert dargestellt. Diese Input-Output-Analyse kann dann zusammen mit anderem mit EPI generiertem Datenmaterial direkt in Umweltberichte bzw. -erklärungen einfließen.

INPUT		OUTPUT	
Material		**Produkte**	
Rohstoffe gesamt	4000.0 t	Bier, ökologisch	70000.0 hl
Zugekaufte Handelswaren	17900.0 hl	Bier, konventionell	180000.0 hl
Kräuter und Gewürze/ Zucker	1000.0 t	Alkoholfreie Getränke	24000.0 hl
Gerste	22000.0 kg	Malz	330.0 t
Malz	53.0 t	Hopfen	840.0 kg
Weizen	320.0 t	Treber / Nebenprodukte (Verwertung als Futtermittel)	1500.0 t
Hopfen	8.0 t	Hefe (Nasshefe /Reinzuchthefe)	55.0 t
Hefe	6600.0 l	**Abfall**	
Grundstoffe für AfG	380.0 t	Abfall zur Verwertung	490.0 t
Dinkel	28.0 t	Hausmüllähnlicher Gewerbeabfall	54.0 t
Kohlensäure	230.0 t	Überwachungsbedürftiger Abfall	45.0 t
Kartonage	1700.0 t	Abfall zur Beseitigung	240.0 t
Folien /Folien (Alu)	56.0 t	Sonderabfälle	2.0 t
Kronenkorken	1.5E7 Stück	**Abwasser**	
Schraubverschlüsse	7000000.0 Stück	Abwasser	45000.0 m³
Fässer	3400.0 Stück	Kühlwasser	22000.0 m³
Wasser		**Abluft**	
Trinkwasser	380000.0 m³	CO2	1200.0 t
Brauchwasser	16000.0 m³	CO	20.0 kg
Energie		NOx	1050.0 kg
Erdgas	5.8E7 kWh	SO2	450.0 kg
Propangas	540000.0 t	Staub /Partikel	74.0 kg
Heizöl	550000.0 l	Wasserdampf	1450.0 t
Strom	1.0E7 kWh		

Abbildung 37: EPI – Umweltleistung
(Quelle: Screenshot)

2.6.2 Die Sicht des Tool- und Benchmarking-Administrators auf das Tool

Der Benchmarking-Prozess vollzieht sich gewöhnlich in fünf Schritten. Der erste Schritt umfasst die Identifikation und Selektion geeigneter Benchmarking-Partner. Hier sollte darauf geachtet werden, dass Benchmarking-Partner das geforderte Datenqualitätsniveau erfüllen können. Im darauf folgenden Schritt erfolgt die Auswahl relevanter Umweltkennzahlen unter Berücksichtigung festgelegter Erhebungsrichtlinien. Nachdem in einem weiteren Schritt die Bezugsgrößen bestimmt wurden, erfolgt die eigentliche Benchmarking-Untersuchung. Durch die in der Auswertung gewonnenen Erkenntnisse, erfolgt im letzten Schritt die Ableitung von Best Ecological Practices (BEP).[401]

Gemäß diesem Vorgehensmuster werden branchenspezifische Umweltkennzahlen gesammelt, analysiert, konsolidiert und in das EPI-Tool eingepflegt: Der Prozess der Identifikation und Auswahl geeigneter Benchmarking-Partner zeigt sich in der Praxis meist als schwieriges Vorhaben, da das Offenlegen von Daten von vielen Unternehmen abgelehnt wird. Im Bereich der

Unternehmensumweltdaten besteht der Vorteil, dass einige Unternehmen sich schon einer Zertifizierung nach ISO 14001 oder EMAS (Environmental Management and Audit Scheme) unterzogen haben. Zumindest die aus dem EMAS-Zertifizierungsprozess resultierten Umwelterklärungen kann man einsehen und für Benchmarking-spezifische Untersuchungen heranziehen.[402] Als Quelle solcher Erklärungen bietet sich die Datenbank unter www.corporateregister.com an. Diese Datenbank ist das weltweit größte Verzeichnis von Unternehmensberichten/-erklärungen im nichtfinanziellen Bereich. Eine Auflistung der nach EMAS zertifizierten Unternehmen erhält man unter www.emas-register.de. Oft kann man dann die Umwelterklärungen dieser Unternehmen über deren Internet-Auftritt erhalten.

Die Auswahl der Kennzahlen zeigt sich als ein sehr aufwendiger Prozessschritt. Obwohl die für einen brancheninternen Unternehmensvergleich zu untersuchenden Erklärungen auf den ersten Blick relativ ähnlich aufgebaut sind, verstecken sich dennoch unzählige Spezifitäten in den einzelnen Erklärungen. Um ein branchenweit „normiertes" Kennzahlensystem zu erhalten, müssen nun die einzelnen Kennzahlen aus den Erklärungen extrahiert und nach ihrer Häufigkeit analysiert werden. „Exotische Kennzahlen" müssen eliminiert werden, da sie einen branchenweiten Unternehmensvergleich meist nicht zulassen[403] und dabei das zu definierende branchenweit gültige Kennzahlensystem unüberschaubar machen würden.[404]

Analog verhält es sich mit der Definition von entsprechenden Einheiten der extrahierten Kennzahlen. Für selten vorzufindende Einheiten müssen geeignete Umrechnungsfaktoren festgelegt und eingesetzt werden, so dass sich die Anzahl der Einheiten auf möglichst eine pro Kennzahl beschränkt. Gibt es für unterschiedliche Einheiten einer Kennzahl keinen Umrechungsfaktor, so müssen pro Einheit eigene Kennzahlendefinitionen angelegt werden.
Bevor der User mit Hilfe des EPI-Tool's Benchmarking-Analysen durchführen kann, muss zuerst das Kennzahlensystem – entsprechend den in den vorigen Schritten analysierten spezi-

---

[401] Vgl. Clausen und Kottmann 2001, S. 248 und Rauberger und Wagner 1997, S. 48.
[402] Im Ökoradar-Teilprojekt „EPI-Tool" wurden dazu 180 zertifizierte Unternehmen aus den Branchen Ernährung, Metall und Chemie/Pharma angeschrieben und um die Einsendung ihrer Umwelterklärungen gebeten. Abbildung 73 im Anhang zeigt die Analyse des Rücklaufs dieser Anfrage.
[403] Vgl. Seidel 1998, S. 15f.
[404] Dieses Vorgehen wurde für die erste im EPI-Tool eingepflegte Branche (Brauereien) eingesetzt. Es stellte sich jedoch bald heraus, dass die vom Forscher zu treffende Entscheidung, welche Kennzahl „exotisch" ist und welche nicht, höchst subjektiv ist. Bei der folgenden Branche der Krankenhäuser wurde ein anderes Vorgehen gewählt: Jede in den herangezogenen Umwelterklärungen gefundene

fischen Branchengegebenheiten – durch den Tool-Administrator im System definiert und ausgefüllt werden.

meta-daten
■ Kennzahlensystem Verwaltung von Kennzahlensystemen
■ Kennzahlendefinition Bearbeitung von Kennzahlendefinitionen
■ Bezugsgrössen Verwaltung der Bezugsgrössen innerhalb des Kennzahlen-Tools
■ NACE-Codes Pflege der NACE-Code Datenbank
■ Umwelterklärungen Definition Input/Output- Bilanzen
usermanagement
■ Usermanagement Verwaltung der angemeldeten Benutzer
■ Daten-Cleaner Abgelaufene Datenkonten löschen

Abbildung 38: EPI – Tool-Administration, Übersicht

(Quelle: Screenshot)

Abbildung 38 zeigt das Menü des Tool-Administrators.[405] Analog dem Aufbau der User-Sicht auf das Tool sind im Menü die Funktionen der Tool-Administration untergebracht. Nach dem Anlegen eines „Kennzahlensystems" müssen unter „Kennzahlendefinition" die Struktur und die Inhalte des entsprechenden Kennzahlensystems festgelegt werden.

Nach der Auswahl des zu bearbeitenden Kennzahlensystems (siehe Abbildung 39) kann der Administrator beliebige Kennzahlen definieren und in hierarchischer Struktur zueinander setzen. Abbildung 40 zeigt einen Ausschnitt der für die Brauereibranche eingepflegten Kennzahlen, ihre Kennzahlenkategorien und Einheiten.

Kennzahl wurde in das Kennzahlensystem aufgenommen, unabhängig davon wie oft diese vorkam. Aber auch dieses Vorgehen erscheint nicht unproblematisch (vgl. Abschnitt 5.1.1).
[405] Die Sicht des Systemadministrators und -benchmarkers ist passwortgeschützt und bleibt für den Tool-User verborgen.

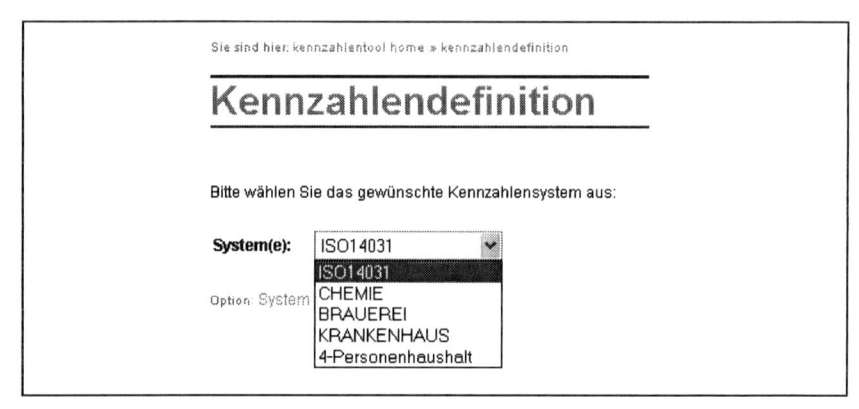

> Sie sind hier: kennzahlentool home » kennzahlendefinition
>
> ## Kennzahlendefinition
>
> Bitte wählen Sie das gewünschte Kennzahlensystem aus:
>
> **System(e):** | ISO14031
>
> Option System | ISO14031
> CHEMIE
> BRAUEREI
> KRANKENHAUS
> 4-Personenhaushalt

Abbildung 39: EPI – Tool-Administration, Auswahl des Kennzahlensystems
(Quelle: Screenshot)

Zusätzlich kann der Tool-Administrator die Bezugsgrößen festlegen, die NACE-Code[406]-Datenbank pflegen, die Struktur der Input-/Output-Bilanz der User-Funktion „Umweltleistung" definieren (vgl. Abbildung 37) und das Usermanagement durchführen (vgl. Abbildung 38).

> | Material | Rohstoffeffizienz | % |
> | Abfall | Verwertungsquote | % |
> | Material | Zugekaufte Handelswaren | hl |
> | Produkte | Bier, ökologisch | hl |
> | Produkte | Bier, konventionell | hl |
> | Produkte | Alkoholfreie Getränke | hl |
> | Produkte | Produktmenge | hl |
> | Material | Gerste | kg |
> | Material | Schmierstoffe | kg |
> | Material | Etikettenleim | kg |
> | Produkte | Hopfen | kg |
> | Abluft | CO | kg |
> | Abluft | NOx | kg |

Abbildung 40: EPI – Tool-Administration, Übersicht der definierten Kennzahlen
(Quelle: Screenshot, am Beispiel der Brauereibranche)

Nachdem nun das gewünschte Kennzahlensystem in seiner Struktur angelegt ist, kann der Benchmarking-Administrator des Tools dieses Kennzahlensystemgerüst mit konkreten Daten füllen.[407] In einer aufrufbaren Umrechnungstabelle findet der Administrator die wichtigsten Faktoren, um die Einheiten bestimmter Kennzahlen zu normieren. Abbildung 41 zeigt das Menü der Benchmarking-Administration, das gemäß dem Design und der Struktur der anderen Tool-Sichten angeordnet ist.

hallo benchmark
■ Neues Unternehmen Ein neues Benchmarkunternehmen anlegen
■ Unternehmen ändern Ein bestehendes Benchmarkunternehmen ändern
■ Unternehmen anzeigen Daten eines Benchmarkunternehmen anzeigen
■ Unternehmen löschen Löschen eines Unternehmen
■ Daten bearbeiten Benchmarkdaten: Neu, Ändern, Löschen

Abbildung 41: EPI – Benchmarking-Administration, Übersicht
(Quelle: Screenshot)

Im vierten Schritt erfolgt die Durchführung der Benchmarking-Untersuchung. Nun kann der User des Tools das Benchmarking mit von ihm als wichtig erachteten Kennzahlen durchführen (vgl. Abbildung 35).

Die Identifikation betrieblicher BEP (Best Ecological Practices) stellt das Hauptziel einer erfolgreichen Benchmarking-Untersuchung von Umweltkennzahlen dar (fünfter Schritt des Benchmarking-Prozesses). Dies umfasst neben der eigentlichen Identifikation von BEP durch einen umfassenden Umweltkennzahlen-Vergleich insbesondere die Suche nach den Gründen für betriebliche Bestleistungen. Für die Identifikation von BEP wird ein Konzept entworfen, welches ein Tool zur Ermittlung von BEP beschreibt. Dieses Konzept fließt in das in Abschnitt 2.7.3 beschriebene Tool ein.

2.7 Vorstellung weiterer Tools

Neben dem EPI-Tool werden im Projekt Ökoradar noch weitere Prototypen entworfen. Diese Prototypen werden nicht auf der in Abschnitt 2.5 beschriebenen Plattform entwickelt, da zum damaligen Zeitpunkt noch keine Integrationswege dieser Tools auf diese Plattform bekannt waren. Darüber hinaus können für die Entwicklung einer Tool-Strategie Erfahrungen mit anderen Tool-Technologien nützlich sein. Diese Tools werden im Folgenden überblicksartig vorgestellt.

---

[406] Der NACE-Code ist die allgemeine Systematik der Wirtschaftszweige in der Europäischen Union (National Accounts in Europe).

2.7.1 Umweltbeauftragten-Tool

Umweltgesetzliche Vorgaben schreiben einer Unternehmensorganisation die Installation bestimmter Stellen vor. Eine zentrale Vorgabe ist die Pflicht zur Bestellung von sog. Umweltbeauftragten. Der Begriff „Umweltbeauftragter" ist dabei eine Sammelbezeichnung für verschiedene im Umweltbereich verantwortliche Beauftragte, wie u.a. für Immissionsschutz, Abfall, Gewässerschutz und Störfälle. Die Pflicht zur Bestellung dieser Beauftragten hängt von bestimmten Voraussetzungen ab, die in verschiedenen Gesetzen festgehalten sind.[408]

---

[407] Im EPI-Tool wurde ganz bewusst die Möglichkeit einer Manipulation der Benchmarking-Datenbasis durch den User ausgeschlossen. Das bedeutet, dass die Kennzahlenwerte, die der User in seinem Konto eingibt, nicht zur Gesamtheit der Benchmarking-Daten hinzugefügt werden.
[408] Vgl. Rathje 2001, S. 88f: Die gesetzlichen Grundlagen zur Bestimmung der Umweltbeauftragten findet man u.a. in § 53 BImSchG (Immissionsschutzbeauftragter), §§ 54,55 KrW-/AbfG (Abfallbeauftragter), § 4 II WHG und § 21a WHG (Gewässerschutzbeauftragter) und § 58a BImSchG (Störfallbeauftragter). Für eine umfassende Übersicht über ggf. zu bestellende Betriebsbeauftragte vgl. Detzer, et al. 1999, S. 313.

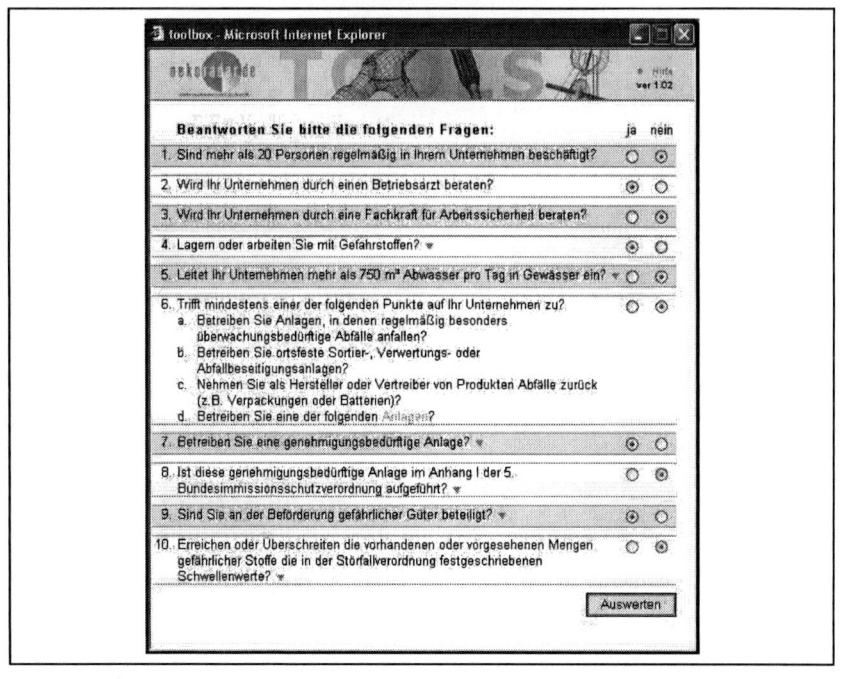

Abbildung 42: Das Betriebsbeauftragten-Tool „beto"
(Quelle: Screenshot)

Das Umweltbeauftragten-Tool „beto" soll den verantwortlichen Stellen helfen, die zu bestellenden Beauftragten zu erkennen, ohne dabei alle Umweltgesetzestexte studieren zu müssen.

Abbildung 42 zeigt den Prototyp dieses Tools. Dem User werden checklistenartig die in den entsprechenden Gesetzen verankerten Tatbestände oder Schwellenwerte abgefragt. Auf Basis seiner Angaben werden dem User auf einem Folgefenster die von ihm zu bestellenden Beauftragten vorgestellt.[409]

---

[409] Der Prototyp dieses Tools kann unter www.oekoradar.de/onesus erreicht und getestet werden. Der Prototyp basiert auf einem Fachkonzept von Christof Voßeler, Lehrstuhl für Umweltmanagement der Universität Hohenheim.

2.7.2 Verkehrskennzahlen-Tool

Die in der für Ökoradar vom ifo-Institut erstellten Umfrage festgestellte unzureichende Transparenz beim Klimaschutz vor Ort ist Motivation für ein weiteres Tool.[410] Verkehr führt zu vielfältigen Umwelteinwirkungen. Ein Großteil der bundesweiten CO_2-Emissionen geht auf den Verkehr zurück, und seine Bedeutung für die Belastung des Klimas steigt weiter an. Daran hat vor allem der Güterverkehr einen wachsenden Anteil. Außerdem ist der Verkehr Auslöser von Flächenverbrauch und -zerschneidung sowie von Lärm.[411] Abbildung 43 zeigt den Prototyp der englischen Fassung dieses Tools. Ähnlich dem oben vorgestellten beto-Tool werden von dem User checklistenartig über mehrere Seiten Kennzahlenwerte zum Verkehrswesen abgefragt bzw. für ihn berechnet.

---

[410] Vgl. Schulz und weitere Autoren 2002a, S. 29.
[411] Flämig 2001, S. 357ff.

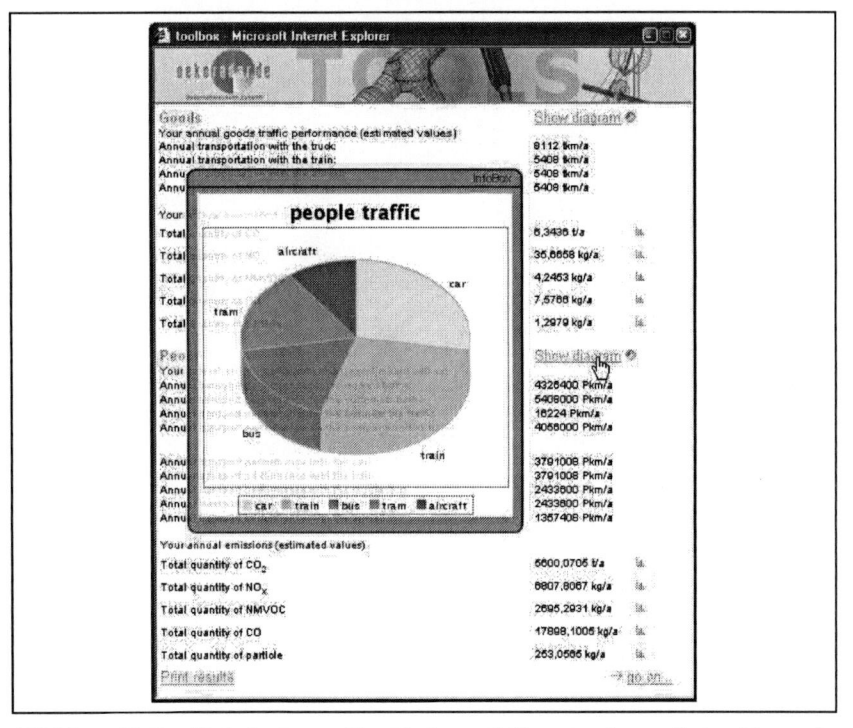

Abbildung 43: Das Verkehrskennzahlen-Tool „veto" (Prototyp der englischen Fassung)
(Quelle: Braun, et al. 2004, S. 156)

Ziel des Prototyps „Verkehrskennzahlen-Tool"(veto) ist es, die Unternehmen

- zu motivieren, sich mit dem oft vernachlässigten Aspekt des Verkehrs im Umweltmanagement auseinander zu setzen,
- einfach handhabbare Anleitungen für eine Abschätzung der Verkehrsauswirkungen zu geben (externalisierte Kosten),
- ein Werkzeug anzubieten, um Verkehrsemissionsdaten für die Umweltbilanz zu generieren und
- Tipps und Ratschläge für eine Verbesserung der Umweltleistung anzubieten.[412]

Die Ergebnisse der Verkehrsbilanz versetzen den Nutzer in die Lage zu prüfen, ob es aus Gesamtsicht der ökologischen Wirkungen des Unternehmens sinnvoll ist, sich vertieft mit dem

---

[412] Vgl. Braun, et al. 2003d.

Thema Verkehr zu befassen. Dazu wird ein Vergleich zwischen den Emissionen aus dem Verkehrsbereich mit denjenigen aus dem Bereich Energie ermöglicht.[413]

2.7.3 Best-Practice-Tool

Dieses Tool stellt dem User ein Abfragefenster zur Verfügung, mit dem er nach Best-Practice-Maßnahmen in einer dafür geschaffenen Datenbank suchen kann. Diese Datenbank enthält Beispiele von Maßnahmen verschiedener Unternehmen, die sich zur Reduktion von negativen Umweltauswirkungen eignen. Da diese Datenbank fortlaufend um neue Maßnahmen erweitert wird und *die* beste Maßnahme nicht immer eindeutig identifiziert werden kann, spricht man in diesem Tool von „Good-Practice-Beispielen". Der Titel dieses Tools lautet „gp_Finder" (Good-Practice-Finder). Abbildung 44 zeigt als Ergebnis einer Suche mit diesem Prototyp die Optimierungsmöglichkeiten bei einem Spülvorgang eines im Tool genannten Unternehmens.

---

[413] Vgl. Braun, et al. 2003d. Der Prototyp dieses Tools kann unter www.oekoradar.de/onesus erreicht und getestet werden.

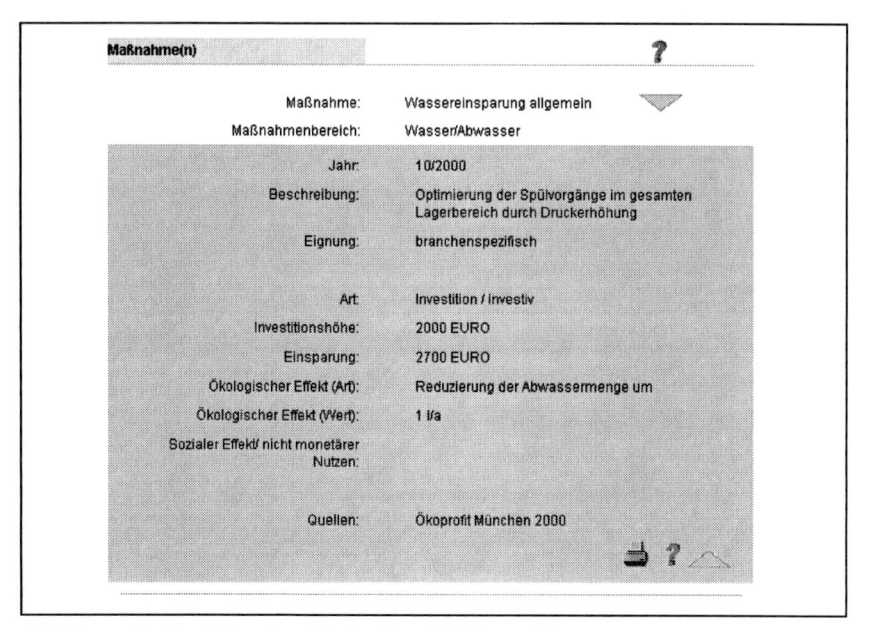

Maßnahme(n)		?
Maßnahme:	Wassereinsparung allgemein	▼
Maßnahmenbereich:	Wasser/Abwasser	
Jahr:	10/2000	
Beschreibung:	Optimierung der Spülvorgänge im gesamten Lagerbereich durch Druckerhöhung	
Eignung:	branchenspezifisch	
Art:	Investition / investiv	
Investitionshöhe:	2000 EURO	
Einsparung:	2700 EURO	
Ökologischer Effekt (Art):	Reduzierung der Abwassermenge um	
Ökologischer Effekt (Wert):	1 l/a	
Sozialer Effekt/ nicht monetärer Nutzen:		
Quellen:	Ökoprofit München 2000	

Abbildung 44: Good-Practices für den Bereich Wasser/Abwasser
(Quelle: Screenshot)

Interessiert sich der User des Tools für eine detaillierte Beschreibung der Maßnahme, so kann er über die im Tool angezeigten Kontaktdaten mit dem Umsetzer der Maßnahme in Verbindung treten.[414]

2.7.4 Avatar

Da die Kosten einer umfassenden und professionellen Beratung durch Umweltexperten das Budget von KMUs leicht übersteigen können, versuchen sich die meisten Verantwortungsträger selbst ein Bild möglicher Maßnahmen zu verschaffen und greifen dabei häufig auf das Mittel der Internet-Recherche zu. Im World Wide Web sehen sie sich einer Unmenge unstrukturierter Informationen zum Thema des betrieblichen Umweltschutzes bzw. der Nachhaltigkeit gegenüber und finden nur selten passende Beiträge zu ihrer individuellen Problemstellung. Anstatt die Benutzer mit den vielen Beiträgen und Artikeln allein zu lassen, werden

---

[414] Der Prototyp dieses Tools kann unter www.oekoradar.de/onesus erreicht und getestet werden. Das Tool basiert auf einer von B.A.U.M. e.V. generierten Datenbasis.

diese im Portal Ökoradar mit Hilfe eines Avatars individuell zu den passenden Seiten gelotst. Abbildung 45 zeigt den Avatar-Prototyp „Gaia".[415]

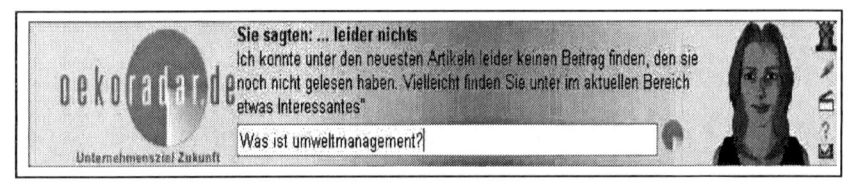

Abbildung 45: Der Avatar-Prototyp "Gaia"
(Quelle: Screenshot)

Unter einem Avatar versteht man im modernen Sinn eine grafische, meist humanoide Figur, die eine natürliche oder künstliche Intelligenz repräsentiert.[416] Avatare kann man in das Forschungsgebiet der Artificial Intelligence (AI) einordnen. Im Zentrum der Avatar-Forschung stehen die AI-Forschungsteilgebiete der „Embodied Conversational Agents" (ECA) und der „Human Computer Interaction" (HCI). Forschungsinhalt ist die Gestaltung von „virtuellen Menschen" und die Kommunikation zwischen diesen Agenten und menschlichen Nutzern.[417]

Der Avatar von Ökoradar, benannt nach der antiken Göttin der Natur „Gaia", zeigt die Gestalt einer jungen Frau, welche die Funktion einer Empfangsdame bzw. Bibliothekarin verkörpert. Der angeschlossene Chatbot, ein Computerprogramm zur Simulation eines realen Gesprächspartners, ermöglicht es Gaia, sich mit den Besuchern über Textein- bzw. -ausgabe natürlichsprachlich zu unterhalten.[418] In diesen Gesprächen sammelt Gaia über eine passive Profilierung Informationen über den jeweiligen Besucher, die zu einem Profil zusammengestellt werden.[419] Die Besucher haben dabei die Möglichkeit, ihre Daten jederzeit einzusehen und bewusst zu ändern. Die Merkmale eines Profils umfassen neben Angaben zur Aufgabe und Position des Benutzers innerhalb seines Unternehmens auch Informationen über dessen Branche, Größe und Standort. Diese Steckbriefe werden automatisch oder auf Wunsch des Benutzers

---

[415] Der erste Prototyp wurde im Rahmen der am Lehrstuhl für Wirtschaftsinformatik der Universität Hohenheim von Valentin Nicolescu durchgeführten und vom Autor betreuten Diplomarbeit „Avatare für Web-Portale - Übersicht, Konzeption und Implementierung eines Prototypen" entwickelt (vgl. Nicolescu 2003).
[416] Vgl. Wilcox 1998, S. 4ff.
[417] Vgl. Stronks, et al. 2002, S. 25.
[418] Vgl. Weizenbaum 1966, S. 36ff.
[419] Vgl. Bullinger, et al. 2002, S. 298ff.

dazu genutzt, um auf das Profil zugeschnittene Beiträge bzw. Dokumente aus dem Fundus von Ökoradar zu ermitteln und zu präsentieren.

Parallel zur Erstellung der Benutzerprofile erfolgt zu diesem Zweck täglich eine Kategorisierung der im Portal enthaltenen Artikel. Für jeden Beitrag wird dabei automatisch ein Profil erzeugt, das die gleichen Merkmale aufweist, die auch in den Benutzerprofilen vorkommen. Die Kategorisierung der Artikel erfolgt dabei auf der Basis von Synonymgruppen, die eine symbolische Reduktion und somit die sichere Zuordnung eines Artikels zu einer bestimmten Merkmalsausprägung erlauben.

Diese semantische Analyse des Informationsgehaltes der einzelnen Artikel des Portals ermöglicht somit eine individuelle Informationsversorgung, zur Deckung des objektiven Informationsbedarfs[420], was erlaubt, spezifische Fragestellungen des Umweltmanagements in kurzer Zeit zu klären. Erweitert wird die profilbezogene Suche durch automatische Vorschläge der aktuellsten Artikel, die den Benutzern einen schnellen Überblick über die neuesten Entwicklungen und Trends erlauben. Zudem gestattet der Avatar einen beschleunigten Zugriff auf alle im umfangreichen Umweltlexikon des Portals befindlichen Eintragungen.

Insbesondere die natürlich-sprachliche Schnittstelle zu dem mächtigen Avatar bzw. Agenten ermöglicht es auch Computerlaien, ihre Hemmschwelle zu überwinden und durch eine kurze Recherche geeignete Informationen zu finden. Dabei wird die Funktion der Informationsversorgung mit dem Gedanken des Ecotainments, also der emotionalen Kommunikation ökologierelevanter Inhalte, verbunden.[421]

---

[420] Vgl. Krcmar 2003, S. 51ff.
[421] Vgl. Kreeb 2001b, S. 73ff. Für eine umfassende Beschreibung des Avatar-Prototyps vgl. Braun, et al. 2003a. Gaia kann zum Testen unter www.oekoradar.de/gaia aufgerufen werden (im Fenster oben rechts auf das Kopfsymbol von Gaia klicken).

3 Experimentelle Nutzung und Weiterentwicklung der Prototypen

Mit den im letzten Kapitel vorgestellten Prototypen von Tools sind teilweise verschiedene Plattformen entstanden, dabei werden teilweise unterschiedliche Technologien eingesetzt. Während die dort vorgestellten Entwicklungen eher die Charaktere eines explorativen Prototyping aufweisen, welches sich bei noch unklaren Anforderungen auf die Funktionalität des Anwendungssystems im Sinne eines Fachentwurfs konzentriert, geht man nun zur Phase einer eher experimentell geprägten Weiterentwicklung über (vgl. Abschnitt 2.2). Ein solches experimentelles Prototyping befasst sich hier mit der Entwicklung strategischer und informationstechnischer Realisierungskonzepte.[422] Neben der Optimierung der Funktionalitäten und ergonomischen Nutzungsbedingungen müssen Konzepte entworfen werden, welche die unterschiedlichen Plattformen und Technologien konsolidieren und die Basis für eine effiziente, strategisch transparente Weiterentwicklung von Tools bzw. Services schaffen.

Dieses Entwicklungsdesign eines experimentellen Prototyping geht jedoch über eine klassische Labormodellbetrachtung hinaus, bei der die Anwender des zukünftigen Systems ausgeschlossen bleiben. Die Prototypen stellen vielmehr sog. Pilotsysteme dar, die von Anwendern in ihrer Anwendungsumgebung ausprobiert werden können.[423] Wichtig ist dabei, den interessierten Nutzern eindeutige Hinweise zu geben, dass die von ihnen getesteten Tools bzw. Services sich noch in der Entwicklungsphase befinden.[424] Der engere Kreis der Testpersonen konzentriert sich vorerst auf am Projekt beteiligte Wissenschaftler und Experten. Feedbacks von Testpersonen gelangen meist über E-Mails oder persönliche Gespräche zum Entwicklungsmanagement. Zusammen mit den in dieser Nutzungsphase aufgenommenen Hinweisen und weiteren Erfahrungen des Entwicklungsmanagements können Weiterentwicklungen an den Tools gemacht und Realisierungskonzepte einer umfassenden Tool-Landschaft entwickelt werden. Diese Realisierungskonzepte werden im Folgenden vorgestellt.

---

[422] Vgl. Stahlknecht und Hasenkamp 2002, S. 223.
[423] Vgl. Hallmann 1990, S. 26. Im Projekt Ökoradar können die Prototypen über www.oekoradar.de/onesus getestet werden.
[424] Einen solchen Hinweis kann man bspw. in den vom Nutzer zu akzeptierenden AGBs (Allgemeine Geschäftsbedingungen) geben.

3.1 Konzepte für die fachlich-strategische Tool-Planung

Das in Abschnitt 2.1 beschriebene Vorgehensmodell der Tool-Entwicklung beschreibt, wie aus einem Fundus an Ideen geeignete Tools ausgewählt, entwickelt und gepflegt werden. Dieses Vorgehen hat sich in diesem Pilotierungsprojekt in der Startphase bewährt. Die in Abschnitt 1.8.4 beschriebene Studie lieferte einen wichtigen Beitrag zum allgemeinen Verständnis, was Tools überhaupt sind und wie sie gestaltet sein können. Das in Abschnitt 2.1 beschriebene Group Decision System hilft weiterhin, in der Phase der Ideengenerierung die aus der Sicht einer interdisziplinären Gruppe geeigneten Tools auszuwählen. Wenn jedoch, wie bei einem Pilotierungsprojekt nicht unüblich (vgl. Abschnitt 1.7.2), weitere Wünsche nach Tools bzw. Tool-Anforderungen seitens der Projektbeteiligten (darunter auch potentielle Tool-Nutzer) geäußert werden, kann ein Group Decision System in seiner Konsolidierungsfunktion überfordert sein. Man benötigt dann weitergehende Planungsinstrumente, die den Entscheidungsträgern des Projekts helfen, eine in sich stimmige Tool-Strategie zu formulieren und dadurch zu geeigneten internetgestützten Tools bzw. Services zu gelangen.

3.1.1 Das allgemeine Gestaltungsmodell der Dienstleistungsentwicklung

„Successful new services rarely emerge by mere happenstance".[425] Innovative Dienstleistungen müssen folglich bewusst geplant und gestaltet werden. „Service Engineering" beschreibt hierbei Methoden und Vorgehensweisen, wie man systematisch, analog zur Entwicklung von (physischen) Produkten, Dienstleistungsideen in marktfähige Leistungen transformiert. Durch die meist nicht eindeutige Ausgestaltung des Leistungsergebnisses (materiell/immateriell)[426] verwischt sich im Service Engineering die traditionelle Begriffstrennung zwischen „Produkt" und „Dienstleistung". Folglich soll im Folgenden „Produkt" als der Hauptbegriff jeglicher Formen von Leistungsergebnissen gelten.

Für die Planung, Konstruktion und Kommunikation von Produkten eignen sich Modelle, die in formalisierter Sprache relevante Ausschnitte der „Leistungsergebniswelt" darstellen. Zentrale Bausteine von Leistungsmodellen in der industriellen Fertigung sind Stücklisten und Arbeitspläne. Eine Stückliste beschreibt die Zusammensetzung von Endprodukten aus Baugruppen oder Einzelteilen und stellt dabei das Produktmodell dar. Jedem Bauteil wiederum wer-

---

[425] Scheuing und Johnson 1989.
[426] Vgl. Scheer, et al. 2003, S. 28.

den Arbeitspläne zugeordnet, welche die Erstellungsprozesse abbilden. Ein oder mehrere Erstellungsprozesse kombiniert ergeben das Geschäftsprozessmodell.[427]

Diese Prinzipien kann man auch auf die Modellierung von Dienstleistungen übertragen. Hierbei werden Dienstleistungserbringungsprozesse meist in Form von ereignisgesteuerten Prozessketten (EPKs) abgebildet. Zur Reduktion der Komplexität werden isolierte Prozessmodule gebildet, welche deren Widerverwendbarkeit im Sinne eines Baukastens gewährleisten sollen. Werden diese Module in Form von allgemein gehaltenen produktunabhängigen Standardprozessbausteinen definiert, so lassen sich mit ihnen unterschiedliche Produkte gestalten. Diese Bausteine können dabei in einem Modul-Repository abgelegt und direkt oder durch Variantenbildung zu einer Produktkomposition zusammengefügt werden.[428] „[…] im Allgemeinen Produktmodell *wird [eingefügt durch den Autor]* eine einzelne Dienstleistung im Sinne der kleinsten am Markt absetzbaren Leistungseinheit mit sämtlichen leistungsrelevanten Aspekten betrachtet."[429] Abbildung 46 beschreibt ein solches allgemeines Produktmodell.

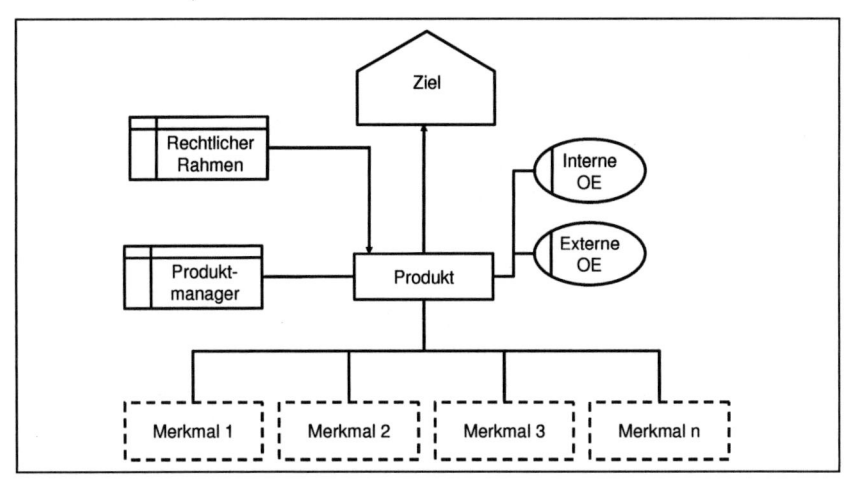

Abbildung 46: Allgemeines Produktmodell
(Quelle: Scheer, et al. 2003, S. 41)

---

[427] Vgl. Scheer, et al. 2003, S. 28 und Scheer 2002.
[428] Vgl. Scheer, et al. 2003, S. 37f.
[429] Scheer, et al. 2003, S. 40f.

So lassen sich neben den an der Leistungserstellung beteiligten Organisationseinheiten (OE) weitere Objekte, wie die mit dem Produkt zu erreichenden „Ziele", „Rechtlicher Rahmen" (Gesetze, Vorschriften, Regelungen im Zusammenhang mit der Produktentwicklung und -nutzung) oder der für die Produktentwicklung verantwortliche „Produktmanager", an die betrachtete Dienstleistung modellieren. Über „Merkmale" lassen sich weitere Produktattribute und Konstrukte explizit hervorheben. Aus einem oder mehreren Produkten lassen sich sog. Produktbündel formen (vgl. Abbildung 47).[430]

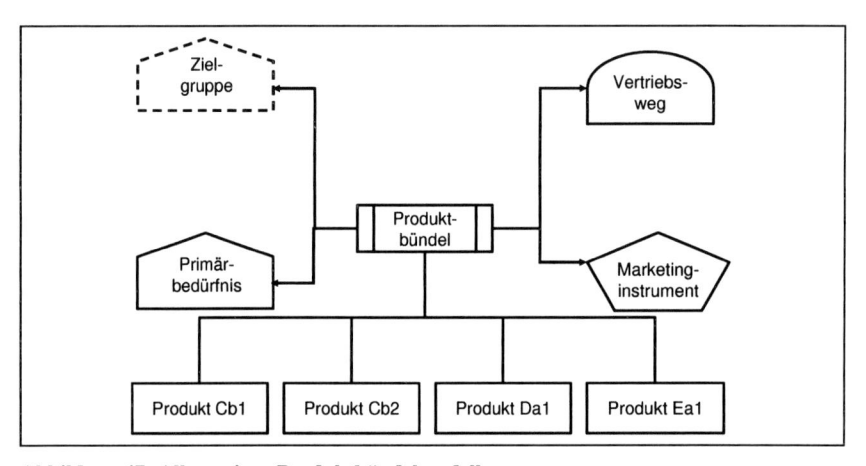

Abbildung 47: Allgemeines Produktbündelmodell
(Quelle: Scheer, et al. 2003, S. 44)

Diese nachfrageorientierten Leistungsbündel bilden neben den dazugehörigen Produkten auch eine Reihe weiterer Konstrukte ab. Über die Objekte „Zielgruppe" und „Primärbedürfnis" wird festgehalten, welches Kundensegment angesprochen und welche Bedürfnisse befriedigt werden sollen. Auch der dem Produkt zugedachte „Vertriebsweg" und für die Produktbewerbung geeignete „Marketinginstrumente" lassen sich abbilden.[431]

Für die effiziente Entwicklung von Produkten benötigt man ein grundsätzliches Vorgehensmodell. Ein solches Modell zeigt Handlungsleitlinien auf, die den Projektbeteiligten die nötigen Schritte für eine Produktentwicklung vermitteln. Ein Vorgehensmodell stellt eine Art

---

[430] Vgl. Scheer, et al. 2003, S. 41ff.
[431] Vgl. Scheer, et al. 2003, S. 44f.

Meta-Plan dar, wie man von der Produktidee bzw. Aufgabenstellung zu einem für den Markt bestimmtes Produkt gelangt. Ein generisches Vorgehensmodell für die Gestaltung von Produkten geht über folgende Sequenzen:

1. Klären und Präzisieren der Aufgabenstellung
2. Ermittlung von Funktionen und deren Struktur
3. Suchen nach Lösungsprinzipien und deren Struktur
4. Gliedern in realisierbare Module
5. Gestaltung der maßgebenden Module
6. Gestalten des gesamten Produkts
7. Ausarbeitung der Ausführungs- und Nutzungsangaben.[432]

In der 5. Sequenz (Gestaltung der maßgebenden Module) kann ein wie oben vorgestelltes Modul-Repository einen maßgeblichen Effizienzgewinn leisten. Liegen im Repository schon Module mit den gewünschten Funktionen (ermittelt in der 2. Sequenz) vor, können diese Bausteine ggf. durch Variantenbildung zu einem Produkt zusammengefügt werden. Für die Gestaltung des Produkts (6. Sequenz) eignen sich die in Abbildung 46 und Abbildung 47 vorgestellten Produkt(bündel-)modelle.

Das interdisziplinäre Konzept des Service Engineering lässt sich nicht nur auf klassische Dienstleistungen anwenden, sondern stellt auch einen wesentlichen Erfolgsfaktor bei der Entwicklung internetbasierter Anwendungen und *Services* bzw. *Tools* dar.[433] Hierfür bedarf es jedoch spezieller Konzepte und Modelle, die im Folgenden entwickelt werden.

3.1.2 Entwicklung von Konzepten und Modellen für die Gestaltung von Tools

Unabhängig vom Thema bzw. der Zielgruppe ist der Zweck eines Informationssystems, die Wünsche der User nach Informationen und Hilfsmitteln zu befriedigen. Dafür ist es notwendig, diesen Bedarf zu erkennen, dafür geeignete Informationen und Hilfsmittel zu gestalten und diese in das System zu integrieren.

---

[432] Vgl. Vertrieb 1993 und Schneider und Wagner 2003, S. 120ff. Darüber hinaus stellen u.a. Edvardsson und Olsson 1996, Scheuing und Johnson 1989, Ramaswamy 1996, Jaschinski 1998 und Shostack 1984 weitere, speziell auf die Eigenheiten des Service Engineering ausgerichtete Vorgehensmodelle auf.

In der traditionellen Software-Entwicklung nimmt man dazu zuerst den aktuellen Stand des zu betrachtenden Systems in einer Ist-Analyse auf. Das Ergebnis der Ist-Analyse kann dabei in Organigrammen, Funktions- und Datenmodellen abgebildet werden. Diese Modelle können in Prozessmodellen zusammengeführt werden. In der darauf folgenden Soll-Analyse werden die Wünsche der Systemnutzer aufgenommen und ebenfalls in geeignete Modelle überführt. Im Abgleich der Ist- und Soll-Modelle lassen sich sodann Defizite im aktuellen Systemstand erkennen und ggf. durch neue Software-Komponenten beseitigen.

Dieses auf die individuellen Bedürfnisse der Systemnutzer ausgerichtete Vorgehen kann an seine Grenzen stoßen, wenn die Vielfalt der Systemnutzer zunimmt und die Bedürfnisse der Systemnutzer unüberschaubar werden. Hier erscheint der Versuch als unwirtschaftlich, für die jeweiligen „Ist-Soll-Systemdefizite" individuelle Software-Lösungen anzufertigen. Diese Nutzervielfalt ist bei vielen öffentlich zugänglichen Internet-Portalen gegeben. Somit müssen für die Gestaltung von Hilfsmitteln in Form von Tools geeignete Bedarfsdeckungsprinzipien entwickelt werden, welche einen geeigneten Kompromiss zwischen dem Wunsch nach individuellen Lösungen und der Forderung nach einer effizienten Hilfsmittelbereitstellung zulassen.

Das in Abschnitt 3.1.1 vorgestellte Prinzip der modularen Produktentwicklung erscheint geeignet, hierzu einen entscheidenen Beitrag leisten zu können. So könnten Software-Bausteine (Module) mit standardisierten Schnittstellen entwickelt und zu Tools (Produkten) kombiniert werden. Einmal entwickelte Module werden im Modul-Repository abgelegt und können in weiteren Tools, ggf. in leicht abgewandelter Form, zum Einsatz kommen.[434] Doch wie identifiziert man geeignete Module? Eine Möglichkeit besteht in der vor der Entwicklung des ersten Tool-Prototyps „EPI" angewandten Methode der Objektfindung (vgl. Abschnitt 2.5.2). Hier werden Texte zur Domäne des Umweltmanagements nach Substantiven gescannt. Diese Substantive stellen dann eine (bereinigte) Liste von Objekten des Umweltmanagements dar. Zu diesen Objekten sucht man in einem weiteren Schritt nach den zugehörigen Verben und Attributen. Diese stellen dann im Sinne der objektorientierten Programmierung (vgl. Ab-

---

[433] Vgl. Bullinger und Scheer 2003, S. 4ff.
[434] Das Prinzip, durch freie Kombinierbarkeit von Basiskonstrukten (Modulen) eine große Vielfalt von Möglichkeiten abzudecken, beschreiben ROLF und HILTY als *Orthogonalität*. Eine daraus resultierende Anpassungsfähigkeit des Gesamtsystems beschreiben sie als *Änderungsfreundlichkeit* (vgl. Rolf und Hilty 1994, S. 269).

schnitt 2.5.1) die Methoden und Eigenschaften dieser Objekte dar.[435] Diese identifizierten Objekte könnten nun zu sinnvollen Modulen zusammengefasst werden. Ein Problem hierbei sind u.a. die unterschiedlichen Abstraktionsebenen, auf denen die identifizierten Objekte eingeordnet werden können.

Eine andere Möglichkeit zur Objektfindung besteht in dem Versuch, domänenspezifische Werkzeuge zu identifizieren. Aufbauend auf der in Abschnitt 1.5.3.2 beschriebenen „Werkzeuge" als Leitbild der Softwaregestaltung, wird „unter einem 'Werkzeug für den Bereich x' [..] eine Software verstanden, die eine konkrete Funktionalität für den Bereich x bereitstellt […]. Unter einem 'System für den Bereich x' wird eine Zusammenstellung von mehreren Werkzeugen, Vernetzungsinfrastruktur und unterstützendem Personal für den Bereich x verstanden".[436] Diese Betrachtungsweise eines soziotechnischen Systems sieht in den Werkzeugen die zentralen Bausteine eines Systems, die über Schnittstellen miteinander vernetzt sind. Unter Werkzeugen sollen hier Hilfsmittel verstanden werden, die zu einer bestimmten Domäne zugehörige Personen für die Erledigung verschiedener Aufgaben benötigen (vgl. Abschnitt 1.5.3.3). Dabei ist der Umgang mit Werkzeugen immer methodenorientiert. Dies bedeutet, dass ein Werkzeug durch eine oder mehrere Methoden gebildet werden kann. Als Methoden werden hier „planmäßige, begründete Vorgehensweisen zur Durchführung von Tätigkeiten mit Hilfe von Beschreibungsmitteln zur Erzeugung von festgelegten Zielen" verstanden.[437] Methoden können Software-technisch in Klassen abgebildet werden. Fasst man zusammengehörende Klassen (Objekte) zusammen, entstehen Module. Für die Identifikation eines umfassenden, für eine effiziente Gestaltung von internetgestützten Services notwendigen Modul-Repositorys bietet es sich folglich an, bestehende Systeme einer bestimmten Domäne auf ihre eingesetzten Werkzeuge hin zu untersuchen und diese, wenn möglich, in Modulen abzubilden.

3.1.2.1 Entscheidungsunterstützungssysteme und ihre Werkzeuge

In der Domäne „Unternehmen" wird eine Vielzahl von Informationssystemen eingesetzt. Zentrale Systeme eines Unternehmens sind u.a. Enterprise Ressource Planning Systeme (ERP), Customer Relationship Management Systeme (CRM), Systeme der Produktionsplanung- und steuerung (PPS) und Managementinformationsysteme (MIS). Die Inhalte dieser

---

[435] Vgl. Gamma, et al. 1996, S. 14, Abbott 1983, S. 882ff. und Braun, et al. 2002, S. 7.
[436] Schwabe 2000, S. 9f.
[437] Hallmann 1990, S. 46 und vgl. Hallmann 1990, S. 47.

Systeme können sich je nach Definition unterscheiden, jedoch verfolgen sie letztlich eine systemübergreifende Aufgabe: geeignete Informationen für das Fällen von Entscheidungen zur Verfügung zu stellen.[438]

Auch über die Domäne des Unternehmens hinaus sind alle menschlichen Aktivitäten durch das Fällen von Entscheidungen gekennzeichnet. „Entscheiden" stellt womöglich die andauerndste Herausforderung dar, der sich Individuen und Gesellschaft stellen müssen. Diese zentrale Rolle des Entscheidens ist in der Wissenschaftsdiskussion wahrscheinlich noch nicht ausreichend artikuliert worden. Das Gleiche gilt auch für den Bedarf an geeigneter Unterstützung einer Entscheidungsfindung bzw. zum Fällen einer Entscheidung. Hier besteht ein Bedarf sowohl in der Unterstützung von „Tag-zu-Tag-Entscheidungen" als auch umfassenderen Angelegenheiten, wie letztlich das Überleben unserer Spezies.[439]

Speziell für den betriebswirtschaftlichen Kontext wurden als Weiterentwicklung der MIS sog. Entscheidungsuntersützungssysteme (EUS) entwickelt. Während MIS noch das Ziel verfolgten, auch automatische Entscheidungen mit Hilfe exakter Algorithmen zu unterstützen, haben EUS nicht den Anspruch, dem Manager die Entscheidung abzunehmen, sondern ihm das Fällen von Entscheidungen durch geeignete Werkzeuge bzw. Methoden zu erleichtern.[440] EUS wollen „reale Problemlösungsprozesse im Rahmen einer effektiven Managementarbeit [..] unterstützen".[441] Das Einsatzgebiet von EUS liegt im Feld der semistrukturierten Entscheidungssituationen, indem man versucht „die Leistungsfähigkeit des Computers bei der Lösung von wohl-strukturierten Problemen mit der Urteilsfähigkeit des Menschen bei der Behandlung schlecht strukturierter Probleme zu kombinieren".[442] EUS können dabei in bestehende Systeme des Unternehmens (u.a. ERP, CRM und PPS) integriert oder als eigenständiges System konzipiert sein.[443]

---

[438] Zum Verhältnis zwischen „Information" und „Entscheidung", vgl. Doluschitz und Spilke 2002, S. 19f.
[439] Vgl. Radermacher 1994, S. 258. Ein Konzept eines „allgemeinen Problemlösungsprogramms" stellen NEWELL et al. vor. Sie identifizieren dabei generische Inhalte und Elemente von Problemlösungsprozessen. Auf bestimmte Fragestellungen spezialisierte Methoden stellen dabei einen zentralen Elementtypus dar (vgl. Newell, et al. 1965, S. 41ff.).
[440] Vgl. Zschaage 1984, S. 106.
[441] Behme 1992, S. 179.
[442] Horvath 1990, S. 645.
[443] Vgl. Leigh und Doherty 1986, S. 201.

EUS können neben der Zielgruppe der Manager der mittleren und oberen Hierarchieebenen auch von Sachbearbeitern in der Linie und von Analytikern im Stab eingesetzt werden – zur

- Steigerung der persönlichen Effizienz,
- Verminderung der kognitiven Beschränkungen,
- Beschleunigung von Problemlösungen,
- Koordination und Kooperation zwischen verschiedenen Organisationseinheiten und
- zur Einflussnahme oder Kontrolle von Schlüsselentscheidungen.[444]

Die Unterstützungsleistung eines EUS geschieht entlang den Phasen des Entscheidungsprozesses.[445] Diese Phasen werden auch Planungsphasen genannt.[446] Daher spricht man auch in diesem Zusammenhang von einem Planungsprozess mit anschließendem Entscheidungsakt. Für Planungsprozesse in einem Unternehmen besteht eine Vielzahl von Methoden, wie bspw. zur Simulation, zur statistischen Auswertung oder für Finanzberechnungen.[447] Methoden sind hierbei Werkzeuge zur Lösung bestimmter Fragestellungen während des Entscheidungsprozesses.[448]

Gerade die oben beschriebene gesellschaftliche Durchdringung des Phänomens „Entscheidung" und das schon Vorhandensein domänenbezogener „Beispielsysteme" (EUS für Unternehmen) lassen hoffen, dass in der Analyse des im EUS abgebildeten Planungsprozesses sowohl für das Umweltmanagement bzw. Nachhaltige Management als auch für weitere Domänen geeignete internetgestützte Werkzeuge (Tools) bzw. ihre Module erkannt und anschließend entwickelt werden können. Hätte man dann einen Fundus an Modulen entwickelt, so ließen sich daraus je nach Entscheidungskontext flexibel zusammensetzbare Entscheidungsuntersützungssysteme gestalten.[449] „Der Grundgedanke dabei ist, den beteiligten Akteuren

---

[444] Vgl. Zschaage 1984, S. 107f.
[445] Vgl. Zschaage 1984, S. 106.
[446] Vgl. Macharzina 1999, S. 305ff.
[447] Vgl. Leigh und Doherty 1986, S. 269ff.
[448] Vgl. Newell, et al. 1965, S. 44f.
[449] Vgl. Leigh und Doherty 1986, S. 51. ARNDT betrachtet ein EUS als einen integralen Bestandteil eines BUIS (vgl. Arndt 1997, S. 145).

jene Informationen zur Verfügung zu stellen, die zur Entscheidungsfindung über umweltrelevante Maßnahmen erforderlich sind".[450]

3.1.2.2 Der Planungsprozess potentieller Tool-Nutzer

Der Begriff Planung ist lateinischen Ursprungs und in seiner ursprünglichen Bedeutung gleichzusetzen mit dem Entwurf eines Schemas, wie etwas zu tun oder auszuführen ist.[451] Diese Auffassung deckt sich weitgehend mit dem allgemeinen Sprachgebrauch, wonach Planen bedeutet, sich vor dem Handeln (Entscheiden) zu überlegen, was man tun will.[452]

Der Planungsprozess beginnt gewöhnlich mit der Zielbildung (vgl. Abbildung 48).[453] Hier sind die für das Planungsproblem maßgeblichen Ziele festzulegen. Darauf folgt die Problemfeststellung und -analyse. In der anschließenden Phase der Alternativensuche sind zuerst Lösungsideen zu entwickeln und zu sammeln. Für geeignete Alternativen werden Prognosen aufgestellt, welche jede dieser Alternativen auf ihre Wirkungen hin zu bewerten versuchen. Der Entscheidungsakt erfolgt auf der Basis jener Alternative, welche die besten Erfolgsaussichten besitzt. Darüber hinaus kann ein solcher Planungs- und Entscheidungsprozess diverse Feedback-Schleifen beinhalten, um in entsprechenden Planungsphasen gewisse Korrekturen vornehmen zu können.[454]

---

[450] Vgl. Blume, et al. 2001, S. 793. „Some of the tools needed for tomorrow's environmental decisions may be wholly new; others my be adapted from existing tools. In either case, despite a recent explosion of tools caused by the widespread availability of powerful personal computers, multifaceted Software packages, and the Internet, the environmental decision maker's tool kit is not complete, nor do all participants in environmental decision making have access to tools" (English und Dale 1999, S. 317).
[451] Vgl. Coenenberg 1987, S. 13 und Kreikebaum 1981.
[452] Vgl. Poensgen und Hort 1980.
[453] Abbildung 48 zeigt den idealtypischen Verlauf des Planungsprozesses. Die Planungsprozesse laufen jedoch nicht stets in dieser Reihenfolge ab (vgl. Küpper 1997, S. 60, English, et al. 1999, S. 20, Macharzina 1999, S. 316, Adam 1996, S. 36 und Liessmann 1997, S. 514).
[454] Vgl. Küpper 1997, S. 59ff.

```
                    ┌─────────────┐
                    │ Zielbildung │◄┄┄┄┄┄┄┄┄┄┐
                    └──────┬──────┘          ┆
                           ▼                 ┆
              ┌──────────────────────────┐   ┆
              │ Problemfeststellung und -analyse │┄┄▶┆
              └──────────────┬───────────┘   ┆
                             ▼               ┆
                ┌───────────────────┐        ┆
                │  Alternativensuche │┄┄┄┄┄┄▶┆
                └─────────┬─────────┘        ┆
                          ▼                  ┆
                    ┌──────────┐             ┆
                    │ Prognose │┄┄┄┄┄┄┄┄┄┄┄▶┆
                    └────┬─────┘             ┆
                         ▼                   ┆
              ┌──────────────────────┐       ┆
              │ Alternativenbewertung │┄┄┄┄▶┆
              └──────────┬───────────┘       ┆
                         ▼                   ┆
                ┌────────────────┐           ┆
                │ Entscheidungsakt │┄┄┄┄┄┄┄▶┆
                └────────────────┘
```

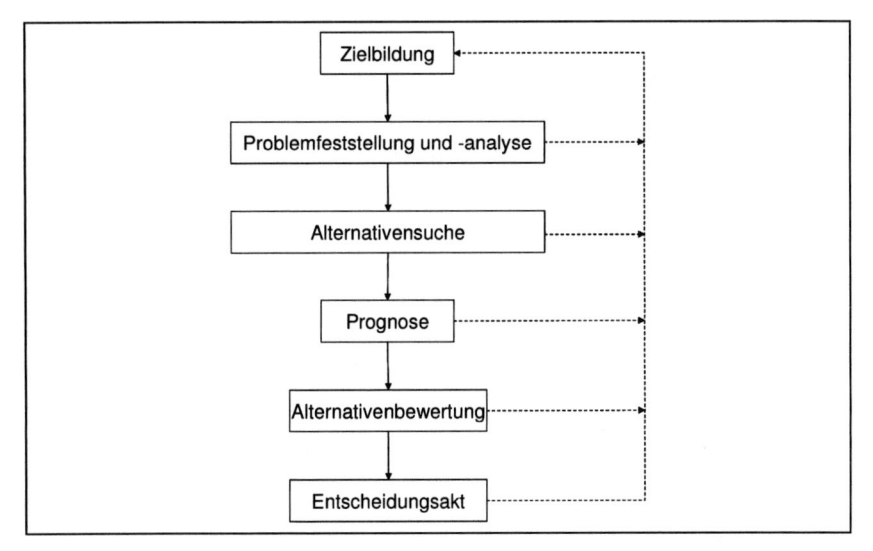

Abbildung 48: Der Planungsprozess
(Quelle: In Anlehnung an Küpper 1997, S. 60)

Planungsprozesse finden in allen Organisationsformen bzw. Domänen statt: Ob in Vereinen, Kirchen, Projekten, der Unternehmensleitung, in Betrieben oder in einzelnen Abteilungen bzw. Funktionen; überall wird der Entscheidungsakt erleichtert bzw. transparenter, wo im Voraus strukturiert entscheidungsvorbereitende Überlegungen erfolgt sind. Solche Überlegungen können durch geeignete Instrumente und Methoden unterstützt werden. Da keine allgemeingültige trennscharfe Definition für Instrumente und Methoden gefunden werden konnte, soll im Weiteren übergreifend der Begriff „Methode" eingesetzt werden.

Im Folgenden werden die in Unternehmen eingesetzten Methoden des Planungsprozesses gesammelt und vorgestellt. Dieser Planungsprozess versteht sich hier jedoch nicht als einer bestimmten Unternehmensfunktion oder einem bestimmten Bereich zugeordnet. Vielmehr soll eine dezentralisierte, an verschiedenen Stellen eines Unternehmens vorgenommene Planung angenommen werden.[455] Wie für kleinere Unternehmen charakteristisch, werden ganze Planungsprozesse oder auch nur einzelne Elemente der Planung bewusst oder unbewusst von einer Vielzahl von Mitarbeitern auf unterschiedlichen Hierarchieebenen und Funktionen unternommen. Erst in größeren Unternehmen werden zunehmend spezielle Controlling-Stellen

---

[455] Vgl. Schaltegger, et al. 2002, S. 4f.

geschaffen,[456] die dann Elemente der Planung an sich ziehen und somit den Planungsprozess zentralisieren. Vor dem Hintergrund einer dezentralen Planung werden Methoden des Planungsprozesses als mehrfach, an verschiedenen Stellen des Unternehmens und in verschiedenen Ausprägungen einsetzbare Teilsysteme verstanden, die sich prinzipiell für eine Umsetzung in Software-Modulen eignen.

3.1.2.2.1 Methoden des operativen Planungsprozesses

Der Zeithorizont der operativen Planung reicht in der Regel bis zu einem Jahr. Die Zielgrößen sind eher quantitativer Art, wie bspw. optimale Kapazitätsauslastung, Kostenminimierung, Stückgewinn und Sicherung der Tages-, Monats- und Jahresliquidität. Variablen und Alternativen der Planung finden sich in Ablauf-, Losgrößen-, Bestellmengen-, Personaleinsatzplänen und in der Kapazitätsabstimmung. Die operative Planung zeichnet sich durch ein niedriges Abstraktionsniveau, einen geringen Planungsumfang sowie eine hohe Detailliertheit und Vollständigkeit aus.[457]

Die Phasenabfolge der operativen Planung orientiert sich weitgehend an dem in Abschnitt 3.1.2.2 beschriebenen generischen Phasenmodell. In Tabelle 4 bis Tabelle 6 werden die den jeweiligen Phasen zugeordneten Methoden aufgeführt.[458] Zur Verfeinerung der Methodeneinteilung finden in den mittleren Spalten Methodenklassifizierungen statt. Im Folgenden wird kurz auf die Methoden eingegangen, die in der bisherigen Tool-Planung und -Entwicklung eingesetzt wurden.

---

[456] Vgl. Küpper 1997, S. 441f.
[457] Vgl. Küpper 1997, S. 64.
[458] Insgesamt lassen sich Planungsmethoden nicht immer eindeutig einer Planungsphase zuordnen. Auch ist eine Einteilung der Methoden in strategische und operative Planung nicht immer eindeutig umsetzbar. Darüber hinaus kann hier keine abschließende Aufzählung aller Methoden vorgenommen werden. Eine umfassende Beschreibung dieser Methoden findet man in Schweitzer 1994, Adam 1996, Wirth 1999 und Bronner 1999, S. 53ff.

Phasen des operativen Planungsprozesses	Methodenklassifizierung	Beispiele von Methoden
Problemfeststellung	Abweichungsanalysen	Soll-Ist-Analyse Checklisten Verflechtungsmatrix
	Ursachenanalysen	Relevanzbaumanalyse Kennzahlenanalyse Methode Kepner-Tregoe Progressive Abstraktion
Alternativensuche: Ideenfindungsmethoden	Intuitive Methoden	Brainstorming Brainwriting Synektik
	Systematisch-analytische (diskursive) Methoden	Morphologischer Kasten, Attribute Listing

Tabelle 4: Der Planungsprozess und seine Methoden (Teil 1)
(Quelle: In Anlehnung an Schweitzer 1994, S. 906)

Checklisten (vgl. Tabelle 4) stellen Prüffragenkataloge dar, die aus einer problemlogisch geordneten Abfolge von Fragen bestehen. Dies soll sicherstellen, dass die Problemsituation vollständig erfasst, richtig formuliert und bearbeitet wird.[459] Sie werden häufig in der Phase der Problemfeststellung eingesetzt. Checklisten kommen in sehr unterschiedlichen Unternehmensbereichen zum Einsatz.[460] So kann ein Personalmanager mit Hilfe einer Checkliste die notwendigen Schritte eines Bewerbungsgesprächs erfassen, ein Lagerist anhand einer Checkliste kontrollieren, ob er alle Sicherheitsvorschriften eingehalten hat, ein Produktmanager anhand eines in eine Checkliste übersetzten Kriterienkatalogs, Produkte hinsichtlich ihrer ökologischen Wirkung beurteilen[461] oder der Umweltverantwortliche eines Unternehmens mit Hilfe einer Checkliste die für eine Bestimmung der Betriebsbeauftragten erforderlichen Daten sammeln (vgl. Abschnitte 2.7.1 und 2.7.2).[462]

Die **Kennzahlenanalyse** (vgl. Tabelle 4) wurde in Abschnitt 2.4 für die EPI-Entwicklung ausführlich behandelt. Darüber hinaus zeigt die Kennzahlenanalyse zahlreiche Verknüpfungsmöglichkeiten zu weiteren Planungsmethoden auf, wie bspw. einer **Soll-Ist-Analyse** (vgl. Tabelle 4 und Abschnitt 2.4.1.5.2), die auch – weiterentwickelt zu einer Zeitreihenanalyse – zur **Prognose** eingesetzt werden kann (vgl. Tabelle 5 und Abschnitt 2.4.1.5.1).

---

[459] Vgl. Amshoff 1997, S. 94.
[460] Vgl. Stahlmann 1994, S. 165f.
[461] Vgl. Burschel 2001, S. 276. Für eine umfassendere Betrachtung der Methode Checkliste vgl. Adam 1996, S. 407ff.

Phasen des operativen Planungsprozesses	Methodenklassifizierung	Beispiele von Methoden
Prognose	Qualitative Methoden	Befragungsmethoden - Delphimethode
	Quantitative Methoden	Trendextrapolation - Gleitende Durchschnitte - Exponentielle Glättung Indikatorprognosen - Anhängemethoden - Leitreihenmethode - Historische Analogien Kausale Prognosen - Nachfragefunktion - Produktions- und Kostenfunktion

Tabelle 5: Der Planungssprozess und seine Methoden (Teil 2)
(Quelle: In Anlehnung an Schweitzer 1994, S. 906)

Methoden zur Alternativensuche, wie z.B. das **Brainwriting** (vgl. Tabelle 4), können auf allen Unternehmensebenen eingesetzt werden. Neben der Suche nach geeigneten Tool-Ideen (vgl. Abschnitt 2.1) kann diese Form des gemeinsamen Erarbeitens von Ideen bspw. die Marketingabteilung bei der Suche nach alternativen Vertriebswegen unterstützen wie auch von der Werkssicherheit bei der Suche nach möglichen Lösungen für ein Parkplatzproblem herangezogen werden.

---

[462] Für Beispiele von Checklisten vgl. Schulz und Schulz 1993, S. 15, 84, 95, 122, 140 und 149.

Phasen des operativen Planungsprozesses	Methodenklassifizierung	Beispiele von Methoden
Bewertung und Entscheidung	Prioritätensetzung	ABC-Analyse Methode des singulären Vergleichs
	Nutzenzuordnung	Lineare Planungsrechnung Nichtlineare Planungsrechnung Branch-and-Bound-Verfahren Dynamische Planungsrechnung Verfahren der Kosten- und Leistungsrechnung Verfahren der Investitionsrechnung Kosten-Nutzen-Analyse Kosten-Wirksamkeits-Analysen Nutzwertanalyse Scoring-Methode Technology Assessment
	Bewertungsstabilisierung	Sensititvitätsanalysen Parametrische Programmierung A-fortiori-Analyse Kontingenzanalyse

Tabelle 6: Der Planungssprozess und seine Methoden (Teil 3)
(Quelle: In Anlehnung an Schweitzer 1994, S. 906)

3.1.2.2.2 Methoden des strategischen Planungsprozesses

Der Begriff Strategie geht auf das altgriechische Wort Strataegeo zurück und bedeutet in etwa, das Tun an übergeordneten Zielen auszurichten und sich dabei nicht durch spontane Dringlichkeiten ablenken zu lassen.[463] Mit der Etikettierung „strategisch" soll vor allem die Neuorientierung der Langfristplanung (Planungshorizont = fünf bis zehn Jahre) hin zu einer Perspektivenplanung zum Ausdruck gebracht werden. Der Wandel selbst und die damit verbundenen Struktur- und Rahmenveränderungen für das Unternehmen werden zum Gegenstand von Planungsüberlegungen.[464]

Geprägt ist eine solche antizipative, aktive und flexible Ausrichtung des Tuns von der Suche nach den sich ändernden relevanten Fragestellungen und Problemen. Dieser Wandel findet seinen Ausdruck als permanente „schöpferische Zerstörung" in einer ständigen Veränderung des ökosoziotechnoökonomischen Lebens und ist somit ein Tatbestand der Realität schlechthin.[465] Gerade aus dem immer fortwährenden Fluss von Bedürfnissen und Technologien leitet das Unternehmertum in einem marktlichen System seine Existenzberechtigung ab.[466] Die

---

[463] Vgl. Gälweiler 1980, S. 44.
[464] Vgl. Coenenberg 1987, S. 27.
[465] Vgl. Picot 1978 und Coenenberg 1987, S. 27.
[466] Vgl. Coenenberg 1987, S. 27 und Picot 1978.

Rechtfertigung jeglichen Unternehmertums liegt zunehmend in der Fähigkeit, das Unerwartete, das nicht Vorhersehbare, also das nicht mit Mitteln der kurzfristigen Planung Einordnungsfähige erfolgreich und effizient im Sinne des Allgemeinwohls zu meistern.[467]

Neben dem Zwang einer Planung der Unternehmens-Wettbewerbs-Beziehung und einer Festsetzung der Unternehmens-Aufgaben-Beziehung kann sich ein Unternehmen langfristig nur am Markt behaupten, wenn Kundenprobleme erkannt und diese durch Produkte oder Dienstleitungen befriedigt werden. Diese Kundenprobleme artikulieren sich in Bedarfsmerkmalen. Hierbei handelt es sich um technische (z.b. Leistungskenndaten, Lebensdauer, Handlichkeit), wirtschaftliche (z.b. Preis, Kundendienst, Gewährleistung), ästhetische und psychologische (z.b. Design, Farbgebung) und in zunehmenden Maße moralische (z.B. Kinderarbeit, objektive Unterbezahlung) und umwelt(schutz-)bezogene (z.b. neue Umwelthaftung, knapper werdende Ressourcen) Bedarfsmerkmale, die ein Produkt für einen bestimmten Markt erfüllen muss, will es den aktuellen und latenten Bedürfnissen entsprechen.[468] Die aus den verschiedenen Beziehungsdimensionen resultierenden Aufgaben bedürfen der Einbettung in einen strukturierten Planungsprozess.

Der Ablauf des strategischen Planungsprozesses ist dem der operativen Planung sehr ähnlich: Wenn man den Prozess auf drei grundsätzliche Teile reduziert, so ergeben sich die Prozessschritte „Problemstellung", „Alternativensuche / Alternativendarstellung" und „Beurteilung / Entscheidung". Das Ergebnis der operativen Planung sind Maßnahmen, das der strategischen Planung strategische Programme.[469] Jedoch können neben den allgemeinen Planungsmethoden (wie in Tabelle 4 bis Tabelle 6 gezeigt) weitere Methoden zum Einsatz kommen, die den Forderungen einer strategischen Perspektive folgen. Insbesondere im Schritt der Alternativensuche / Alternativenbewertung bedarf es gut durchdachter Methoden bzw. Instrumente, die nicht mehr nur einer eher mathematischen Prolongationslogik bzw. Trendrechnung folgen, sondern helfen, das Unternehmen für die Bewältigung des „Unerwarteten" aufzustellen.[470]

Im Gegensatz zu den Methoden der operativen Planung lassen sich die Einsatzorte der Methoden der strategischen Planung (vgl. Tabelle 7) auf wenige eingrenzen. Diese Methoden

---

[467] Vgl. Hinterhuber 1980, S. 40.
[468] Vgl. Coenenberg 1987, S. 29-31, Köhler 1982 und Reuter 1982, S. 276/283f.
[469] Vgl. Macharzina 1999, S. 197ff.
[470] Vgl. Coenenberg 1987, S. 27 und 33ff.

werden gemeinhin in der strategischen Unternehmensplanung eingesetzt, deren Verantwortliche meist im oberen Management angesiedelt sind.

So lässt sich bspw. das Schema einer **Wertschöpfungskette** (vgl. Tabelle 7) für unterschiedliche Perspektiven einer Unternehmensanalyse einsetzen. Die strukturierte Darstellung von Basisaktivitäten und unterstützenden Aktivitäten kann sich sowohl auf das gesamte Unternehmen beziehen als auch nur auf eine spezielle Zieldimension. So ist es bspw. möglich, für die Zieldimension „Ökologie" eine ökologieorientierte Wertschöpfungskette zu gestalten, welche jeweils für die Basisaktivitäten und unterstützenden Aktivitäten mögliche ökologieorientierte Maßnahmen abbildet.[471] Die Methode „**Benchmarking**" wurde in den Abschnitten 2.4.1.5.4 und 2.6.2 umfassend beschrieben.

Phasen des strategischen Planungs- und Entscheidungsprozesses		Beispiele von Methoden
Problem(fest)stellung	Strategisch orientierte Gegenwarts- und Zukunftsbeurteilung	Umweltanalyse Unternehmensanalyse Modell der Wertschöpfungskette Branchenstruktur- und Wettbewerbsanalyse Chancen-/Gefahrenanalyse Risikoanalyse Gap-Analyse strategische Frühaufklärung Szenarioanalyse Benchmarking
Alternativensuche / Alternativendarstellung	Entwicklung der strategischen Stoßrichtung	Space-Analyse Produkt-Markt-Matrix TOWS-Analyse MBD-Konzept
und Beurteilung / Entscheidung	Festlegung der (Produkt-/Markt-) Strategie	Produkt-Markt-Portfolios Technologieportfolios Ökologieportfolios Länderportolios Personalportfolios Anfälligkeitsanalyse QSPM-Matrix

Tabelle 7: Der strategische Planungsprozess und seine Methoden
(Quelle: In Anlehnung an Macharzina 1999, S. 212)

---

[471] Für die Darstellung der allgemeinen Wertschöpfungskette und Beispiele von speziellen Wertschöpfungsketten vgl. Macharzina 1999, S. 224, 227 und 794.

Eine zentrale Methodik zur Festlegung der (Produkt-/Markt) Strategie ist die **Portfolioanalyse** (vgl. Tabelle 7). Sie besteht meist aus einer Vier- oder Neunfeldermatrix mit den Dimensionen „Unternehmensvariable" und „Umweltvariable". Innerhalb der Matrix werden die sog. Strategischen Geschäftseinheiten (SGEs) in Form von Kreisen abgetragen. Die unterschiedlichen Größen der Kreise geben die Stärke der jeweiligen SGE an.[472] Die Portfoliotechnik kann für verschiedene Betrachtungsperspektiven, wie bspw. „Produkt-Markt", „Technologie", „Ökologie", „Länder" und „Personal", eingesetzt werden.

3.1.2.3 Von den Methoden zu den Tools

Tabelle 5 bis Tabelle 7 stellen ein Potpourri an Methoden dar, das für den Entwickler als Ideen- und Fachkonzeptvorlage für zu entwickelnde Module dienen könnte. Abbildung 49 gibt einen Überblick über ein mögliches Vorgehen bei der Modul- bzw. Tool-Entwicklung: Die Grundrechenarten stellen die Basisfunktionalitäten dar, die in den Methoden auf unterschiedliche Weise kombiniert sein können. Aus 1 bis n Methoden bzw. Modulen kann man sog. Methodenbündel bzw. Modulbündel schnüren, die entweder allein stehend in ein Tool bzw. Produkt eingehen oder erst in Verbindung mit weiteren Methodenbündeln oder einzelnen Methoden zu einem Tool kombiniert werden. So z.B. ist das Modulbündel „Technologiefolgenabschätzung" eine Kombination u.a. aus den Modulen „Sensitivitätsanalyse" und „Modellanalyse" zur Simulation verschiedener Szenarien.[473] Auch können die in Tabelle 4 bis Tabelle 7 beschriebenen Methoden an sich schon eigene Modulbündel darstellen, wie bspw. die „Risikoanalyse". Diese Methode der strategischen Planung vereint u.a. die Methoden der Trendextrapolation, der Nachfragefunktion und der Kosten- und Leistungsrechnung.[474]

---

[472] Vgl. Macharzina 1999, S. 262.
[473] Vgl. Stahlmann 1994, S. 162.
[474] Vgl. Stahlmann 1994, S. 164.

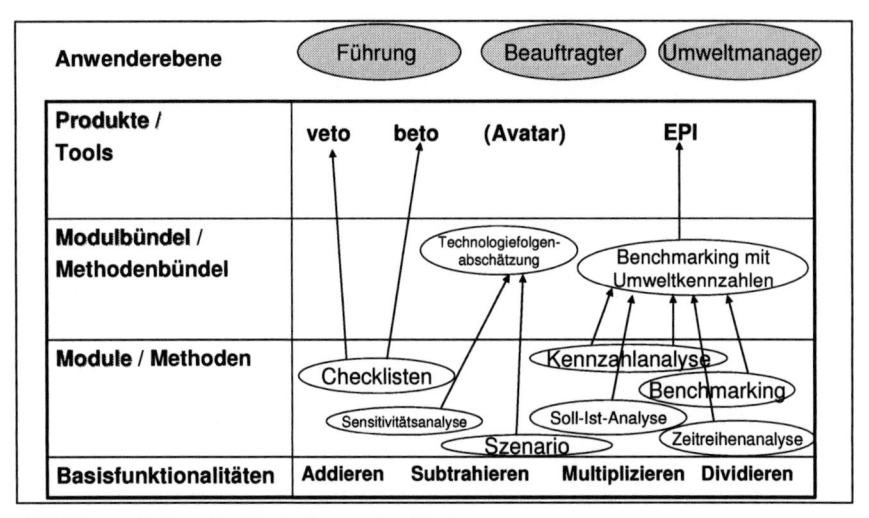

Anwenderebene	Führung	Beauftragter	Umweltmanager
Produkte / Tools	veto beto (Avatar)		EPI
Modulbündel / Methodenbündel	Technologiefolgen-abschätzung	Benchmarking mit Umweltkennzahlen	
Module / Methoden	Checklisten Sensitivitätsanalyse	Kennzahlanalyse Benchmarking Soll-Ist-Analyse Szenario Zeitreihenanalyse	
Basisfunktionalitäten	Addieren Subtrahieren Multiplizieren Dividieren		

Abbildung 49: Von den Methoden zu den Tools
(Quelle: Eigene Darstellung, Teile in Anlehnung an Krcmar 2003, S. 177)

Das in diesem Pilotierungsprojekt näher untersuchte EPI-Tool bildet sich u.a. aus Modulen der Kennzahlenanalyse, Soll-Ist- und Zeitreihenanalyse-Analyse (als eine vereinfachte Methode der Prognose) und des Benchmarkings (vgl. Abbildung 49). Für einen Ausbau des EPI-Tools sind weitere Module mit speziellen Methoden der Prognose (vgl. Tabelle 5) und einer Kosten-Nutzen-Analyse denkbar (vgl. Tabelle 6).

3.1.2.4 Konsequenzen für die Tool-Planung

Bei der Suche nach geeigneten Tools für ein Portal können nun mit Hilfe des vorgestellten Rasters strategische Schwerpunkte gesetzt werden. Die Projektverantwortlichen können einer Tool-Unterstützung der einzelnen Phasen des Planungs- und Entscheidungsprozesses gewisse Dringlichkeits- bzw. Wichtigkeitsgrade beimessen und somit die Effizienz des Ressourceneinsatzes zur Tool-Entwicklung optimieren. Auch könnte auf Basis dieses Rasters das Design einer „Kundenbefragung" gestaltet werden. So könnte man potenzielle Tool-User bestimmen lassen, welche Methoden durch internetgestützte Tools umgesetzt werden sollen. Die Planung der Tool-Entwicklung anhand dieses Rasters kann dadurch auch als Kommunikations- und Koordinationsinstrument zwischen der Projektleitung, dem Entwicklungsmanager und den Tool-Entwicklern dienen.

In Module umgesetzte Methoden könnten in einem Modul-Repository abgelegt werden. Durch das Zusammenfügen möglicherweise variierter Module könnten auf effiziente Weise internetgestützte Tools entwickelt werden. Abbildung 50 zeigt einen solchen Modul-Baukasten in Form einer Modulauswahlmatrix.

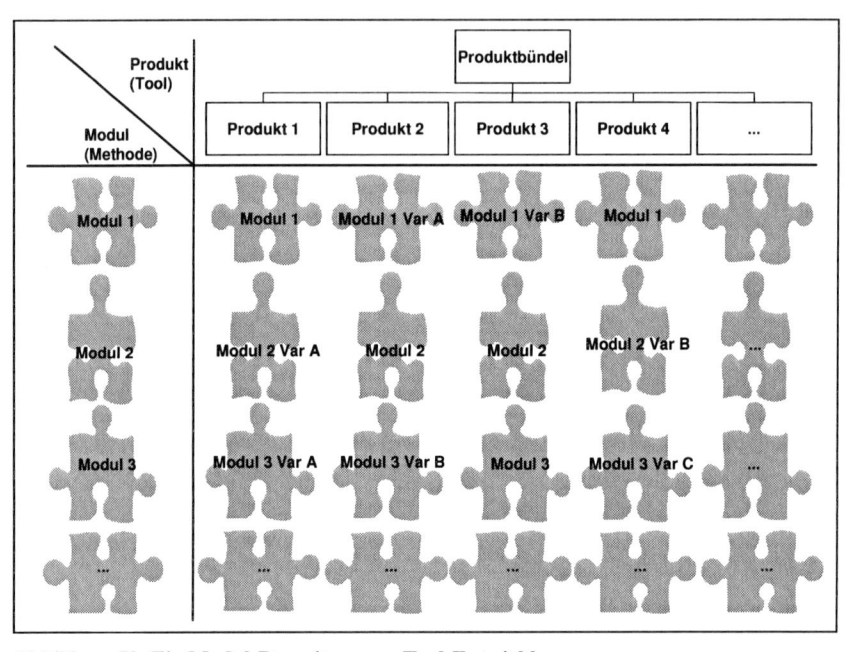

Abbildung 50: Ein Modul-Repository zur Tool-Entwicklung
(Quelle: In Anlehnung an Scheer, et al. 2003, S. 39)

Ein Produkt besteht aus 1 bis n Modulen. Ein Modul kann in mehreren Produkten entweder unbelassen oder modifiziert (Variante A, B, C, ...) verwendet werden. Somit müssen Teile des Produkts nicht neu entwickelt werden. Mehrere zusammengefasste Produkte ergeben ein Produktbündel (vgl. Abbildung 50).

Zur weiteren Verbesserung der Tool-Planung sollten für jedes zu entwickelnde Tool ein wie in Abschnitt 3.1.1 beschriebenes Produktmodell entworfen werden. Auch für die Tool-Beschreibung und -Dokumentation kann ein solches Produktmodell sinnvoll eingesetzt werden.

3.1.3 Weiterentwicklung der Tool-Planung für die Entwicklung von Portal Sustainability Services

Zwar könnte man nun, gemäß dem in Abschnitt 3.1.2 vorgestellten Vorgehen, Module für die Gestaltung von Tools aus den einzelnen Phasen des Planungsprozesses heraus entwickeln, jedoch ist dieses Vorgehen immer noch generisch, da es allgemein für die Domäne „Unternehmen" gilt. Es deckt nicht den besonderen Planungsprozess einer speziellen Unternehmensfunktion ab, sondern stellt vielmehr ein allgemeines Vorgehensmuster mit Methodenbeispielen dar, welche als fachliche Vorlage für die Erstellung von Modulen und Tools des allgemeinen Planungsprozesses dienen könnten. Bei der Entwicklung von Tools für das Nachhaltige Management bzw. das Umweltmanagement jedoch müssen die Eigenheiten der Planung dieser Unternehmensfunktion identifiziert und in das allgemeine Vorgehen zur Tool-Entwicklung (vgl. Abschnitt 3.1.1) transponiert werden.[475]

„At any single moment, environmental decisions are being made: a homeowner decides where to dump old house paint; a city government decides whether to issue a permit for a new subdivision; a state agency decides where to reroute a state highway; a business decides whether to expand its operations; the federal government decides how to revise an air-quality standard. [...] there are few widely used tools are available to help make these decisions".[476]

Im Folgenden werden Methoden aufgezeigt, die umweltrelevante Entscheidungen in einem Unternehmen unterstützen können. Diese Methoden werden aus dem einer Entscheidung vorhergehenden speziellen Planungsprozess eines Umweltmanagements abgeleitet. In Softwarebasierte Module übersetzt, könnten diese Methoden zu Tools kombiniert werden.

3.1.3.1 Der spezielle Planungsprozess des Umweltmanagements – operativer Fokus

Der spezielle Planungsprozess des Umweltmanagements orientiert sich am Muster des allgemeinen Planungsprozesses (vgl. Abschnitt 3.1.2.2). Die Prozessschritte vor der Identifizierung von Alternativen bedürfen jedoch einer besonderen Ausgestaltung (vgl. Abbildung 51). So ist es insbesondere für Pläne und Entscheidungen mit Nachhaltigkeitscharakter von zentraler Bedeutung, dass sich der Entscheidungsträger seiner Werte und derjenigen Entscheidungs-

---

[475] „Vor der Anwendung computergestützter Methoden steht die Abbildung der *spezifischen [eingefügt durch den Autor]* Planungssitutation, ihre Konkretisierung zu einem (so oder so) bearbeitbaren Modell. [...] Maßgebend ist hierbei ist, welche Situationsbesonderheiten der Planende erfasst haben will" (Troßmann 1993).
[476] English, et al. 1999, S. 1.

empfänger bewusst wird. „Werte" sind höchst subjektiv; sie können sich aus moralischen, ethischen und/oder wirtschaftlichen Aspekten zusammensetzen. Planungen müssen auf einem Wertekonsens beruhen. Für korrekte umweltrelevante Entscheidungen sind darüber hinaus umfassende Kenntnisse über die (ökologische) Umwelt nötig. Mitunter muss festgestellt werden, welche Kausalzusammenhänge zwischen unternehmerischen Entscheidungen und beobachtbaren Umweltauswirkungen bestehen. Zu diesem Umfeld-Scanning gehört auch die Beurteilung der wirtschaftlichen, sozialen und politischen sowie der gesetzlichen und regulativen Gegebenheiten. Darüber hinaus benötigt man ggf. geographische Daten für umweltrelevante Entscheidungen, die in die Daten aus dem Umfeld-Scanning integriert werden müssen.[477]

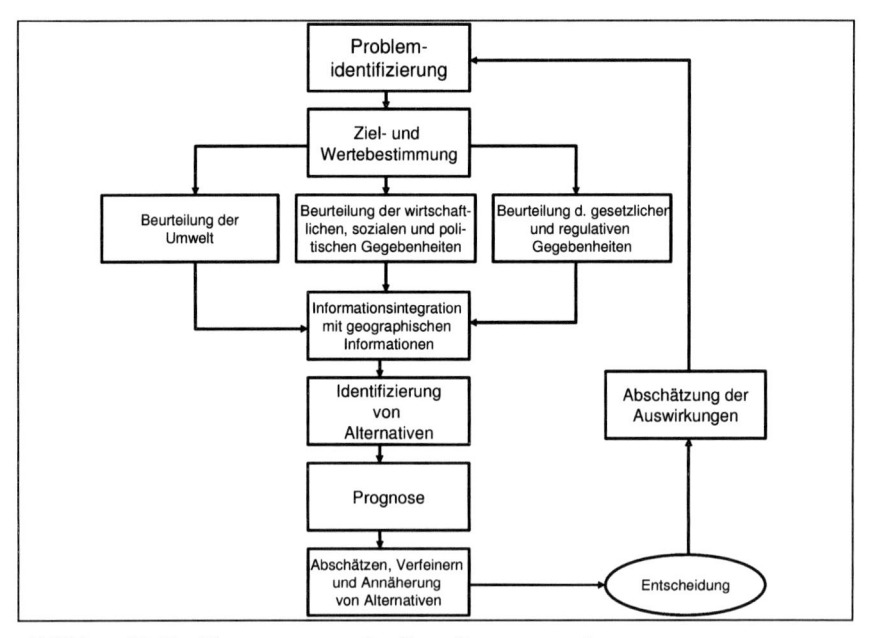

Abbildung 51: Der Planungsprozess des Umweltmanagements
(Quelle: In Anlehnung an English, et al. 1999, S. 20)

Gemäß dem in Abbildung 51 beschriebenen Planungsprozess des Umweltmanagements kann nun der Methodenkatalog (vgl. Tabelle 4 bis Tabelle 6) erweitert und mit konkreten domänenbezogenen Anwendungsbeispielen belegt und umgesetzt werden. Im Folgenden werden ausgesuchte Anwendungsbeispiele zum erweiterten Methodenkatalog (vgl. Tabelle 8 bis

---

[477] Vgl. Lewis 1999, S. 59ff.

Tabelle 11) erläutert.[478] Dabei orientiert man sich in der Auswahl der Anwendungsbeispiele einerseits an geeignet erscheinenden Erweiterungsmöglichkeiten des hier pilotierten EPI-Tools und einer methodischen Fundierung anderer in dieser Arbeit vorgestellten Tools, andererseits an im Kontext des Umweltmanagements selten diskutierte Methoden.

Die in den rechten Spalten der Tabellen aufgeführten Anwendungsbeispiele stammen aus verschiedenen Brainstorming-Runden, zahlreichen Fachgesprächen und umfassenden Literaturanalysen. Sie können teilweise als Konzepte für Software-Module oder Tools des Umweltmanagements bzw. des Nachhaltigen Managements dienen und zu weiteren Diskussionen einladen.[479] Aufgrund der Komplexität einiger Methoden eignen sich jedoch nicht alle für eine Umsetzung in Module bzw. Tools. Die hier vorgestellten Konzepte lassen teilweise auch Verschmelzungen zu Community Services (vgl. Abschnitt 1.7.3, Abbildung 17) erkennen.

---

[478] Diese Anwendungsbeispiele können aus einer oder mehreren Methoden zusammengesetzt sein (vgl. Abbildung 49), wobei ein Anwendungsbeispiel bei seiner zentralen Methode platziert ist.
[479] Für eine umfassende Darstellung von Methoden und Instrumenten für ein Nachhaltiges Management vgl. Dale und English 1999, Schaltegger, et al. 2002 und Tarara 1997, S. 63ff.

Phasen des operativen Planungsprozesses	Methodenklassifizierung	Beispiele von Methoden	Beispiele von Methodenanwendungen
Problemfeststellung	Abweichungsanalysen	Soll-Ist-Analyse	Überprüfung des Realisierungsgrades formulierter Umweltleistungsziele (Audit)
		Checklisten	Downloadbare Checklisten als Kontrollinstrument zur Einhaltung von umwelt-bezogenen Rechtsvorschriften
		Verflechtungsmatrix	
		Qualitätszirkel	Öko-Qualitätszirkel, Umweltzirkel mit Forum
		Vorschlagswesen	Forum oder BBS für Vorschläge
	Ursachenanalysen	Relevanzbaumanalyse	Umweltkennzahlen bzw. -indikatoren, Öko-Benchmarking
		Kennzahlenanalyse	
		Metho. Kepner-Tregoe Progress. Abstraktion	
Ziel- und Wertebestimmung	Wirtschaftliche Maßeinheiten	Methoden der Wiederherstellungs- und Wiederersetzenskosten	Hilfe für die Berechnung der Wiederherstellungskosten
		Hedonic pricing analysys	
	"Ökologische Haltung"	Einstellungs- und Haltungsanalyse, Imagemessungen	Software-Unterstützung z. Erstellung, Adressierung v. Fragebögen. Verwalt. d. Antworten d. Fragebogens durch Voter / Polls
	Umfrage zu Präferenzen	Attitudinal and Opinion Survey: Einstell. u. Haltung ü. das ökol. Verständnis und pol. Unterstützung	Community Advisory Panel (CAP), Nutzen-Risiko-Dialog oder Netzwerke, unterstützt durch Community Services, wie bspw. Web-Foren, Chatrooms und gemeinsamen Terminkalender
		Referendum: Befrag. v. Individuen nach ihrem Wählverhalten für oder gegen eine spezifische Handlung	
	Kleingruppen-Befragungen	Fokusgruppenbefragung	

Tabelle 8: Der Planungsprozess des Umweltmanagements und seine Methoden (Teil 1)
(Quelle: In Anlehnung an Schweitzer 1994, S. 906, Dale und English 1999)

In der Domäne des Umweltmanagements lässt sich die **Soll-Ist-Analyse** (Phase *Problemfeststellung*, vgl. Tabelle 8) flexibel einsetzen. So können bspw. die in der Umweltpolitik formulierten Umweltleistungsziele mit Hilfe geeigneter Kenngrößen auf ihren Realisierungsgrad hin überprüft werden.[480] Somit ist ein Umwelt- bzw- Nachhaltigkeitsaudit im engeren Sinne eine Kontrollmethode in Gestalt eines Soll-Ist-Vergleichs.[481] Eine Soll-Ist-Analyse kann die Methode der **Kennzahlenanalyse** (vgl. Abschnitt 2.4.1.5.2) sinnvoll ergänzen, da sie vielfältig einsetzbar und für den Anwender leicht verständlich ist. Außerdem lässt sie sich gut visualisieren. Auch die Methode des **Öko-Benchmarking** stellt eine sinnvolle Weiterentwicklung der Kennzahlenanalyse dar (vgl. Abschnitt 2.4.1.5.4).[482]

Checklisten sind ein pragmatisches Hilfsmittel, auch um ökologische Schwachstellen aufzudecken (vgl. Abschnitt 3.1.2.2.1).[483] Checklisten können u.a. auch als Kontrollinstrument zur Einhaltung von umweltbezogenen Rechtsvorschriften eingesetzt werden (Phase *Problemfeststellung*, vgl. Tabelle 8). Die technische Integration von einfachen Checklisten in einen Internet-Auftritt ist nicht komplex. Hier bietet es sich an, die Checklisten in einem Textverarbeitungsprogramm (bspw. Microsoft Word oder StarOffice) zu erstellen, um dann daraus ein PDF-Dokument[484] zu generieren (bspw. mit Adobe Acrobat Writer). Die PDF-umwandelnden Programme bieten häufig sog. Formularfelder an, mit denen sich bestimmte, am PC editierbare Felder in die Checkliste einfügen lassen. Des Weiteren lassen sich die für einen Dokumenten-Workflow wichtigen Sicherheitselemente einbauen.[485] Fertig erstellte Checklisten lassen sich dann in ein Verzeichnis des Internet-Servers stellen und können so über einen Link auf dieses Verzeichnis heruntergeladen werden. Vorstellbar ist hier auch eine Art Softwarebasiertes Checklisten-Modul. Dieses Modul könnte dem User, ähnlich wie bei „Wizards" während der Installation von Software, ein interaktives und animiertes Befüllen von Checklisten und deren Auswertung erlauben.[486]

Öko-Qualitätszirkel (Umweltzirkel) (Phase *Problemfeststellung*, vgl. Tabelle 8) stellen dauerhafte unternehmensinterne Einrichtungen dar, in denen mit einer Gruppenstärke von 5 bis 10 Mitarbeitern Qualitätsprobleme (mit einer Erweiterung auf Umweltthemen) aus dem je-

---

[480] Vgl. Nieschlag, et al. 1997, S. 899.
[481] Vgl. Schaltegger, et al. 2002, S. 25.
[482] Vgl. Clausen und Kottmann 2001, S. 242. In das in Abschnitt 2.6 vorgestellte „Umweltkennzahlen- und Benchmarking-Tool" (EPI) wurde eine Soll-Ist-Analyse und ein Öko-Benchmarking integriert.
[483] Vgl. Schaltegger, et al. 2002, S. 37.
[484] PDF steht für Portable Document Format.
[485] So z.B. ist es denkbar, dass eine Checkliste nicht nur von einer einzelnen Person, sondern hintereinander von mehreren Personen abgearbeitet, ergänzt oder unterschrieben werden muss. So lässt sich bspw. der Workflow „Anlagenwartung ➔ Umweltcontrolling ➔ Unternehmensleitung" definieren.
[486] Vgl. Abschnitte 2.7.1 und 2.7.2. Vgl. auch Abschnitt 3.2.2 zu „EcoWizards".

weiligen Arbeitsbereich diskutiert werden. Diese Mitarbeiter werden bei Bedarf durch Spezialisten der Qualitätssicherung unterstützt.[487] Hier könnten Formulare zur Dokumentation und Ablaufmuster online angeboten und innerhalb geschlossener Foren (vgl. Community Services, Abschnitt 1.8.3) Räume für die einzelnen Öko-Qualitätszirkel eines Unternehmens zur Verfügung gestellt werden. Zusätzlich könnte ein Spezialist der Qualitätssicherung den Diskussionsprozess der Öko-Qualitätszirkel online beobachten bzw. kommentieren und bei Bedarf eingreifen. Auch könnte ein Forum oder ein Bulletin Board System (BBS, auch als elektronische Pinnwand bezeichnet, vgl. Community Services, Abschnitt 1.8.3) für das **betriebliche Vorschlagswesen** eingerichtet werden.

Im Umweltmanagement stellt sich regelmäßig die Frage, wie bestimmte Auswirkungen in monetären Größen bewertet werden sollen. Dies ist aber meist nicht auf direktem Wege möglich.[488] Einen Ansatzpunkt zur Lösung dieses Problems stellt die Methodik der **Wiederherstellungs- oder Ersetzungskosten** dar (Phase *Ziel- und Wertebestimmung*, vgl. Tabelle 8). Darunter werden die Kosten verstanden, die notwendig sind, um den ursprünglichen Zustand eines durch Unternehmensaktivitäten veränderten Umweltzustandes wiederherzustellen.[489] Eine Herausforderung bestünde darin, ein dahingehend gestaltetes Modul als Hilfe für die Berechnung von Wiederherstellungskosten anzubieten. Dies ließe sich durch eine Datenbank unterstützen, in der die Kosten für eine Vielzahl von Renaturierungs- oder Recyclingkosten hinterlegt sind.

Image- und Einstellungsmessungen sowie **Meinungsumfragen** (Phase *Ziel- und Wertebestimmung*, vgl. Tabelle 8) lassen sich mit mehr oder weniger umfangreichen Fragebögen ermitteln. Über solche Fragebögen können beispielsweise Informationen über das Umweltbewusstsein der Bevölkerung gesammelt werden. Solche Umfragen könnten durch verschiedene Module unterstützt werden, wie bspw. zur Software-unterstützten Erstellung eines Fragebogens. Ist der Fragebogen erstellt, kann dieser zum Aufruf online gestellt werden. Die Verwaltung der Antworten übernimmt dann der Community Service „Voter / Polls" bzw. seine Module. Weitere Methodenanwendungen zur Ziel- und Wertebestimmung sind u.a. das **Community Advisory Panel (CAP)**, der **Nutzen-Risiko-Dialog** oder **Netzwerke**. Hierbei

---

[487] Vgl. Schaltegger, et al. 2002, S. 15ff.
[488] Vgl. Schulz 1985.

initiieren Unternehmen bspw. Bürgerbeiräte, Nachbarschafts- und Mitarbeiterforen, die zu einem intensiven Dialog ermutigen sollen.[490] Dieser Dialog kann bspw. mit Mailinglisten, Archiven, gemeinsamem Terminkalender, Foren oder Chat unterstützt werden („Community Services", vgl. Abschnitt 1.8.3, Abbildung 17).

---

[489] Vgl. Gregory 1999, S. 37ff.
[490] Vgl. Schaltegger, et al. 2002, S. 43f.

Phasen des operativen Planungsprozesses	Methoden-klassifizierung	Beispiele von Methoden	Beispiele von Methodenanwendungen
Umfeldscanning	Beurteilung der Umwelt	Methoden zur Sinneserweiterung Messungen von Umweltbeeinträchtigungen Modellanalyse Statistikauswertung	VMI = Vendor Managed Inventory (Remote) für Umweltbeinträchtigungen Unternehmen-Umweltauswirkungsmodelle Darstellung umweltrelevanter Datenentwicklungen
	Beurteilung der wirtsch., sozial. und politischen Gegebenheiten	Ökonomische /Demographische Modelle Archivrecherche Formale Befragungen Beobachtung von Betroffenen Interdisziplinärer Doppelcheck	Das Bundesarchiv: www.bundesarchiv.de
	Beurteilung der gesetzlichen und regulativen Gegebenheiten	Analyse von Urteilen Analyse von wissenschaftlichen Abhandlungen und Büchern Analyse von Gesetzen	Allg. Rechtsauskunfts-Service (bspw. LEXIS® und WESTLAW®), Gesetzglossar, www.bundesrecht.de, www.umweltrecht.de,
Informations-integration mit geographischen Informationen		Geographic Information Systems (GIS) Spatial decision-support systems (SDSS) Spatially explicit computer models	Unternehmens- und Anlagen-standortbestimmung
Alternativensuche: Ideenfindungs-methode	Intuitive Methoden	Brainstorming Brainwriting Synektik	Brainwriting für (Öko)-Innovationen
	Systematisch-analytische (diskursive)	Morphologischer Kasten Attribute Listing	

Tabelle 9: Der Planungsprozess des Umweltmanagements und seine Methoden (Teil 2)
(Quelle: In Anlehnung an Schweitzer 1994, S. 906, Dale und English 1999)

Für die **Messung von Umweltbeeinträchtigungen** benötigt man normalerweise ein Messgerät, welches meist aus einem Sensor und der Messintelligenz besteht. In der Praxis werden immer häufiger sog. Vendor Managed Inventory Systeme (VMI) eingesetzt. Diese lassen es zu, bspw. Füllstände von Silos remote zu messen. Dieses Prinzip könnte auf die Messungen von Umweltbeeinträchtigungen übertragen werden (Phase *Umweltscanning*, vgl. Tabelle 9):

Der Messungsdurchführende bräuchte nur noch einen Sensor zur Aufnahme relevanter Umweltdaten. Die Messintelligenz könnte in einem Software-basierten Modul abgebildet und über das Internet mit den aufgenommen Umweltdaten „gefüttert" werden.

Die Aufnahmefähigkeit menschlicher Sinne ist begrenzt, d.h. es kann nur eine bestimmte Menge von Informationen aufgenommen und verarbeitet werden. Mit Hilfe von geeigneter Softwareunterstützung können diese Einschränkungen abgeschwächt werden.[491] So können mit Hilfe von computergestützten **Statistikprogrammen** (Phase *Umweltscanning*, vgl. Tabelle 9) große Datenmengen aggregiert und durch Graphiken veranschaulicht werden. Durch eine Visualisierung der Daten kann der Anwender die Informationen besser verarbeiten. Außerdem kann die Entwicklung bestimmter Daten über einen festgelegten Beobachtungszeitraum beobachtet und dokumentiert werden. Dazu könnte ein Modul mit grundsätzlichen statistischen Auswertungsfunktionen entwickelt werden, welches speziell für umweltrelevante Daten konzipiert ist.

In ähnlicher Weise können auch **Modelle** (Phase *Umfeldscanning*, vgl. Tabelle 9) dabei helfen, komplexe Sachverhalte dahingehend zu vereinfachen, dass sie geistig erfasst werden können. In der ökologischen Umwelt laufen komplexe Prozesse ab, die durch eine Vielzahl von Faktoren beeinflusst werden. Zur Abschätzung von Auswirkungen bestimmter Unternehmensaktivitäten können Modelle eingesetzt werden. Softwarepakete, die solche **Modellsimulationen**[492] abbilden können, sind meist recht teuer. Hier könnten Module zur Abbildung von bestimmten Auswirkungsszenarien für typische umweltrelevante Unternehmensaktivitäten entwickelt werden (bspw. Modelle zur Simulation von Lärmbelästigungen durch Betriebsanlagen).

Zur Klärung rechtlicher Sachfragen kann eine Sammlung von Gesetzestexten, Kommentaren und eine **Analyse von Urteilen** eine wertvolle Hilfe darstellen (Phase *Umfeldscanning*, vgl. Tabelle 9). Hierfür könnten in einer Datenbank alle umweltrelevanten Gesetze abgelegt werden. Solche Dienste sind u.a. schon über www.bundesrecht.de und www.umweltrecht.de ab-

---

[491] Vgl. Dale und O'Neill 1999, S. 78.
[492] Für Beispiele siehe Dale und O'Neill 1999, S. 83.

rufbar. Für die Beurteilung der wirtschaftlichen, sozialen und politischen Gegebenheiten kann u.a. eine **Archivrecherche** nützlich sein, wie bspw. unter www.bundesarchiv.de.

Um geografische und nichtgeografische Daten miteinander zu integrieren, wurden **Geografische Information Systemen** (GIS) (Phase *Informationsintegration mit geographischen Informationen*, vgl. Tabelle 9) entwickelt. Die Grundlage dafür stellen Landkarten dar, über die in weiteren Ebenen demographische (z.b. Krankheiten, Alterstruktur), klimatische (z.b. Windrichtung) oder andere Daten gelegt werden können.[493] Mit Hilfe dieses Systems kann bspw. festgestellt werden, ob für den Standort einer geplanten Mülldeponie die Bodenbeschaffenheit geeignet ist oder ob die Luftreinheit für bestimmte Arbeitsprozesse gegeben ist (bspw. Produktionsprozesse der Leiterplatten- und Halbleiterindustrie). Da solche Systeme aufgrund ihrer Komplexität sehr teuer sein können, bietet sich einerseits ein „Application Sharing" im Sinne von über das Internet zu beziehenden Modulen bzw. Tools an, anderseits bleibt gespannt zu beobachten, wie sich die Internettechnologien hinsichtlich einer Abbildung auch solcher komplexer Systeme entwickeln werden.[494]

Betriebliche Entscheidungsprobleme sind oft komplex und der Raum für Innovationen wird in vielen Wirtschaftsbereichen enger. Aus diesem Grund bietet es sich an, mit der Lösung eines Problems mehrere Mitarbeiter zu beauftragen, die unterschiedlichen Disziplinen angehören können. Ideen zur Lösung von Entscheidungsproblemen und für Innovation müssen gesammelt und strukturiert werden können. Dies kann durch die Methoden des **Brainstormings** bzw. **Brainwritings** (Phase *Alternativensuche: Ideenfindungsmethoden*, vgl. Tabelle 9) unterstützt werden.[495] Hierbei können alle Teilnehmer ihre Ideen und Vorstellungen äußern bzw. niederschreiben. Durch das Offenlegen der einzelnen Ideen können die anderen Teilnehmer wiederum zu neuen Ideen angeregt werden. Dieser kreative Ideenfindungsprozess kann beim Brainwriting durch Groupware-Systeme unterstützt werden (vgl. Abschnitt 2.1). Dabei kann jeder Teilnehmer seine Ideen in einen Computer eingeben. Über ein Netzwerk sind die Computer aller Teilnehmer miteinander verbunden. Somit werden alle Ideen auf den Bildschirmen angezeigt. Dabei bleiben die Ideen der einzelnen Teilnehmer anonym. Das Brainwriting kann ortsunabhängig durchgeführt werden, d.h. die Teilnehmer können sich an unterschiedlichen

---

[493] Vgl. Doluschitz 2002a, S. 317 und Osleeb und Kahn 1999, S. 162.
[494] Zur Komplexität von GIS vgl. Osleeb und Kahn 1999, S. 165.

Orten befinden. Dazu könnte ein Modul entwickelt werden, das die Logik zur Organisation bzw. Administration eines internetgestützen Brainwritings anbietet.

Phasen des operativen Planungsprozesses	Methoden-klassifizierung	Beispiele von Methoden	Beispiele von Methodenanwendungen
Prognose	Qualitative Methoden	*Befragungsmethoden* Delphi-Methode (Expertenbefragung) *Rollenspiele*	System zur Öko-Expertenbuchung Rollenspiel bspw. zw. Unternehmen vs. Nachbarn
		Trendextrapolation Gleitende Durchschnitte Exponentielle Glättung	Prognose von zukünft. Energieverbrauch o. Abfallaufkommen
	Quantitative Methoden	*Indikatorprognosen* Anhängemethoden Leitreihenmethode Historische Analogien *Kausale Prognosen* Nachfragefunktion Produktions- und Kostenfunktion	Nachfragefunktionsanalyse von Öko- vs. Nicht-Öko-Produkten

Tabelle 10: Der Planungsprozess des Umweltmanagements und seine Methoden (Teil 3)
(Quelle: In Anlehnung an Schweitzer 1994, S. 906, Dale und English 1999)

Auch **Delphi-Befragungen** (Phase *Prognose*, vgl. Tabelle 10), bei denen Experten in mehreren Befragungsrunden über Prognosen zu einem bestimmten Thema befragt werden, könnten internetgestützt durchgeführt werden.[496] Flankiert werden könnten sie dazu durch Community-Services wie Chat oder Forum. Ein Modul könnte die Administrationslogik eines Datenbanksystems umfassen, welches die Daten von Experten aus verschiedenen Disziplinen für Umweltfragen verwaltet, die man für Delphi-Befragungen online buchen könnte.

Rollenspiele (Phase *Prognose*, vgl. Tabelle 10) stellen eine geeignete Methode dar, Konfliktsituationen abzubilden und zu untersuchen.[497] Dazu werden mehrere Personen gebeten, in die Rolle unterschiedlicher (Interessen-) Gruppen zu schlüpfen und deren Standpunkt zu vertreten. Dabei können die Argumentationen und Reaktionen der einzelnen Gruppen beobachtet

---

[495] Vgl. Hörschgen 2001, S. 101.
[496] Vgl. Nieschlag, et al. 1997, S. 859f.

werden. So kann ein Unternehmen mit Hilfe eines Rollenspiels das Verhalten und die Einstellung seiner Anwohner auf eine Erweiterung des Betriebsgeländes oder den Bau einer neuen Großanlage antizipieren. Im Spiel kann herausgefunden werden, wie die Anwohner auf unterschiedliche Sachverhalte reagieren (sachlich, emotional). Außerdem kann versucht werden, eventuelle Konflikte mit den Anwohnern im Voraus zu prognostizieren und dadurch adäquate Abwehrstrategien zu entwickeln. Eine Möglichkeit einer Software-Unterstützung bestünde darin, virtuelle Stakeholder in Form von Avataren[498] zu schaffen, mit denen eine Person bzw. ein Unternehmen interagieren könnte. Dies könnte ähnlich den Softwarespielen wie SimCity oder Civilization[499] umgesetzt werden.

Extrapolation (Phase *Prognose*, vgl. Tabelle 10) stellt eine Methode dar, die auf der Grundlage von Vergangenheitsdaten der betrachteten Größe versucht, Vorhersagen für gewisse Zustände derselben Größe in der Zukunft zu generieren.[500] Dies kann hilfreich sein, um bspw. den Energieverbrauch für zukünftige Planungsperioden zu bestimmen. Ein auf dieser Methode basierendes Software-Modul bietet sich an, mit einem Modul zur Kennzahlenanalyse (vgl. Abschnitt 3.1.2.2.1) verknüpft zu werden.[501] Auch können Absatzprognosen auf der Basis von **Nachfragefunktionsanalysen von Öko- vs. Nicht-Öko-Produkten** getroffen werden.

---

[497] Vgl. Armstrong 1999, S. 200.
[498] Vgl. Abschnitt 2.7.4 und Braun, et al. 2003a.
[499] Diese Spiele sind mit dem populären Spiel „Siedler von Catan" vergleichbar.
[500] Vgl. Schweitzer 1994, S. 909.
[501] Gerade für Ökoradar könnte ein solches Tool die geforderte Frühwarnfunktion des Portals gut unterstützen.

Phasen des operativen Planungsprozesses	Methoden-klassifizierung	Beispiele von Methoden	Beispiele von Methodenanwendungen
Abschätzen, Verfeinern und Annäherung von Alternativen	Prioritätensetzung	ABC (XYZ)-Analyse Methode des singulären Vergleichs	Einteilung der Produkte nach ihren Umweltauswirkungen
	Nutzenzuordnung	Lineare Planungsrechnung Nichtlineare Planungsrechnung Branch-and-Bound Verfahren Dynamische Planungsrechnung Verfahren der Kosten- und Leistungsrechng. Verfahren der Investitionsrechnung Kosten-Nutzen-Analyse Kosten-Wirksamkeits-Analysen Nutzwertanalyse Scoring-Methode Technology Assessment	ökologische Kosten- und Leistungsr., Umweltkostena. Umweltinvestitionsrechnung, Environm. Shareholder Value Kosten-Nutzen-Analysen für Umweltschutzinvestitionen Kosten-Wirksamkeits-Analysen für Umweltschutzinvestitionen ökologische Nutzwertanalysen Öko-Rating
	Bewertungsstabilisierung	Sensititvitätsanalysen Parametrische Programmierung A-fortiori-Analyse Kontingenzanalyse	In Verbind. mit den Umweltkennz.: Wie verändert sich eine Spitzenkennzahl, wenn ich bei einer anderen Kennzahl etwas verändere?
Verfolgen der Auswirkungen / Kontrolle		Zielsysteme Kennzahlensysteme Budgetierung Berichtswesen Program Evaluation	Sustainability Balanced Scorecard Systeme zur Abbildung umweltrelevanter Kennzahlen Eco-Budgeting, Unternehmensinterner Emissionszertifikatehandel Umwelt-, Sozialbilanz, -bericht und -erklärung

Tabelle 11: Der Planungsprozess des Umweltmanagements und seine Methoden (Teil 4)
(Quelle: In Anlehnung an Schweitzer 1994, S. 906, Dale und English 1999)

Mit Hilfe der **ABC-Analyse** (Phase *Abschätzen, Verfeinern und Annäherung von Alternativen*, vgl. Tabelle 11) können wesentliche Aufgaben, Prozesse oder Produkte von unwesentlichen abgegrenzt werden. Dazu werden drei Kategorien gebildet, an Hand derer die Untersuchungsgegenstände (Aufgaben, Produkte oder Produkte) mit Hilfe bestimmter Kriterien (bspw. Wichtigkeit, Handlungsbedarf oder Gefährdungspotenzial) bewertet werden.[502] So können bspw. die Umweltauswirkungen der Produkte eines Unternehmens auf ihre Schädlichkeit hin untersucht oder die zu lagernden Materialien bezüglich ihres Gefährdungspotenzials beurteilt und entsprechend gelagert werden. Mit der ABC-Analyse werden Handlungsprioritäten festgelegt. Die ABC-Analyse könnte in Form eines Software-Moduls dahingehend abgebildet werden, dass der Anwender in einem auf diesem Modul aufbauenden Tool seine eigenen Kriterien samt Werten eingeben kann und als Ergebnis die Kategorisierung der Untersuchungsgegenstände graphisch dargestellt bekommt. Außerdem könnten branchenspezifische Erfahrungswerte und Kriterien zur Beurteilung der einzelnen Untersuchungsgegenstände bereitgestellt werden. Eventuell könnten auch Handlungsempfehlungen für Extremausprägungen bewerteter Untersuchungsgegenstände gegeben werden. Gerade die Mehrfacheinsetzbarkeit der ABC-Analyse macht diese Methode zu einem aussichtsreichen Kandidaten für eine Modul-Entwicklung.

Ökologische Kosten- und Leistungsrechnung, Umweltkostenanalysen, Umweltinvestitionsrechnung und **Environmental Shareholder Value** (Phase *Abschätzen, Verfeinern und Annäherung von Alternativen*, vgl. Tabelle 11) sind von bekannten Methoden des allgemeinen betriebswirtschaftlichen Kontextes abgeleitete Anwendungen zwecks Nutzenzuordnung zu Entscheidungsalternativen. Methoden der Umweltkostenrechung wurden in jüngster Zeit in Richtung material- und energieflussorientierte Ansätze (u.a. Materialflussrechnung und Stoffstromanalyse) weiterentwickelt.[503] Der dynamische Ansatz des Environmental Shareholder Value verbindet den Umweltschutzanspruch mit einer modernen und bedeutungsvollen Investitionsrechnungsmethode.[504] Dem mit Hilfe eines gewichteten Kapitalkostensatzes berechneten Marktwert des Eigenkapitals (Shareholder Value) werden Maßnahmen des Umweltmanagements (Umweltinvestitionen) gegenübergestellt und deren Einfluss auf die Werttreiber des Shareholder Value analysiert. Dabei wird versucht, die Maßnahmen des Umweltmanagements zu identifizieren, die nicht nur ökologisch nutzstiftend sind, sondern sich auch auf den Shareholder Value positiv (steigernd) auswirken.[505] Für den Bau von Modulen für diese Methoden

---

[502] Vgl. Schaltegger, et al. 2002, S. 19.
[503] Vgl. Schaltegger, et al. 2002, S. 63.
[504] Zu „Shareholder Value" vgl. Rappaport 1999, S. 67ff.
[505] Vgl. Schaltegger, et al. 2002, S. 51.

kann man auf die Logik bewährter Software-Produkte zurückgreifen und diese entsprechend den umweltmanagementbezogenen Inhalten erweitern.

Eine weitere Methode(nanwendung) der Phase *Abschätzen, Verfeinern und Annäherung von Alternativen* (vgl. Tabelle 11) ist die **Kosten-Nutzen-Analyse** (oder **Cost Benefit Analysis, CBA**).[506] Damit können verschiedene Handlungsalternativen hinsichtlich ihrer Vor- und Nachteile miteinander verglichen werden. Auf der einen Seite stehen die Risiken und Kosten einer Entscheidung, auf der anderen die Erträge. Dies muss keine rein finanzwirtschaftliche Rechnung sein. Vielmehr werden Kosten und Nutzen unterschiedlicher Perspektiven gegenübergestellt und so ein ganzheitliches Ergebnis erzielt.[507] Somit wäre es beispielsweise denkbar, die Investitionskosten eines Abluftreinigungssystems dem entstehenden Nutzen anderer Subjekte bzw. Objekte (u.a. Anwohner oder andere Unternehmen) gegenüberzustellen. Dabei wird jedoch versucht, den Nutzen in monetären Größen abzubilden. „Die Zielsetzung von **Nutzen-Kosten-Analysen** ist es, alle positiven und negativen Projektwirkungen in **monetärer** Form zu saldieren, und diejenige Maßnahme zu bestimmen, die den höchsten sozialen Überschuß (Nutzen minus Kosten) hervorruft".[508] Daraufhin kann abgeschätzt werden, ob sich eine Investition lohnt oder nicht.[509] Die Herausforderung hierzu wäre die Entwicklung eines Moduls zur Umrechnung bestimmter ökologische Nutzengrößen in monetäre Werte.

Eine Variante der Kosten-Nutzen-Analyse stellt die Kosten-Wirksamkeitsanalyse dar. „Bei der **Kosten-Wirksamkeitsanalyse** werden den Projektkosten die in physischen oder anderen quantitativen Größen ausgedrückten Zielerreichungsgrade gegenübergestellt. Die Projektwahl erfolgt dadurch, daß entweder durch Festlegung einer Mindestwirksamkeit die Maßnahme mit den geringsten Kosten (,fixed-effevtiveness-approach'), oder aber, durch Fixierung des Budgets die Maßnahme mit Maximalwirksamkeit (,fixed-cost-approach') bestimmt wird".[510]

Ebenfalls ist die **Nutzwertanalyse** eine Methode der Phase *Alternativenabschätzung* (vgl. Tabelle 11). Sie kann überall dort zum Einsatz kommen, wo anhand eines mehrdimensionalen

---

[506] Vgl. Schulz 1985, S. 8ff.
[507] Vgl. Merkhofer 1999, S. 262.
[508] Schulz 1985, S. 21.
[509] Vgl. Merkhofer 1999, S. 245f.

Zielsystems mehrere Alternativen beurteilt werden sollen und quantitative Daten fehlen. Ersatzweise für den eigentlichen (quantitativen) Beitrag zum Unternehmensziel werden den zu beurteilenden Alternativen Punktwerte zugeordnet.[511]

Das Zielsystem der **Sustainability Balanced Scorecard** (**SBSC**) stellt eine Erweiterung der konventionellen Balanced Scorecard um Umwelt- und Sozialaspekte dar (Phase *Verfolgen der Auswirkungen*, vgl. Tabelle 11). Ziel ist es, Unternehmensstrategien in operative Größen zu überführen, um sie nach erfolgten Maßnahmen auf ihren Erfüllungsgrad hin messen zu können. Strategisch zentrale ökonomische, ökologische und soziale Ziele sollen identifiziert und mit Hilfe der Perspektiven *Finanzen, Kunden, interne Prozesse, Lernen und Entwicklung* und *Nicht-marktliches Umfeld* systematisiert bzw. in ein Zielsystem überführt werden. In einer ausformulierten Scorecard werden innerhalb dieser 5 Perspektiven die wichtigsten 25 strategischen Größen abgebildet.[512] Eine internetgestützte Entwicklung einer Sustainability Balanced Scorecard könnte grundsätzlich auf der Infrastruktur des in Abschnitt 2.6 vorgestellten EPI-Tools aufsetzen.

Die **Eco-Budgeting** (Phase *Verfolgen der Auswirkungen*, vgl. Tabelle 11) stellt die Entwicklung zentraler ökologischer Größen als Planvorgaben für einzelne Unternehmensbereiche dar. Analog zum allgemeinen Budgeting werden maximal gültige Ausprägungen (Verfügungsspielräume) dieser Größen vorgegeben, die von den jeweiligen Verantwortungsträgern nicht überschritten werden dürfen.[513] So z.B. könnten die Kosten der Umweltauswirkungen oder die Mengen an bestimmten Emissionen der nächsten Periode als zu beschränkende Größen definiert werden. Angelehnt an die Budgetierung, stellt der **unternehmensinterne Emissionszertifikatehandel** eine Methode zur Begrenzung der von einem Unternehmen ausgehenden Emissionen durch „handelbare Budgetanteile" dar. Hier könnte, ähnlich dem Online-Auktionshaus Ebay, ein Modul geschaffen werden, welches jedem angemeldeten Unternehmen eine passwortgeschützte unternehmensinterne Handelsplattform zur Verfügung stellt.[514] Darüber hinaus erscheint die Untersuchung interessant, welche koodinative Wirkung von ver-

---

[510] Vgl. Schulz 1985, S. 21.
[511] Vgl. Adam 1996, S. 412.
[512] Vgl. Schaltegger, et al. 2002, S. 15ff.
[513] Vgl. Schaltegger, et al. 2002, S. 35.
[514] Vgl. Schaltegger, et al. 2002, S. 47.

handelbaren oder festgelegten Preisen unternehmensinterner Emissionszertifikate im Sinne der *Lenkungspreistheorie* ausgeht.[515]

Die **Umwelterklärung** und der **Umweltbericht** (Phase *Verfolgen der Auswirkungen*, vgl. Tabelle 11) stellen wichtige Kommunikationsmittel des Unternehmens dar. Dabei werden die Unternehmensziele und -leistungen, aber auch Schwächen und Verbesserungspotenziale kommuniziert.[516] Unterstützt werden könnte die Erstellung eines solchen Berichts durch Software-Module dadurch, dass Vorlagen zur Verfügung gestellt werden, die alle notwendigen bzw. für eine Auditierung pflichtigen Abschnitte enthalten.[517] Diese müssten dann von den Verantwortlichen im Unternehmen mit den unternehmensspezifischen Daten gefüllt werden. Darüber hinaus ist eine Integration eines solchen Umwelterklärungsmoduls mit einem Modul zur Analyse eines **Umweltkennzahlensystems** sinnvoll (Phase *Verfolgen der Auswirkungen*, vgl. Tabelle 11), da eine dort generierbare Input-Output-Analyse bzw. **Umweltbilanz** zentraler Bestandteil einer Umwelterklärung ist. Ein weiterer Bilanztyp stellen die **Sozialbilanzen** dar, die den sozialen Nutzen und die sozialen Kosten der betrieblichen Tätigkeit gegenüberstellen.[518]

3.1.3.2 Der spezielle Planungsprozess des Umweltmanagements – strategischer Fokus

Insgesamt ist es etwas schwierig, eine klare Grenzziehung zwischen „operativen" und „strategischen" Methoden zu treffen. So z.B. basiert die strategische Frühaufklärung u.a. auf Prognosemethoden, die auch auf operativer Ebene, wie bspw. zur Bestimmung der Bestellmenge, eingesetzt werden.[519] Tabelle 4 bis Tabelle 6 und Tabelle 8 bis Tabelle 11 bilden nicht nur rein operative Methoden ab, sondern liefern vielmehr einen Überblick über den allgemeinen und Umweltmanagement-spezifischen Planungsprozess und seine Methoden. Jedoch bedarf es zur Unterstützung der strategischen Sichtweise spezieller Methoden, die für den strategisch

---

[515] Zur „Lenkungspreistheorie" bzw. zu Verrechnungs- und Lenkungssystemen als übergreifende Koordinationssysteme des Controlling vgl. Küpper 1997, S. 346ff.
[516] Vgl. Schaltegger, et al. 2002, S. 29.
[517] KOTTMANN et al. sprechen von einem Mangel an Standardsoftware für Berichtssysteme für das Umweltmanagement (vgl. Kottmann, et al. 1999, S. 181). Für erste Konzepte einer computerunterstützten Umweltberichterstattung vgl. Rautenstrauch 1999a, S. 110ff.
[518] Teile dieser Integrationsleistung wurden in Ökoradar im EPI-Tool vollzogen (vgl. Abschnitt 2.6.1). In der laufenden Entwicklung zeigte sich, dass die oben vorgestellte Methode „Kennzahlenanalyse" (Phase *Problemfeststellung*, vgl. Tabelle 8) mit der Methode „Kennzahlensystem" sinnvollerweise zu einem Modul verschmelzen sollten.
[519] Vgl. Küpper 1997, S. 133.

orientierten Planungsprozess des Umweltmanagements (Umweltpolitik) im Folgenden anhand von ausgewählten Beispielen dargestellt werden.

Die **Produktlinienanalyse** und der **Öko-Kompass** (Phase *Problem(fest)stellung*, vgl. Tabelle 12) können als Umweltmanagement-bezogene Weiterentwicklungen einer Wertschöpfungskette aufgefasst werden. Beiden Methoden(anwendungen) ist gemein, dass sie den gesamten Lebensweg eines Produktes hinsichtlich seiner ökologischen, sozialen und/oder wirtschaftlichen Auswirkungen bewerten helfen.[520] Sowohl die Produktlinienmatrix einer Produktlinienanalyse als auch die analytischen Vorarbeiten vor der Erstellung eines Öko-Kompasses haben einen ausgeprägten **Checklisten**-Charakter (vgl. Abschnitt 3.1.3.1, „Checklisten") und könnten ähnlich den in den Abschnitten 2.7.1 und 2.7.2. vorgestellten Tools beto und veto entwickelt werden. Vielmehr läge die Herausforderung bei der Entwicklung entsprechender Module eines Öko-Kompasses in seiner sich entsprechend den Werten dynamisch verändernden Darstellung. Die Methoden der strategischen Früherkennung **Diffusionsmessung** und **Szenarioanalyse** werden in Abschnitt 3.1.6 näher erläutert.

Die **Cross-Impact-Analyse** (Phase *Problem(fest)stellung*, vgl. Tabelle 12) stellt eine weitere Methode der strategischen Früherkennung dar, mit der Zusammenhänge zwischen gegenwärtigen und zukünftigen Situationen erkannt und bewertet werden sollen.[521] Dabei können zwei beliebige Variablenreihen gegenübergestellt werden. Mit Hilfe der Matrix werden Auswirkungen der Entwicklung der einen Variablen auf die andere Variable durch positive oder negative Punktwerte festgehalten. Beispielsweise könnten hier unterschiedliche Produkte (Produkt A, Produkt B,...) eines Unternehmens den für die Fragestellung relevanten Beobachtungsfeldern (bspw. Gesetze, Forschung, Technik, Kunden und Medien), deren Entwicklung Auswirkungen auf die Herstellung und den Vertrieb von Produkten haben könnten, gegenübergestellt werden. Durch die Aggregation von Summen- und Zeilenwerten lassen sich im Anschluss Prognosen ableiten, für welche Produkte gute Zukunftsaussichten bestehen und welche bedroht sind.[522]

---

[520] Vgl. Tarara 1997, S. 114ff., Schulz und Schulz 1993, S. 52ff. und Schaltegger, et al. 2002, S. 81 und 85.
[521] Vgl. de la Chevallerie und Servatius 2001, S. 113.
[522] Vgl. Schaltegger, et al. 2002, S. 41.

Das **Benchmarking** (Phase *Problem(fest)stellung*, vgl. Tabelle 12) ist ein qualitatives, vergleichendes Analyseinstrument, mit dem auch strategische Entscheidungen unterstützt werden können.[523] Das in Abschnitt 2.6 vorgestellte EPI-Tool hat die Methode Benchmarking integriert.[524] Das Benchmarking könnte auch in Richtung eines **Öko-Ratings** weiterentwickelt werden, indem darin enthaltene Unternehmen hinsichtlich ihrer über Kennzahlen bewerteten Umwelt- oder Nachhaltigkeitsleistung verglichen und in eine Reihenfolge gebracht werden.[525]

---

[523] Vgl. Macharzina 1999, S. 242ff.
[524] In diesem Pilotierungsprojekt wurden geeignete Module für ein Benchmarking entwickelt und mit dem Prototyp eines Umweltkennzahlen- und Benchmarking-Tools (EPI) erfolgreich verknüpft. Auch wurden Module für ein Best-Practice-Tool entwickelt und in das EPI-Tool prototypenhaft integriert.
[525] Vgl. Schaltegger, et al. 2002, S. 83. Das Öko-Rating kann auch als Scoring-Methode (vgl. Phase *Abschätzen, Verfeinern und Annäherung von Alternativen*, Tabelle 11) eingeordnet werden. Zur Scoring-Methode vgl. Schweitzer 1994, S. 485f.

Phasen des strategischen Planungs- und Entscheidungsprozesses		Beispiele von Methoden	Beispiele von Methodenanwendungen
Problem(fest)stellung	Strategisch orientierte Gegenwarts- und Zukunftsbeurteilung (Methoden der Unternehmens- und Umweltanalyse)	Checklisten	Checklisten mit Nachhaltigkeitsgrößen
		Modell der Wertschöpfungskette	Produktlinienanalyse, Öko-Kompass
		Branchenstruktur- und Wettbewerbsanalyse Chancen-Gefahrenanalyse, Risikoanalyse Gap-Analyse	
		Diffusionsmessung	Diffusionsmessung von Medienberichten (wie oft wurde über das Umweltthema X berichtet?)
		Szenarioanalyse	Szenarioanalyse zur Verknappung existenzkritischer Unternehmensressourcen
		Cross-Impact-Analyse	Produkt-Umfeld-Analyse
		Benchmarking	Vergleich des Verbrauchs existenznotwendiger Ressourcen mit dem der Branche; Ausbau zu einem Öko-Rating
Alternativensuche / Alternativendarstellung	Entwicklung der strategischen Stoßrichtung	Space-Analyse Produkt-Markt-Matrix TOWS-Analyse MBD-Konzept	Nachhaltigkeits-TOWS
und Beurteilung / Entscheidung	Festlegung der (Produkt-/Markt-) Strategie	Produkt-Markt-Portfolios Technologieportfolios Ökologieportfolios (ökologieorientierte Portfolioanalyse) Länderportfolios Personalportfolios Anfälligkeitsanalyse QSPM-Matrix	Umweltgefährdung / Relative Vorteile ökologieor. Verhaltens; Öko-Effizienz-Portfolio

Tabelle 12: Der strategische Planungsprozess der Umweltpolitik und seine Methoden
(Quelle: In Anlehnung an Macharzina 1999, S. 212)

In der Phase der Alternativensuche forscht man insbesondere nach der für das Unternehmen geeigneten strategischen Stoßrichtung. In diesem Kontext wird auch von einer strategischen Suchfeldanalyse gesprochen, in welche handlungsbestimmende Variablen wie Risikobeurteilung, Chancenbeurteilung, Finanzkraft, Umweltstabilität, Branchenstärke, Wettbewerbsvorteile, gewünschte Produktfunktionen, potenzielle Nachfragesektoren, einsetzbare Technologien und Konkurrenzbeurteilung eingehen.[526]

Eine Methode bzw. ein Instrument der strategischen Suchfeldanalyse stellt die **TOWS-Analyse** dar (Phase *Alternativensuche / Alternativendarstellung*, vgl. Tabelle 12). Das Raster der TOWS-Analyse stellt sich als Matrix dar, in der die Umweltgefahren und -chancen

---

[526] Macharzina 1999, S. 244ff.

(**T**hreats und **O**pportunities, externe Entwicklung) einerseits und die Schwächen und Stärken (**W**eaknesses und **S**trengths, interne Entwicklung) des Unternehmens andererseits abgetragen werden. Das Unternehmen wird auf alle dieser vier Variablen untersucht, und deren Befunde werden in die Felder der Kopf- und Seitenleiste der Matrix durchnummeriert eingetragen. Im Matrixkern werden dann die Ergebnisse einer dieser vier Variablen vergleichenden Analyse abgetragen, wobei die TOWS-Analyse erst beendet ist, wenn für jede Kombination zwischen den Variablenausprägungen der externen und internen Entwicklungen eine strategische Stoßrichtung formuliert wurde.[527]

	Stärken	Schwächen
	• Verankerung des Umweltschutzes in Unternehmensphilosophie seit langem • Weltweite Präsenz mit Produktions- und Vertriebsstrukturen • Umfangreiche Produktanalysen mit LCA • Kundenorientierte Dienstleistungen • Aufbau weltweiter Informationsnetzwerke • Umfangreiche MA-Bildungsmaßnahmen und soziale Programme	• Umweltbelastungen an Produktionsstandorten • Vielzahl eingesetzter Materialien • Einsatz umweltgefährdender Stoffe • Hohe Reisetätigkeit von Außendienstmitarbeitern • Viele Transportbewegungen
Gelegenheiten	SO-Strategien	WO-Strategien
• Steigende Nachfrage nach ökologischen Produkten • Ökologische Sensibilität der Bevölkerung • Innovationen in Recyclingtechniken • Verbreitung elektronischer Netzwerke • Prozessinnovationen Nachfrage nach Dienstleistungen „aus einer Hand"	• Produktion umweltverträglicher Drucksysteme • Aufbau weltweiter Rücknahme- und Verwertungsstrukturen für Produkte und Verbrauchsmaterialien • Umweltsponsoring / Imagebildung • Weltweite Vernetzung der Mitarbeiter zur ökologische Verbesserung von Produkten und Prozessen	• Aktive Zusammenarbeit mit Behörden und Betroffenen zur gemeinsamen Beseitigung von Umweltschäden • Reduzierung der Anzahl eingesetzter Materialien bei der Produktion • Senkung der Reisetätigkeit durch Nutzung moderner Kommunikationsmittel • Verlagerung von Transporten von Straße auf Schiene und Wasser
Bedrohungen	ST-Strategien	WT-Strategien
• Verschärfte rechtliche Rahmenbedingungen • Mangelnde Akzeptanz teurer Öko-Produkte • Zunehmende Verknappung von Ressourcen • Imageschäden durch Un-/Störfälle • Haftungsrisiken	• Einhaltung rechtlicher Vorschriften durch Umweltmanagement und Controllingsysteme • Energieberatung der Kunden durch LCA-Demonstrationen (Stromeinsparung während der Nutzungsphase der Produkte) • Reduktion der Vielzahl verschiedener Einsatzstoffe • Wiederverwertung zurückgenommener Produkte	• Substitution von umweltgefährlichen Stoffen durch umweltverträgliche Stoffe • Realisierung von Kostenreduktionspotenzialen durch geringere Entsorgungskosten • Ökologische und ökonomische Entlastung durch Abbau von Lagerbeständen • Ersatzteilversand zu den Servicemitarbeitern vermindert deren Reisetätigkeit

Tabelle 13: Nachhaltigkeitsorientiere TOWS-Analyse eines Elektrogeräteherstellers (Quelle: Eigene Darstellung[528])

---

[527] Macharzina 1999, S. 253ff.
[528] Teile der Inhalte frei interpretiert nach Canon AG 2002 und Canon Inc. 2003.

Ein die Methodik der TOWS-Analyse abbildendes Modul bzw. Tool könnte zur Unterstützung eines Nachhaltigen Managements dahingehend gestaltet sein, dass für die vier Variablen Ausprägungen vordefiniert werden, welche die bisher bei der Strategieformulierung zu wenig beachteten Inhalte und Forderungen eines Nachhaltigen Managements abbilden. Tabelle 13 zeigt beispielhaft eine nachhaltigkeitsorientierte TOWS-Analyse eines Elektrogeräteherstellers. Auch könnte mit Hilfe von Community-Services (vgl. Abschnitt 1.8.3) könnte ein verteiltes und asynchrones Erstellen der TOWS-Matrix unterstützt werden.

Nachdem in der vorigen Planungsphase die strategische Stoßrichtung als grobe Handlungsrichtung bestimmt wurde, gilt es nun, mit Hilfe weiterer Methoden konkrete Strategien zu formulieren, die festlegen sollen, mit welchen Produkten und Dienstleistungen, auf welchen Märkten und mit welchem Ressourcentransfer die zukünftige Betätigung des Unternehmens gestaltet werden soll.[529]

Als ein Beispiel der Einbindung umweltschutzbezogener Merkmale in die Strategieformulierung ist die Methode bzw. das Instrument der „**ökologieorientierten Portfolioanalyse**" zu nennen (Phase *Beurteilung / Entscheidung*, vgl. Tabelle 12).[530] „Die Grundüberlegungen des Öko-Portfolios setzen an einer Verknüpfung von ökonomischen und ökologischen Erfolgs- und Risikofaktoren an, anhand derer Geschäftseinheiten oder Produktgruppen beurteilt werden, um auf dieser Grundlage ökologieorientierte Normstrategien abzuleiten".[531] Aus einer Ökologieportfolioanalyse können Defensiv- und Rückzugsstrategien oder Offensiv- und Innovationsstrategien resultieren.[532] Eine Ausprägung der ökologieorientierten Portfoliotechnik stellt das **Öko-Effizienz-Portfolio** dar, in dem für das jeweilige Betrachtungsobjekt die ökonomische Wertschöpfung der ökologischen Schadschöpfung gegenübergestellt wird. Für die Tool-gestützte Erstellung eines ökologieorientierten Portfolios kann es lohnend sein, etablierte (graphische) Portfoliosysteme des betrieblichen Investitionsmanagement als Vorlage heranzuziehen.

---

[529] Macharzina 1999, S. 259.
[530] Für die Darstellung einer ökologieorientierten Portfolioanalyse vgl. Schulz, et al. 2001, S. 297.
[531] Kirchgeorg 2001, S. 295.
[532] Vgl. Stahlmann 1994, S. 165.

3.1.4 Baukasten eines Portal Sustainability Services-Systems

Es existiert noch kein Konzept, wie die in Abschnitt 1.8.2 vorgestellten Community Services mit den Tools in eine sinnvolle und planbare Interaktion gesetzt werden können bzw. wie Community Services die Tools in ihrem Funktionsumfang systematisch ergänzen können (und vice versa). Es fehlt ein Konzept, wie die Planungen beider Service-Typen integriert werden können.

Wie in den Erläuterungen zu den Methodenanwendungen ersichtlich (Abschnitt 3.1.3.1 bis 3.1.3.2), sind zahlreiche Verknüpfungsmöglichkeiten und -tatbestände zwischen Tools und Community Services gegeben. Dies weckt den Bedarf nach einem integrierten Planungskonzept, das die gegenseitigen Abhängigkeiten und Erweiterungspotenziale dieser Service-Typen abzubilden hilft. Diese gegenseitigen Abhängigkeiten zeigen sich auch in der Schwierigkeit, Tools und Community Services nicht immer klar voneinander abgrenzen zu können. Einige Tool-User-Interaktionsprozesse können aus dem Fundus der Community Services (vgl. Abschnitt 1.8.3) sinnvoll unterstützt werden, und Tools können auch mit entsprechenden Community Services verschmelzen. So können folgende beispielhafte Community Services ein Tool in seinem Funktionsspektrum erweitern:

- Newsletter: Regelmäßig Benachrichtigung der Tool-User über z.B. Release-Wechsel, Bug-Fixings, erweiterte Anwendungsmöglichkeiten
- FAQ: Auflistung häufig gestellter Fragen zum Tool und deren Antworten
- Persönliche Startseite: Auf den jeweiligen User speziell abgestimmte Tool-Funktionen
- Buddy List: Anzeige, welche anderen User gerade mit dem Tool arbeiten
- Partnermatching über Betreiber: Tool-User mit ähnlichen Profilen (Branche, Alter, Position etc.) können vermittelt werden.
- E-Mail-(Erinnerungsservice): Tool-User können bspw. über ablaufende Benutzerkonten informiert werden bzw. der User kann Ergebnisse des Tools per Knopfdruck in eine E-Mail überführen und diese an das nächste Glied der Entscheidungskette senden (Workflow) und
- Diskussionsforum: Ein vom Tool-Betreiber administriertes Forum gibt den Tool-Usern die Möglichkeit zum Informationsaustausch und zur Diskussion.

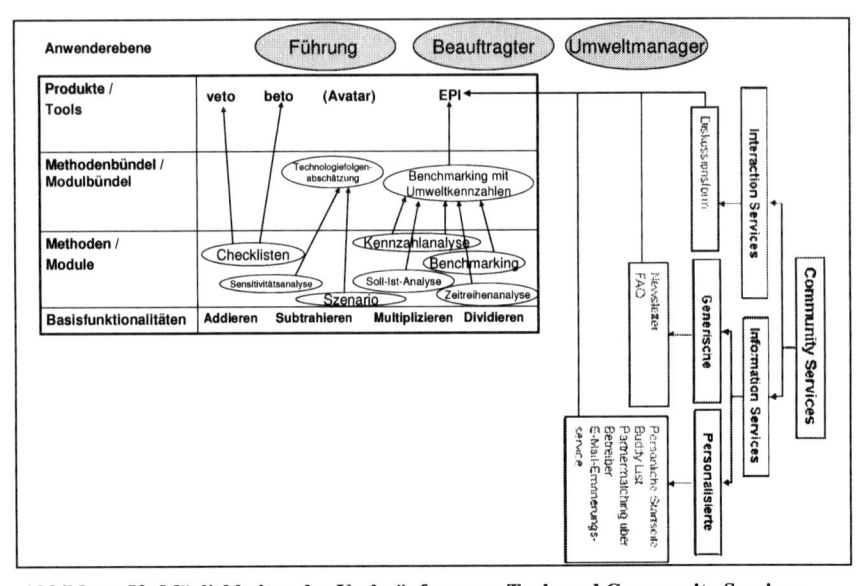

Abbildung 52: Möglichkeiten der Verknüpfung von Tools und Community Services
(Quelle: Eigene Darstellung, Teile in Anlehnung an Krcmar 2003, S. 177 und aus Daum, et al. 2001, S. 4)

Abbildung 52 zeigt diese Verknüpfungsmöglichkeiten am Beispiel des EPI-Tools. So ist es sinnvoll, den Tool-User bzw. Service-User über eine E-Mail an die Ablaufdaten seines Kontos zu erinnern oder ihm eine Partnermatching-Funktion für das Benchmarking anzubieten. Auch ist ein dem Tool angelehntes Diskussionsforum denkbar, aus dessen Beiträgen wiederum wichtige Hinweise für eine Weiterentwicklung gewonnen werden könnten. Community Services sollen somit in einem Portal nicht im „luftleeren Raum" stehen. Community Services benötigen eine klare Funktionszuweisung.

Für eine effiziente Service-Entwicklung gilt es nun, ein Raster zu entwickeln, welches die Methoden des Planungsprozesses und deren domänenspezifische Anwendungen bzw. deren Software-technische Abbildung (Module von Tool Services) strukturiert darstellen hilft und gleichzeitig die Zuordnung von Modulen der Community Services zulässt. Dieses Raster soll bei beiden Service-Typen (vgl. Abschnitt 1.8.3) helfen, aus Modulen bzw. Modulbündeln Produkte (Services) zu gestalten und diese zu sinnvollen Produktbündeln zu verschmelzen. Neben dieser planerischen Funktion soll das Raster auch eine dokumentarische Funktion übernehmen: Alle entwickelten Module sollen darin katalogisiert und abgelegt werden können

(Modul-Repository). Tabelle 14 und Tabelle 15 zeigen das Konzept eines solchen Modul-Repository (getrennt nach operativen und strategischen Methoden).[533]

---

[533] Diese Tabellen mussten aus Darstellungsgründen sowohl in ihrer Breite (Module / Produkte zu Community Services) als auch in der Länge (Methoden / Module / Produkte für den Planungsprozess) stark gekürzt werden. Die hier ausgeschnittenen Informationen können aus Tabelle 4 bis Tabelle 12 und Abbildung 11 und Abbildung 17 hergeleitet werden.

Konzepte für die fachlich-strategische Tool-Planung

	Beispiele von Methoden	Beispiele von Modulen	Beispiele von Produkten (*Produktbündeln*) [Projekte des INA-Netzwerkes]	Gen. Info'dienste								pers. Inf.d.					Interak.d.				
				Zugriffsstatistik	Avatar	Erfahrungsberichte	Gloss., Lex., Thesaur	Guided Tour	FAQ	Newsletter	Suche	E-Mail-Erin'service	Individual-Printout	Partnermatching	Buddy Lists	Pers. Startseite	gem. Terminkalender	Ratings/Rezensionen	BBS, Forum, Pinnw.	Chat	E-Mail an Betreiber
Operativ	Soll-Ist-Analyse	Soll-Ist-Analyse von Umweltkennzahlen	EPI *(onesus)*	x			x	x				x				x					x
	Checklisten	Generischer Checklisten-Baukasten	beto *(onesus)* veto		x	x	x	x	x				x	x				x			
	Kennzahlenanalyse	Umweltkennzahlen-analyse	EPI *(onesus)* gp_Finder *(onesus)* [IN-PROCESS, Nawigator]	x	x	x		x						x	x	x					
	Referendum: Befragung von Individuen nach ihrem Wahlverhalten	Modul für internetgestütztes Referendum	Gaia	x	x		x								x	x				x	x
	Fokusgruppenbefragung																				
	Modellanalyse, Simulation	Untern.-Umweltauswirkungsmodelle	[StreaM]																		
	Statistikauswertung	St. für Umweltkennzahlen	EPI *(onesus)*																		
	Archivrecherche	Info- und Beratungsmodule	[start-up-to-sustain]																		
	Delphi-Methode	Öko-Expertenbuchung																			
	Rollenspiele	Modul für internetgestütztes Rollenspiel	Gaia, [Projekt 14]	x																	
	Trendextrapolation	Trendrechnungsmodul für Umweltkennzahlen	EPI *(onesus)*																		
	ABC (XYZ)-Analyse	Einteilung von Objekten nach umweltrel. Kriterien																			
	Verfahren der Kosten- und Leistungsrechnung	ökol. K'- u. L'rechnung, Umweltk'analysen, Umwelt-Target-Costing	[CARE, INTUS, Präventum, ISAC]																		
	Verfahren der Investitionsrechnung	Umweltinvestitionsrechnung, I-O-Analysen, Lebenszyklusr., Environm. Shareholder Value	[CARE, Pump-up, Exper-ience, StreaM, ISAC]																		
	Nutzwertanalyse Scoring-Methode	ökol. Nutzwertanalysen Öko-Rating-Modul	Projekt 14																		
	Sensititvitätsanalysen	Sensitivitätsa. mit Umweltspitzenkennzahlen	EPI *(onesus)*																		
	Zielsysteme	Modul zu Entwickl. u. Abb. einer Sustainability Balanced Scorecard	[Projekt 6, Projekt 13, Nawigator]																		
	Kennzahlensysteme	Modul zur individuellen Definition und Abbildung von Umweltkennzahlensystemen	EPI *(onesus)* gp_Finder *(onesus)* [INTUS, IN-PROCESS]																		
	Budgetierung	Eco-Budgeting, U'interner Emissionszertifikatehandel																			
	Berichtswesen	Umweltbericht, Umwelterklärung	EPI *(onesus)* [INTUS]	x	x	x	x	x	x	x		x	x	x						x	x

Tabelle 14: Konzept eines Modul-Repository (stark verkürzte Fassung), Teil 1
(Quelle: Eigene Darstellung, aufbauend auf Tabelle 4 bis Tabelle 12, Abbildung 11 und Abbildung 17)

Die linke Spalte zeigt jeweils einen Ausschnitt von Planungsmethoden, die generell in der betriebswirtschaftlichen Teildisziplin des Umweltmanagements eingesetzt werden können. Die nächste Spalte listet Beispiele von möglichen oder schon umgesetzten Software-basierten Modulen von Tools für das Umweltmanagement auf, die eine Umsetzung und nähere Spezifikation der jeweiligen Methode darstellen und von den Methodenanwendungsbeispielen der Tabelle 8 bis Tabelle 12 abgeleitet sind. In der darauf folgenden Spalte werden Beispiele von Produkten genannt, die das jeweilige Modul als einen ihrer Bausteine nehmen. So besteht das Produkt „EPI" u.a. aus dem Modul zur Abbildung umweltrelevanter Kennzahlen („Umweltkennzahlensystem") und aus dem Modul „Soll-Ist-Analyse von Umweltkennzahlen". Aber auch weitere Module, wie zur Prognose von umweltrelevanten Kennzahlen („Trendexploration") oder eine „Szenarioanalyse", können dem Produkt „hinzugesteckt" werden. In runden Klammern und unterstrichen werden in dieser Spalte die Produktbündel angezeigt, die mehrere Produkte zu einem umfassenden System zusammenschließen (hier beispielhaft „onesus", vgl. Abbildung 54).

	Beispiele von Methoden	Beispiele von Modulen	Beispiele von Produkten (_Produktbündeln_) [Projekte des INA-Netzwerkes]	Gen. Info'dienste							pers. Inf.d.					Interak.d.					
				Zugriffsstatistik	Avatar	Erfahrungsberichte	Gloss., Lex., Thesaur.	Guided Tour	FAQ	Newsletter	Suche	E-Mail-Erinserv.	Individual-Printout	Partnermatching	Buddy Lists	Pers. Startseite	gem. Terminkalender	Ratings/Rezensionen	BBS, Forum, Pinnw.	Chat	E-Mail an Betreiber
strategisch	Checklisten	Generischer Checklisten-Baukasten	[CARE, Projekt 4, EPM-Komp., Projekt 14]																		
	Wertschöpfungskette	Produktlinienanalyse, Öko-Kompass	[Präventum, Pump-up, StreaM, CARE, INPROCESS]																		
	Gap-Analyse		[ISAC, [StreaM]]																		
	Diffusionsmessung	Modul zur Analyse von Internet-Berichten																			
	Szenario	Modul zur Szenarioanalyse zu umweltrelev. Kennzahlen	EPI _(onesus)_																		
	Benchmarking	Branchenvergl. umweltrelev. Kennzahlen; Öko-Rating	EPI _(onesus)_, [EPM-Kompass]	x		x	x	x				x	x	x	x	x					x
	Produkt-Markt-Matrix TOWS-Analyse Ökologieportfolios	Nachhaltigkeits-TOWS	[SUMMER]																		

Tabelle 15: Konzept eines Modul-Repository (stark verkürzte Fassung), Teil 2
(Quelle: Eigene Darstellung, aufbauend auf Tabelle 4 bis Tabelle 12, Abbildung 11 und Abbildung 17)

In eckigen Klammern werden die Partnerprojekte des gleichen BMBF-Förderschwerpunktes angezeigt (vgl. Abschnitt 1.5.1), die im „INA-Netzwerk" organisiert sind. Diese Zuordnung soll den Forschungs- bzw. Methodenschwerpunkt des jeweiligen Partnerprojektes darstellen.[534] Somit kann man aber auch die in den Partnerprojekten generierten Wissenskomponenten als Vorlage für die Entwicklung jeweiliger Module betrachten, die dann auf einer gemeinsamen Plattform für Umweltmanagement-Software zusammengeschlossen werden könnten (vgl. Abschnitt 2.5). So z.B. könnten die in den Projekten Pump-up, StreaM, CARE und INPROCESS erbrachten Ergebnisse zur „Nachhaltigkeitsbewertung von Produkten über ihren gesamten Lebensweg" als Fachkonzept für die Entwicklung eines geeigneten Softwarebasierten Moduls dienen (vgl. Tabelle 15), welches dann mit anderen Modulen, wie bspw. einer Kennzahlenanalyse, interagieren könnte.

Die folgenden Spalten der Tabelle 14 und Tabelle 15 zeigen einen Ausschnitt der Gesamtheit der in Abschnitt 1.8.3 dargestellten Community Services. U.a. werden zu verschiedenen Modulen von EPI beispielhafte Community Services-Zuordnungen aufgezeigt. So ist es sinnvoll, dem Modul „Branchenvergleich umweltrelevanter Kennzahlen" (vgl. Tabelle 15, „Benchmarking") den Community Service „Partnermatching", zum Auffinden geeigneter Benchmarking-Partner zuzuordnen. Aber auch „Erfahrungsberichte" anderer, welche dieses Benchmarking-Modul nutzen, können einen Nutzenzugewinn für die Anwender bedeuten. Ebenfalls kann man eine „Zugriffsstatistik" mit dem Benchmarking-Modul sinnvoll verbinden, indem man die am häufigsten analysierten Kennzahlen aller anderen Benchmarking-Modulnutzer angezeigt bekommt.[535]

Zur Kommunikation und Dokumentation lassen sich im Sinne des Service Engineering Modelle einzelner Produkte anfertigen (vgl. Abschnitt 3.1.1). Abbildung 53 zeigt dazu ein vereinfachtes Modell am Beispiel von EPI. Das *Hauptziel* von EPI ist, Verantwortungsträgern einen ersten Einstieg in die Thematik der Umweltkennzahlen zu verschaffen. EPI besteht u.a. aus den *Merkmalen* bzw. Modulen Kennzahlensystem, Soll-Ist-Analyse und Benchmarking,

---

[534] Diese Zuordnung der jeweiligen Partnerprojekte basiert auf der höchst subjektiven Einschätzung des Autors und soll lediglich die grundsätzlich mögliche Zuordnung dieser Projekte zu Planungsmethoden verdeutlichen.
[535] Eine solche Zugriffsstatistik wurde in EPI mit sog. kollaborativen Filtern integriert. Indem Unternehmen mit Hilfe des Tools verschiedene Kennzahlen erfassen, zeigen sie ein bestimmtes Verhalten, aus dem andere Unternehmen lernen können. Bei der Berechnung von Umweltkennzahlen werden den

wobei noch weitere Module, wie Statistikauswertung, Prognosemethoden und Sensitivitätsanalysen denkbar sind (vgl. Tabelle 14 und Tabelle 15). An der Entwicklung von EPI sind die *interne Organisationseinheit* „Modulentwicklung" und die *externe Organisationseinheit* „Entwicklungspartner der Branche" beteiligt. Der *rechtliche Rahmen* besteht u.a. aus der EMAS-Verordnung und der ISO 14001. Der *Produktmanager* dieses Produkts ist der Autor.

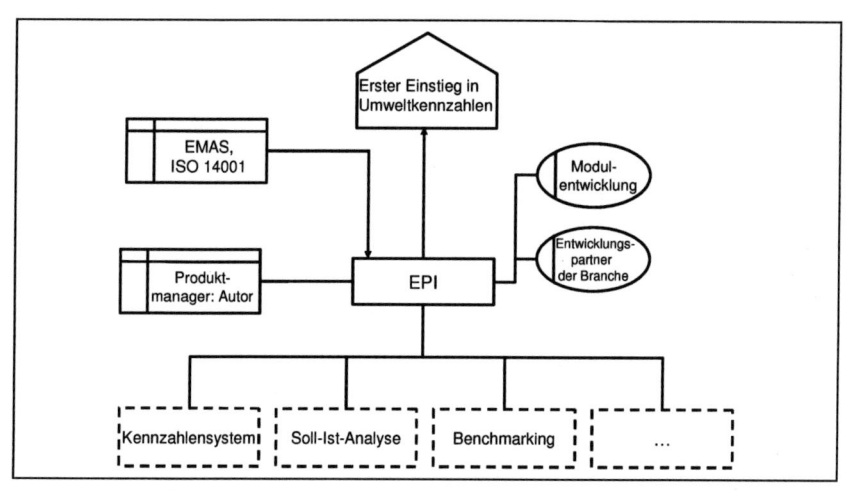

Abbildung 53: Modell des Produkts EPI
(Quelle: Eigene Darstellung, Teile aus Scheer, et al. 2003, S. 41)

Auch lassen sich Produktbündel (vgl. Abschnitt 3.1.1) modellieren. Während „Module" nur die reine Kapselung in Software übertragener Intelligenz darstellen, haben Produkte und Produktbündel einen echten Anwendungsbezug. Oder anders ausgedrückt: Die User sehen die Produkte, jedoch nicht die Module. Erst die Zusammenstellung von einem oder mehreren Modulen und deren anwendungsbezogener Anpassung lassen ein Produkt entstehen. Ein Produkt lässt sich einzeln nutzen. Mehrere Produkte mit oder ohne Module der Community Services ergeben ein Produktbündel. Abbildung 54 zeigt das Modell eines Produktbündels am Beispiel von *onesus*.

Unternehmen beispielsweise die am häufigsten verwendeten Kennzahlen aller Toolbenutzer angezeigt (vgl. Kuhlen 2000, S. 3 und Braun, et al. 2003b, S. 146).

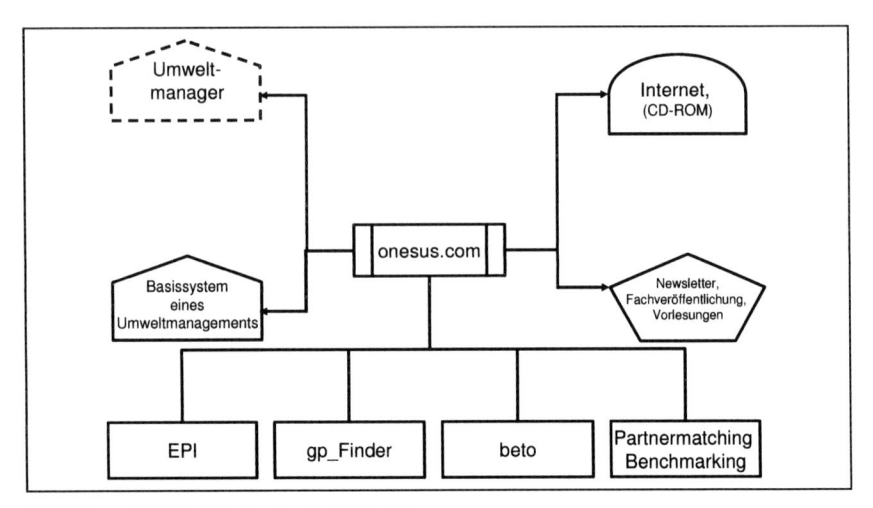

Abbildung 54: Modell des Produktbündels onesus
(Quelle: Eigene Darstellung, Teile aus Scheer, et al. 2003, S. 44)

Das Produktbündelkonzept „onesus" setzt sich aus den *Produkten* EPI (Umweltkennzahlen- und Benchmarking-Tool, vgl. Abschnitt 2.6), gp_Finder (Good-Practice-Tool), beto (Betriebsbeauftragtenermittlung, vgl. Abschnitt 2.7.1) und einem Partnermatching für das Benchmarking zusammen. Eine solche Zusammenstellung ist sinnvoll, da Ergebnisse eines Produktes als Eingabewerte für ein weiteres Produkt fungieren können und somit in der Summe Eingabeaufwendungen reduziert werden. So können bspw. für die mit dem EPI-Tool betrachteten Kennzahlen Good-Practice-Beispiele ermittelt und angezeigt werden. Das beto-Tool benötigt für die Ermittlung der benötigten Betriebsbeauftragten diverse unternehmensspezifische Eckdaten, die wiederum teilweise direkt aus dem User-Konto des EPI-Tools ausgelesen werden können. Gemäß der Branche des Users und der von ihm im EPI-Tool erstellten Kennzahlenvergleiche können die für ihn passenden Benchmarking-Partner ermittelt werden. Das Servicebündel onesus hat als *Zielgruppe* den Umweltmanager und möchte ihm den Zugang zu einem kostenlosen Basissystem eines Umweltmanagements verschaffen (*Primärbedürfnis*, vgl. Abbildung 47). Der *Hauptvertriebsweg* ist das Internet (onesus.com), wobei auch eine Offline-Version auf CD-ROM vorstellbar ist. Als *Marketinginstrumente* werden u.a. Newsletter, Fachveröffentlichungen und Vorstellungen in Vorlesungen eingesetzt (vgl. Abbildung 54). Insgesamt lässt sich onesus als Kern eines schlanken entscheidungsorientierten Online-BUIS vorstellen.

3.1.5 Vorgehensmodell zur Entwicklung von Portal Services

Im Folgenden wird ein Gesamtvorgehenskonzept zur Entwicklung von Portal Services, angelehnt am ab Abschnitt 3.1 beschriebenen planungsprozessorientierten Konzept der Tool- bzw. Service-Entwicklung, vorgestellt. Dieses Konzept basiert auf den gemachten Erfahrungen in der Service-Entwicklung im Projekt Ökoradar, den erstellen Teilkonzepten und Modellen zur Service-Planung (vgl. Abschnitte 3.1.2 bis 3.1.4) und auf verschiedenen Vorgehensmodellen für die Dienstleistungsentwicklung.[536] Es transponiert das in Abschnitt 2.1 vorgestellt Vorgehensmodell (Abbildung 20) von der Objekt- zur Modulorientierung.

Dieses Vorgehenskonzept wird am Beispiel zu entwickelnder Services für ein kundenorientiertes Internet Portal eines Reiseveranstalters skizziert und soll verdeutlichen, dass das Konzept der Service-Entwicklung domänenunabhängig eingesetzt werden kann. Dabei kann ein Modul-Repository wie in Tabelle 14 als Hilfsmittel sowohl in der Planung als auch in der Dokumentation eingesetzt werden.

1. *Welcher Planungsprozess der Kunden soll durch Services unterstützt werden?*:
   Alle Planungsschritte des Kunden bis zur Entscheidung für eine Reise.
2. *Wie sieht dieser Planungsprozess aus?*:
   - Problemfeststellung: „Ich brauche Urlaub"! „Ich benötige ein für meine Bedürfnisse geeignetes Reiseziel" ➔
   - Alternativensuche: „Was entspricht meinen Vorstellungen"?, „Was kann ich mir leisten"? ➔
   - Prognose: „Wie sehen die Wetterbedingungen aus"?➔
   - Alternativenbewertung: „Welche Alternativen werden meinen Preis-/Leistungsverhältnissen entsprechen"? ➔
   - Entscheidungsakt: „Jetzt buche ich die von mir ausgewählte Reise".
3. Optional: Strategiebestimmung zur Service-Entwicklung. Setzen von Schwerpunkten. *Welche Prozessschritte sollen verstärkt unterstützt werden? So könnte bspw. der strategische Schwerpunkt auf die Problemfeststellung im Sinne bedürfnisweckender Maßnahmen gesetzt werden („Sie brauchen Urlaub"!).

---

[536] Zu verschiedenen Vorgehensmodellen für die Dienstleistungsentwicklung vgl. Schneider und Wagner 2003, S. 118ff.

4. *Wie sehen Werkzeuge / Methoden aus, die der Kunde für seinen jeweiligen Planungsschritt benötigt?:*
   - Methoden für Problemfeststellung: So z.b. eine Methode zur Ermittlung der Urlaubsreife. „Wie müde bin ich tagsüber"? „Wie lange kann ich mich konzentrieren"? (Checkliste) ➔
   - Methoden für die Alternativensuche: So z.B. eine geordnete Auflistung der Attribute einer Reise und ihre Ausprägungen (Morphologischer Kasten), aus denen der Kunde die für ihn ungeeigneten Ausprägungen streichen kann. Attribute einer Reise können u.a. sein: Reisedauer, Reisemittel, Zielortklima, Zielortkaufkraft, Mindestaufenthaltsdauer ➔
   - Methoden für die Prognose: So z.b. Trendanalysen von Wetterbedingungen der Zielorte. ➔
   - Methoden für die Alternativenbewertung: So z.B. eine Methode der Kostenberechnung. ➔
   - Entscheidungsakt: „Methode" der Zahlungsabwicklung.

5. *Für welche Methoden sollen Software-technische Module entwickelt werden? Existieren schon Module für entsprechende Methoden (Modul-Repository)? Welche Module können zugekauft werden?* Beispielsweise sind für die „Zahlungsabwicklung" fertige Module am Markt erhältlich, die in Form eines Web Services in ein Internet Portal integriert werden können.[537]

6. *Fachkonzept für zu erstellende Module und für das Produkt bzw. Produktbündel. Erstellung von geeigneten Modellen* (vgl. Abbildung 46 und Abbildung 47). Im hier beschriebenen Beispiel könnte man ein Produkt namens „Planungs- und Zahlungsabwicklung einer Urlaubsreise (PlaZa)" abbilden.

7. *Hinzufügen von geeigneten Community Services zu den Modulkonzepten bzw. Planungsschritten* (vgl. Tabelle 14). So z.B. könnte bei der Alternativensuche ein Partnermatching eingebaut werden, das Alleinstehenden passende Reisepartner für jede Alternative vorstellt. Auch könnte eine Zugriffstatistik die Beliebtheit einer Alternative anzeigen.

8. *DV-Konzept für zu erstellende Produkte bzw. Produktbündel.*
   Müssen für zu erstellende Module zuerst neue EcOObjects entwickelt werden, so erfolgt dies gemäß dem Vorgehensmodell in Abschnitt 2.1 (vgl. Abbildung 20).

---

[537] Vgl. Österle und Reichmayr 2003, S. 566. Web Services werden in Abschnitt 5.2.2 behandelt.

9. Implementierung und Test der zu erstellenden Produkte bzw. Produktbündel, Ablegen der dazu entwickelten Module im Modul-Repository und Integration der Produkte in das Portal.[538]

10. Permanente Evaluation und Optimierung der Produkte.

3.1.6 Strategiebestimmung zur Service-Entwicklung für das Umfeld- und Betriebsradar von Ökoradar

Wie in Abschnitt 1.5.2 skizziert, ist das Portal von Ökoradar in acht Radarschirme unterteilt. Jedes der Themen *Umweltdaten, Umweltpolitik, Umweltziele, Umweltorganisation, Umweltwissen, Umweltkosten, Umweltmarkt und Umwelttechnik* ist in einem Radarschirm abgebildet, wobei jeder dieser Radarschirme in zwei Sichten unterteilt ist: Das Betriebsradar blickt in das Betriebsinnere, das Umweltradar scannt das betriebliche Umfeld nach auf das Unternehmen zukommenden Ereignissen bzw. nach außerhalb des Unternehmens befindlichen Informationsquellen.[539] Insgesamt lässt sich feststellen, dass das Umfeldradar im Vergleich zum Betriebsradar weitaus mehr Elemente einer strategischen Perspektive enthält. Während der Fokus des Betriebsradars eher auf die Verarbeitung von gegenwarts- und vergangenheitsbezogenen Daten gerichtet ist, versucht das Umfeldradar vielmehr eine Brücke zum strategischen Unternehmensmanagement zu schlagen und somit den Schwerpunkt auf die Verarbeitung zukunftsbezogener Daten zu setzen.

SCHULZ und SCHULZ[540] stellen dazu Leitlinien auf, die eine Integration ökologischen Gedankenguts in Unternehmensstrategien unterstützen:

- Konsequente Ausrichtung am umweltrelevanten Kundennutzen
- Ständige Bereitschaft zu Umweltinnovationen
- Mobilisierung menschlicher Kreativität durch betrieblichen Umweltschutz

Die Ausrichtung unternehmensstrategischer Entscheidungen an diesen Leitlinien bedarf einer ständig aktualisierten Datenbasis. So ist es nicht möglich, den umweltrelevanten Kundennutzen in Unternehmensstrategien zu integrieren, wenn man nicht genau über die Kosten-

---

[538] Das Vorgehensmodell „Fachkonzept", „DV-Konzept" und „Implementierung" ist aus dem ARIS-Toolset entnommen (vgl. Scheer 1998a).
[539] Für eine ausführliche Beschreibung der Portal-Struktur siehe Kreeb, et al. 2002.
[540] Vgl. Schulz und Schulz 1993, S. 125ff.

Nutzen-Bedingungen der Produkte informiert ist. So kann bspw. eine Gesetzesänderung zur Produktnutzung das Kosten-Nutzen-Verhältnis eines Produktes ändern. Wenn das produzierende Unternehmen diese Änderung zu spät erkennt, kann dieser Markt verloren gehen.[541] Auch zur Befolgung der zweiten Leitlinie bedarf es aktueller Daten und Prognosen. Hier sind u.a. Trends im Umwelttechnologiemarkt von zentraler Bedeutung, die wiederum stark von gesetzlichen Änderungen und Ressourcenverfügbarkeiten abhängen können.[542]

So weisen SCHULZ und SCHULZ schon 1993 auf die Wichtigkeit des Einsatzes von strategischen Früherkennungssystemen hin.[543] Sie fokussieren hierbei die Methoden „Diffusionsforschung" und „Szenariotechnik". Die Diffusionsforschung (vgl. Tabelle 12, Phase *Problem(fest)stellung*) zählt hierbei die Häufigkeit der Nennung bestimmter Begriffe oder Themen. Diese Zählungen können auf verschiedenen Medien, wie Zeitungen, Fernsehberichte oder im Internet, vollzogen werden. Ein Modul könnte die Logik zur Verwaltung eines Begriffskatalogs bereithalten, der ständig auf seine Vollständigkeit überprüft werden muss. Erscheint in der Medienlandschaft ein neuer Begriff, müsste man (manuell) entscheiden, ob er in den Begriffskatalog mit aufgenommen werden soll. Für alle Begriffe im Katalog werden automatisch Häufigkeitszählungen in Internet-Quellen gemacht und bei signifikanten Änderungen Warnmeldungen ausgegeben.

Die Szenarioanalyse ist eine weitere zentrale Methode von strategischen Früherkennungssystemen (vgl. Tabelle 12, Phase *Problem(fest)stellung*). Diese Methode hilft, Projektionen von der Situation der Gegenwart in die Zukunft zu erstellen. Dabei werden sog. „Best-Case"-, „Worst-Case"- und „Standard-Case"-Szenarien unterschieden.[544] Die Extremszenarien bilden den Rahmen der zu generierenden Handlungsalternativen. Diese Methode kann sich bspw. zum Abschätzen von Auswirkungen neuer Umweltgesetze eignen.

---

[541] So erging es nicht wenigen Unternehmen der Verpackungsindustrie, als Anfang 2003 das Pfandsystem reformiert wurde. Der Bedarf an Weißblechen ging rapide zurück (weniger Dosen), im gleichen Zug gewannen sog. Tetra-Verpackungen an Attraktivität (kein Pfand).
[542] Heizungsinstallationsunternehmen laufen Gefahr, bestimmte Aufträge nicht zu erhalten, wenn sie sich nicht ein umfassendes Know-how im Bereich regenerativer Energien aneignen, bspw. für die Installation von Solar-Modulen.
[543] Vgl. Schulz und Schulz 1993, S. 128ff.: Damals wurde schon der Begriff des „Trend-Radars" kreiert. Dieser Begriff entspricht inhaltlich weitestgehend dem „Umweldradar" von Ökoradar.
[544] Vgl. de la Chevallerie und Servatius 2001, S. 113f.

Ein weiterer Schwerpunkt einer methodischen Unterstützung des Users wird durch die Struktur des Ökoradar-Portals gesetzt: Innerhalb jedes Radarschirms soll der User auf eine Benchmarking-Funktion zugreifen können. Diese zu Beginn der neunziger Jahre aufgekommene Methode zur *strategisch orientierten Gegenwarts- und Zukunftsbeurteilung* (vgl. Tabelle 12) beschreibt ein kontinuierliches Bemühen, sich mit anderen Wirtschaftssubjekten in den Tätigkeiten, Verfahren, Technologien oder Produkten zu vergleichen, Unterschiede zu identifizieren, um daraus wettbewerbsorientierte Zielvorgaben aufzustellen (vgl. Abschnitt 2.4.1.5.4).[545]
So z.B. ist für den Radarschirm „Umweltdaten" ein Vergleich des eigenen Energieverbrauchs mit dem der Mitbewerber und für „Umwelttechnik" ein Vergleich der eingesetzten Technologien vorstellbar, wobei ein Benchmarking qualitativer Größen sicherlich mit Schwierigkeiten verbunden ist (vgl. Abschnitt 2.4.1.5.4).

Da das Portal Ökoradar vor allem die Verantwortlichen kleiner und mittelständischer Unternehmen (KMU) ansprechen soll, die sich bisher gar nicht oder nur unzureichend mit dem Thema des Umweltmanagements bzw. der Nachhaltigkeit beschäftigt haben (vgl. Abschnitt 1.5.2), erscheint es sinnvoll, die User vordringlich in der Planungsprozessphase „Problemfeststellung" mit Tools zu unterstützen.

Somit lassen sich für die Tool-Entwicklungsstrategie bei Ökoradar drei Schwerpunkte setzen:

Für die Sicht „Betriebsradar":
- Entwicklung von Tools und dazugehörenden geeigneten Modulen, insbesondere zur Unterstützung der Planungsprozessphase „Problemfeststellung"

Für die Sicht „Umfeldradar":
- Entwicklung von strategischen Früherkennungsinstrumenten
- Integration von Benchmarking-Funktionalität

Nicht nur in diesem Zusammenhang wird deutlich, dass eine stringente Trennung bzw. Zuordnung von Methoden zu den Perspektiven „operativ" und „strategisch" nicht immer möglich ist. So findet man die einer Szenarioanalyse zutragenden Prognosemethoden in der Aufzählung der operativen Methoden wieder (vgl. Tabelle 10 und Tabelle 12). Des Weiteren ist

---

[545] Vgl. Macharzina 1999, S. 242ff.

eine Benchmarking-Funktionalität auch im Bereich des Betriebsradars grundsätzlich vorstellbar. Dies liegt nicht zuletzt daran, dass jedes (quantitative) Benchmarking auf einem Kennzahlensystem basiert, welches sich in die operativen Methoden einreiht (vgl. Tabelle 8). Somit kann Benchmarking in diesem Zusammenhang einer „taktischen" Perspektive zugeordnet werden, da einerseits die aus einem Benchmarking-Projekt resultierenden Handlungsvorgaben von den bereits existierenden Unternehmenszielen ableitbar sein müssen. Andererseits können in den Ergebnissen eines Benchmarking etablierte Unternehmensprozesse und -strukturen in Frage gestellt werden, so dass hieraus resultierende Erkenntnisse in den übergeordneten Zielfindungsprozess des Unternehmens einfließen, also die Unternehmenspolitik zumindest indirekt beeinflussen.[546]

3.2 Weiterentwicklung des Konzepts einer technologiebezogenen Tool-Plattform

Die in Abschnitt 2.5.2 vorgestellte Tool-Plattform des ersten Prototyps gilt es nun hinsichtlich der in Abschnitt 3.1 gewonnenen Erkenntnisse zur Tool-Planung zu erweitern. Der nächste Schritt besteht darin, die Idee der EcOObjects mit dem Konzept der Modularisierung (vgl. Abschnitt 3.1.1) zu verknüpfen. Dieser Modularisierungsgedanke wird auch auf zwei weitere Konstruktionen übertragen: die Modultypen EcoWizards und EcoAvatar.

3.2.1 EcOObjects

Die in diesem Projekt zuerst identifizierten EcOObjects haben einen ausgeprägten Methodencharakter. EcOObjects konnten in der ursprünglichen Definition aus einer oder mehreren Klassen bestehen (vgl. Abschnitt 2.5.2). So konnten neben dem EcOObject „Umweltkennzahlen" noch weitere Objekte wie „Umweltbilanz" oder „Umweltbericht" identifiziert und in ersten Ansätzen in die Planungen und Implementierung mit aufgenommen werden. Um nun die Idee der EcOObjects, einer Kapselung Umweltmanagement-relevanter Inhalte auf Klassenebene, mit der in Abschnitt 3.1 diskutierten (planungs-) methodenorientierten Modularisierung von Systeminhalten zu verknüpfen, bedarf es einer modifizierten Aufgabenverteilung zwischen den Abstraktionsebenen „Objekt" und „Modul".

In Abbildung 55 wird diese modifizierte Aufgabenverteilung aufgezeigt (Pfeil in der unteren Hälfte der Abbildung). Vormals aus mehreren Klassen zusammengefasste EcOObjects verlieren nun ihre Moduleigenschaft. Ein EcOObject stellt somit eine Instanz *einer* Klasse mit

---

[546] Vgl. Leifried und McNair 1996, S. 37.

Umweltmanagement-relevanten Inhalten dar. Die in Abbildung 24 beschriebenen Hilfsklassen, instantiiert als Presentation-, Database und System-Objects, bleiben in ihrer Form und Funktion erhalten. Ein EcOObject wird nun ein Baustein einer oder mehrerer Methoden bzw. eines oder mehrerer Module des Planungsprozesses.

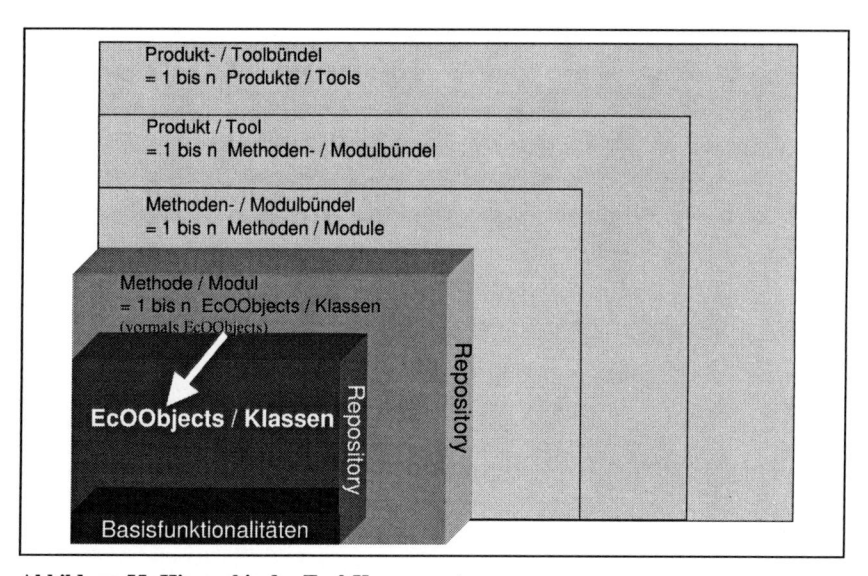

Abbildung 55: Hierarchie der Tool-Komponenten
(Quelle: Eigene Darstellung)

Die Hierarchieelemente der Abbildung 55 sind in eine fachliche und eine technische Sicht unterteilt. Während EcOObjects, Methoden, Methodenbündel, Produkte und Produktbündel von der Technik weitgehend losgelöste Gegenstände sind und unterschiedliche Granularitäten eines Fachkonzepts aufzeigen, ziehen mit Klassen, Modulen, Modulbündeln, Tools und Tool-Bündeln technologienahe Begriffe ein, welche Inhalte eines DV-Konzepts auf unterschiedlichen Abstraktionsniveaus repräsentieren.

Einmal als Software-technische Module entwickelte Methoden werden in einem Modul-Repository abgelegt (vgl. Abbildung 55, vgl. auch Abbildung 50 und Abschnitt 3.1.1). Zusätzlich bleibt weiterhin die in Abschnitt 2.1 (Abbildung 20) beschriebene Klassenbibliothek bestehen. Diese Klassenbibliothek stellt ein Repository auf Klassen- bzw. Objektebene dar. Somit entsteht eine Interdependenz zwischen diesen beiden Repositories: Entstehen neue

Module, so kann es sein, dass zu den bestehenden Klassen weitere entwickelt werden müssen. Und erst eine erweiterte Klassenbibliothek kann die Entwicklung neuartiger, bisher noch nicht erdachter Module überhaupt erst möglich machen. Abbildung 56 beschreibt dieses Prinzip der Modulbildung aus Klassen.[547]

---

[547] Vgl. Stahlknecht und Hasenkamp 2002, S. 304.

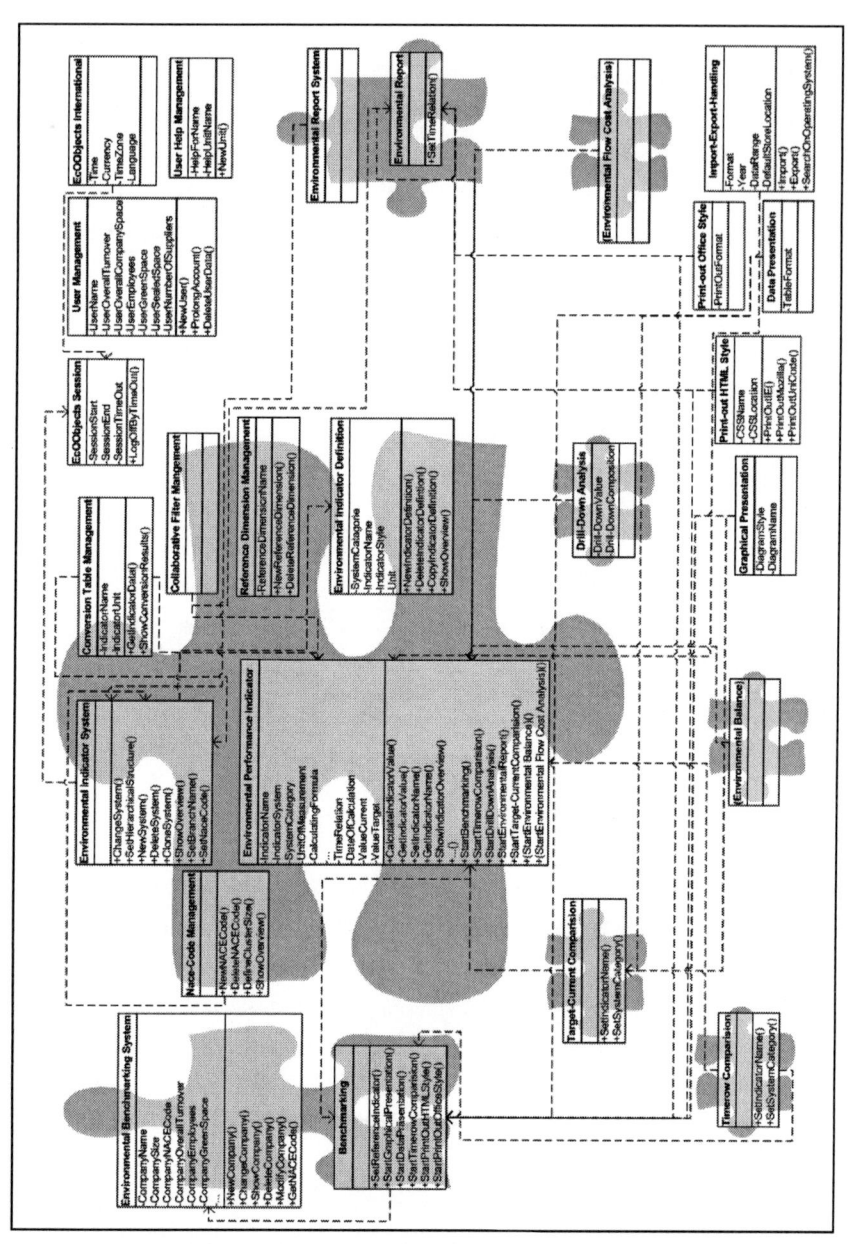

Abbildung 56: Module, gebildet aus EcOObjects (Konzept)
(Quelle: Eigene Darstellung, in Anlehung an die Präsentation des Beitrags Braun, et al. 2003c)

In Abbildung 56 erkennt man die aus Klassen (EcOObjects) zusammengefassten Module, deren Außengrenzen durch Puzzle-Symbole angezeigt werden (vgl. Abbildung 50). Die Darstellung der Klassen erfolgt in Form eines vereinfachten statischen Strukturdiagramms (Klassendiagramm ohne Kardinalitäten) gemäß der UML-Modellierungsnotation (UML = Unified Modeling Language), wobei die Pfeilspitze an einer Klasse die Abhängigkeit der damit verbundenen anderen Klasse bedeutet.[548] Daneben erkennt man Klassen, die keinen konkreten Modulen zugeordnet werden konnten. Die „losen" Klassen bilden neben den in Abschnitt 2.5.2 beschriebenen „Presentation Objects", „System Objects" und „Database Objects" weitere Klassen der Infrastruktur des Gesamtsystems oder gehen in diesen auf, wie bspw. das Session- und User-Management, aber auch Klassen für das Import-Export-Handling von Daten oder für die Formatierung der Daten in bestimmte Darstellungsformen.

In Abbildung 56 erkennt man als großes Puzzle-Stück das Kernmodul „Environmental Indicator", mit deren zentralen Klassen (EcOObjects) „Environmental Performance Indicator", „Environmental Indicator Definition" und „Environmental Indicator System". Daneben besitzt dieses Modul weitere Klassen, so zur Umrechnung von bestimmten Kennzahleneinheiten („Conversion Table Management") oder zum Management von NACE-Codes („Nace-Code Management"). Weitere Module wie z.B. das Benchmarking, die Umweltberichterstattung und die Soll-Ist-Analyse („Target-Current-Comparision") sind definierbar.

3.2.2 EcoWizards

Neben dem oben vorgestellten Modultyp „EcOObjects" kann für die in den Abschnitten 2.7.1 und 2.7.2 vorgestellten Betriebsbeauftragten- und Verkehrskennzahlen-Tools (beto und veto)[549] ein weiterer Modultyp konstruiert werden. Beide Tools basieren auf einer interaktiven Form von Checklisten. Die seitenweise Beantwortung von Fragen samt einer Auswertung der Antworten können als übergreifende Muster dieser Tools angesehen werden. Dieses Muster kann über den Modultyp der sog. EcoWizards Software-technisch abgebildet werden. EcoWizards kombinieren die bekannten Prinzipien von Checklisten mit einfach anzuwendenden Web-Applikationen, so dass der User auf bequeme Weise eine mit diesem Modul definierte Checkliste ausfüllen kann. Ist sie ausgefüllt, wird dem User die Antwortauswertung in Form von Graphiken, Skalen und Textbausteinen präsentiert. Ein Wizard stellt für den User eine

---

[548] Vgl. Balzert 1999, S. 115f.

bestimmte Abfolge von Abfrageseiten bereit. Ähnlich wie bei einem Software-Installationsprogramm wird der User Schritt für Schritt durch das Programm geführt. Ziel einer solchen User-Begleitung ist es, den User vor einer Informationsüberfrachtung zu bewahren. So kann diese Art von internetgestützten Checklisten ein wichtiges Hilfsmittel gerade für unerfahrene User bzw. für im Umweltmanagement unerfahrene Mitarbeiter sein.[550]

Das objektorientierte Entwicklungsdesign des EcoWizards-Moduls erlaubt eine schnelle Anpassung des Software-Codes an spezifische Anforderungen, so dass eine effiziente Entwicklung von auf diesem Modul basierenden Tools möglich ist. In einem weiteren Entwicklungsschritt wäre hier zu untersuchen, ob das EcoWizards-Modul auch durch EcOObjects sinnvoll abgebildet werden kann. Insgesamt können auf Basis des EcoWizards-Moduls entwickelte Tools eine sinnvolle Ergänzung für weitere Tools darstellen. So könnte der User bspw. bei der Eingabe von speziellen Kennzahlen in das EPI-Tool durch dafür speziell gestaltete Checklisten unterstützt werden, die den User bei allen Schritten vor der Eingabe (Daten sammeln und umrechnen) unterstützen.[551]

3.2.3 EcoAvatar

Einen speziellen Modultyp stellt der in Abschnitt 2.7.4 vorgestellte EcoAvatar dar. Dieses Modul kann einige Methoden des Planungsprozesses (vgl. Abschnitt 3.1.2.2) sinnvoll unterstützen. Es verkörpert eine Art Community Service (vgl. Abschnitt 1.8.2). So kann mit Hilfe eines Avatars dem User eine fachliche Begleitung beim Ausfüllen einer Checkliste oder eines Umfragebogens gegeben werden. Aber auch für Einstellungs- und Haltungsanalysen diverser Anspruchsgruppen und Imagemessungen kann ein Avatar eingesetzt werden. Ebenfalls lässt sich ein Avatar als Moderator einer Brainwriting-Sitzung einsetzen. Insgesamt geht das Einsatzpotenzial eines Avatars weit über die bloße Animier- und Informationsfunktion eines Portal-Users hinaus, wobei im Falle des Umweltmanagements die Effekte einer Nutzung im Sinne eines Ecotainment[552] nicht zu unterschätzen sind. Um die Effizienz des Umweltmanagements zu erhöhen, sollten Anstrengungen unternommen werden, die Avatar-Technologie zur Schaffung von einfachen virtuellen Umweltmanagementexperten zu nutzen.[553]

---

[549] Vgl. Hermann 2002.
[550] Vgl. Braun, et al. 2004, S. 155.
[551] Vgl. Braun, et al. 2004, S. 156f.
[552] Vgl. Kreeb 2001b, S. 73ff.

Abbildung 57 zeigt die Architektur des ersten EcoAvatar-Prototypen „Gaia". Auf der Präsentationsebene wird das „Gesicht" des Avatars geformt. Durch die Dreiteilung der Architektur lassen sich die unter der Präsentationsebene arbeitenden Komponenten leicht in andere Avatar-Gestalten bzw. andere Portale implementieren. Das Herz des Moduls oder vielmehr des Systems stellt die Opensource-Chatbotsoftware "Alicebot" dar, die von der A.L.I.C.E AI Foundation in der Version "Program D" angeboten wird (Applikationsebene). Die Funktion dieser Komponente ist die Simulation eines Gesprächspartners durch die Fähigkeit, auf eingegebene Fragen des Users zu antworten.[554]

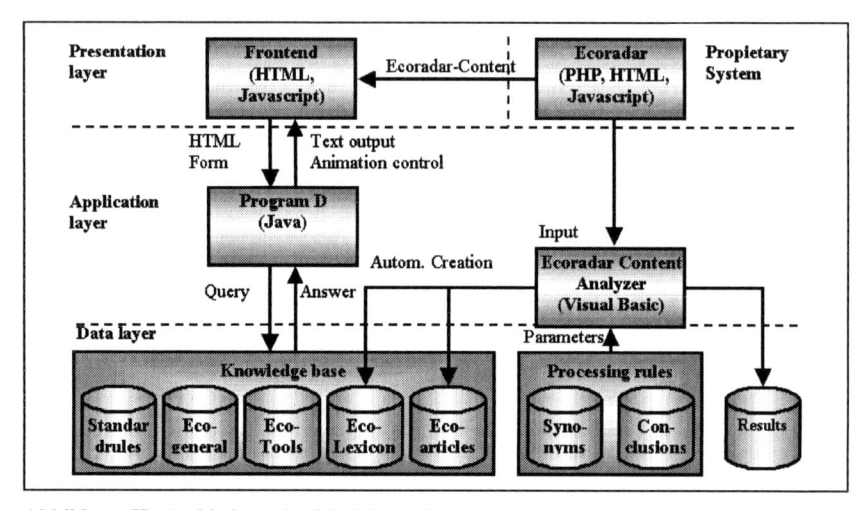

Abbildung 57: Architektur des Modultyps EcoAvatar
(Quelle: Braun, et al. 2004, S. 154; in Anlehnung an Nicolescu 2003, S. 97)

Das Wissen zur Beantwortung der vom User an den Avatar gestellten Fragen liegt in Form von Regeln auf der Datenebene vor. Eine Regel bildet eine Wenn-Dann-Beziehung ab. Die Wissensdatenbank besteht aus sechs Bereichen („Knowledge base"). In „Standard rules" sind gewöhnliche Floskeln bzw. deren Regeln eines oberflächlichen Gesprächs abgelegt. In „Eco-general" sind Regeln zur Beantwortung von allgemeinen Fragen zum Umweltmanagement enthalten. „Eco-Tools" umfasst u.a. Regeln der Guided Tour des Portals. Während diese Regeln von Hand eingepflegt werden müssen, werden die Regeln des „Eco-Lexicon" und der

---

[553] Vgl. Braun, et al. 2003a, S. 100.
[554] Vgl. Braun, et al. 2004, S. 153.

„Eco-articles" mit Hilfe des Content Analyzer automatisch erstellt. Der Content Analyzer durchsucht dabei die Artikel und Lexikoneinträge des Portals und erstellt unter Zuhilfenahme von Synonymgruppen neue Wissensregeln.[555]

In der Güte der Regeln hinsichtlich ihrer Fähigkeit, eine für den User weiterführende Antwort zu generieren, liegt das größte Optimierungspotenzial des EcoAvatar-Moduls. Diese Regeln repräsentieren die Intelligenz eines Avatars. Analog zur Steigerung dieser Intelligenz kann ein Avatar in anspruchsvolleren Anwendungsszenarien eingesetzt werden.

3.2.4 Technische und administrative Einbettung der Tools in die Systemarchitektur

Tools bzw. Services auf Basis der oben vorgestellten Modultypen müssen in den technischen Kontext einer Systemgesamtarchitektur gesetzt werden. Abbildung 58 zeigt die Gesamtarchitektur des Portals Ökoradar. Sie ist über die Projektlaufzeit weiterentwickelt und optimiert worden und kann als konzeptioneller Bauplan für das Gestalten weiterer Portale eingesetzt werden.[556]

---

[555] Vgl. Braun, et al. 2004, S. 153f.
[556] Für weiterführende Informationen zur technischen Architektur von Ökoradar vgl. Maute 2001.

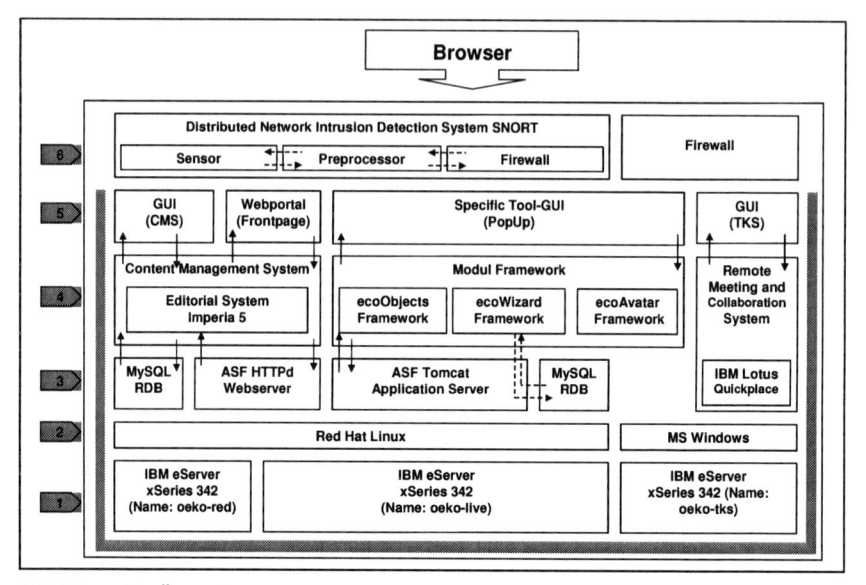

Weiterentwicklung des Konzepts einer technologiebezogenen Tool-Plattform

Abbildung 58: Überblick über die Gesamtarchitektur des Portal-Systems
(Quelle: In Anlehnung an Braun, et al. 2004, S. 149 und Maute 2001)

Durch die Aufteilung der Architektur in mehrere logische Ebenen und Komponenten können Abhängigkeiten und Variationsfreiräume für die Gestaltung des Systems aufgezeigt werden. So ist es hier z.B. möglich, ab Ebene 3 „Datenbank und Applikation unterstützende Ebene" bis Ebene 5 „Präsentationsebene" das Telekooperationssystem (TKS; IBM Lotus Quickplace) aus dem Gesamtsystem herauszunehmen oder es durch andere Produkte zu ersetzen. Das dazugehörige Windows-System (Ebene 1 „Hardware-Ebene" und 2 „Betriebssystemebene") und die Firewall (Ebene 6 „Sicherheitsebene") müssen jedoch weiter betrieben werden, da Teile des „Modul Framework" ebenfalls diese Komponenten nutzen.[557]

Die Komponente „Modul Framework" ist in die Ebene 4 „Applikationsebene" eingebettet. Bei der Entwicklung von Modulen für das Modul Framework ist darauf zu achten, dass insbesondere die für eine Interoperabilität mit den darunter liegenden Komponenten (Internet Application Server und Datenbank) nötigen Transaktionen nicht jeweils in die einzelnen Module implementiert werden, sondern dass von allen Modulen eine allgemeine Infrastruktur-

---

[557] Für weiterführende Beschreibungen der Ebenen der Gesamtarchitektur und zur Wartung der Komponenten vgl. Braun, et al. 2004.

Software verwendet werden kann. Somit bleiben die entwickelten Module auch auf andere System-Plattformen portierbar (Module sind nicht proprietär).

4 Die Wirkung der Innovation im Feld

Nachdem in Kapitel 2 die fachlichen und technologischen Grundlagen eines Tool- bzw. Service-Prototyps (EPI) geschaffen worden waren, lag in Kapitel 3 der Schwerpunkt auf der Entwicklung einer umfassenden Service-Planung. Dieser fachlich-strategisch-technologisch gestaltete Diskurs ist von einer eher ingenieurwissenschaftlichen Sichtweise geprägt. Die Untersuchung der *Wirkung* der *Innovation internetgestützter Services für ein Nachhaltiges Management* wurde bisher ausgeklammert. Diese eher sozialwissenschaftliche Fragestellung setzt das „System EPI" in einen größeren Kontext bzw. größeres System, so dass die Innovation ein Teilsystem oder ein Element des größeren Systems wird. Dieses größere System umfasst die Innovation zusammen mit den diese Innovation nutzenden Menschen (z.b. Verantwortliche des Umweltmanagements) und weiteren Systemelementen. Um die Abhängigkeiten der verschiedenen Systemelemente zu verstehen, ist Systemwissen notwendig. „Ein zentraler Vorteil [..] *von [eingefügt durch den Autor]* Fallstudien ist die Möglichkeit der Übermittlung von Systemwissen".[558] Diese Übermittlung geschieht durch das Eintauchen des Forschers in das Feld bzw. das System. Die Möglichkeit, an praxisbezogenes Wissen zu gelangen, macht Fallstudien zu einer hervorragend geeigneten Methode für die Erforschung von Services.[559] Um für die Weiterentwicklung des Service *EPI* an praxisbezogenes Wissen zu gelangen, wurden Fallstudien in real existierenden Nutzungsumgebungen durchgeführt.

4.1 Fallstudie als eine Evaluationsmethode der Pilotierung

Evaluierung wird als Bewertungsprozess verstanden. Die zu beurteilenden Eigenschaften stellen die zentralen Aspekte eines Bewertungsprozesses dar. Untersucht werden die dem jeweiligen Bewertungsobjekt zugrunde liegenden strukturellen und dynamischen Eigenschaften, wie bspw. funktionale Korrektheit, leistungsmäßige Effektivität, Strukturiertheit, Realitätstreue und Zuverlässigkeit. Dieser Bewertungsprozess kann sowohl empirische und analytische als auch simulative Methoden umfassen.[560]

---

[558] Nägele und Vossen 2003, S. 536.
[559] Vgl. Nägele und Vossen 2003, S. 536.
[560] Vgl. Hallmann 1990, S. 47.

Eine zentrale Evaluationsmethode in der empirischen Sozialforschung stellt die *Fallstudie* dar.[561] Die Fallstudie kann als eine Forschungsstrategie verstanden werden, die über die Untersuchung von Einzelfällen die dynamische Gegenwart verstehen bzw. erklären will. YIN definiert eine Fallstudie als

> "A case study is an empirical inquiry that
> - investigates a contemporary phenomenon within its real-life context, especially when
> - the boundaries between phenomenon and context are not clearly evident".[562]

Eine Fallstudienforschung kann sich auf einen Einzelfall oder mehrere Fälle beziehen. Überdies können Fallstudien nach einem den jeweiligen Rahmenbedingungen zugeschnittenen Design ausgestaltet sein, welches sich über mehrere Analyseebenen innerhalb einer einzelnen Studie erstrecken kann. Typischerweise verknüpfen Fallstudien Methoden zur Datensammlung aus dem Fundus des quantitativen und qualitativen Forschungslagers, wie bspw. Dokumentationen, Archivrecherchen, Interviews, Fragebögen und Beobachtungen.[563] Schließlich können Fallstudien zur Verfolgung der verschiedenen Forschungszwecke eingesetzt werden: zur Generierung von Hypothesen (explorativ), zur Überprüfung von Hypothesen und Theorien (explanativ) und zur Beschreibung von Populationen und Phänomenen (deskriptiv).[564]

Angelehnt an die jeweiligen Forschungszwecke und auch Forschungslager, haben verschiedene Autoren bestimmte Fallstudiendesignmuster entworfen. Im Folgenden werden die Designmuster „Theoriebildung durch Fallstudien", „Theorieprüfung durch Fallstudien" und „Interpretative Fallstudien" näher beschrieben, um dann in einem weiteren Schritt aus dieser theoretischen Grundlage das Design der in dieser Arbeit unternommenen Fallstudien zu entwerfen.

EISENHARDT hat ein Fallstudiendesignmuster in Form eines Vorgehensmodells für die *Theoriebildung durch Fallstudien* entwickelt.[565] Tabelle 16 erklärt die einzelnen Schritte dieses Vorgehensmodells.

---

[561] Vgl. Kromrey 1994, S. 426.
[562] Yin 1994, S. 13.
[563] Vgl. Yin 1994, S. 78ff.
[564] Vgl. Eisenhardt 1989, S. 534f.
[565] Vgl. Eisenhardt 1989, S. 532ff.

Phase	Aktivität	Grund
1. Beginn	Formulierung der Forschungsfragen; Möglicherweise Bildung von a priori Konstrukten	Bündelt Anstrengungen; Verbessert die Messung von Konstrukten
	Weder Theorie noch Hypothesenbildung	Bewahrt theoretische Flexibilität
2. Fallstudienauswahl	Theoretisch, keine Zufallsauswahl	Konzentriert Anstrengungen auf theoretisch nutzenstiftende Fälle - d.h. solche, die Theorien bestätigen bzw. erweitern
3. Erstellen von Instrumenten und Vorgehensweisen	Multiple Datenerhebungsmethoden	Stärkung der Theoriegrundlage durch unterschiedliche Belege
	Kombination von qualitativen und quantitativen Daten, mehrere Forscher	Fördert unterschiedliche Sichtweisen und stärkt die theoretische Fundierung
4. Arbeit im Feld	Überlappung von Datenerhebung und -analyse, Integration von Hinweisen aus dem Feld; Flexible und opportunistische Datenerhebungsmethoden	Beschleunigt Analyse und deckt Möglichkeiten zur Anpassung von Datenerhebungsmethoden auf; Forscher können Vorteile aus auftauchenden Fragen und einzelnen Falleigenschaften ziehen
5. Datenanalyse	Interne Fallstudienanalyse	Erzeugt Datenvertrautheit und vorläufige Theoriebildung
	Fallstudienübergreifende Suche nach Mustern mit unterschiedlichen Methoden	Bestärkt Forscher darin, erste Eindrücke zu hinterfragen und Belege aus unterschiedlichen Standpunkten zu betrachten
6. Hypothesengenerierung	Iteratives Anführen von Belegen für jedes Konstrukt	Verbessert die Messbarkeit und Definitionsvalidität des Konstrukts
	Suche nach fallübergreifenden Mustern durch Replikation	Bestätigt, erweitert und verbessert Theorie
	Suche nach Belegen für das "Warum", das hinter den Verbindungen steht	Schafft interne Validität
7. Literaturanalyse	Vergleich mit widersprechender Literatur	Schafft interne Validität, erhöht das theoretische Niveau und verbessert Konstruktdefinitionen
	Vergleich mit ähnlicher Literatur	Verbessert Generalisierbarkeit und Konstruktdefinition und erhöht das theoretische Niveau
8. Forschungsabschluss	Festigung der Theorie (wenn möglich)	Beendigung des Iterationsprozesses, wenn Grenznutzen weiterer Fälle marginal ist

Tabelle 16: Vorgehensmodell für die Theoriebildung durch Fallstudien
(Quelle: In Anlehnung an Eisenhardt 1989, S. 533)

Zu allererst ist es von zentraler Bedeutung, die Forschungsfrage zumindest in skizzierter Form zu beschreiben, um nicht einer unkontrollierten Datenmasse zu erliegen (vgl. Phase *Beginn*, Tabelle 16). Ein weiterer hilfreicher Schritt zur Definition des Grobdesigns einer theoriebildenden Untersuchung kann die vorab festgelegte Bestimmung von sog. Konstruktoren sein. So z.B. könnten „Konflikt" und „Macht" geeignete Konstruktoren einer Studie zum strategischen Entscheidungsprozess im Top-Management sein, die dann explizit im Interviewprotokoll und in Fragebögen gemessen werden könnten. Des Weiteren sollte, so gut es möglich ist, ohne jegliche Theorie und Hypothesen gestartet werden, da voreingenommene theoretische Perspektiven und Behauptungen das Blickfeld des Forschers zu sehr einengen können.[566]

Ein weiterer wichtiger Schritt ist die Selektion adäquater Fälle (vgl. Phase *Fallstudienauswahl* Tabelle 16). Dazu ist es notwendig, in die (statistische) Verteilung der Gesamtheit möglicher Untersuchungsobjekte Einblick zu haben. Im Gegensatz zum klassischen experimentellen Testen von Hypothesen, wo Forscher per Zufallsprinzip Fälle aussuchen, werden im theoriebildenden Forschungsdesign solche Fälle ausgewählt, die mit einer guten Wahrscheinlichkeit zu replizieren sind oder sich dazu eignen, eine entstehende Theorie auszubauen. In der theoriebildenden Forschung werden typischerweise mehrere Methoden zu Datensammlung miteinander verknüpft, wobei fortgeschrittene Forscher über den Einsatz der klassischen Methoden hinaus Freiraum für individuelle Methodenkonstruktionen besitzen (vgl. Phase *Erstellen von Instrumenten und Vorgehensweisen*, Tabelle 16). Hier kommt insbesondere der Kombination von quantitativen und qualitativen Ansätzen eine besondere Bedeutung zu. Auch kann der Einsatz mehrerer Forscher dazu beitragen, das Kreativitätspotenzial und das Vertrauen in die Ergebnisse der Studie zu erhöhen.[567]

Für die Theoriebildung durch Fallstudien ist es typisch, immer wieder die Datensammlung mit der Datenanalyse zu überlappen (vgl. Phase *Arbeit im Feld*, Tabelle 16). Wichtiges Element dieser Überlappung sind während des Feldzugangs erstellte Notizen, die zur Bewusstseinswerdung des Forschers über die Ereignisse während des Forschungsprozesses beitragen. Um aufkommenden Fragestellungen oder Gelegenheiten zu begegnen, können während des Datensammlungsprozesses Anpassungen vorgenommen werden. Eine Anpassung kann sowohl das Hinzufügen von weiteren Fällen als auch von weiteren Instrumenten zur Datensammlung sein. In der *Analysephase* (vgl. Tabelle 16) sollte man zwei Prinzipien verfolgen. Das erste Prinzip der *Intra-Fall-Datenanalyse* tritt dem Problem der oft aus Fallstudienuntersuchungen resultierenden Datenflut entgegen. Insbesondere bei Mehrfalluntersuchungen ist es notwendig, über jeden Fall zusammenfassende Berichte zu erstellen, welche die Datenmenge komprimieren. Das zweite Prinzip der *Inter-Fall-Datenanalyse* richtet seinen Fokus auf die

---

[566] Vgl. Eisenhardt 1989, S. 536.

Erkennung von Mustern zwischen den Fällen. Somit kann der Blick der Forscher für neue Eindrücke und Sichtweisen auf das Datenmaterial geschärft werden.[568]

Die aus den verschiedenen Vorgehensweisen der Datenanalyse resultierenden Eindrücke, können sich nun zu Konzepten und möglicherweise zu Beziehungen zwischen Variablen herausbilden (vgl. *Hypothesengenerierung*, Tabelle 16). Dieser sich herausbildende kognitive Rahmen muss nun systematisch und iterativ mit jedem Fall verglichen werden. In der Logik einer Replikation verstärken nun diejenigen Fälle das Vertrauen in die Gültigkeit der Variablenbeziehungen, welche die sich herausbildenden Beziehungen bestätigen. Fälle, welche die Beziehungen widerlegen, können zu einer Verfeinerung und Ausweitung der Theorie beitragen. Ein weiteres wichtiges Element der theoriebildenden Fallstudienforschung ist das Vergleichen des sich herausbildenden Rahmens bzw. der sich herausbildenden Variablenbeziehungen mit geeigneter Literatur, um Ähnlichkeiten und Gegensätze zu erkennen (Phase *Literaturanalyse*, Tabelle 16). Diese kann zur Verbesserung der internen Validität und der Generalisierbarkeit der gebildeten Theorie führen und die gesamte Untersuchung auf ein konzeptionell höheres Niveau anheben.[569]

Die Stärke dieser Theoriebildung aus Fallstudien ist die hohe Wahrscheinlichkeit, neue Theorien zu entwickeln und alte Denkstrukturen aufzubrechen. Durch das iterative Design wird der Falsifizierungsprozess erleichtert. Darüber hinaus weist die generierte Theorie mit hoher Wahrscheinlichkeit eine Konsistenz mit den empirischen Daten auf. Jedoch gehören zu den Schwächen die Möglichkeit einer durch die intensive Nutzung von empirischem Material übermäßig komplex geratenen Theorie und einer aus Fällen abgeleiteten zu eng gefassten und überempfindlichen Theorie. Zusammenfassend kann man die Theoriebildung aus Fallstudien als geeignete Methode bezeichnen, um in einem frühen Stadium der Beforschung eines Themas erste Beziehungsstrukturen (Theorien) zu erkennen und zu bilden – oder einer eingefahrenen Sichtweise auf ein Thema neue Frische zu verleihen.[570]

Ein weiteres Designmuster einer Fallstudie konzentriert sich nicht auf die Bildung von Theorien, sondern auf die *Theorieprüfung*. Angelehnt an das hypothetisch-deduktive Forschungs-

---

[567] Vgl. Eisenhardt 1989, S. 536ff.
[568] Vgl. Eisenhardt 1989, S. 538ff.
[569] Vgl. Eisenhardt 1989, S. 544f.
[570] Vgl. Eisenhardt 1989, S. 546ff.

konzept des Positivismus, übertragen SARKER/LEE und MARKUS dieses Konzept auf ein Vorgehensmodell zur Prüfung von Theorien durch Fallstudien:[571]

1. Formulierung der Forschungsfrage
2. Auswahl einer oder mehrerer Theorien, die man testen möchte
3. Darlegen der Annahmen der Theorien
4. Auswahl einer Fallstudie (mehrerer Fallstudien), die den Annahmen der Theorie nicht widerspricht und geeignet erscheint, die Theorie zu verifizieren
5. Ableitung von Behauptungen/Vorhersagen/Hypothesen aus den Theorien
6. Überprüfung der Fallstudie auf die methodischen Anforderungen
7. Überprüfung der Behauptungen/Vorhersagen/Hypothesen am Fall; entweder Falsifizierung oder vorläufige Bestätigung

Vor dem Hintergrund der in der Theorieprüfung durch Fallstudien offenkundig werdenden Parallelen der Sozialforschung zur klassischen positivistischen Vorgehensweise in den Naturwissenschaften nennt LEE vier Anforderungen an eine Fallstudienforschung (vgl. Tabelle 17).

---

[571] Vgl. Sarker und Lee 2002 und Markus 1983.

1. Kontrollierte Beobachtungen
In Fallstudien kann nicht die laborgemäße Kontrolle von Experimenten erfolgen. Diesem Problem soll man über die sog. natürliche Kontrolle begegnen. Hier variiert man nicht mehr (wie in einem Laborexperiment üblich) den Betrachtungsgegenstand, sondern man hält den Betrachtungsgegenstand (den Menschen als Betrachtungsobjekt) „konstant" und variiert sein natürliches Umfeld. Nach der Variation des Umfelds kann nun der Forscher das (veränderte) Verhalten des Betrachtungsobjektes beobachten. Dadurch kann man zu dem Schluss kommen, Fallstudien als eine Art natürliches Experiment zu bezeichnen.
2. Kontrollierte Schlussfolgerungen
Daten von Fallstudien sind meist auch qualitativer Natur (verbale Daten). Basierend auf diesen Daten gemachte falsche Ableitungen können ein Beleg einer Selbsttäuschung des Forschers sein. Dieser Problematik kann man dadurch begegnen, dass man das Denkgerüst der hypothetisch-deduktiven Vorgehensweise auch für verbale Behauptungen (ungleich mathematischen Behauptungen in den Naturwissenschaften) als formal logisch akzeptiert. Dies soll an einem Beispiel verdeutlicht werden: „Alle Männer sind sterblich" ist eine Theorie, die Rahmenbedingung bzw. die Annahme ist „Sokrates ist ein Mann", die Hypothese bzw. abgeleitete Voraussage ist „Sokrates ist sterblich", die Beobachtung, die man macht, ist „Sokrates stirbt". Daraus ergibt sich die Bestätigung der Theorie „Alle Männer sind sterblich".
3. Möglichkeit der Replikation
Replikation bedeutet in den Naturwissenschaften die Wiederholung einer Beobachtung zur Sicherung einer objektiven Forschung. Da sich die Beobachtungen eines Falles aufgrund der in Realität wechselnden Rahmenbedingungen nicht wiederholen lassen, müssen andere Möglichkeiten der Replikation gefunden werden. LEE schlägt hier das Testen der gleichen Theorie der ersten Fallstudie unter verschiedenen Annahmen vor. „Plato ist ein Mann" wäre die veränderte Annahme, daraus ergibt sich die neue Voraussage „Plato ist sterblich". Die Beobachtung ist „Plato stirbt". Somit bleibt die Theorie „Alle Männer sind sterblich" bestätigt.
4. Möglichkeit der Generalisierung
Die Generalisierbarkeit beschreibt die Güte einer Theorie, die getestet und in einer Vielfalt von Rahmenbedingungen bestätigt wurde. Diese Verallgemeinerung der Gültigkeit einer Theorie kann man in der Regel durch Hinzuziehen weiterer Fälle (veränderte Rahmenbedingungen) erreichen.

Tabelle 17: Anforderungen an eine Fallstudienforschung
(Quelle: In Anlehnung an Lee 1989, S. 34ff.)

Interpretative Fallstudien stellen ein weiteres Designmuster für den Aufbau einer Fallstudienuntersuchung dar. Interpretative Fallstudien ähneln sich im Aufbau und Inhalt der Ethnographie, wobei der Forscher im Gegensatz zur Ethnographie weniger lange im Feld verbringt und nicht unbedingt ein Teil der zu untersuchenden Gruppe wird. In der interpretativen Forschung werden keine abhängigen oder unabhängigen Variablen vordefiniert. Der Fokus liegt vielmehr auf der Komplexität menschlichen Handelns im jeweiligen situativen Kontext und auf dem Versuch, Phänomene durch die Bedeutung, die ihnen die Menschen zuweisen, zu verstehen.[572] Bezogen auf den Einsatz in der Beforschung von Informationssystemen, haben interpretative Methoden die Funktion, ein Verständnis für den Kontext des Informationssys-

---

[572] Vgl. Klein und Myers 1999, S. 67ff.

tems herzustellen und den Prozess zu verstehen, wie das Informationssystem den Kontext bzw. wie der Kontext das Informationssystem beeinflusst.[573]

Der besondere Charakter einer interpretativen Fallstudie wird weniger durch ein spezifisches Vorgehensmodell als vielmehr durch eine von speziellen Prinzipien geleitete Forschung geprägt. Als Vorlage für ein zu definierendes Vorgehensmodell kann man das generische Modell von YIN heranziehen:[574]

1. Festlegung der Forschungsfrage.
2. Ableitung von Annahmen aus der Forschungsfrage (für ein fokussierteres Vorgehen).
3. Bestimmung der Analysedimensionen, bezogen auf einen Fall (Untersuchungsperson, geographische / zeitliche Dimensionen) und deren Reichweite.
4. Nach der Feldforschung: Logische Verknüpfung von Daten und Annahmen und Erkennen von wiederkehrenden Mustern.
5. Interpretation der Daten anhand festgelegter Kriterien, um ein systematisches Vorgehen zu gewährleisten.

Die Prinzipien interpretativer Forschung sind an die Denkgerüste der Anthropologie, Phänologie und Hermeneutik angelehnt, wobei der Schwerpunkt sicherlich auf der Hermeneutik liegt. Diese Prinzipien sollen grundsätzliche Ideen für die Planung und Durchführung eines interpretativen Fallstudiendesigns sein und können sowohl dem Forscher als auch dem Leser einer Fallstudie hilfreiche Einblicke in die interpretative Denkweise geben (vgl. Tabelle 18).

---

[573] Vgl. Walsham 1993, S. 4f.
[574] Vgl. Yin 1994, S. 20ff.

1. Das grundlegende Prinzip des hermeneutischen Zirkels
Dieses Prinzip besagt, dass alles menschliche Verstehen durch wiederholtes (iteratives) Nachdenken über die unabhängige Bedeutung der Teile und des Ganzen, welches sie formen, entsteht. Dieses Prinzip ist sozusagen das Mutterprinzip aller weiteren Prinzipien.
2. Das Prinzip der Kontextualisierung
Dieses Prinzip erfordert eine kritische Betrachtung des sozialen und geschichtlichen Hintergrunds der Forschungsumgebung. Dadurch wird der Zielgruppe ermöglicht, die momentane Situation nachzuvollziehen, die sich durch die Untersuchung ergeben hat.
3. Das Prinzip der Interaktion zwischen Forscher und Subjekt
Dieses Prinzip erfordert eine kritische Betrachtung der sozialen Einflussfaktoren, die während der Interaktion zwischen Forscher und Proband auf das Forschungsmaterial (oder -daten) einwirken.
4. Das Prinzip der Abstraktion und Generalisierung
Die idiographischen Einzelheiten, aufgedeckt während der Dateninterpretation durch die Anwendung der Prinzipien eins und zwei, müssen theoretischen, allgemeingültigen Konzepten gegenübergestellt werden, welche die Natur menschlichen Verstehens und sozialen Handelns beschreiben.
5. Prinzip der dialogischen Argumentation
Erfordert Sensibilität gegenüber möglichen Widersprüchen zwischen den theoretischen Annahmen, die das Forschungsdesign bestimmen, und den tatsächlichen Ergebnissen mit Hilfe nachgeschalteter Prüfungszyklen.
6. Das Prinzip der multiplen Interpretationen
Erfordert Feingefühl gegenüber möglichen Interpretationsunterschieden bei den Teilnehmern, wie sie typischerweise bei der unterschiedlichen Schilderung desselben Sachverhalts eines Ereignisses während einer Untersuchung auftreten. Ähnlich wie bei Zeugenaussagen, wenn jeder Befragte den Sachverhalt aus seinem Blickwinkel beschreibt.
7. Das Prinzip des Zweifels
Erfordert Feingefühl gegenüber möglichen Neigungen und systematischen Verzerrungen in den Schilderungen der Probanden.

Tabelle 18: Prinzipien interpretativer Fallstudien
(Quelle: In Anlehnung an Klein und Myers 1999, S. 72)

Das *Prinzip des hermeneutischen Zirkels* (vgl. Tabelle 18) ist das grundlegendste Prinzip des interpretativen Arbeitens. Es dient sozusagen als Meta-Prinzip für die weiteren sechs Prinzipien. Die Idee des hermeneutischen Zirkels besagt, dass man das komplexe Ganze mit Hilfe der vorgefassten Auffassungen über die Bedeutung seiner Teile und ihrer Wechselbeziehungen verstehen kann. Der Prozess der Interpretation vollzieht sich in mehreren Iterationen des hermeneutischen Zirkels: Das vorläufige Verstehen der Teile (z.B. Textpassagen, soziale Phänomene) geht in das vorläufige Verstehen des Ganzen und vom globalen Kontext des Ganzen wieder zu einem verbesserten Verstehen jedes einzelnen Teils über.[575]

Der insbesondere in explorativ ausgerichteten Forschungsdesigns eingesetzte *heuristische Bezugsrahmen* kann ein wichtiges Instrument zur gedanklichen Vorbereitung der Erfahrungsgewinnung in einem interpretativen Forschungsdesign sein. Die Implementierung eines heuristischen Bezugsrahmens in das Forschungsdesign tritt der Problematik einer rein auf Hypothesenprüfung ausgerichteten Forschung entgegen. Diese Problematik kommt darin zum Ausdruck, dass eine solche Forschung von Beginn ihres Forschungsprozesses an ganz auf die Begriffswelt ihrer fest definierten Hypothesen ausgelegt ist. Dieses am kritischen Rationalismus angelehnte strenge Strukturieren der begrifflich-gedanklichen Welt führt dazu, dass dem Forscher von vornherein sein Blick für aufkommende Erscheinungen versperrt bleibt und diese Erscheinungen nicht in die Erweiterung seines ursprünglichen Erkenntnisstandes einfließen bzw. nicht für eine Modifikation seiner Hypothesen herangezogen werden können. Hinzu kommt das allgemeine Problem der betriebswirtschaftlichen Forschung, dass viele Forscher den zu untersuchenden Objektbereich noch nicht tief genug kennen, um für seinen Wirkungsradius geeignete und realitätsnahe Hypothesen aufzustellen. Voreilig aufgestellte Hypothesen können zu langwierigen Trial- und Error-Prozessen der Hypothesenaufstellung, -prüfung und -anpassung führen und somit die ohnehin knappe Ressource „geeignetes Unternehmen für empirische Untersuchung" verschwenderisch aufbrauchen.[576]

In Bezug auf die den heuristischen Bezugsrahmen ummantelnde Konstruktionsstrategie empirischer Forschung (ungleich Prüfstrategie) wird Forschung als ein Lernprozess begriffen, „in dem vor allem *näher zu untersuchende Probleme auf dem Hintergrund von Erfahrungswissen theoretisch gefasst und präziser definiert werden.*"[577] Die iterative Heuristik beschreibt dabei das wechselseitige Vorgehen durch Fragen an die Realität und den Vorstoß einer theoretischen Verarbeitung des dabei gewonnenen Erfahrungswissens zu weiteren Fragen für ein verbessertes Verständnis und die Beherrschung meist komplexer Probleme unter der Bedingung eines geringen Vorkenntnisstandes. Diese Fragen, getroffene Annahmen, Interpretationsmuster und herangezogene Theorien des Forschers werden über einen sog. heuristischen Bezugsrahmen expliziert. Dieser stellt ein provisorisches Erklärungsmodell dar, das den weiteren Forschungsprozess steuern und Orientierungshilfen liefern kann und in seiner Gesamtheit Ausdruck einer bestimmten theoretischen Perspektive oder Problemdefinition ist. Es ist empfehlenswert, einen Bezugsrahmen multidimensional auszukleiden, das heißt, er sollte geeignet sein, Annahmen und Fragen aus möglichst unterschiedlichen Richtungen, Ansätzen und Dis-

---

[575] Vgl. Klein und Myers 1999, S. 68ff.
[576] Vgl. Kubicek 1977, S. 5ff.
[577] Kubicek 1977, S. 14.

ziplinen gegenüberzustellen. Ein solcher Bezugsrahmen wird auch *eklektischer Bezugsrahmen* genannt (eklektisch, griech. = auswählend, erlesend).[578]

Heuristische bzw. eklektische Bezugsrahmen sind gewöhnlich Teil eines explorativen, also Theorien bildenden Forschungsdesigns. Der wechselseitige Prozess zwischen Fragen an die Realität und sich weiterentwickelnden Annahmen kulminiert bei einem positiven Forschungsverlauf in konsistenten Behauptungen bzw. Hypothesen und Theorien, die dann im herkömmlichen (explanativen) Sinne geprüft bzw. falsifiziert werden können.[579] Somit kann das Einsatzpotenzial des eklektischen Bezugsrahmens über die der explanativen Forschung meist vorausgehenden explorativen Forschung erweitert werden, indem vor der Phase der Hypothesendefinition eines explanativen Forschungsdesigns die Entwicklung eines eklektischen Bezugsrahmens vorausgeschaltet wird. Aber auch unabhängig vom Zweck der Forschung (explorativ / explanativ) werden in den meisten Forschungsdesigns sog. *Annahmen* oder *a priori Konstrukte* definiert, deren Qualität mit Hilfe eines eklektischen Bezugsrahmens bedeutend verbessert werden könnte.

4.2 Design der Fallstudien zur Untersuchung des EPI-Tools

Die in dieser Arbeit durchgeführten Fallstudien sollen folgende Forschungsfrage(n) zu beantworten versuchen (wird von den Forschungsfragen zwei und drei aus Abschnitt 1.6 abgeleitet):

Können Software-Tools wie EPI für kleine und mittlere Unternehmen Anreize schaffen, ein Betriebliches Umweltmanagement / Nachhaltigkeitsmanagement zu initiieren (falls noch keines besteht) oder zu vertiefen (falls schon eines vorhanden ist)? Wie muss dazu ein Software-Tool beschaffen sein? Oder gelesen, als Behauptung mit Theoriecharakter: *Software-Tools wie EPI können für kleine und mittlere Unternehmen Anreize schaffen, ein Betriebliches Umweltmanagement / Nachhaltiges Management zu initiieren (falls noch keines besteht) oder zu vertiefen (falls schon eines vorhanden ist). Die grundsätzliche Gestalt von EPI eignet sich dazu.*

Der in Abschnitt 2.6 vorgestellte Prototyp eines Umweltkennzahlen- und Benchmarking-Tools (EPI) hat im Gesamtforschungsdesign der Pilotierung zwei Funktionen, die von dem

---

[578] Vgl. Kubicek 1977, S. 16ff.
[579] Vgl. Kubicek 1977, S. 28f.

jeweiligen Betrachtungswinkel auf den Prototyp abhängen: Aus technikzentrierter Sicht interessiert den Forscher (in der Rolle des Engineers), mit welchen technischen Konstruktoren er das Tool zu gestalten hat, um den gestellten Anforderungen gerecht zu werden. Hier abstrahiert der Engineer weitgehend von sozialen Phänomenen.[580] In diesem Zusammenhang hat das Tool die Funktion des Betrachtungsobjekts im Gesamtforschungsdesign der Pilotierung.

Führt man jedoch das Tool in den praxisbezogenen Kontext eines Umweltmanagements bzw. eines Nachhaltigen Managements ein, wechselt der Forscher zu einer eher sozio(technik)-zentrierten Sichtweise. Das Betrachtungsobjekt sind nun vielmehr das Umweltmanagement bzw. Nachhaltige Management und die dort arbeitenden Menschen. Das Tool hat die Funktion bzw. wird Teil des Kontextes, also der Rahmenbedingungen innerhalb der das Nachhaltige Management stattfindet. Durch das „Eintauchen des Tools im Feld" gewinnt der Forscher sowohl Erfahrungswissen über das Nachhaltige Management, mögliche Auswirkungen des Tools auf das Nachhaltige Management und Anreizfunktionen zur Initiierung eines Nachhaltigen Managements, und er kann dieses Erfahrungswissen in die Weiterentwicklung des Tools einfließen lassen. Der Forscher schlüpft in die Rolle eines *Sustaineers* (Sustainability Engineer). „Die Gewinnung von Erfahrungswissen ist für den skizzierten Forschungsprozeß eine wichtige Komponente, weil sie eine Mittlerposition zwischen theoriegeleiteten Annahmen über relevante Aspekte und der Realität einnimmt."[581]

Dieses Erfahrungswissen dient nicht primär der Entwicklung eines „perfekten" Umweltkennzahlen- und Benchmarking-Tools, sondern vielmehr soll das Konzentrat des Erfahrungswissens als Grundlage für Entscheidungsträger dienen, die sich mit der grundsätzlichen Frage auseinander zu setzen, ob internetgestützte Tools zur Förderung der Implementierung eines Nachhaltigen Managements eingesetzt werden sollen. Das gewonnene Erfahrungswissen aus der Entwicklung des EPI-Tools, seiner Untersuchung im Feld und Weiterentwicklung dient letztlich für eine Projektion auf weitere Tools.

Auf der Basis der oben beschriebenen Abhandlung zur Fallstudientheorie wird im Folgenden das für die Gewinnung des Erfahrungswissens in der Nutzungsphase dieser Pilotierung speziell entworfene Vorgehen beschrieben. Grundlage dieses Vorgehensmodells ist ein Bezugsrahmen, aus dem die zu prüfenden Hypothesen abgeleitet werden. Diese Hypothesen werden

---

[580] Vgl. Abschnitt 1.6, Forschungsfrage 1 und 2.

in insgesamt fünf Fallstudien zu falsifizieren versucht.[582] Unterstützend zur falsifizierenden tritt die interpretative Komponente, mit der jeder Fall für sich und die Fälle übergreifend gedeutet werden.

4.2.1 Das Vorgehensmodell des Fallstudienprojektes

Das Vorgehensmodell zur Untersuchung der in Abschnitt 2.1 beschriebenen Forschungsfrage soll imstande sein, die Besonderheiten der Anforderungen abzudecken. In diesem Zusammenhang soll eine Fallstudie zunächst die „harten Fakten" beschaffen, die der Forscher in der Rolle des Engineers braucht, um zu erfahren, ob er sich bezüglich der eingesetzten Technologie und den angebotenen Funktionen auf dem richtigen Weg befindet. Eine Fallstudie soll hier aber auch „weiche Daten" generieren, die der Forscher als Sustaineer benötigt, um die im Kontext des Feldes stattfindenden sozialen Phänomene samt deren Auswirkungen auf die Weiterentwicklung des Tools zu erkennen. Diese Anforderungen bedingen einerseits eine besondere Gestaltung der Fallstudie an sich (u.a. Gestaltung von Beobachtung und Befragung, vgl. Abschnitt 4.2.4), andererseits muss die Beziehung der einzelnen Fallstudien zueinander in geeigneter Weise definiert werden. Diese Beziehung drückt aus, wie die Fallstudien bzw. deren generierte Daten im Sinne eines iterativen, replikativen oder interpretativen Verhältnisses zueinander in Verbindung gebracht werden (vgl. „Fallstudiendesignmuster", Abschnitt 4.1). Des Weiteren muss der Forschungszweck (explorativ / explanativ) festgelegt werden. Der Forschungszweck und die Beziehungen der Fallstudien sind in das Vorgehensmodell dieses Fallstudienprojektes (vgl. Tabelle 19) eingebettet.

---

[581] Zerbe 2000a, S. 44.
[582] Der Autor war Gestalter und Verantwortlicher des gesamten Pilotierungsprozesses der Tool-Entwicklung, hat die Gesamtplanung der Evaluation aufgestellt und die Gesamtkoordination der Evaluation durchgeführt. Die ersten drei Fallstudien wurden im Rahmen der am Lehrstuhl für Umweltmanagement von Carsten Deisenroth durchgeführten und vom Autor betreuten Diplomarbeit „Konzept und Durchführung einer Fallstudie zur Evaluation der Nutzung eines Web-basierten Umweltmanagement-Tools" (2003) gestaltet und durchgeführt. Aufbauend auf dem dort generierten Datenmaterial, hat der Autor diese drei Fälle auf einer teilweise abstrakteren Ebene erneut interpretiert und um zwei zusätzliche Fälle erweitert.

	Schritte im Fallstudienprojekt als Teilprojekt der Pilotierung	Äquivalenter Schritt wie bei der TPF oder TBF sowie angewandtes interpretatives Prinzip (P)
1.	Formulieren der Forschungsfrage	TPF-1, TBF-1
2.	Darlegung der zugrunde gelegten Annahmen. Konstruktion eines eklektischen Bezugsrahmens.	TPF-3, P4, P5, P2, (TBF-1) Kubicek (1977)
3.	Aufstellung von Hypothesen aus dem Bezugsrahmen.	TPF-5
4.	Auswahl verschiedener Erhebungstechniken bzw. Erfassen nutzbarer Datenquellen und Operationalisierung der Hypothesen in überprüfbare Fragen oder Beobachtungen.	TBF-4
5.	Spezifische Fallauswahl.	TBF-2
6.	Erste Datenerhebung (Fall A).	P3
7.	Analyse und Interpretation der Daten. Eventuell erfolgt auf die neuen Erkenntnisse eine Anpassung der folgenden Erhebung.	TPF-7, TBF-4/5, P1, P2, P4, P6, P7
8.	Zweite Datenerhebung (Fall B).	P3
9.	Analyse und Interpretation der Daten. Eventuell erfolgt auf die neuen Erkenntnisse eine Anpassung der folgenden Erhebung.	TPF-7, TBF-4/5, P1, P2, P4, P6, P7
10.	Dritte Datenerhebung (Fall C).	P3
11.	Analyse und Interpretation der Daten.	TPF-7, TBF-4/5, P1, P2 , P4, P6, P7
12.	Analyse und Interpretation aller Daten (Fall A bis C). Versuch einer Mustererkennung in den Daten der bisher vollzogenen Fallstudien. Interpretation der Daten und Muster.	TPF-7, TBF-4/5, P1, P2, P4, P6, P7
13.	Weitere Fallauswahl. Eventuell erfolgt auf die neuen Erkenntnisse eine Anpassung der folgenden Erhebung.	TBF-8
14.	Vierte Datenerhebung (Fall D).	P3
15.	Analyse und Interpretation der Daten. Eventuell erfolgt auf die neuen Erkenntnisse eine Anpassung der folgenden Erhebung.	TPF-7, TBF-4/5, P1, P2, P4, P6, P7
16.	Fünfte Datenerhebung (Fall E).	P3
17.	Analyse und Interpretation der Daten.	TPF-7, TBF-4/5, P1, P2, P4, P6, P7
18.	Analyse und Interpretation aller Daten (Fall D bis E). Versuch einer Mustererkennung in den Daten der bisher vollzogenen Fallstudien. Interpretation der Daten und Muster.	TPF-7, TBF-4/5, P1, P2, P4, P6, P7
18.	Abschluss der Arbeit: Analyse und Interpretation der Fälle A bis E. Aufzeigen der zusammengefassten Erkenntnisse, möglicher Verbesserungen von EPI und Vorschläge für ein weiteres Vorgehen.	TBF-8, TPF-7, TBF-4/5, P1, P2, P4, P6, P7

Tabelle 19: Das Vorgehensmodell des Fallstudienprojektes
(Quelle: Eigene Darstellung, in Anlehnung an Deisenroth 2003, S. 23, Yin 1994, Eisenhardt 1989, Klein und Myers 1999, Sarker und Lee 2002, Markus 1983, Kubicek 1977)

Das in Abschnitt 4.1 skizzierte, von YIN gestaltete generische Vorgehensmodell einer Fallstudienuntersuchung bildet den Konstruktionsrahmen des für diese Arbeit definierten Vorgehensmodells. In der rechten Spalte von Tabelle 19 ist die gedankliche Herkunft spezieller Bausteine der einzelnen Schritte des Vorgehensmodells aufgeführt. TBF bedeutet Theoriebildung durch Fallstudien, TPF bedeutet Theorieprüfung durch Fallstudien. P steht für die interpretativen Prinzipien, die übernommen bzw. angewandt wurden (vgl. Abschnitt 4.1). In diesem Zusammenhang sei erwähnt, dass die entliehenen speziellen Bausteine, wie auch die Prinzipien, in ihrer vollen Bedeutung und Konsequenz nicht übernommen werden können. Sie dienen vielmehr als Leitlinien für die jeweiligen Schritte des hier definierten Vorgehensmodells.

Der Hauptcharakter dieses Vorgehensmodells und der darin stattfindenden Fallsstudien ist explanativer Natur. Das traditionell hypothetisch-deduktive Vorgehen explanativer Fallstudien wird hier durch interpretative Elemente, die sich zur Hypothesenprüfung bzw. zur Hinterfragung von Annahmen eignen, erweitert. Der erste Schritt des Vorgehensmodells ist die Formulierung der Forschungsfrage (vgl. Tabelle 19). Sie dient zur Fokussierung des eigentlichen Forschungsproblems. Diese wurde schon in Abschnitt 4.2 erläutert. Wie auch aus den Prinzipien der Abstraktion und Generalisierung (P4) und der dialogischen Argumentation (P5) heraus ableitbar, werden in einem weiteren Schritt die zugrunde gelegten Annahmen des Forschers dokumentiert, was sowohl zu einem generell besseren Verständnis des Forschungskontextes führt als auch für eine transparentere Reflexion zwischen den theoretischen Annahmen und den gemachten Beobachtungen sorgt. Die Summe der Annahmen, Fragen und herangezogenen Theorien werden in einem eklektischen Bezugsrahmen abgebildet (vgl. Abschnitt 4.2.2).[583] In diesem Zusammenhang steht auch das Prinzip der Kontextualisierung (P2), welches durch die Beschreibung des Kontextes „Umweltmanagement" (vgl. Abschnitt 2.4) bedient wird. In einem dritten Schritt werden die Hypothesen aus dem Bezugsrahmen abgeleitet (vgl. Abschnitt 4.2.3).

Im nächsten Schritt werden die Erhebungsmethoden definiert (vgl. Abschnitt 4.2.4). Dieser Schritt beinhaltet in diesem Design letztendlich die Erstellung der Frage- und Beobachtungsbögen. Wie aus explorativen Studien bekannt, können hier mehrere Erhebungsmethoden zum Einsatz kommen (TBF-4). Im folgenden Schritt erfolgt die Fallauswahl, die nicht nach Zufallsprinzipen, sondern bewusst gemäß den gemachten Annahmen getätigt wird (TBF-2 und vgl. Abschnitt 4.2.5). Daraufhin erfolgt die erste Datenerhebung. Diese vollzieht sich gemäß dem Prinzip der Interaktion zwischen Forscher und Forschungssubjekten (P3). Dieses Prinzip hebt die traditionell strenge Trennung zwischen Interpret und Interpretierten auf und erlaubt somit auch das Miteinfließenlassen wertvollen konstruktiven Inputs der Forschungssubjekte. Auf die Datenerhebung folgt die Analyse und Interpretation der Daten (vgl. Abschnitt 4.3). Nach der Integration möglicher Hinweise aus dem Feld (TBF-4) findet eine interne Fallanalyse (TBF-5) statt. Vor dem Hintergrund „Kontext des betrieblichen Umweltmanagements"

---

[583] Vgl. Kubicek 1977.

(P2) und dem eklektischen Bezugrahmen (P4) werden gemäß dem Prinzip des hermeneutischen Zirkels (P1), die aufgestellten Hypothesen am Fall überprüft und ggf. falsifiziert (TPF-7). Dies geschieht mit der Beachtung der Prinzipien der multiplen Interpretation (P6) und des Zweifelns (P7). Nach jedem Schritt der Datenanalyse werden die Datenerhebungsmethoden gemäß der Forderung eines flexiblen und situationsbezogenen Einsatzes (TBF-4) hinterfragt und ggf. angepasst.

Die Sequenz Datenerhebung und Datenanalyse wiederholt sich insgesamt dreimal (Schritte 6 bis 11) bis eine fallübergreifende Analyse in Schritt 12 erfolgt (vgl. Tabelle 19). Die fallübergreifende Analyse dient zur Mustererkennung in den Daten der bisher vollzogenen Fallstudien (TBF-5). Die fallübergreifenden Daten und Muster werden interpretiert und fließen ggf. wieder in eine Neuinterpretation eines Einzelfalls ein (P1). Die weiteren Elemente der Analyse ergeben sich aus den Schritten der Einzelfallanalysen. In Schritt 13 erfolgt eine weitere Auswahl von Fällen. Dies geschieht aus der Vermutung heraus, dass drei Falluntersuchungen kaum eine belastbare Falsifikation und Interpretation erlauben.[584] Nach der Gesamtinterpretation der ersten drei Fälle ist eine Anpassung sowohl der Datenerhebung als auch der Fallauswahl möglich. Die Schritte 14 bis 17 verlaufen gemäß den zuvor beschriebenen Schritten zur Datenerhebung und Analyse eines Falles. Die Gesamtanalyse der letzten beiden Fälle in Schritt 18 erfolgt analog Schritt 12. Mit Schritt 18 wird vermutet, dass eine empirische Sättigung erreicht ist. Neben einer Gesamtanalyse der Fallblöcke (A bis C und D bis E) werden teilweise auch die einzelnen Fälle vor dem Hintergrund des nun verbesserten Gesamtverständnisses analysiert und interpretiert. Daraufhin werden die Erkenntnisse zusammengefasst und mögliche Verbesserungen von EPI und Vorschläge für ein weiteres Vorgehen aufgezeigt.

4.2.2 Formulierung des Bezugsrahmens

Das in der explanativen betriebswirtschaftlichen Forschung übliche problembehaftete unreflektierte Heranziehen oder Aufstellen von Hypothesen zu ihrer Überprüfung resultiert meist aus der Unwissenheit des Forschers über den Objektbereich, den er behandeln soll. Seine Unkenntnis oder die Neuartigkeit des zu untersuchenden soziotechnischen Problems verhindert es, sinnvolle und realistische Hypothesen aufzustellen, welche durch empirische Tests falsifiziert werden könnten. Diese Situation beschreibt KUBICEK als Ignoranzproblem.[585] Die

---

[584] Vgl. Eisenhardt 1989, S. 545.
[585] Vgl. Kubicek 1977, S. 10.

Formulierung eines eklektischen Bezugsrahmens soll hier für eine Verbesserung der Hypothesenqualität definiert werden (vgl. Abschnitt 4.1).

Abbildung 59 stellt das Ergebnis des für diese Arbeit definierten Bezugsrahmens dar, welcher auf Basis von Literaturstudien und Diskussionen mit Vorgesetzten, Kollegen, Experten und Studenten entstanden ist.[586] Der Bezugsrahmen umschließt die zu betrachtenden Fälle und zeigt dabei die Vorgehensweise der Fallinterpretation auf. Fälle des Fallblocks A bis C werden durchgeführt, einzeln ausgewertet und zur fallübergreifenden Mustererkennung zueinander in Beziehung gesetzt. Analog wird mit dem Fallblock D bis E vorgegangen. Die Ergebnisse dieser Fallblöcke und auch die Ergebnisse der Einzelfälle fließen in eine Gesamtbetrachtung bzw. -interpretation ein (vgl. Abschnitt 4.3). Der runde Pfeil in Abbildung 59 soll diesen gemäß dem Vorgehensmuster des hermeneutischen Zirkels gestalteten iterativen Interpretationsprozess verdeutlichen.

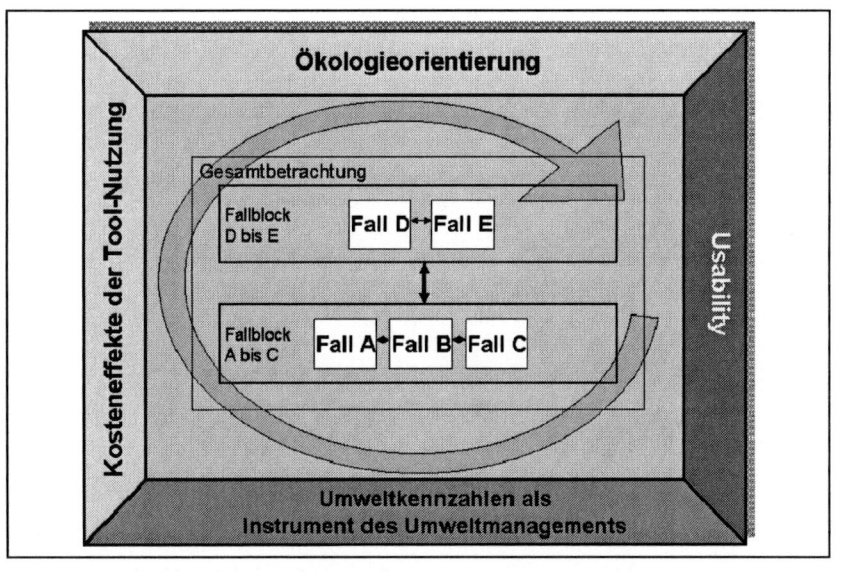

Abbildung 59: Der eklektische Bezugsrahmen des Fallstudienprojekts
(Quelle: Eigene Darstellung)

---

[586] Vgl. Kubicek 1977, S. 22f.

Der Bezugsrahmen besteht aus vier Annahmegruppen. Hinter einer Annahmegruppe können sich eine oder mehrere Annahmen verbergen. Eine Annahme kann eine betriebswirtschaftliche oder sozialwirtschaftliche Theorie, eine Behauptung oder ein anderes kognitives Konstrukt darstellen. Auf Basis dieser Annahmen werden in einem weiteren Schritt Hypothesen abgeleitet (vgl. Abschnitt 4.2.3). Anschließend werden aus diesen Hypothesen geeignete Variablen und Indikatoren abgeleitet, die letztlich zur Konstruktion eines Fragebogens herangezogen werden (vgl. Abschnitt 4.2.4). Die in der Forschungsfrage (vgl. Abschnitt 4.2) genannten „Anreize zur Initiierung eines Umweltmanagements / Nachhaltigen Managements" stehen im Fokus des Entstehungsprozesses des Bezugsrahmens.

Ausgangspunkt einer theoretisch geleiteten Betrachtung von „Anreiz" sind Motive, die verhältnismäßig überdauernd hinter bestimmten Handlungen stehen. Zur Aktivierung einer latenten Handlungsbereitschaft muss zum Motiv ein handlungsauslösender Anreiz treten. Die Summe aller durch Anreize aktivierten Motive ergibt die aktuelle Motivation.[587] Als das Grundmotiv unternehmerischer Handlungen kann der ökonomische Nutzen definiert werden, der aus einer Handlung resultieren kann.[588] Die hier im Fokus stehende unternehmerische Handlung ist die mögliche Initiierung eines Umweltmanagements bzw. Nachhaltigen Managements durch den Anreiz einer kostenfrei zu nutzenden internetgestützten Software (Tool). Das Phänomen „Anreiz" soll durch die Überführung der im Bezugsrahmen genannten Annahmegruppen „entschlüsselt" werden (vgl. Abbildung 59), wobei diese Annahmegruppen keinen Anspruch auf Vollständigkeit erheben können.

Die Annahmegruppe *Umweltkennzahlen als Instrument des Umweltmanagements* umfasst sowohl die Effekte, die von einem implementierten Umweltmanagement (Kontext der Untersuchung) als auch die von der Nutzung von Umweltkennzahlen als Instrument des Umweltmanagements bzw. -controlling ausgehen. Die dem Umweltmanagement zugeschriebenen Effekte (Aufgaben) sind Effizienzsteigerung (Ressourcenoptimierung), Sicherstellung der Rechtssicherheit, Entgegentreten von Marktrisiken (Änderung des Kaufverhaltens) und Verbesserung des allgemeinen öffentlichen Erscheinungsbildes.[589] Umweltkennzahlensysteme können zur Erreichung der Umweltmanagementaufgaben einen wichtigen Beitrag leisten.[590]

---

[587] Vgl. Oechsler 1994, S. 98f.
[588] Vgl. Reichwald, et al. 1998, S. 209.
[589] Vgl. Macharzina 1999, S. 779ff., Schulz und Schulz 1993, S. 1. Vgl. auch Zwingel 1997, S. 151ff.
[590] Vgl. Zwingel 1997, S. 273ff.

Eine weitere Annahmegruppe beschreibt die durch die *Tool-Nutzung verursachten Kosteneffekte*. Die Grundannahme ist hierbei, dass die Gesamtkosten der Organisation durch eine Nutzung internetgestützter Services (Tools) geringer ausfallen, da einige Systemkosten, wie Kosten der Systementwicklung, Lizenzkosten oder Installationskosten wegfallen.[591] Kosteneffekte im Transformationsprozess (Ressourceneffizienz) werden mitbetrachtet, wobei innerhalb dieser Annahmegruppe der Fokus auf den Transaktionskosten liegt. Als Transaktionskosten kann man die Kosten der Tätigkeiten des dispositiven Produktionsfaktors (Management) bezeichnen, die durch Information und Kommunikation entstehen. Die Transaktionskostentheorie wird u.a. für die Untersuchung der Vorteilhaftigkeit von Organisationsmechanismen herangezogen. Organisationsmechanismen in ihren zwei reinen Formen sind „Unternehmen" (Eigenherstellung der Leistung) und „Markt" (Zukauf der Leistung). Transaktionen in oder zwischen diesen Organisationsmechanismen verursachen Transaktionskosten, während der

- Anbahnung (z.B. Zielsetzung, Planung, Recherche, Reisen und Beratung),
- Vereinbarung (z.B. Verhandlungen, Rechtsberatung),
- Abwicklung (z.B. Koordination, Prozesssteuerung),
- Kontrolle (z.B. Qualitäts- und Terminüberwachung) oder
- Anpassung (z.B. Nacharbeiten wegen Qualitätsmängeln, Kundenpflege).[592]

Die Transaktionskostenanalyse hat zum Ziel, bei gegebener Eigenschaft der Transaktion und bei gegebenen Produktionskosten und -leistungen, die Transaktionskosten minimierende Organisationsform zu finden.[593] Diese dahinter stehende Fragestellung der Externalisierung von Leistungen hat immer noch einen hohen Aktualitätsgrad. Das Management muss fortwährend analysieren, welche bisher unternehmensintern erbrachten Leistungen an Outsourcing-Partner übergeben werden oder welche vormals externalisierten Leistungen wieder in das Unternehmensleistungsprogramm aufgenommen werden sollen.[594] Die Einflussgrößen der Transaktionskosten, die über Eigenerstellung oder Fremdbezug entscheiden, seien im Folgenden am Beispiel eines Informationssystems (IS) dargestellt.

---

[591] Zu „Kosten des Systems", vgl. Voßbein 1990, S. 102.
[592] Vgl. Picot, et al. 2001, S. 27ff.
[593] Vgl. Picot, et al. 2001, S. 50.
[594] Vgl. Macharzina 1999, S. 49.

Die Einflussgröße *Spezifität der IS-Aufgaben* bezieht sich auf den Verwendungszweck der Leistungen des Informationssystems. Die Spezifität drückt den Wertverlust aus, der entstehen würde, wenn die zur Aufgabenerfüllung erforderlichen Ressourcen nicht in der angestrebten Verwendung eingesetzt werden könnten.[595] Es lassen sich folgende Arten von Spezifität unterscheiden: Standortspezifität (Investition in ortsgebundene Anlagen), Spezifität des Sachkapitals (Investitionen in spezifische Maschinen und Technologien), Spezifität des Humankapitals (Investitionen in spezifische Mitarbeiterqualifikationen) und sog. zweckgebundene Sachwerte.[596] Eine weitere Einflussgröße ist die *strategische Bedeutung der IS-Aufgaben*. Diese stellen ihren Beitrag zur Wettbewerbsposition des Endprodukts dar. Sind die zu erbringenden Leistungen gleichsam spezifisch und strategisch, so lassen sie sich als Kernkompetenzen interpretieren. Die Einflussgröße der *Unsicherheit* bezieht sich auf die Anzahl und Vorhersehbarkeit von Änderungen während der Leistungserstellung. Die *Häufigkeit* einer Leistungserbringung ist die Einflussgröße, welche die Amortisationszeit und damit die ökonomische Vorteilhaftigkeit einer Organisationsform bestimmt.[597]

Zur Schaffung effizienter Leistungserbringungsprozesse werden meist moderne Informations- und Kommunikationstechnologien eingesetzt, die wiederum Auswirkungen auf die Form der Organisation haben können. Diese mit dem Potenzial zur Transaktionskostenminimierung ausgestatteten Technologien bzw. Innovationen sind auch für die gesamtwirtschaftliche Entwicklung von großer Bedeutung. Transaktionskosten können für das Wirtschaftswachstum einen ähnlichen limitierenden Faktor darstellen wie die Kosten der Transformationsprozesse. In dieser Arbeit soll der Fokus bei der Anwendung der Transaktionskostentheorie auf die Fragen der internen Organisationsgestaltung gerichtet werden.

Wie in Abschnitt 1.1.1 beschrieben, stellt das Umweltcontrolling ein Subsystem eines übergeordneten Managementsystems dar. Die vom Umweltcontrolling zur Unterstützung der Umweltmanagementaufgaben zu erbringenden Leistungen verursachen Kosten. Diese Durchführungskosten des Umweltcontrollings stellen infolgedessen Transaktionskosten der Unternehmensführung (bzw. des Umweltmanagements) dar. Es stellt sich die Frage, welche Bedeutung internetgestützte Services (Tools) für das Nachhaltige Management für die oben genannten Einflussgrößen der Transaktionskosten haben. Um dem von KUBICEK als Ignoranzprob-

---

[595] Vgl. Krcmar 2003, S. 301 und Picot, et al. 2001, S. 51.
[596] Vgl. Williamson 1990, S. 62.
[597] Vgl. Krcmar 2003, S. 301 und Picot, et al. 2001, S. 52f.

lem beschriebenen voreiligen Aufstellen von Hypothesen entgegenzuwirken,[598] gilt es vorerst zu untersuchen, welche Kosten-/Nutzeneffekte das Umweltmanagement-Tool für das Unternehmen „ausstrahlt", um aus den dann gemachten Erfahrungen für eine weitere Pilotierungsschleife stabile Hypothesen zur Kosten-/Nutzenbewertung des Tools anhand des oben vorgestellten Transaktionskostenansatzes generieren zu können. Diese Betrachtung einer möglichen Vorteilhaftigkeit des Tools soll durch die weiteren Nutzenkategorien „Strategische Wettbewerbsvorteile" und „Produktivitätsverbesserung" ergänzt werden.[599]

Die Annahmegruppe *Usability* umfasst die Gebrauchstauglichkeit und Benutzungsfreundlichkeit des zu prüfenden Tools. Die mit dieser Annahmegruppe verbundene These lautet: Bevor ein Tool Anreize zur Initiierung eines Umweltmanagements aussenden kann, muss ein Tool zuerst Anreize zu seiner Nutzung schaffen, indem es möglichst gebrauchstauglich und benutzungsfreundlich gestaltet ist. Usability entsteht, wenn die Regeln der Software-Ergonomie[600] eingehalten werden. Sie lässt sich als ein Teilgebiet der Akzeptanzforschung beschreiben. „Die **Software-Ergonomie** hat das Ziel, die Software eines Computersystems, mit der die Benutzer arbeiten, an die Eigenschaften und Bedürfnisse dieser Benutzer anzupassen, um ihnen einen hohen Nutzen möglichst vieler relevanter Fähigkeiten und Fertigkeiten zu ermöglichen."[601] Zu den Aufgabenbereichen der Software-Ergonomie bei der Entwicklung eines Software-Systems zählen folgende Maßnahmen:

- eine geeignete Regelung der Aufgabenverteilung zwischen Menschen und zwischen Mensch und Computersystem (Arbeitsstrukturierung),
- das Bereitstellen benötigter Funktionen und Leistungen (Anwendungssoftware-Gestaltung),
- die Transparentmachung notwendiger Bedienungsschritte und -abläufe (Dialoggestaltung) sowie
- eine menschen- und aufgabengerechte Gestaltung der auf den Ausgabegeräten dargestellten Informationen (E/A-Gestaltung).[602]

---

[598] Vgl. Kubicek 1977, S. 10.
[599] Vgl. Nagel 1988, S. 31.
[600] Ergonomie: aus dem Griech. ergo = Arbeit und nomos = Gesetz, Regel.
[601] Balzert 1999, S. 655.
[602] Vgl. Balzert 1999, S. 655.

DIN EN ISO 9241, Teil 10 fasst in sieben Grundsätzen die Anforderungen an die Dialoggestaltung zusammen: Aufgabenangemessenheit, Selbstbeschreibungsfähigkeit, Steuerbarkeit, Erwartungskonformität, Fehlertoleranz, Individualisierbarkeit und Lernförderlichkeit.[603]

Die vierte Annahmegruppe beschreibt die *Ökologieorientierung* des Tool testenden Mitarbeiters bzw. des Managements. Hier kann man gemeinhin zwischen einer aufgeschlossenen und einer ablehnenden Haltung gegenüber dem Umweltschutz oder Umweltmanagement unterscheiden. So werden bei den dem Umweltmanagement ablehnend Eingestellten die handlungsleitenden Motive weniger durch rationale Denkmuster (bspw. verbesserte Ressourceneffizienz durch den Einsatz eines Umweltkennzahlensystems) aktiviert, sondern sie äußern sich vielmehr in irrationalen Gefühlsregungen, wie bspw. „Umweltmanagement ist doch nur was für Ökos" oder „Umweltschutz kostet nur Geld". FEESE / KLOOCK haben ein Raster entworfen, wie man die in der Umweltpolitik abgebildete Ökologieorientierung eines Unternehmens einordnen kann. Auf der einen Seite unterteilen sie den Charakter der betrieblichen Umweltschutzpolitik in „passiv" und „aktiv", auf der anderen Seite betrachten sie die ausgewiesenen Formalziele betrieblicher Umweltpolitik und unterscheiden hierbei, welche Unternehmen nur Gewinnziele anstreben und welche Gewinn- und Umweltschutzziele miteinander kombinieren (vgl. Abbildung 60).[604]

---

[603] Vgl. Stahlknecht und Hasenkamp 2002, S. 316f. und vgl. auch Abschnitt 2.3.2. Umfassende Informationen zum Thema Usability findet man unter http://www.usability-forum.com.
[604] Vgl. Frese und Kloock 1989, S. 4ff.

Charakter der betrieblichen Umweltschutzpolitik \ Ausgewiesene Formalziele betrieblicher Zielpolitik	Gewinnziele	Gewinnziele und Umweltschutzziele
Passiv	Umweltschutz gem. externer Auflagen (Umweltschutz als exogenes Sachziel)	Umweltschutz als Public-Relations-Objekt (Umweltschutz als vorgetäuschtes Formalziel)
Aktiv	Über externe Auflagen hinausgehender Umweltschutz (Umweltschutz als endogenes Sachziel)	Umweltschutz als zusätzliches normatives Postulat (Umweltschutz als endogenes Formalziel)

Abbildung 60: Typen unternehmerischer Umweltpolitik
(Quelle: In Anlehnung an Frese und Kloock 1989, S. 7)

Defensive (passive) Unternehmen erfüllen lediglich (wenn überhaupt) staatlich geforderte Umweltschutzauflagen. Offensive (aktive) Unternehmen verfolgen ökologische Projekte auch über den gesetzlichen Rahmen hinaus. In Kombination mit dem ausgewiesenen Formalziel ergeben sich vier Typen unternehmerischer Umweltpolitik, die von „Einschränkung der unternehmerischen Handlungsautonomie" (Typ A, vgl. Abbildung 60 oben links) bis „Optimierung der Wettbewerbsfähigkeit" (Typ D, vgl. Abbildung 60 unten rechts) reichen.[605] Eine Einstellung wie in Typ A (u.U. auch Typ B, Abbildung 60 oben rechts) kann zu einer Ablehnung des Tools führen, obwohl das Tool unter rationaler Betrachtung einen positiven Effekt in der Erreichung der Unternehmensziele haben könnte.

4.2.3 Hypothesenformulierung

Aufbauend auf dem oben beschriebenen Bezugsrahmen, werden nun die Hypothesen formuliert. Diese Hypothesen werden dann in einem weiteren Schritt in Fragen in Bezug auf das in Abschnitt 2.6 vorgestellte Tool *EPI* transponiert. Da der Fragebogen wegen der Zeitknappheit der Befragten in seinem Umfang begrenzt sein muss, wird darauf geachtet, dass die Anzahl der Hypothesen dieser Restriktion entspricht. Insgesamt werden acht Hypothesen aus den vier Annahmegruppen des Bezugsrahmens abgeleitet (vgl. Tabelle 20).

---

[605] Vgl. Macharzina 1999, S. 779f.

1.	Wenn die Bedienbarkeit von EPI schlecht ist, kann das ein Grund für die Ablehnung von EPI sein.
2.	Hat das Unternehmen (bzw. der Verantwortliche) eine kritische, negative oder gleichgültige Einstellung zum Umweltmanagement, kann das ein Grund für die Ablehnung von EPI sein.
3.	Wenn EPI nicht alle oder nicht alle gewünschten Funktionen bereitstellt oder wenn man bereits ein anderes Programm nutzt, kann das ein Grund für die Ablehnung von EPI sein.
4.	Wenn für den Befragten nur die Kosten für das Umweltmanagement relevant sind und er der Meinung ist, Umweltmanagement sei auch mit einem kostenlosen EPI immer noch zu teuer, kann das ein Grund für die Ablehnung von EPI sein.
5.	Wenn die Zugriffsgeschwindigkeit / Arbeitsgeschwindigkeit von EPI zu gering ist, kann das ein Grund für die Ablehnung von EPI sein.
6.	Wenn die Computererfahrung des Testers zu gering ist, kann das ein Grund für die Ablehnung von EPI sein.
7.	Wenn die Darstellung der verwertbaren Ergebnisse und Informationen zu schlecht, nicht praxisnah oder unverständlich ist, kann das ein Grund für die Ablehnung von EPI sein.
8.	Je kleiner die Datenbasis (Vergleichsdaten für die Benchmarking-Funktion), umso weniger attraktiv ist EPI.

Tabelle 20: Die Hypothesen dieser Fallstudie
(Quelle: In Anlehnung an Deisenroth 2003, S. 10)

Die Annahmegruppe „Usability" überwiegt in der Anzahl der von ihr abgeleiteten Hypothesen. So lassen sich Hypothese 1, 3, 5, 6, 7 und 8 dieser Annahmegruppe zuordnen. Hypothese 2 resultiert aus der Annahmegruppe „Ökologieorientierung" und Hypothese 4 aus „Kosteneffekte der Tool-Nutzung". Die Annahmegruppe „Umweltkennzahlen als Instrument des Umweltmanagements" beschreibt die Domäne Umweltcontrolling bzw. den Bereich der Umweltkennzahlen und dient als Bezugskontext für jede aus den anderen Annahmegruppen abgeleitete Hypothese. Dieses Hypothesensystem versucht im Voraus alle denkbaren Gründe für eine mögliche Ablehnung des Tools durch den jeweiligen Probanden der Fallstudienuntersuchung zu erfassen.

4.2.4 Das Design der Erhebungsmethoden

Aufgrund des hohen Komplexitätsgrades der hier gestellten Forschungsfrage wird als Erhebungsmethode das persönliche Interview gewählt. Telefon-, E-Mail- und Brief-Umfragen oder Dokumenten- und Archivrecherchen erscheinen hier als ungeeignet, die gewünschten Informationen zu erhalten.[606] Um einer durch unstandardisierte Interviews verursachten Wahrnehmungsverzerrung des Forschers vorzubeugen, werden die aufgestellten Hypothesen über einen standardisierten Fragebogen abgefragt und zusätzlich durch Informationen, die im offenen Gespräch erlangt werden, ergänzt. Informationen und Anregungen, die sich erst im

---

[606] Vgl. Zigmund 1997, S. 232.

Laufe des Interviews ergeben, werden stichpunktartig auf einem Anmerkungsblatt aufgenommen.

In einem ersten Schritt wird von jeder Hypothese eine geeignete Variable abgeleitet. Diese gibt im Allgemeinen die Essenz der Hypothese zusammengefasst wieder. Aus dieser Variablen werden dann in einem weiteren Schritt Indikatoren abgeleitet, deren Sachverhalte hauptsächlich den im Bezugsrahmen beschriebenen Annahmegruppen entstammen (vgl. Abschnitt 4.2.2). Indikatoren stellen beobachtbare Sachverhalte von theoretischen Begriffen und Konstruktoren (Variablen) dar. Erst durch diese Zuordnung werden Messungen (Operationalisierung) möglich.[607] Aus diesen Indikatoren werden in einem weiteren Schritt geeignete Fragen und Aussagen (Items) abgeleitet.[608] Hier werden folgende Fragearten unterschieden:[609] Einstellungs- und Meinungsfragen zielen auf Wünsche des Befragten ab; Überzeugungsfragen erheben, was der Befragte für wahr oder falsch hält; Verhaltensfragen beziehen sich auf die Handlungen des Befragten; Fragen nach den Eigenschaften umfassen allgemeine Fragen nach personalen und demographischen Eigenschaften. Diesen Fragen werden dann geeignete Antwortskalen zugeordnet.[610] Tabelle 21 zeigt, beispielhaft für die anderen Hypothesen, die Fragenkonstruktion zur Hypothese 2:[611]

Hat das Unternehmen (bzw. der Verantwortliche) eine kritische, negative oder gleichgültige Einstellung zum Umweltmanagement, kann das ein Grund für die Ablehnung von EPI sein.

---

[607] Vgl. Schnell, et al. 1999, S. 124ff.
[608] Vgl. Schnell, et al. 1999, S. 173ff. Hier werden gewisse Faustregeln für die Konstruktion von Items vorgestellt.
[609] Vgl. Schnell, et al. 1999, S. 303f.
[610] Vgl. Bortz und Döring 2002, S. 70ff.
[611] Die Fragenkonstruktionen zu allen Hypothesen (Befragungsbogen) können im Anhang in Tabelle 30 eingesehen werden.

| ÜF = Überzeugungsfrage | | | | OS = Ordinalskala | | | |
| o = offen | | | | FF = Faktfrage | | | |
Hypothese	Variable	Sub-variable	Indikator	Skala	Frage-Nr.	Frageart
2	Einstellung zum Umwelt-management	(Pers.) Ein-stellung zum Umwelt-management	Position / Aufgabenbereich im Unternehmen	-	D3	FF, o
			Zutreffende Eigenschaften des Umweltmanagements: wünschens-wert / notwendiges Übel	OS	F1-1 und 2	ÜF
			Wichtigkeit von Umwelt-Management im Unternehmen	-	I1a-2	ÜF
		Unter-nehmens-größe	Mitarbeiterzahl im Unternehmen		A1	FF, o
			Umsatz pro Jahr	-	A2	FF, o
			Gesamtausstoß an Bier in hl	-	A3	FF, o
		Stand des Umwelt-managements	Betreiben von Umweltmanagement	-	B1	FF
			Erstellung eines Umweltberichts	-	B2	FF
			Nutzung von Umweltkennzahlen	-	B3	FF

Tabelle 21: Fragenkonstruktion zur Hypothese 2
(Quelle: In Anlehnung an Deisenroth 2003, S. 41)

Als Essenz der Hypothese (Variable) wird die *Einstellung zum Umweltmanagement* bestimmt. „Umweltmanagement" erhält seine Begriffsinhalte aus den in den Abschnitten 1.1.1 und 4.2.2 gemachten Beschreibungen zu diesem Thema. Unter „Einstellung" wird hier das Konstrukt persönlicher Meinungen über ein Thema verstanden, die sich in der Bejahung oder Verneinung bestimmter Sachverhalte äußern. Diese Sachverhalte werden unter der Variable *Persönliche Einstellung zum Umweltmanagement* subsumiert und im Fragenblock F1 mit Fragenummer 1 und 2 und mit der Einzelfrage I1a-2 abgefragt. Die persönliche Meinung zu einem Sachverhalt kann auch von Stellung, Position, Aufgabe und Umfeld des Befragten geprägt sein. Dieser Umstand wird mit Frage D3 festgehalten. Ein Befragter, der nicht für Aufgaben des Umweltmanagements verantwortlich zeichnet, ist u.U. gegenüber diesem Thema nicht sehr aufgeschlossen, da die zusätzliche Übernahme solcher Aufgaben für ihn nur eine Mehrbelastung bedeuten würde. Zudem ist für eine Initiierung und Umsetzung eines Umweltmanagements ausreichend Macht notwendig. Es kann auch sein, dass dem Befragten gar nicht bewusst ist, dass er oder seine Firma Umweltmanagement betreibt. Deshalb wird der Stand des Umweltmanagements im Unternehmen mit dem Fragenblock B erfasst.

Darüber hinaus kann die Größe des Unternehmens relevant sein, die sich hier aus Mitarbeiterzahl, Umsatz und Gesamtausstoß an Bier zusammensetzt. Damit soll dem Verdacht nachgegangen werden, dass im Verhältnis zum Umsatz umso mehr Aufwand für ein Umweltmanagement getrieben werden muss, je kleiner eine Brauerei ist. Dieser Verdacht wäre zwar nur mit einer großen Anzahl von Fällen sicher überprüfbar, soll aber dennoch beachtet werden, da sich daraus u.U. wertvolle Erkenntnisse für die Zielgruppe von EPI ableiten lassen. Lässt sich aus der Summe der Variablen und Indikatoren aus Tabelle 10 eine negative Einstellung des Befragten zum Umweltmanagement ablesen, so kann dies ein Grund für eine Ablehnung von EPI sein. Im Anhang ist in Tabelle 32 der gesamte Fragebogen in seiner Fassung zur ersten Fallstudienuntersuchung abgebildet.

Zur doppelten Bestätigung oder Falsifikation der Hypothesen 1, 3, 5, 6 und 7 wird zusätzlich die teilnehmende Beobachtung eingesetzt.[612] Im Beobachtungsbogen werden hauptsächlich Variablen überprüft, die auch im Fragebogen abgefragt werden, so dass eine Verzerrung der Ergebnisse möglichst gering gehalten wird. Zusätzlich soll die Beobachtung Eindrücke über die persönliche Einstellung des Probanden gegenüber einer solchen Fallstudienuntersuchung bzw. zum Besuch des Forschers und zum Arbeitsumfeld des Probanden sammeln. Neben einem Anmerkungsblatt werden sog. Screenshot-Bögen erstellt, die jedes Fenster des EPI-Tools abbilden. So können gemachte Beobachtungen von bestimmten Interaktionen zwischen Nutzer und Funktionen auf dem entsprechenden Bogen vermerkt werden. Die Konstruktion des Beobachtungsbogens erfolgt analog zum Fragebogen. Im Anhang ist in Tabelle 33 der gesamte Beobachtungsbogens abgebildet.

Bestätigt sich eine oder mehrere der acht Hypothesen, so kann bei einer Ablehnung von EPI davon ausgegangen werden, dass die in der jeweiligen bestätigten Hypothese abgebildete Begründung für eine Nicht-Anwendung von EPI mitverantwortlich ist. Jede bestätigte Hypothese kann somit für einen verminderten Anreiz, das Tool zu nutzen und mit Hilfe des Tools ein Umweltmanagement zu initiieren, verantwortlich sein. Unabhängig von Bestätigungen der acht Hypothesen prüft eine Generalfrage direkt, ob das Tool Anreize schafft, sich mit dem Thema des Umweltmanagements auseinander zu setzen oder ein bestehendes Umweltmanagement zu vertiefen (FB-I2). Ein Vergleich des aus den acht Hypothesen abgeleiteten Anreizes mit dem direkt befragten Anreiz kann in weitere Interpretationen einfließen. Unabhängig von dem Aspekt des Anreizes soll überprüft werden, ob das Tool insgesamt abgelehnt oder genutzt werden wird (FB-I1). Diese Frage ist insbesondere in Verbindung mit der Frage FB-I1a-3b interessant, da es denkbar ist, dass bspw. der Anreiz des Tools zwar groß ist, jedoch das Tool nicht eingesetzt wird, da schon eine andere Software im Unternehmen diesbezügliche Aufgaben abdecken kann. Auch andere Kombinationen sind in diesem Zusammenhang denkbar.[613]

4.2.5 Fallauswahl

Als die zu untersuchende Domäne wird die Branche der Brauereien ausgewählt, da schon für diese Branche eine eingepflegte Benchmarking-Datenbasis im EPI-Tool besteht.[614] Die Fallauswahl geschieht weniger nach dem Zufallsprinzip, sondern es sollen bewusst für die Fragestellung geeignete Fälle ausgewählt werden (vgl. Tabelle 19). Hauptziel soll sein, aus den für diese Arbeit bestimmten drei Größenkategorien von Brauereien[615] jeweils eine Brauerei für eine Fallstudienuntersuchung zu gewinnen. Es werden 32 Nicht-EMAS- oder ISO-zertifizierte Brauereien in Deutschland angeschrieben (erstes Anschreiben im Anhang, Abbildung 76). Jedoch findet sich keine kleine Brauerei. Erst nach einem weiteren Anschreiben an 17 deutsche Brauereien (nun auch an zertifizierte Unternehmen[616]) und mehrfachem Nachhaken (telefonisch, E-Mail) lässt sich eine kleine Brauerei finden.[617] Zu den ersten drei Unternehmen werden anschließend zwei weitere Unternehmen gesucht, die in zweifacher Hinsicht eine Variation der bisherigen Fallauswahl einbringen sollen: Erstens soll dem Internationalisierungsanspruch von EPI und möglicherweise weiteren zu entwickelnden Tools Genüge getan werden, indem die Nutzung dieses Tools auch außerhalb Deutschlands evaluiert wird. Diese Variation erscheint umso interessanter, wenn ein Unternehmen in einem Dritte-Welt-Land oder einem Schwellenland gefunden werden könnte, da diese Länder im besonderen Maße auf kostengünstige Instrumente angewiesen sind.[618] Zweitens ist auch eine Bran-

---

[612] Die Fragenkonstruktionen zu allen Hypothesen (Beobachtungsbogen) können im Anhang in Tabelle 31 eingesehen werden.
[613] „FB1-I1a-3b" steht für „Frage 3b des Frageblocks I1a des Fragebogens des ersten Falles". Das im weiteren Verlauf dieser Arbeit verwendete Kürzel „BB" steht für „Beobachtungsbogen".
[614] NACE-Code 15.96 (Branchencode für die Herstellung von Bier).
[615] Für diese Arbeit erfolgte eine Einteilung in folgendes Schema: Kleines Unternehmen bis 75 Mitarbeiter, mittleres Unternehmen 75-500 Mitarbeiter, großes Unternehmen ab 501 Mitarbeiter.
[616] Zertifizierte Unternehmen können in IHK 2003 eingesehen werden.
[617] Erschwerend kam hinzu, dass die Untersuchung im heißen Sommer 2003 stattfinden sollte, wo wegen der gesteigerten Nachfrage eine Hochproduktion von Bier stattfand. Gleichzeitig befanden sich einige Mitarbeiter der Brauereien im Urlaub.
[618] Vgl. Thimme 2001, S. 237.

chenvariation wünschenswert, so dass für eine diesbezügliche Weiterentwicklung des Tools neue Erkenntnisse gesammelt werden können. Für beide Variationswünsche wurde im südlichen Afrika jeweils ein Unternehmen gefunden und für die Durchführung einer Fallstudienuntersuchung vor Ort vom Autor besucht. Für die erste Variation wurde in einer weiteren Brauerei und für die zweite Variation in einer Großschlachterei eine Fallstudienuntersuchung durchgeführt.[619]

4.2.6 Schritte der Datenerhebung

Da die zeitlichen Ressourcen von Probanden bei am Arbeitsplatz durchgeführten Untersuchungen meist begrenzt sind, sollte der zeitliche Aufwand einer Untersuchung nicht über zwei Stunden umfassen. Tabelle 22 zeigt den Ablaufplan einer Untersuchung.

Schritt	Voraussichtlicher Zeitbedarf
Begrüßung und Vorstellung.	5 Min
Erklärung des Projektes und des Ablaufs, Erklärung der Datenbasis von EPI	5 Min
Ausfüllen des ersten Teils des Fragebogens: Feststellen der Rahmendaten des Befragten und des Unternehmens.	5 Min
Test des zur Verfügung gestellten Rechners – eventuell Update des Browsers auf eine kompatible Version.	1-10 Min
Kombinierte Einführung und Selbsttest in das Kennzahlen- und Benchmarking-Tool EPI.	40 Min
Lesen der Quicktour durch den Probanden.	15 Min
Ausfüllen des zweiten Teils des Fragebogens: Eigenschaften, Funktionen der Software und Gründe der Nutzung oder Ablehnung werden ermittelt.	15 Min
Verabschiedung.	-
Ausfüllen des Beobachtungsbogens. Aufnehmen von eigenen Anmerkungen auf dem Anmerkungsblatt und den Screenshot-Bögen.	-

Tabelle 22: Ablaufplan einer Untersuchung
(Quelle: In Anlehnung an Deisenroth 2003, S. 60)

Die relativ kurz gehaltenen Zeiten der *Begrüßung* und *Erklärung des Projektes* werden relativiert, wenn man bedenkt, dass durch das Anschreiben (vgl. Abbildung 76), diverse Telefonate

---

[619] Das Land / die Länder im südlichen Afrika wird / werden nicht näher genannt, da es sonst schwierig wäre, die Anonymität der Unternehmen zu wahren. Begünstigend kam hinzu, dass die Probanden der Unternehmen deutsche Sprachkenntnisse haben, so dass zum Zeitpunkt der Untersuchung die nur in deutscher Sprache vorhandene Fassung des Tools keine Restriktion darstellte.

und E-Mails im Vorfeld der Untersuchung die für eine solche Untersuchung nötige Vertrautheit geschaffen werden kann.

4.3 Untersuchung der Wirkungen der Innovation

Im Folgenden werden die fünf durchgeführten Erhebungen (Fallstudienuntersuchungen) vorgestellt, wobei die Chronologie der erfolgten Erhebungen eingehalten wird. Den Interpretationsprozess kann man aus dem Vorgehensmodell in Abschnitt 4.2.1 und aus Abbildung 59 entnehmen. Nach einer kurzen Beschreibung des jeweils besuchten Unternehmens und der Erhebungssituation werden die mit Hilfe des Befragungs- und Beobachtungsbogen aufgenommenen Daten den jeweiligen Hypothesen zugeordnet und interpretiert.

4.3.1 Fallstudienuntersuchungen in der Brauereibranche in Deutschland

Die folgenden drei Fallstudienuntersuchungen wurden in Deutschland durchgeführt. Aus Gründen der komprimierten Darstellung wird nach einer kurzen Vorstellung des Unternehmens und der Erhebungssituation die Überprüfung der jeweiligen Hypothesen zusammenfassend beschrieben. Dann werden jeweils Schlussfolgerungen des Falls aufgezeigt. Anschließend fließen die Ergebnisse in eine die Fälle A bis C übergreifende Mustererkennung zusammen (vgl. Abschnitt 4.3.1.4).

4.3.1.1 Fallstudie bei einer mittleren Brauerei (Fall A)

4.3.1.1.1 Vorstellung des Unternehmens und der Erhebungssituation

Die erste Fallstudie wurde Mitte August 2003 in einer Brauerei mit über 130 Mitarbeitern durchgeführt. Der Jahresumsatz dieses Unternehmens beträgt über 40.000.000 Euro und der Gesamtausstoß an Bier liegt bei über 600.000 hL im Jahr (FB1-A1 bis A3).[620] Die Erhebungssituation war durch eine offene, freundliche und interessierte Atmosphäre gekennzeichnet (BB1-S). Der Proband ist ein junger dynamischer Umweltmanager (FB1-D1 bis D3). Die Befragung fand im Büro des Probanden und an seinem Arbeitsplatz statt. Außer einer 5-minütigen Unterbrechung wegen eines Telefonats fand die Befragung in einer ungestörten Umgebung statt (BB1-U). Aus den Eindrücken des Forschers lässt sich auf ein echtes Interesse des Probanden schließen, so dass den aufgenommenen Daten ein hoher Ernsthaftigkeitsgrad beigemessen werden kann.

---

[620] Aus Gründen der Anonymitätswahrung werden die genauen Zahlen nicht genannt.

4.3.1.1.2 Zusammengefasste Hypothesenüberprüfung

Die Bedienbarkeit des Tools (Hypothese 1) beurteilt der Proband überwiegend positiv (++ oder +, FB1-G1 bis G15). Einzig die Anforderung nach situationsspezifischen und weiterhelfenden Erklärungen wird neutral bewertet. Dies deckt sich mit seiner geäußerten Kritik an der Hilfe-Funktion „Quick-Tour", welche vielmehr in den ordentlichen Ablauf der Tool-Nutzung eingebaut werden muss. Eine neben dem eigentlichen Tool-Fenster in einem weiteren Fenster als Tool-übergreifende gestaltete Hilfsfunktion erbringt nicht den geforderten Bezug zu einem aktuellen Problem. Insgesamt lässt sich jedoch die Kritik des Probanden an der Hilfsfunktion relativieren, da sie in FB1-H2 in der Verständlichkeit als positiv (++) beurteilt wird. Auch zeigen die Beobachtungswerte (BB1-G1 bis G3) keinen Grund, warum die Bedienbarkeit für den Probanden schwierig sein könnte. Der Proband macht jedoch den Vorschlag, den bereits integrierten großen Pfeil auch mit einer Schaltflächenfunktion zu hinterlegen, da dies sonst den User irritiere. Darüber hinaus wäre ein Glossar mit Erklärungen zu Fachbegriffen des Umweltmanagements insbesondere für „Anfänger" sehr nützlich. Die übergreifende Meinung des Probanden zur Bedienbarkeit ist positiv (FB1-I1a-1). Insgesamt lässt sich feststellen, dass die Bedienbarkeit des Tools trotz leichter Mängel für den Probanden kein Grund für eine Ablehnung des Tools sein kann. Die Hypothese 1 ist daher in diesem Fall widerlegt.

Auch eine mangelnde Ökologieorientierung des Unternehmens bzw. des Probanden kann nicht zu einer Ablehnung des Tools führen. Der Proband hat die Position eines Umweltmanagers (FB1-D3) und ist dem Umweltmanagement gegenüber generell positiv eingestellt (FB1-F1-1 und -2). Dies wird durch die Bejahung der Wichtigkeit des Umweltmanagements in seinem Unternehmen bestätigt (FB1-I1a-2). Das Umweltmanagement kann als umfassend eingestuft werden (FB1-B1 bis B3). Trotz der beachtlichen Betriebsgröße (FB1-A1 bis A2) steht dem Unternehmen noch keine geeignete Software für das Umweltmanagement zur Verfügung (FB1-I1a-3b). Insgesamt kann das Unternehmen als Typ D der Abbildung 60 (Typen unternehmerischer Umweltpolitik) eingeordnet werden.

Die Bereitstellung benötigter Funktionen und Leistungen (Funktionalität) beurteilt der Proband hinsichtlich praktischem Nutzen und Verständlichkeit als durchweg positiv, wobei die Funktionen „Quicktour" und „Eingabe von Kennzahlen" eine Abstufung weniger in ihrem Nutzen beurteilt werden (FB1-H1 und H2). Diese homogene Einschätzung wird über die stark schwankenden Werte der Beobachtungsvariablen (BB-H1 und H2) relativiert. Äußerst positive Reaktionen zeigt der Proband bei den Funktionen „Kennzahlen Import /Export" und

„Umweltleistung". Insbesondere die Idee, über „Umweltleistung" einen Umweltbericht erstellen zu können, wird sehr positiv aufgenommen. Hier soll dem User zusätzlich zur Input/Output-Bilanz das grobe Raster eines Umweltberichts und dazu eine ausführliche Erläuterung zur Erstellung eines Umweltberichts angeboten werden. Bei „Quicktour" und „Drill Down Analyse" zeigt der Proband nur als neutral einzustufende Reaktionen. Diese Beobachtung der Reaktionen deckt sich weitgehend mit der Verweildauer des Probanden an der jeweiligen Funktion. Jedoch wünscht sich der Proband weitere bzw. modifizierte Funktionalität (FB1-H3). Für ihn ist Umweltmanagement nicht nur ein Fachgebiet mit dem Fokus Umwelt, sondern schließt auch Qualitäts-, Hygiene-, Arbeitssicherheits- und Risikomanagement mit ein. Dahingehend soll auch eine Tool-Erweiterung erfolgen. Die in der „Konto verlängern"-Funktion eingebaute Frist soll von drei Monaten auf ein Jahr verlängert werden. Der Ablauf einer Frist soll in einer Errinnerungsmail dem User angezeigt werden. Begeistert zeigt sich der Proband von der Import/Export-Funktion. Diese kommt seinem Wunsch nach einer integrierten Lösung entgegen. Jedoch wünscht er sich eine gewisse Flexibilität bezüglich der Erweiterungsmöglichkeiten der dann zu importierenden Excel-Tabelle. Zur Benchmarking-Funktion wünscht er sich eine Darstellung im Jahresverlauf. So kann man aus den Zahlen der Konkurrenz im Vergleich zu den eigenen weitere interessante Schlüsse ziehen. Er bemängelt zusätzlich, dass man keine ökonomischen Daten vergleichen kann (Rahmendaten wie Mitarbeiter oder Umsatz). Er spricht sich für eine weitergehende Erklärung der Kennzahl „Hopfen" aus, da es hier zwischen Hopfenkonzentrat und Naturhopfen große Unterschiede gebe. Hier soll eine Umrechnungstabelle angeboten werden oder es soll generell in kg/alpha gerechnet werden. Auch soll im Bereich der Emissionen eine Tabelle für die Energieträgerumrechnung nach Kyoto integriert werden. Auch sollen für jede Kennzahl verschiedene Einheiten samt Umrechungsfunktion angeboten werden. Insgesamt jedoch bietet das Tool für den Probanden geeignete Funktionen, und es stellt eine nützliche Innovation für das Umweltmanagement dar (FB1-I1a-3a und 3b). Die Hypothese 3 gilt als widerlegt. Die Funktionalität des Tools ist in diesem Fall kein Grund, die Software abzulehnen.

Die Kosten-/Nutzeneffekte des Umweltmanagements beurteilt der Proband überwiegend positiv (FB1-F1-3, -4 und -6a bis 6g). Insbesondere die Antwortkombination FB1-F1-4 mit FB1-F1-6b und -6c bringt zu Tage, dass der Proband, trotz der partiellen Nutzenabschöpfung anderer aus dem Umweltmanagement und der nur bedingt vorhandenen Kosteneinsparungspotenziale des Umweltmanagements, dessen Kosten immer noch im Verhältnis zum Ertrag sieht. Daraus lässt sich der Verdacht bestätigen, dass die Initiierung eines Umweltmanagements gewisse fixe Einstiegskosten beinhaltet, die in gewissem Maße unabhängig von der jeweiligen Unternehmensgröße sind, sich also bei umsatzstarken Unternehmen weniger negativ auswirken (Kostendegression). Insgesamt werden dem Umweltmanagement bezüglich des Ressourcenverbrauchs, des Schadstoffausstoßes und des Abfallvolumens positive Nutzeneffekte zugesprochen. Insbesondere aus dem Potenzial zum Ressourcenverbrauch lässt sich auf die Möglichkeit einer Verbesserung der strategischen Wettbewerbsfähigkeit schließen. Die für die Transaktionsphasen Anbahnung und Anpassung möglicherweise vorteilhaften Imagewirkungen eines Umweltmanagements werden unentschlossen beurteilt (FB1-F1-6g). Die Hauptkostenfaktoren seien nicht die Infrastruktur und das zu beschaffende Wissen, sondern die benötigte Zeit zur Ausführung der Umweltmanagementaufgaben (FB1-F1-5a bis 5c). In Verbindung mit FB1-I1a-4 („Ja, das Tool bietet eine Möglichkeit, Umweltmanagement kostengünstig zu betreiben") kann man schlussfolgern, dass das Tool positive Auswirkungen auf den Faktor Zeit hat und somit das Potenzial besitzt, die Kosten des dispositiven Faktors „Management" zu senken.

Die „Arbeits- und Zugriffsgeschwindigkeit", als Element der Annahmegruppe Usability, wird vom Probanden insgesamt als gut bezeichnet (FB1-I1a-5), obwohl die beobachteten Werte als negativ einzustufen sind. Das Programm reagiert nur schleppend, es gibt häufig Pausen über 10 Sekunden (BB1-C1 und C2). An der Infrastruktur des Probanden kann es kaum liegen, da bei einem 700 MHz-Rechner mit 256 MB Arbeitsspeicher samt DSL-Anschluss eine gute Zugriffsgeschwindigkeit gewährleistet sein müsste. Dazu hat der Proband auch die neueste Version des Internet Explorers (Version 6) im Einsatz (FB1-C1 bis C4). Diese negative Arbeits- und Zugriffsgeschwindigkeit lässt sich jedoch relativieren: Eine einzelne DSL-Leitung wird von allen Mitarbeitern geteilt und der jeweilige User wird nach zwei Minuten Leerlauf von dem Router getrennt.[621] Hinzu kam ein Mail-Virus, der zur Zeit der Untersuchung im Intranet war. Der Proband ist sich der erschwerten Rahmenbedingungen bewusst und bezeichnet die Arbeits- und Zugriffsgeschwindigkeit trotzdem als gut (FB1-I1a-5). Somit kann die Hypothese 4 in der Summe als widerlegt betrachtet werden.

Die Computererfahrung des Probanden kann man als sehr gut bezeichnen (FB1-E1 bis E3). Dies deckt sich auch mit den Beobachtungen (BB1-E). Eine Ablehnung des Tools wegen

---

[621] Eine teils angeregte Diskussion zwischen Forscher und Befragtem führte zu häufigen Trennungen der Internet-Verbindung durch den Router.

mangelnder Computererfahrung des Probanden kann ausgeschlossen werden. Die Hypothese 6 konnte für diesen Fall somit widerlegt werden.

Die „Verständlichkeit der Ergebnisdarstellung" stuft der Poband als nicht eindeutig ein (FB1-I1a-7). Dies liegt jedoch nicht an einem Verständnisdefizit des Probanden (BB1-I). Auffallend sind hier die vielfältigen Forderungen nach einer komprimierteren Ausgabe der Ergebnisse. Beispielsweise soll die Datensicht der Zeitreihenfunktion in die Datensicht der Soll-Ist-Funktion integriert werden. So kann man eine Funktion einsparen. Insgesamt kann man die Hypothese nicht klar bestätigen.

Die Anzahl von 17 Vergleichsbrauereien als Datenbasis für die Benchmarking-Funktion kann vom Probanden noch nicht eindeutig als aussagekräftig oder als nicht aussagekräftig eingeschätzt werden (FB1-I1a-8). Zusätzlich zur Benchmarking-Datenbasis kritisiert er die Definition gewisser Kennzahlen und zweifelt die Qualität einzelner Kennzahlenwerte an. Der Proband zweifelt auch an der Glaubhaftigkeit der im Benchmarking errechneten Werte der Kennzahl „Abwasser / Bier konventionell": Sein Unternehmen sei eines der Besten mit einem Wert von unter 0,4 m^3/hl. Hier errechnet die Benchmarking-Funktion 0,2168 m^3/hl für den Besten. Die Hypothese 8 kann daher nicht bestätigt oder widerlegt werden.

4.3.1.1.3 Schlussfolgerungen aus der Fallstudienuntersuchung

Trotz oben erwähnter Mängel kann die Usability des Tools (Hypothesen 1, 3, 5-8) als befriedigend eingestuft werden. Das EPI-Tool kann dem Probanden im Bereich des Umweltmanagements, insbesondere bei Aufgaben mit Umweltkennzahlen, gute Dienste leisten. Jedoch soll es für einen übergreifenden Nutzen hinsichtlich den oben genannten Arbeitsgebiete erweitert werden. Dies macht der Proband an dem Beispiel „Problematik von Stoffen" deutlich: Wer darf was, wie und wo lagern, liefern und anfassen? Hier werden auch Bereiche der Arbeitssicherheit und der Hygiene berührt.

In das Tool kann man u.U. eine Kartenerstellungsfunktion einbauen, so dass die im Unternehmen generierten Umweltkennzahlen auch ihrem Entstehungsort visuell zugeordnet werden können. So z.B. geht der Ansatz von www.ecomapping.org in diese Richtung. Hier werden Lagerstellen in Grundrisse des Unternehmensgebäudes eingezeichnet und mit dem entsprechenden Parameter ausgewiesen. Letztlich wäre eine solche Integration ein erstes Antasten einer internetgestützten Materialflussanalyse.

Darüber hinaus hat die Untersuchung gezeigt, dass der Eingabeprozess der Benchmarking-Daten optimiert werden muss. So sollte ein Organisationssystem für die Umweltberichte entworfen werden, so dass bei zweifelhaften Benchmarking-Werten die dazu gehörenden Umweltberichte direkt zur Überprüfung herangezogen werden können. Der bei der Quicktour angebrachte Vorschlag bezüglich einer umfassenden Einführung in das Tool könnte durch einen mit Ton hinterlegten und interaktiven Einführungsfilm im dazu bewährten Flash-Format umgesetzt werden. Insgesamt ist festzuhalten, dass das Tool für den Probanden bzw. sein Unternehmen als geeignet erscheint, im Umweltmanagement Nutzen stiftend eingesetzt zu werden.

4.3.1.2 Fallstudie bei einer großen Brauerei (Fall B)

4.3.1.2.1 Vorstellung des Unternehmens und der Erhebungssituation

Die zweite Fallstudie wurde Mitte August 2003 in einer großen Brauerei mit einem Jahresumsatz von über 80 Millionen Euro durchgeführt. Der Gesamtausstoß an Bier im Jahr liegt bei über 0,8 Million hl (FB1-A1 bis A3).[622] Der Proband ist männlich, zwischen 45 und 55 Jahre alt und hat seine Funktion im technischen Bereich (FB1-D1 bis D3). Angaben zur Mitarbeiteranzahl werden nicht gemacht, da es in diesem Unternehmen Unterschiede in der Anzahl der Voll- und Teilzeitkräfte gibt (FB2-A1). Die Erhebungssituation ist durch eine nicht angespannte, aber dennoch leicht kühle und distanzierte Atmosphäre gekennzeichnet (BB1-S). Insgesamt hatte der Forscher trotz aller gegenteiligen Beteuerung den Eindruck, dass der Proband hier von einer professionellen Produktvorstellung mit Verkaufsabsichten ausgeht. Die Befragung findet im Büro des Probanden und an seinem Arbeitsplatz ohne weitere Störungen statt (BB1-U). Die Untersuchung vor Ort wurde vom Probanden mittendrin abgebrochen, als er meinte, er hätte genug Informationen aufgenommen. Der ausgefüllte Fragebogen wurde jedoch nachgesandt. Da für die zu beobachtenden Variablen weniger Zeit zur Verfügung stand, können die hier ausgewerteten Daten mit einem gewissen Zweifel belegt werden.

4.3.1.2.2 Zusammengefasste Hypothesenüberprüfung

Die Bedienbarkeit wurde vom Probanden uneinheitlich beurteilt. So vergibt der Proband insgesamt eine positive Beurteilung für die Aufgabenangemessenheit der Software (FB2-G1 und G2), wobei die Selbstbeschreibungsfähigkeit in der Summe leicht negativ beurteilt wird. Die

---

[622] Aus Gründen der Anonymitätswahrung werden die genauen Zahlen nicht genannt.

Software bietet zwar einen guten Überblick über ihr Funktionsangebot, jedoch werden teilweise missverständliche Begriffe etc. verwendet, und das Tool bietet auf Verlangen wenig situationsspezifische Erklärungen (FB2-G3 bis G5). Zumindest die Missverständlichkeit der Begriffe wird durch die Beobachtung BB2-G1 relativiert, da hier beim Probanden keinerlei Irritationen beobachtet werden können. Die Steuerbarkeit und die Erwartungskonformität werden wiederum als leicht positiv beurteilt (FB2-G6 bis G10). Es gab während des Testes keine Fehlermeldungen (FB2-G11). Überraschend positiv wird die Lernförderlichkeit des Tools bewertet. Hier erhielt das Tool in allen Kategorien volles Lob. Sogar die Quicktour ist aus der Sicht des Probanden nicht erforderlich (FB2-G12 bis G15). Daraus lässt sich ableiten, dass der Proband ein sehr umfassendes Vorverständnis von der Umweltmanagementthematik besitzt. Das gesamte Handling des Tools scheint dem Probanden gut zu liegen (BB2-G2 und G3). Die Verständlichkeit der einzelnen Funktionen des Tools bewertet der Proband überwiegend positiv. Jedoch werden die Quicktour und das Benchmarking als neutral eingestuft (FB2-H2). Die Hypothese 1 kann somit als widerlegt angesehen werden. Eine Ablehnung des Tools kann nicht wegen einer mangelnden Bedienbarkeit begründet werden.

Die oben gemachte Einschätzung zum umfassenden Vorverständnis des Probanden wird dadurch relativiert, dass sein Jobprofil nicht dem eines reinen Umweltmanagers entspricht (FB-D3). Laut Einschätzung des Probanden ist ein Umweltmanagement zwar insgesamt notwendig und nicht unwichtig, jedoch muss es auch kritisch hinterfragt werden (FB2-F1-1 und -2). In Verbindung mit FB2-B2 (Unternehmen verfasst keinen periodischen Umweltbericht) kann man ableiten, dass der Umweltschutz zwar als exogenes Sachziel behandelt wird, wobei jedoch die (freiwillige) Pflege verschiedener Umweltkennzahlen (FB2-B3) auf über externe Auflagen hinausgehende Umweltschutzmaßnahmen hindeutet. Die Hypothese 2 kann somit weder als widerlegt noch bestätigt betrachtet werden. Jedenfalls könnte die teilweise kritische Einstellung ein Grund für eine Ablehnung des Tools sein.

Die „Funktionalität", also die Bereitstellung benötigter Funktionen und Leistung, beurteilt der Proband sehr uneinheitlich und kritisch. Während die Funktionen „Eingabe von Kennzahlen", „Import /Exportfunktion", „Soll / Ist Vergleich" und „Zeitreihenanalyse" noch leicht positiv bewertet werden, stuft der Proband die „Quicktour", das „Kennzahlen-Benchmarking" und die „Drill Down Analyse" als leicht negativ ein. Bei der Kennzahleneingabe bemängelt er die Definition der Einheit des spezifischen Wasserverbrauchs. Dieser wird in hl pro hl gemessen. Er weist auf Schwierigkeiten bei der Umrechnung zu der Tool-konformen Kennzahl hin. Wie im ersten Fall wird auch hier die Definition des Hopfenverbrauchs bemängelt. Dieser wird in kg/alpha gemessen. Auch bei den Kegelschutzkappen gibt es mehr als im Tool definierte Varianten. Insgesamt ist laut Proband eine genauere Erklärung und Bezeichnung der einzelnen Kennzahlen nötig. Die Funktion „Erstellung eines Umweltberichts (Input/Output)" erhält sogar die maximal negative Bewertung (FB2-H1). An einer mangelnden Verständlichkeit kann es kaum liegen, da die Funktionen dahingehend überwiegend positiv beurteilt werden (außer „Quicktour" und „Kennzahlen-Benchmarking", FB2-H2). Die Beobachtung der Reaktionen zu den einzelnen Funktionen ergab ein ähnliches Bild (BB2-H1). Davon weichen jedoch die Beobachtungen zur Intensität der Begutachtung ab (BB2-H2). Während der Proband dem „Soll / Ist Vergleich", der „Zeitreihenanalyse" und der „Drill Down Analyse" so gut wie keine Beachtung schenkt, werden die „Import / Exportfunktion" und die „Erstellung eines Umweltberichts (Input/Output)" schon viel länger geprüft. Die fast volle Aufmerksamkeit kommt der „Eingabe von Kennzahlen" und dem „Kennzahlen-Benchmarking" zuteil. Dies deckt sich auch mit der geäußerten Kritik und den Vorschlägen. Die Funktion Umweltleistung („Erstellung eines Umweltberichts (Input/Output)") ist nur mit einer wählbaren Bezugsgröße interessant und aussagekräftig (z.B. pro hl produziertem Bier). Dies stellt auch gleichzeitig seinen Wunsch nach weiteren Funktionen des Tools dar (FB2-H3). Zusätzlich ist die tabellarische Ausgabe der Input/Output-Daten mit Vergleichswerten über die Jahre hinweg sinnvoll. Darüber hinaus gilt der Wunsch nach einer vergleichenden Ausgabe von mehreren Jahren auch für das Benchmarking. Umfassende Anmerkungen werden zur Kennzahleneingabe bzw. zur Wahl der Kennzahlen und deren Einheiten gemacht. Diese Anmerkungen sind in Tabelle 23 zusammengefasst.

Kennzahl	Änderungswunsch
-	Erstellung einer Kategorie Grundmaterial, bestehend aus Wasser, Malz, Hopfen und Hefe.
Kräuter, Gewürze, Zucker	Zucker als separate Kennzahl; Kräuter sind irrelevant.
Gerste, Weizen und Dinkel	Gibt es in Brauereien nur in Verbindung mit einer Mälzerei.
Malz	Sollte aufgesplittet werden in die Malzart: Gerstenmalz, Dinkelmalz, Roggenmalz, helles Malz und dunkles Malz.
Hopfen	Die richtige Einheit ist Kg/Alpha.
Hefe	Sollte getrennt werden in Hefe aus Eigenproduktion, Einkauf und Abfallhefe.
Glykol	Muss um „Konzentration in Prozent" erweitert werden, um vergleichbar zu sein.
Schmierstoffe	Ist nur für die Produktion relevant.
Filterhilfsmittel	Sollte in Kieselgur, Calite, Schichten und Stabilisierungsmittel getrennt werden.
Desinfektionsmittel	Sollte in Säure, Lauge und Desinfektionsmittel gesplittet werden.
Kohlensäure	Hier muss zwischen Eigenproduktion und Zukauf unterschieden werden.
Kartonage	Hier ist die Unterscheidung von Einweg und Mehrweg wichtig.
Folien	Siehe Kartonage.
Kegelschutzkappen	Wird in Stück angegeben – es gibt zudem unterschiedliche.
Neuglas	Größenangabe fehlt: 0,25 l, 0,33 l oder 0,5 l.
Kästen / Paletten / Fässer	Es sollte zwischen Umschlag und Verkauf unterschieden werden.
Spezifischer Wasserverbrauch	Wird in hl / hl gemessen, nicht in m^3 / hl.
Mitarbeiter	Hier muss zwischen Vollzeit und Teilzeit oder pro Kopf unterschieden werden.
Energie	Flüssiggas fehlt. Taucht auch nicht in der Umrechnungstabelle auf.
CO_2	CO_2 entsteht beim Gärungsprozess und durch Energieträgereinsatz.

Tabelle 23: Anmerkungen zur Eingabe von Kennzahlen
(Quelle: In Anlehnung an Deisenroth 2003, S. 76)

Zusätzlich bemängelt der Proband die zu kurze Speicherung von drei Monaten der Kontodaten des Users. Hier ist der gewünschte Zeitraum mindestens ein Jahr. Wie auch schon im Fall A wünscht der Proband eine Erinnerungs-Mail vor einer Datenlöschung. Insgesamt bewertet der Proband das Tool für sein Unternehmen als unzweckmäßig (FB2-I1a-3a). Er benötigt das Tool nicht, da sie im Betrieb bereits eine andere Software nutzen, wobei er nicht deren Namen nennt (FB2-I1a-3b). Insgesamt lässt sich die Hypothese 3 bestätigen, wobei der Proband bezüglich einer weiteren Nutzung des Tools unentschlossen bleibt (FB2-I1).

Der Proband beurteilt die Kosten des Umweltmanagements als insgesamt nicht zu hoch, bemängelt jedoch nur leicht den zu hohen Aufwand samt seinem missstimmigen Verhältnis zum Ertrag (FB2-F1-3 und -4). Dies kann man dahingehend interpretieren, dass die Kosten eines Umweltmanagements bei einem Umsatz von über 80 Millionen Euro nicht sehr ins Gewicht fallen, jedoch eine detaillierte Kosten-/Nutzenbetrachtung das Umweltweltmanagement als eine nicht rentable Investition erscheinen lassen kann. Entgegen den Angaben des Probanden des ersten Falls spielen hier alle abgefragten Hauptkostenfaktoren des Umweltmanagements eine Rolle: So wird neben der Zeit auch dem benötigten Wissen eine kostentreibende Funktion zugesprochen. Aber auch die benötigte Infrastruktur spielt zumindest teilweise eine Rolle (FB2-F1-5). Die Nutzenpotenziale des Umweltmanagements werden überwiegend positiv beurteilt, wobei auch hier als Nutznießer des Umweltmanagements externe Anspruchsgruppen beschrieben werden (FB2-F1-6). Auch der Imagewirkung des Umweltmanagements wird nur eine mittlere Kraft zugesprochen (FB2-F1-6g). Das nur als mittelmäßig beurteilte Potenzial zur Schadstoffreduzierung kann u.U. relativiert werden, da laut Erklärung des Probanden bei Brauereien neben dem Energieverbrauch auch der Gärungsprozess bei der Bierherstellung eine bedeutende Rolle für den CO_2-Ausstoß spielt. Der Proband ist sich nicht einig, ob in der Summe das EPI-Tool positive oder negative Wirkungen auf das Kosten-/Nutzenverhältnis des Umweltmanagements hat (FB2-I1a-4). Somit lässt sich die Hypothese 4 nicht eindeutig bestätigen. So könnte es sein, dass trotz positiver Nutzeneinschätzung des Umweltmanagements das Tool abgelehnt wird, weil es selber nicht eindeutig genug Nutzenpotenziale zeigt.

Die Arbeitsgeschwindigkeit mit dem Tool wird vom Probanden als gut bezeichnet (FB2-I1a-5). Dazu trägt sicherlich auch die gute IT-Ausstattung des Unternehmens bei. Es wird ein Rechner mit einem Pentium-3-Prozessor eingesetzt und auf das Tool mit einem Internet Explorer der Version 5 zugegriffen. Der Internetzugang geschieht über die Breitbandtechnologie DSL (FB2-C1 bis C4). Dies deckt sich auch mit den gemachten Beobachtungen. Jedoch zwingt die Antwortzeit des Tools den Probanden zu vereinzelten Pausen von über fünf Sekunden (BB2-C1 und C2). Da diese Wartezeiten trotz guter IT-Ausstattung entstehen, kann man davon ausgehen, dass die Verantwortlichkeit für diese Fristen auf Seiten des Tools bzw. des Tool-Servers zu finden ist. Insgesamt kann die Arbeits- und Zugriffsgeschwindigkeit nicht für eine mögliche Tool-Ablehnung verantwortlich gemacht werden. Somit gilt die Hypothese 5 als widerlegt.

Die gemachten Angaben zur Computererfahrung des Probanden weisen darauf hin, dass er sicherlich zu den sog. Powerusern gezählt werden kann. So werden bezüglich der Anzahl der Jahre der Computernutzung, der Arbeitsstunden pro Woche am Computer und der Anzahl der Stunden der Internetnutzung die maximal möglichen Werte angegeben (FB2-E1 bis E3). Auch die Beobachtung (BB2-E) lässt keinen anderen Schluss zu, als die Hypothese 6 als widerlegt zu betrachten.

Der Proband kann sich nicht eindeutig festlegen, ob im Tool die ausgegebenen Informationen aufgabengerecht gestaltet sind (FB2-I1a-7). Wie schon oben erwähnt, wird hier wieder insbesondere die Darstellung der Umweltleistung ohne Bezugsgröße kritisiert und eine Darstellung über mehrere Jahre hinweg gefordert. Die Beobachtungen zeigen, dass beim Probanden keinerlei Schwierigkeiten des Ergebnisverständnisses festgestellt werden konnten (BB2-I). Somit kann die Hypothese 7 weder als widerlegt noch als bestätigt angesehen werden. Die aus der Sicht des Probanden suboptimale Darstellung der Ergebnisse könnte ein Grund für eine Tool-Ablehnung sein.

Der Umfang der Benchmarking-Datenbasis wird eindeutig als zu klein bemängelt (FB2-I1a-8). Hier sind laut Probanden mindestens sechs Benchmarking-Partner pro Kennzahl und Bezug nötig. Insgesamt wird auch die Datenqualität angezweifelt. Als Beispiel nennt der Proband den spezifischen Wasserverbrauch. Zusätzlich sorgt sich der Proband um den Datenschutz. Ohne Verschlüsselung können andere seine Daten einsehen. Insgesamt kann die Hypothese als bestätigt angesehen werden. Das Tool könnte also aufgrund der Mängel in der Datenbasis von dem Probanden abgelehnt werden.

4.3.1.2.3 Schlussfolgerungen aus der Fallstudienuntersuchung

Die geäußerte Kritik, insbesondere zur Funktionalität, Darstellung der Ergebnisse und Datenbasis, lassen den Verdacht erhärten, dass eine schlanke internetgestützte Software zu Umweltkennzahlen ohne weitreichende Anpassungs- und Personalisierungsmöglichkeiten nicht den Ansprüchen eines großen Unternehmens genügt. Vorausgesetzt, dass ein solches Unternehmen ernste Absichten hat, Software-Komponenten zum Management eines Umweltkennzahlensystems in seine Systemlandschaft zu integrieren, wäre es denkbar, die Tool-Software auf unternehmenseigene Server aufzuspielen und individuell den dortigen Anforderungen anzupassen. Da dies jedoch einem klassischen Fremdbezug von Software samt Customizing gleichkommt, wäre der Vorteil der Idee einer kostenlosen Software für das Umweltweltmanagement eliminiert. Nach Einschätzung des Forschers war der Proband von vornherein auf die Benchmarking-Funktion fixiert. Gerade diese Funktion entsprach jedoch nicht seinen Erwartungen. Dennoch bleibt festzuhalten, dass die vom Probanden zeitintensiv zusammengestellte Liste zur Verbesserung der Dateneingabe (vgl. Tabelle 23) auf eine motivierte Mitarbeit und ein umweltbezogenes Engagement schließen lassen. Insgesamt kann sich der Proband nicht zu einer eindeutigen Äußerung bezüglich einer zukünftigen Tool-Nutzung durchringen und verneint, dass das Tool Anreize besitzt, sich mit dem Umweltmanagement auseinander zu setzen oder ein bestehendes Umweltmanagement zu vertiefen (FB2-I1 und I2).

4.3.1.3 Fallstudie bei einer kleinen Brauerei (Fall C)

Schon wie im ersten Fall wurde die Frage aufgeworfen, welche Management-Teilgebiete eigentlich dem Umweltmanagement zugerechnet werden können bzw. mit welchen Teilgebieten das Umweltmanagement verknüpft werden kann. Antworten auf diese Frage können die weitere Tool-Entwicklung stark beeinflussen. Daher wird das Indikatorensystem der Hypothese 3 um den Fragenblock I2a1 (vgl. Tabelle 24) erweitert. Mit diesem Fragenblock soll insbesondere die „Vollständigkeit der gewünschten Funktionen" überprüft werden.

I2a1			
Welche Aufgabenbereiche umfasst für Sie das Umweltmanagement?		In welchem Bereich können Sie sich helfende Softwaretools wie EPI vorstellen?	
Qualitätsmanagement	☐	☐	
Hygienemanagement	☐	☐	
Risiko-Management	☐	☐	
Umweltkennzahlenmanagement	☐	☐	
Arbeitssicherheitsmanagement	☐	☐	
Sonstiges:			

Tabelle 24: Erste Erweiterung des Fragebogens
(Quelle: In Anlehnung an Deisenroth 2003, S. 175)

Der Fragenblock erfragt einerseits die praktische Sicht des Probanden auf den Bereich des Umweltmanagements, andererseits sollen die Phantasien bezüglich eines erweiterten Einsatzes eines solchen Tools aufgenommen werden.

4.3.1.3.1 Vorstellung des Unternehmens und der Erhebungssituation

Die dritte Erhebung wurde Anfang September 2003 in einer kleinen Brauerei durchgeführt. Zu diesem Zeitpunkt waren im Unternehmen 10 bis 15 Mitarbeiter beschäftigt. Der Jahresumsatz dieses Unternehmens liegt bei ca. 1 bis 2 Millionen Euro, bei einem Gesamtausstoß von ca. 4000-5000 hl Bier pro Jahr (FB3-A1 bis A3).[623] Der Proband ist männlich, Mitte vierzig und Geschäftsführer des Unternehmens (FB3-D1 bis D3). Die Erhebungssituation kann als offen, freundlich und interessiert beschrieben werden. Die Erhebung findet im eigenen Büro samt eigenem Arbeitsplatz und Computer des Probanden statt. Die Untersuchung verläuft, abgesehen von einem dreiminütigen Telefonat, ungestört (BB3-U). Die anfängliche Skepsis des Probanden wird von ihm damit begründet, dass er insgesamt von Umfragen und ähnlichen Anfragen überschwemmt wird (ca. ein bis zwei pro Woche). An dieser Studie hat sich der Proband nur beteiligt, weil er sich von einem kostenlosen Umweltkennzahlen- und Benchmarking-Tool etwas versprach. Nach Einschätzung des Forschers ist der Proband während der Erhebung vom Tool positiv überrascht.

4.3.1.3.2 Zusammengefasste Hypothesenüberprüfung

Die Bedienbarkeit wird vom Probanden als durchweg positiv beurteilt (FB3-G1 bis G15). Für die „Orientierung durch eine einheitliche Gestaltung" und die meisten Fragen des Fragenblocks zur „Lernförderlichkeit" werden sogar Bestnoten vergeben (FB3-G9 und G12, G13 und G14). Der Proband hält die Bedienung des Tools auch ohne fremde Hilfe, nur mit der Quicktour, für besonders gut möglich. Auch die Verständlichkeit der einzelnen Funktionen erhält eine maximal positive Bewertung (FB3-H2). Diese positive Einschätzung der Bedienbarkeit des Tools wird durch die gemachten Beobachtungen voll bestätigt (FB3-G). Die einzige Irritation während der Bedienung der Software wird beim Versuch festgestellt, den grauen in den Folgefenstern eingebauten Pfeil zu betätigen. Hier sollte der Pfeil mit Funktionalität hinterlegt werden (analog zum ersten Fall). Die Hypothese kann daher klar widerlegt werden. Eine mangelnde Bedienbarkeit kann kein Grund für eine Ablehnung des Tools sein.

---

[623] Aus Gründen der Anonymitätswahrung werden die genauen Zahlen nicht genannt.

Das Thema des Umweltmanagements in dem Unternehmen des Probanden wird als wichtig eingestuft (FB3-I1a-2). Obwohl der Proband sich in der Rolle des Geschäftsführers befindet und somit die für eine Umweltmanagement-Initiierung nötige Macht hätte, betreibt die Brauerei kein Umweltmanagement (FB3-B1). Das Unternehmen verfasst keinen periodischen Umweltbericht und pflegt auch keine Kennzahlen zum Ressourcenverbrauch, Schadstoffausstoß und Abfallaufkommen (FB3-B2 und B3). Der Proband kann wegen seiner mangelnden Erfahrung auf diesem Gebiet nicht genau sagen, ob das Umweltmanagement nur eine bloße Pflichterfüllung darstellt. Das Umweltmanagement ist jedoch allgemein wünschenswert (FB3-F1-1 und -2). Abschließend lässt sich die Hypothese 2 widerlegen, da laut Einschätzung des Forschers, trotz teilweiser passiver Einstellung gegenüber dem Umweltmanagement, der Wille zu einer Umweltmanagement-Initiierung erkennbar ist.

Der praktische Nutzen, die Verständlichkeit und die Vollständigkeit von EPI werden vom Probanden durchweg als äußerst positiv beurteilt (FB3-H1 bis H3). Diese Extremwerte müssen aber hinsichtlich der Unerfahrenheit des Probanden in dieser Thematik relativiert werden. Über das reine Umweltkennzahlenmanagement hinaus verbindet der Proband ein Umweltmanagement noch mit dem Qualitäts- und dem Arbeitssicherheitsmanagement, kann sich aber ein Tool wie EPI nur im Bereich des Qualitätsmanagements vorstellen (FB3-I2a1). Der Proband hält die Benchmarking-Funktion für interessant, kann aber aufgrund seiner mangelnden Erfahrung die berechneten Daten in ihrer Bedeutung nicht bewerten. Auch die Funktionen „Soll / Ist Vergleich" und „Zeitreihenanalyse" lobt der Proband. Die Quicktour ist gut, übersichtlich und in ihrem Vermögen zur Hilfestellung ausreichend. Einzig die Funktion „Konto verlängern" wird bemängelt: Hier ist die Ablauffrist des Kontos von drei Monaten viel zu knapp bemessen. Eine Erinnerungsmail vor einem fristgemäßen Löschen der Daten ist sehr sinnvoll. Die beobachteten Werte sind überwiegend positiv (BB3-H1 und H2). Äußerst positive Reaktionen zeigt der Proband bei der „Import / Exportfunktion", dem „Soll / Ist Vergleich und der „Zeitreihenanalyse". Bei der „Eingabe von Kennzahlen" und beim „Kennzahlenbenchmarking" hält sich der Proband länger auf als bei den anderen Funktionen, wobei dies auch mit der Masse an für ihn u.U. interessanten Kennzahlen begründet werden kann. Auf Nachfrage gibt der Proband an, dass in seinem Betrieb für Hopfen die Einheit „Tonnen" normal ist. Man benutzt kein Konzentrat, so der Proband. Auch sollten die Kegelschutzkappen pro Stück gezählt werden. Insgesamt bewertet der Proband das Tool als für seine Ansprüche geeignet und hält die Software für eine gute Ergänzung bzw. einen Initiierungshelfer beim Umweltmanagement (FB3-I1a-3a und -3b). Die Hypothese 3 kann somit deutlich widerlegt werden. Die Funktionalität von EPI ist in diesem Fall kein Grund, die Software abzulehnen.

Die mangelnde Erfahrung des Probanden in der Thematik des Umweltmanagements äußert sich bei ihm in einer gewissen Unsicherheit. Diese kommt in der Einschätzung der Kosten-/Nutzeneffekte des Tools zum Ausdruck. Obwohl der Proband dem Umweltmanagement eindeutig das Potenzial zuspricht, den Ressourcenverbrauch, den Schadstoffausstoß und den Abfallausstoß zu reduzieren (FB3-F1-6d bis -6f), wird das Kosteneinsparpotenzial insgesamt und der Nutzen von ihm nur als mittelmäßig eingestuft (FB3-F1-6c und -6a). Auch ist sich der Proband nicht sicher, wer der Nutznießer eines Umweltmanagements ist (FB3-F1-6b) oder ob man durch Umweltmanagement das Image verbessern kann (FB3-F1-6g). Aufgrund mangelnder Erfahrungswerte kann er auch nicht eindeutig einschätzen, ob ein Umweltmanagement zu teuer ist und die Kosten im Verhältnis zum Ertrag stehen (FB3-F1-3 und 4). Er kann sich zwar vorstellen, dass die benötigte Zeit und das benötigte Wissen teilweise Kostenfaktoren des Umweltmanagements sein können, jedoch ist er sich sicher, dass die Kosten der Infrastruktur für ihn keine Rolle spielen werden, da er ja schon einen PC hat und EPI dann kostenlos nutzbar ist (FB3-F1-5b). Dieser schon als Selbstverständlichkeit erscheinende Plan, EPI zu nutzen, wird durch Frage FB3-I1a-4 bestätigt, wo der Proband die Möglichkeit bejaht, mit EPI ein kostengünstiges Umweltmanagement zu betreiben. Somit kann die Hypothese 4 als widerlegt gelten. Dieses Unternehmen scheint ein Musterbeispiel zu sein für den Verdacht, dass bei kleinen Unternehmen die Initiierungskosten für den Wissensaufbau für ein Umweltmanagement gescheut werden, da dieser Aufwand meist an der ohnehin schon überlasteten Person des Unternehmers festgemacht wird.

Die Erhebung findet an einem Rechner unbestimmter Prozessorbauart mit 433 MHz Taktfrequenz und mit einem Arbeitsspeicher von 128 MB statt. Der Internetzugang geschieht über eine ISDN-Verbindung (FB3-C1, C2 und C4). Anfangs wird mit einem Netscape-Browser getestet, der in seiner Version 4.08 mit dem Tool inkompatibel ist. So wird zu dem schon auf dem Rechner installierten Internet-Explorer 5 gewechselt. Der Proband macht den Vorschlag, zu den für den Betrieb von EPI idealen Browser-Typen einen Link auf die Download-Adressen innerhalb des Startfensters des Tools anzugeben. Insgesamt bewertet der Proband die Arbeitsgeschwindigkeit der Software als gut (FB3-I1a-5), was auch mit den beobachteten Werten größtenteils übereinstimmt. Jedoch gibt es einzelne Wartezeiten von über 5 Sekunden. Dies könnte auch mit dem etwas veralteten Rechner zusammenhängen, auf dem auch eine

Vielzahl von u.U. den Rechner verlangsamenden Programmen installiert ist. Die Hypothese 5 kann trotzdem als widerlegt betrachtet werden. Eine mangelnde Arbeitsgeschwindigkeit des Tools kann kein Grund für eine Ablehnung des Tools durch den Probanden sein.

Der Proband kann hinsichtlich der Nutzung des Computers als Poweruser bezeichnet werden. Er nutzt den Computer seit mehr als fünf Jahren und arbeitet bis zu 25 Stunden pro Woche am Rechner (FB3-E1 und E2). Das Internet nutzt er jedoch nicht so intensiv (zwischen einer und vier Stunden in der Woche, FB3-E3). Dies kann auch mit der minutenweisen Abrechnung einer ISDN-Verbindung zusammenhängen (FB3-C4). Auch die Beobachtungswerte liefern das Bild eines sehr aktiven Computernutzers (BB3-E). Somit kann eine Ablehnung von EPI aufgrund einer ungenügenden Computererfahrung ausgeschlossen werden. Die Hypothese 6 ist somit in diesem Fall widerlegt.

Die Verständlichkeit der Ergebnisdarstellung wird als positiv eingeschätzt (FB3-I1a-7). Insbesondere beurteilt er den Soll-Ist-Vergleich und den Zeitreihenvergleich als aussagekräftig. Auch können bezüglich der Darstellungsverständlichkeit der Ergebnisse beim Probanden keinerlei Probleme beobachtet werden (BB3-I). Die Hypothese 7 gilt somit als widerlegt, da die gute Verständlichkeit der Ergebnisdarstellung keinen Grund für eine Ablehnung des Tools durch den Probanden darstellt.

Die Aussagekraft der Datenbasis wurde vom Probanden uneinheitlich beurteilt (FB3-I1a-8). Für eine eindeutige Antwort muss er, so seine Argumentation, länger mit der Datenbasis arbeiten. Darüber hinaus ist für ihn eine hohe Aktualität der Vergleichsdaten wichtig (Daten nur bis 2001 im Tool vorhanden). Insgesamt kann die Hypothese 8 weder widerlegt noch bestätigt werden. Es könnte sein, dass der Proband nach einer längeren Studie des Tools zur Einschätzung gelangt, dass die Vergleichsdatenbasis für ihn zu klein ist.

4.3.1.3.3 Schlussfolgerungen aus der Fallstudienuntersuchung

Insgesamt ist die Unsicherheit bezüglich der Thematik des Umweltmanagements auffallend. Diese kann jedoch dank der guten Technologieerfahrung des Probanden und seinem persönlichen Interesse an der Thematik zum großen Teil egalisiert werden. Der Proband arbeitet sich schnell in das Tool und seine Systematik ein. Der Proband zieht in Betracht, das Tool zu nutzen, und bejaht die Frage, ob diese Software Anreize schaffen kann, sich mit dem Umweltmanagement auseinander zu setzen (FB3-I1 und I2). Aus der beschriebenen Unsicherheit der

Testperson heraus entsteht die Idee, kurze Erfahrungsberichte von EPI-Nutzern in das Tool einzufügen, um potenziellen Usern einen möglichst realitätsnahen Einblick in die Tool-Nutzung zu geben. Zu den vom Probanden geschilderten Schwierigkeiten, kleine Unternehmen für die Studie gewinnen zu können, macht er einen interessanten Vorschlag: Für weitere Studien zu diesem Tool soll man sich an die Verbände der Branche, hier der Brauereibranche, wenden. Bei dem Weg über die Verbände, so der Proband, ist die Bereitschaft insbesondere kleinerer Unternehmen größer, an solchen Studien teilzunehmen, als wenn man sie direkt kontaktiert.

Auffallend ist auch der Einsatz einer relativ unmodernen IT-Ausstattung. Der Proband nutzt sehr intensiv seinen Rechner. Dennoch ist dieser relativ alt und für die Menge an aufgespielter Software hinsichtlich seiner Leistungsdaten unterdimensioniert. Auch wird immer noch ein recht alter Netscape-Browser eingesetzt. Dies ist u.U. symptomatisch für die Investitionshemmung kleiner Unternehmen, was sich auch auf die in der Praxis nur allmähliche Initiierung eines Umweltmanagements übertragen lässt.

4.3.1.4 Interpretation des Fallblocks A bis C

Die Interpretation der bisher untersuchten Fälle soll hier in eine Mustererkennung münden, die als fallübergreifende Interpretation zu verstehen ist (vgl. Abschnitt 4.2.1). Dabei wird jede Hypothese samt deren Indikatoren (Elemente der Mustererkennung) über alle drei Falluntersuchungen parallel betrachtet. Dazu wird Tabelle 25 erstellt, in der die zentralen Ergebnisse festgehalten werden. Die Muster, die daraus zu erkennen sind, können in ein besseres Verständnis weiterer Fälle und auch in die Weiterentwicklung des Tools bzw. anderer Tools einfließen.

Die Wirkung der Innovation im Feld

Elemente der Muster-erkennung UM = Umweltmanagement	Fall A (mittelgroßes Unternehmen)	Fall B (großes Unternehmen)	Fall C (kleines Unternehmen)
UM etabliert?	Ja	Ja	Nein
Umweltbericht?	Ja	Nein	Nein
Stellung des Befragten	Umweltmanager	Mitarbeiter im technischen Bereich	Geschäftsführer
Hypothese 1: Bedienbarkeit	Gut (+)	Gut (+) (Überraschend positiv: Lernförderlichkeit)	Sehr gut (++)
Mängel	- Selbstbeschreibungsfähigkeit: Onlinehilfe sollte in EPI integriert sein, Begriffserklärungen (Glossar) - Allgemeine Bedienung: Pfeil als Schaltfläche	- Selbstbeschreibungsf., missverständliche Bezeichnungen, Begriffe; Erklärungen schlecht; Quicktour nur mittelmäßig, Proband benötigt sie jedoch nicht, keine situationsspez. Hilfe	- Allg. Bedienung: Pfeil als Schaltfläche (und nicht ohne jegliche Funktion)
Hypothese 2: Einstellung zum UM	Positiv (aktiv)	Neutral (?)	Neutral (aktiv)
Hypothese 3: Funktionalität	Gut (insbesondere „Kennzahlen Import/Export" und „Umweltleistung")	Mäßig (Kennzahleneingabe, Quicktour, Benchmarking, Drill-Down-Analyse, Umweltleistung)	Gut
• Praktischer Nutzen	(++)	(-)	(+++)
• Verständlichkeit	(++)	(++)	(+++)
• Vollständigkeit	(+)	(+)	(+++)
Mängel / Gewünschte Erweiterungen	Einheit bei Kennzahl Hopfen ist kg/alpha, Energieträgerumrechnung f. Emissionen, bei der Umrechung von Kennzahlen soll EPI helfen, Benchmarking als Verlauf über die Jahre, flexible Anpassung der Import-Excel-Tab., eine Export-Excel-Tab. für alle Jahre, Vorgabe eines Konstruktes für einen Umweltbericht, Konto verlängern nur alle 12 Monate + Erinnerung bei Ablauf per E-Mail	Mängel in der Kennzahlendefinition (siehe Tabelle 23), genaue Erklärung jeder Kennzahl nötig, Konto verlängern nur alle 12 Monate + Erinnerung bei Ablauf per E-Mail, Darstellung der Umweltleistung mit Bezugsgröße und in Tabellenform über mehrere Jahre, Benchmarking über mehrere Jahre	Hinweis auf Browser-Unterstützung und Link für Browser-Updates, Einheit bei Kegelschutzkappen ist Stück, Konto verlängern nur alle 12 Monate + Erinnerung bei Ablauf per E-Mail
Hypothese 4: Kosteneffekte der Tool-Nutzung			
• Allg. Kosten-/ Nutzeneinschätzung zum UM	(+)	(+)	(+)

249

Untersuchung der Wirkungen der Innovation

Elemente der Mustererkennung UM = Umweltmanagement	Fall A (mittelgroßes Unternehmen)	Fall B (großes Unternehmen)	Fall C (kleines Unternehmen)
• Hauptkostenfaktor des UM	Zeit	Zeit, Wissen, teilweise die Infrastruktur	Nicht die Infrastruktur, sonst unschlüssig
• UM birgt Kosteneinsparpotenzial	Ein bisschen	Ja	Unschlüssig
• UM senkt Ress. verbrauch/ Schadstoff-/ Abfallausstoß	Ja / ja / ja	Ja/ ein bisschen / ja	Ja / ja / ja
• Imagegewinn	Ein bisschen (nicht aktiv umgesetzt)	Ein bisschen	Unschlüssig
• Kosten/Nutzeneffekte des Tools	Ja	Ja/Nein	Ja (deutlich)
Hypothese 5: Arbeits- und Zugriffsgeschwindigkeit	700 MHz + DSL: Schlecht, aber nicht auf EPI zurückzuführen.	Pentium 3 + DSL: Gut	433 MHz + ISDN: Gut-
Hypothese 6: Computererfahrung	Sehr gut	Sehr gut	Gut
Hypothese 7: Ergebnisdarstellung	Mäßig bis gut –zu unkomprimiert, zu verteilt. Zeitreihenananalyse und Soll-Ist-Vergleich verschmelzen; siehe gewünschte Erweiterungen.	Mäßig - Umweltleistung schlecht	Gut
Hypothese 8: Umfang der Datenbasis	Schwer bezifferbar ohne längeren, genaueren Test. Zweifel an der Qualität der Zahlen	Zu klein: Mindestens 6 Vergleichsdaten pro Kennzahl nötig. Zahlenqualität angezweifelt, Datenübertragung unverschlüsselt,	Schwer bezifferbar ohne längeren, genaueren Test
Zukünft. Nutzung von EPI?	Ja	Unschlüssig	Ja
Anreiz von EPI?	Vorhanden im Bereich des Kennzahlenmanagements	Nein	Ja
Weitere Module möglich?	Arbeitssicherheitsmanagement, Risikomanagement	Unbekannt	Qualitätsmanagement

Tabelle 25: Mustererkennung des Fallblocks A bis C

(Quelle: In Anlehnung an Deisenroth 2003, S. 90f.)

Insgesamt kann die Usability (Hypothesen 1, 3, 5-8) als geeignet beurteilt werden. Insbesondere die Bedienbarkeit ragt positiv hervor. Nach der Integration einer kontextbezogenen Hilfe samt Begriffserklärungen und einer Funktionshinterlegung des kritisierten Pfeils sollten die hier verankerten Elemente, wie bspw. Fensteraufbau, -strukturierung, -farbgestaltung und -schriften als Designvorlage für weitere Tool-Entwicklungen herangezogen werden. So würde es Sinn machen, einen sog. Style-guide zu entwerfen, in dem alle Designparameter festgehalten werden. Auch die Funktionalität wird überwiegend positiv bewertet. Hier sollte jedoch mit Vertretern der Brauereibranche nochmals die Definition der Kennzahl „Hopfen" besprochen werden. Darüber hinaus sollte auch die Funktion „Konto verlängern" optimiert werden, so dass die Verlängerungsfrist auf mindestens 12 Monate erweitert und der User bei Ablauf der Frist mit einer E-Mail benachrichtigt wird.

Die Beurteilung der Ergebnisdarstellung ist uneinheitlich. Hier sollte bei einer Weiterentwicklung des Tools zumindest nochmals genau untersucht werden, welche Funktionen sich verschmelzen oder gegenseitig erweitern lassen. Einzig das große Unternehmen mit seiner negativen Bewertung der Ergebnisdarstellung trübt hier das Bild. Zur effizienten Optimierung der Usability insgesamt sollten die Kräfte auf die Verbesserung der Datenbasis gerichtet werden. Hier scheint das meiste Optimierungspotenzial zu stecken. Neben der Schaffung einer Kontrollmöglichkeit der Datenqualität sollten auf jeden Fall pro Kennzahl mehr Vergleichsdaten zur Verfügung stehen. Die Arbeits- und Zugriffsgeschwindigkeit ist grundsätzlich als positiv einzustufen. Fall 3 zeigt insbesondere, dass für ein zügiges Arbeiten mit EPI auch eine IT-Mindestausstattung ausreicht. Leider konnte nicht überprüft werden, welche Reaktionen von einem Computeranfänger ausgegangen wären, da alle drei Probanden eine recht gute Computererfahrung hatten.

Zieht man ein Resümee über alle Indikatoren eines Falles und vergleicht man den Gesamteindruck jedes Falles untereinander, so erhärtet sich der Verdacht, dass die Idee internetgestützter Tools für das Umweltmanagement (bzw. Nachhaltige Management) insbesondere den Ansprüchen kleinerer Unternehmen gerecht wird, die selber noch keine tiefergehenden Erfahrungen mit dem Umweltmanagement machen konnten. Wenn in einem Unternehmen eine etablierte und umfassende Systemlandschaft bereits vorliegt, fällt es womöglich schwerer, über schlanke, internetgestützte Tools noch einen beachtlichen Mehrwert für das jeweilige Unternehmen zu schaffen.

Folgende Tabelle gibt einen Überblick über Anmerkungen der Probanden und über weitere Ideen, die während der Fallstudienuntersuchungen und der Auswertung aufgenommen wurden. Diese können in eine Weiterentwicklung des EPI-Tools einfließen bzw. als eine Fehlervermeidungshilfe für die Entwicklung anderer Tools dienen.

Nr.	Gegenstand der Optimierung	Beschreibung der Optimierung
1	Hilfe-Funktion	Kontextbezogen Hilfe, integriert in das jeweilige Fenster des Tools.
2	Glossar	Erklärung aller im Tool verwendeten Fachbegriffe mit weiterführenden Erklärungen zu Tool-verwandten Themen.
3	Schaltflächen	Eindeutige Funktionsbelegung aller Schaltflächen.
4	Hopfen	Klärung der in der Praxis üblichen Definition dieser Kennzahl.
5	CO_2 (weitere Anmerkungen zur Kennzahleneingabe, siehe Tabelle 23)	Klärung, inwieweit die Gärung des Biers in die Emissionsdaten aufgenommen werden sollte.
6	Benchmarking	Die Darstellung der Benchmarking-Ergebnisse im Zeitverlauf (über die Jahre).
7	Excel-Import-/Export-Tabelle	Der Import und der Export der Kennzahlen für die Excel-Tabelle für mehrere Jahre.
8	Umweltbericht	Neben der Ausgabe der Input/Output-Bilanz in der Funktion „Umweltleistung" sollte auch ein grobes Raster eines Umweltberichts samt seinen wichtigsten Unterpunkten angeboten werden.
9	Datenqualität	Entwicklung eines Verfahrens, wie bei Qualitätszweifel die entsprechende Kennzahl im entsprechenden Umweltbericht im Archiv möglichst schnell gefunden werden kann. Zusätzlich sollte über automatische Glaubwürdigkeitstests bei der Eingabe der Kennzahlen nachgedacht werden.
10	Rahmendaten vergleichen	Als Vergleichsgröße für das Benchmarking sollten auch die Rahmendaten (bspw. Umsatz, Mitarbeiter) des Unternehmens ausgewählt werden können.
11	Kennzahlenerklärung	Hinter jeder einzelnen Kennzahl soll durch Anklicken des Kennzahlennamens eine Erklärung hinterlegt sein. Bei der Aufnahme weiterer Branchen sollte zuvor bei den Verbänden nach einem u.U. branchenweit gültigen Umweltkennzahlensystem gefragt werden.
12	Datenbasiserweiterung	Die Datenbasis für das Benchmarking sollte erweitert werden. Für jede einzelne Kennzahl sollte es mindestens drei Vergleichswerte geben.
13	Input/Output-Bilanz-Erweiterung	Die Input/Output-Bilanz sollte für frei wählbare Bezugsgrößen verfügbar sein und auch über die Option verfügen, mehrere Jahre gleichzeitig anzuzeigen.
14	Erinnerungsmail	Die Frist der Datenspeicherung sollte für jeden User auf 12 Monate gesetzt werden. Vor Ablauf der Frist sollte der User eine Erinnerungsmail erhalten.
15	Datensicherheit	Hier sollte über die Integration einer Verschlüsselungstechnologie zur Datenübertragung nachgedacht werden (WICHTIG: Antwortzeiten des Tools sollten möglichst nicht verschlechtert werden).
16	Browser-Download-Service	Hinweis auf der Einstiegsseite des Tools, auf die am meisten geeigneten Browser-Typen und Verweis mit Links auf deren Bezugsstellen.
17	Diskussionsdatenbank	Integration eines Forums in das Tool, in dem Erfahrungsberichte zur weiteren Diskussion einladen.

Tabelle 26: Gegenstände der Optimierung
(Quelle: Eigene Darstellung)

Greift man die aus der Forschungsfrage ableitete Behauptung wieder auf, so ist als Zwischenergebnis festzustellen, dass

Softwaretools wie EPI für kleine und mittlere Unternehmen Anreize schaffen können, ein Betriebliches Umweltmanagement / Nachhaltigkeitsmanagement zu initiieren (falls noch keines besteht) oder zu vertiefen, wenn

- branchenspezifische Besonderheiten in der Planung und Umsetzung des Kennzahlensystems nachdrücklicher mitbedacht werden,
- das Tool möglichst selbsterklärend ist und für aufkommende Fragen eine intelligente Hilfeleistung anbietet,
- noch mehr auf die Belange der (angenommenen) Zielgruppe der kleinen und unerfahrenen Unternehmen eingegangen wird und
- die Datenbasis breiter, qualitativer und sicherer gemacht wird.

4.3.2 Fallstudienuntersuchungen im südlichen Afrika

Durch die oben beschriebenen Fallstudienuntersuchungen konnten Erfahrungen gesammelt werden, wie ein internetgestütztes Tool für das Umweltmanagement im Kontext „Deutschland" gestaltet sein kann. Da das Tool auf dem internationalen Standard ISO 14031 aufbaut, kann man die Erfahrungen, die in diesem Kontext gemacht wurden, weitgehend auch auf weitere industriell und umweltpolitisch hoch entwickelte Länder übertragen. Weiteres Erfahrungsgewinnungspotenzial liegt nun in der Nutzungserprobung des Tools in einem anderen Kontext, der sich von „Deutschland" spürbar unterscheidet. Gerade die dem Tool unterliegende Internettechnologie ermöglicht eine globale Nutzung bzw. Nutzenabschöpfung dieser Innovation. Diese Nutzung kann jedoch nur optimal erfolgen, wenn zentrale kontextspezifische Phänomene in die Gestaltung einer Innovation mit einfließen.

Um die Kontextvariation weit zu fassen und der Tatsache zu entsprechen, dass die Umweltproblematik global und grenzenlos ist, bietet es sich an, dieses Tool in einem Entwicklungsland zu testen bzw. Fallstudien, wie ab Abschnitt 4.3.1 vorgestellt, auch in einem solchen Land durchzuführen. Der Test dieses Tools kann wiederum als Pilot dienen, der überprüfen soll, „ob die in Deutschland und anderen westlichen Industrieländern entwickelten Konzepte und Theorien auch bei einem gänzlich anderen wirtschaftlichen Entwicklungsstand nutzbar sind"[624].

In vielen Entwicklungsländern ist eine starke Umweltbelastung schon heute ein bedeutsamer Hinderungsgrund für eine positive Entwicklung der Lebensumstände. Die weltweit beobachtbare stärkere Durchsetzung einer Umweltgesetzgebung ist sicherlich förderlich, diesen Umständen gerecht zu werden. So fördern internationale Abkommen, wie bspw. die Rahmenkonvention der Vereinten Nationen über Klimaveränderungen, eine globale Verbreitung umweltfreundlicher Technologien. So wird in den nächsten Jahren in Entwicklungsländern der Druck auf Unternehmen steigen, sich umweltfreundlicher zu verhalten.[625]

Bei der Übertragung westlicher Konzepte und Theorien kann man in verschiedener Hinsicht auf Hürden stoßen. So müssen grundsätzliche Unterschiede in der jeweiligen Kultur bedacht werden. Diese Unterschiede drücken sich in unterschiedlichen Spielregeln und Normen des Miteinanders aus. So findet man in Entwicklungsländern u.a. ein anderes Gemeinschaftsverständnis und einen anderen Zeitbegriff vor. Man kann aber auch Gemeinsamkeiten feststellen, insbesondere im Vergleich von Unternehmen in Entwicklungsländern und westlichen KMUs. So sind in beiden Unternehmenstypen für das Nicht-Erkennen und -Nutzen von Potenzialen umweltgerichteter Strategien oft eine mangelnde Informationslage und fehlende Ressourcen verantwortlich. Diese Mängel können durch die Einführung eines Umweltmanagementsystems in das jeweilige Unternehmen gelindert werden. Ähnlich wie in KMUs in westlichen Industrieländern haben viele Unternehmen in Entwicklungsländern mit der Implementierung und Weiterentwicklung eines Umweltmanagementsystems große Schwierigkeiten.[626]

Die Bereitstellung von allgemein zugänglichen Umweltmanagementsystemen kann insbesondere für Unternehmen in Entwicklungsländern folgende Vorteile aufweisen:

- eine effizientere Nutzung eingesetzter Rohstoffe (Ökoeffizienz),
- Schaffung von Wettbewerbsvorteilen, besonders im Exportmarkt,
- Einhaltung lokaler Regulierungen und Gesetze wie auch von teilweise strengeren internationalen Vorgaben und

---

[624] Thimme 2001, S. 229.
[625] Vgl. Thimme 2001, S. 228f.

- Begrenzung der Gefahr von Haftungsansprüchen.[627]

Beobachtungen im südlichen Afrika zeigen auch, dass insbesondere für die meist stark anwachsende Tourismusbranche nach für alle Marktteilnehmer transparenten Instrumenten gesucht wird, welche die in dieser Wachstumsphase relevanten Umwelt- bzw. Ökologie-Parameter kontrollieren lassen. So gibt es auch hierzu Bestrebungen, sog. Eco-Rating-Systeme für die Tourismusbranche einzuführen. Die Beherrschung eines Umweltkennzahlenmanagements kann eine gute Voraussetzung für die Einführung komplexerer Systeme, wie ein Eco-Rating oder auch ein Umweltkostenmanagement[628], bieten. Unter der Voraussetzung einer relativ starken Verbreitung des Internetzugangs von Unternehmen im südlichen Afrika kann man die Annahme wagen, dass internetgestützte Umweltmanagement-Tools die nötige Wissensvermittlung unterstützen und eine Grundlage für den Aufbau eines Umweltmanagements schaffen können. Für eine Erkenntnisgewinnung hierfür werden im Folgenden zwei im südlichen Afrika vom Autor durchgeführte Fallstudien vorgestellt und analysiert. Diese ausgeweitete Kontextperspektive wird in einem erweiterten eklektischen Bezugsrahmen durch die Annahmegruppe „Regionaler Einsatz des Tools" dargestellt (vgl. Abbildung 61).

---

[626] Vgl. Thimme 2001, S. 230ff.
[627] Vgl. Thimme 2001, S. 234f.
[628] Zur Einführung eines Umweltkostenmanagements in Zimbabwe vgl. Arlinghaus und Catalina 2003.

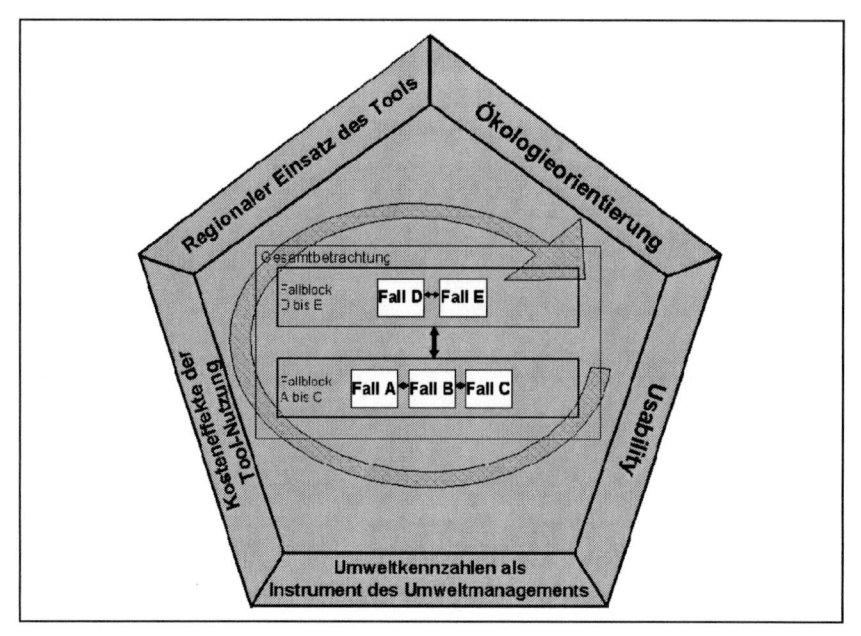

Abbildung 61: Der erweiterte Bezugsrahmen
(Quelle: Eigene Darstellung)

Neben dem Bezugsrahmen wird auch der Fragebogen angepasst. Dies erscheint sinnvoll, da diese Frage „Was sind Ihrer Meinung nach Hauptkostenfaktoren des UM?" (F1-5) bisher sowohl nicht eindeutig als auch, aus der Sicht des Autors, bezüglich der *Kostenffekte durch die „benötigte Infrastruktur"* (F1-5b), nicht glaubhaft beantwortet werden konnte. Somit werden die Fragen I2a2 und I2a3 eingeführt, um speziell zu Software-Kosten des Umweltmanagements das Erfahrungswissen des Probanden zu erhalten. Kennt der Proband keine Software für das Umweltmanagement und kann er auch keine realistische Schätzung über die Kosten

I2a2	Kennen Sie professionelle, kostenpflichtige Software für das Umweltmanagement?
	Nein ☐ Ja ☐ Welche? _____
I2a3	Wie hoch schätzen Sie bzw. sind die Kosten einer Umweltmanagement-Software für Ihr Unternehmen?
	Betrag? _____ Währung? _____

Tabelle 27: Zweite Erweiterung des Fragebogens
(Quelle: Eigene Darstellung)

einer solchen Software angeben, so kann er nicht glaubhaft behaupten, dass die Software (Infrastruktur) kein Hauptkostenfaktor für ein Umweltmanagement sei.

4.3.2.1 Fallstudie bei einer Brauerei (Fall D)

4.3.2.1.1 Vorstellung des Unternehmens und der Erhebungssituation

Die erste Untersuchung im südlichen Afrika wurde Mitte Dezember 2003 in einer großen Brauerei, in der über 650 Mitarbeiter beschäftigt sind, durchgeführt. Der Umsatz entspricht ca. 80 Millionen Euro bei einem jährlichen Gesamtausstoß an Bier von ca. 1 Million hl Bier und 70.000 bis 140.000 hl sog. antialkoholischen Getränken (AAGs) (FB4-A1 bis A3).[629] Das Werk vermittelt den Eindruck eines gut organisierten Unternehmens nach fortschrittlichen Standards. Der Proband ist männlich und ca. 50 Jahre alt (FB4-D1 und D2) und wirkt sehr professionell, jedoch keineswegs unaufgeschlossen. Im Gegenteil, es wird schon in Vorgesprächen deutlich, dass er gegenüber dem Thema Umweltmanagement Interesse zeigt. Seine Position beschreibt er als Engineering Manager, der für die Gesamttechnik, jedoch nicht für die Prozesstechnik verantwortlich ist (FB4-D3). Die Gesprächsatmosphäre ist sehr offen und freundlich. Einzige Auffälligkeit ist das gelegentliche Schauen auf die Uhr (BB4-S). Die Untersuchung findet an seinem Arbeitsplatz in seinem Büro statt. Außer zweimaliger Nachfrage vonseiten eines Mitarbeiters kann die Untersuchung ungestört durchgeführt werden (BB4-U).

4.3.2.1.2 Zusammengefasste Hypothesenüberprüfung

Die Bedienbarkeit des Tools kann nur bedingt untersucht werden, da das Tool über den Computer am Arbeitsplatz des Probanden nicht aufgerufen werden kann (Browser-Fehlermeldung

---

[629] Aus Gründen der Anonymitätswahrung werden die genauen Zahlen nicht genannt.

404). Es liegt der Verdacht nahe, dass die Firewall-Einstellungen des Unternehmens nicht den Zugriff auf das nur über einen bestimmten Port erreichbare Tool zulassen. Fortan wird das Notebook des Forschers samt integriertem Modem an die Telefonleitung des Büros angeschlossen und mit dem Tool erfolgreich verbunden. Da das Notebook nicht die vertraute Arbeitsumgebung des Probanden darstellt und die Zeit für den Probanden knapp zu sein scheint, übernimmt der Forscher die Tool-Bedienung.

Der Proband beurteilt die Bedienbarkeit des Tools als generell gut (FB4-G1 bis G 14), meint jedoch, dass die Steuerbarkeit aufgrund teilweise unnötiger Einhaltung von Bearbeitungsschritten die Bedienbarkeit ein wenig einschränkt. Als schlecht beurteilt er die Verständlichkeit der Fehlermeldungen. Dies bezieht der Proband auf den oben beschriebenen fehlgeschlagenen Zugriffsversuch auf das Tool über seinen Arbeitsplatz-Computer. Auch vergibt er nur ein + für Erlernbarkeit des Tools ohne fremde Hilfe (FB4-G14). Diese Einschätzung muss man aber relativieren, da der Proband die Quicktour wegen eines unerwarteten und noch unaufgeklärten Fehlers des Tool-Servers in Deutschland nicht einsehen kann (FB4-G15). Die einzelnen Funktionen des Tools werden durchweg als gut und sehr gut beurteilt (FB4-H2). Außer einer leichten Irritation bei der oben beschriebenen Fehlermeldung konnten keine weiteren Informationen hierzu aufgenommen werden (BB4-G). Insgesamt bewertet der Proband die Software als einfach zu bedienen (FB4-I1a-1). Trotz der in diesem Fall aufgetretenen technischen und zeitlichen Schwierigkeiten lässt sich die Hypothese 1 widerlegen. Die Bedienbarkeit kann für diesen Probanden kein Grund für eine Ablehnung des Tools sein.

Die Ökologieorientierung des Probanden bzw. des Unternehmens kann man zwar als aufgeschlossen, jedoch noch mit gewissem vorhandenem Ausbaupotenzial beurteilt werden. Trotz der Unternehmensgröße gibt es keinen expliziten Umweltmanager (FB4-D3 und A1 bis A3), wobei jedoch betont wird, dass man grundsätzlich ein Umweltmanagement betreibt (FB4-B1). Das Unternehmen verfasst noch keinen regelmäßigen periodischen Umweltbericht (FB4-B2). Zum Ressourcenverbrauch werden Kennzahlen gepflegt, zum Schadstoffausstoß und zum Abfallaufkommen jedoch nicht (FB4-B3). Insgesamt ist der Proband dem Thema sehr offen und positiv gegenüber eingestellt (FB4-F1-1 und -2) und erwähnt auch mehrfach sein Bestreben, aufbauend auf seinem bestehenden ISO 9000-System ein ISO 14000-System aufbauen zu wollen. Eine Umweltberichterstattung wünschen sich neben den Kunden auch im verstärkten Maße die Anteilseigner des Unternehmens, da sie ihre Gelder in saubere Unternehmen angelegt sehen möchten, so der Proband. Er beurteilt das Umweltmanagement für sein Unternehmen als wichtig (FB4-I1a-2). Dieses Unternehmen scheint die These zu bestätigen, dass, ähnlich wie in KMUs in entwickelten Industrieländern, die Unternehmen in Entwicklungsländern grundsätzlich eine positive Einstellung zum Umweltmanagement haben, jedoch weiterführende Hilfestellungen benötigt werden. Somit lässt sich die Hypothese 2 widerlegen, da die grundlegend positive Einstellung des Probanden zum Umweltmanagement kein Grund für eine Ablehnung des Tools sein kann.

Die Funktionalität bewertet der Proband als grundsätzlich positiv. Bei der Bewertung des praktischen Nutzens werden für das Benchmarking, den Soll-Ist-Vergleich, die Zeitreihenanalyse und die Umweltleistung („Erstellung eines Umweltberichts") Bestnoten vergeben. Die Import/Export-Funktion wird ebenfalls als positiv beurteilt. Die Drill-Down-Analyse bewertet der Proband zwar als positiv, wünscht sich jedoch die Möglichkeit, aggregierte Kennzahlen bezüglich der einzelnen Unternehmensbereiche aufgliedern zu können. Er führt das Beispiel „Wasserverbrauch" an: Hier sollte es möglich sein, den Gesamtwasserverbrauch in den Wasserverbrauch der einzelnen Produktionsbereiche aufspalten zu können (FB4-H1). Diese kritische Beurteilung der Drill-Down-Analyse deckt sich auch weitgehend mit den gemachten Beobachtungen (BB4-H1 und H2). Auch für die Verständlichkeit werden überwiegend Bestnoten vorgeben (FB4-H2). Mit dem Umweltkennzahlenmanagement verknüpft der Proband auch das Qualitätsmanagement und kann sich auch dafür und zusätzlich für das Risiko-Management Software-Tools dieser Art vorstellen (FB4-I2a1). Er kann sich jedoch auf Anhieb keine zusätzlichen Funktionen vorstellen (FB4-H3), fragt jedoch nach, ob es möglich wäre, auch andere Berichtszeiträume wie Monat oder Woche zu wählen. Insbesondere stoßen die „kollaborativen Filter" auf das Interesse des Probanden.[630] Auch zeigt er reges Interesse an der Idee, mit der Funktion „Umweltleistung" auf Basis der Input-Output-Bilanz eine computergestütze Umweltberichterstattung zu ermöglichen. Der Proband beurteilt die Funktionen für seine Ansprüche als geeignet und sieht im EPI-Tool eine gute Ergänzung für sein Umweltmanagement (FB4-I1a). Somit kann die Hypothese 3 eindeutig als widerlegt betrachtet werden.

Die Kosten-/Nutzeneffekte eines Umweltmanagements beurteilt der Proband uneinheitlich. So möchte er sich nicht eindeutig festlegen, ob ein Umweltmanagement zu teuer ist und ob dessen Aufwendungen im Verhältnis zum Ertrag stehen (FB4-F1-3 und -4). Dies hängt ganz davon ab, „wie tief man eintaucht", so der Proband. Es zeigt sich dabei, dass er gute Vorstellungen über Ertrags- und Aufwandskomponenten des Umweltmanagements besitzt. So stimmt er zu, dass die Zeit, die Infrastruktur und das benötigte Wissen Hauptkostenfaktoren des Umweltmanagements sind (FB4-F1-5). Er verknüpft jedoch auch das Umweltmanagement mit der Umwelttechnik, wie bspw. Anlagen zur Wasseraufbereitung. Er kann jedoch zu den Kosten einer Umweltmanagement-Software (Infrastruktur) keine Angaben machen und kennt auch kein professionelles Softwareprodukt hierzu (FB4-I2a2 und I2a3). Der Proband sieht im Umweltmanagement einen Nutzen und ebenso das Unternehmen als Profiteur eines solchen (FB4-6a und 6b). Kosteneinsparpotenziale für das Unternehmen sieht er im Ressourcenverbrauch und im Schadstoffausstoß. Im Abfallausstoß werden die Potenziale nur als mittelmäßig eingestuft (FB4-6c bis 6f). Vielleicht hängt dies mit den immer noch im Verhältnis zu deutschen Unternehmen günstigen Abfallbeseitigungskosten zusammen. Auch strategische Wettbewerbsvorteile werden in der Verbesserung des Images über das Umweltmanagement gesehen (FB4-6g). Der Proband kann nicht eindeutig beurteilen, ob ein Umweltmanagement mit einem kostenlosen Tool wie EPI kostengünstig zu betreiben wäre. Insgesamt kann aber die Hypothese 4 widerlegt werden. Jedoch könnten die vom Probanden nur als mittelmäßig eingestuften Kostenreduktionseffekte des Tools ein Grund für eine Ablehnung von EPI darstellen.

Aufgrund der wahrscheinlich restriktiven Firewall-Einstellungen kann der eigene 1000-MHz-Rechner des Probanden nicht verwendet werden. Dieser Rechner hat einen Arbeitsspeicher mit 256 MB und einen Internet-Explorer-Browser der Version 5. Generell greift der Proband über den LAN (Local Area Network) auf das Internet zu, wobei er keine näheren Angaben zur Art des Internetzugangs des Unternehmens machen kann. Nach Rücksprache des Autors mit dem dort ansässigen Internet-Provider kommen für Unternehmen in dieser Gegend nur gebündelte ISDN-Leitungen in Betracht (FB4-C1 bis C4). Zur Untersuchung wird das Notebook des Forschers eingesetzt. Dieses hat einen 300-MHz-Prozessor und 128 MB Arbeitsspeicher. Mit dem integrierten Modem werden während dieser Untersuchung 40,0 bzw. 49,0 kBit/sec an Bandbreite erreicht. Der Proband beurteilt die Arbeitsgeschwindigkeit des Tools als gut (FB4-I1a-5), wobei die ab und an auftretenden Wartezeiten von fünf bis zehn Sekunden ein wenig störend wirken (BB4-C1 und C2). Insgesamt kann man, abgesehen von den

---

[630] Zu „kollaborative Filter" vgl. Abschnitt 3.1.4 (Fußnote) und Kuhlen 2000, S. 3 und Braun, et al. 2003b, S. 146.

noch zu lösenden Firewall-Problemen, von einem zweckmäßigen Arbeiten sprechen, so dass die Hypothese 5 als widerlegt gilt.

Die Computererfahrung des Probanden kann man als tiefgehend beschreiben, wobei die Internetnutzung von ein bis vier Stunden pro Woche eher als gering einzustufen ist (FB4-E1 bis E3). Beobachtet werden konnte die Computererfahrung des Probanden nur bedingt, da bei dieser Untersuchung der Forscher größtenteils die Mausführung übernahm. Jedoch kann man aufgrund der in seinem Büro ausgehängten, mit Hilfe des Computers erstellten Pläne schließen, dass seine Angaben zur Computererfahrung authentisch sind. Somit kann die Hypothese 6 als widerlegt angesehen werden, da eine mangelnde Computererfahrung der Probanden kein Grund für eine Ablehnung des Tools sein kann.

Die Verständlichkeit der Ergebnisdarstellung beurteilt der Proband als gut (FB4-I1a-7). Auch die gemachten Beobachtungen können dem nur zustimmen (BB4-I). Somit kann auch die Hypothese 7 als widerlegt betrachtet werden. An der Ergebnisdarstellung kann es jedenfalls nicht liegen, wenn der Proband das Tool ablehnt.

Die vorhandene Datenbasis von 17 Brauereien zum Vergleich hält der Proband eindeutig für zu wenig (FB4-I1a-8). Dabei betont er, dass hier eine möglichst internationale Ausrichtung der Datenbasis vonnöten wäre, da er sich mit Brauereien der ganzen Welt vergleichen muss. Somit kann die mangelnde Datenbasis ein Grund für eine mögliche Ablehnung des Tools sein. Die Hypothese 8 gilt somit als bestätigt.

4.3.2.1.3 Schlussfolgerungen aus der Fallstudienuntersuchung

Die für ein großes Unternehmen typische Forderung bezüglich der Drill-Down-Analyse, auch Kennzahlen hinsichtlich ihrer Unternehmensbereichszugehörigkeit analysieren zu können, übertrifft den dem Tool eigentlich zugedachten Anspruch. Es wird nur bedingt gelingen, dieser Forderung nachzukommen, da jedes Unternehmen verschiedene Vorstellungen über die Bereichsaufteilung hat. Eine verstärkte Flexibilisierung des Tools würde dem Grundgedanken eines einfachen, schlanken Tools zuwiderlaufen. Die jedoch auch von diesem Probanden als positiv aufgenommene Idee, auf Basis der Input-Output-Bilanz eine computergestützte Umweltberichterstattung anzubieten, sollte weiter verfolgt werden. Dadurch wird auch deutlich, dass sich das Unternehmen des Probanden hinsichtlich seiner anstehenden ISO-14000-Zertifizierung und einer Befriedigung der Anteilseignerwünsche eine konkrete und direkt erkennbare Unterstützungsleistung durch dieses Tool erhofft. Wie auch aus verschiedenen Vortests bekannt, sind die Einstellungen der Firewall bei größeren Unternehmen meist restriktiver. Hier muss eine Lösung gefunden werden, so dass zumindest die dabei erscheinende Fehlermeldung für den User verständlich ist und ihm die nötigen weiteren Schritte erklärt werden. Trotz der zu kleinen Datenbasis des Tools zieht der Proband eine weitere Nutzung des Tools in Betracht (FB4-I1). Auch spricht er dem Tool eine positive Anreizfunktion zu, das Umweltmanagement voranzubringen (FB4-I2). Insgesamt kann hier ein weiterer Kunde dieses Tools gewonnen werden.

4.3.2.2 Fallstudie bei einer Schlachterei (Fall E)

Die folgende Fallstudie wurde in einer mittelgroßen Schlachterei im südlichen Afrika durchgeführt.[631] Neben einer weiteren Erkenntnisgewinnung über die Tool-Nutzung in einem Unternehmen im südlichen Afrika können durch die Branchenvariation auch Erfahrungen gesammelt werden, die für eine zukünftige Branchenerweiterung des EPI-Tools nützlich sein können.

4.3.2.2.1 Vorstellung des Unternehmens und der Erhebungssituation

Mitte November 2003 wurde die letzte Fallstudienuntersuchung zu dieser Arbeit durchgeführt. Es wurde eine Schlachterei mit ca. 350 Mitarbeitern besucht. Der jährliche Umsatz dieses Unternehmens beträgt ca. 30 Millionen Euro bei einer Schlachtanzahl von ca. 50000 Rindern pro Jahr.[632] Der Proband ist männlich, ca. 50 Jahre alt und beschreibt seine Position als Plant Engineer (FB5-D1 bis D3). Die Untersuchung findet im eigenen Büro und am persönlichen Computer des Probanden statt. Außer vier kurzen Nachfragen von Mitarbeitern in seinem Büro gibt es keine nennenswerten Störungen (BB5-U). Die Gesprächsatmosphäre ist sehr freundlich, offen und entspannt. Gelegentlich schaut der Proband auf die Uhr, da er einen Folgetermin hat (BB5-S).

4.3.2.2.2 Zusammengefasste Hypothesenüberprüfung

Die Bedienbarkeit des Tools beurteilt der Proband überwiegend positiv (FB5-G1 bis G15). Er kritisiert jedoch ein wenig die Verständlichkeit der Begriffe und Bezeichnungen (FB5-G4). Hier betont er, dass er trotz der Beherrschung der deutschen Sprache viele deutsche Fachbegriffe nicht kenne. Die Software muss in englischer Sprache angeboten werden, da er auch die mit diesem Tool gewonnenen Erkenntnisse weiteren nicht-deutschsprachigen Personen kom-

---

[631] Die Einschätzung der Größe der Schlachterei erfolgte durch den Probanden selbst.

munizieren muss. Auch äußert er ein wenig Kritik an den teilweise unnötigen Unterbrechungen der Arbeit mit dem Tool (FB5-G8). Die Bearbeitungszeiten werden auch nicht positiv beurteilt, wobei in diesem Unternehmen extreme Netzbelastungsschwankungen zu beobachten sind (siehe weiter unten) (FB5-G10). Außer der vom Probanden verstandenen Warnung, dass für eine Anmeldung ein mindestens 5-stelliger Benutzernamen erforderlich ist, gab es keine weiteren Fehlermeldungen (FB5-G11). Auch wurde die Erlernbarkeit ohne fremde Hilfe nur mit neutral bewertet (FB5-G14), wobei dies durch die gute Bewertung der Quicktour wieder relativiert werden muss (FB5-G15). Die Verständlichkeit des Tools wird mehrheitlich als gut bewertet, wobei das Benchmarking mit einer Bestnote und die Import-/Exportfunktion nur neutral bewertet wird (FB5-H2). Diese eher kritische Bewertung der Import-/Exportfunktion kann mit den restriktiven Upload-Bestimmungen des Unternehmens zusammenhängen. Die Import-/Exportfunktion kann nicht vollständig getestet werden, da ein Upload der vom Probanden modifizierten Excel-Datei nicht erlaubt ist. Nur eine Unsicherheit bezüglich der Bedienbarkeit kann beobachtet werden: Wenn der Proband in einem Fenster nach unten scrollen muss, vermisst er den „Zurück-Button" (BB5-G2). Auch kritisiert er auf dem Startfenster des Benchmarking die ihn irritierenden Bezugsmöglichkeiten. Hier muss man deutlich hervorheben, dass entweder eine weitere Umweltkennzahl oder eine Kennzahl der Rahmendaten ausgewählt werden muss, jedoch nicht beide Auswahlmöglichkeiten gemeinsam getroffen werden können. Insgesamt jedoch bewertet der Proband das Tool als einfach zu bedienen (FB5-I1a). Somit kann die Hypothese 1 als widerlegt betrachtet werden. Trotz kleiner Mängel, kann die Bedienbarkeit kein Grund für eine Ablehnung des Tools sein.

Nach Aussagen des Probanden betreibt sein Unternehmen ein Umweltmanagement, wobei kein periodischer Umweltbericht angefertigt wird (FB5-B1 und B2). Auch gibt es trotz der Größe des Unternehmens keine explizite Stelle eines Umweltmanagers, wobei der Proband betont, dass er überzeugt ist, dass sich für sein Unternehmen ein eigener Energiemanager lohnen würde und es auch schon Bestrebungen gibt, eine solche Stelle zu schaffen. Der Proband ist sich sicher, dass die dann eingesparten Energiekosten die erforderlichen Lohnkosten eines solchen Experten überwiegen würden. Auch verwendet das Unternehmen schon Kennzahlen für die Analyse des Ressourcenverbrauchs, des Schadstoffausstoßes und zum Abfallaufkommen (FB5-B3). Hierzu präsentiert der Proband nicht ohne Stolz umfassende Auswertungen zu umweltrelevanten Kenngrößen. Obwohl der Proband das Umweltmanagement ein wenig für

---

[632] Aus Gründen der Anonymitätswahrung werden die genauen Zahlen nicht genannt.

ein notwendiges Übel hält (FB5-F1-1), ist für ihn das Umweltmanagement allgemein wünschenswert (FB5-F1-2). Dass der Proband das Umweltmanagement ein wenig für ein notwendiges Übel hält, kann damit zusammenhängen, dass er sich mit seiner angestammten Arbeit gut ausgelastet fühlt und der mit einem Ausbau des Umweltmanagements zusammenhängenden Aufgaben bewusst ist. Insgesamt spricht er jedoch dem Umweltmanagement eine wichtige Rolle für sein Unternehmen zu (FB5-I1a-2), und so kann die Hypothese 2 als widerlegt betrachtet werden.

Abgesehen von der Import-/Exportfunktion, die nicht voll getestet werden konnte, bewertete der Proband den praktischen Nutzen als gut bis sehr gut (FB5-H1). Auch die Verständlichkeit wurde positiv bewertet, wenn auch im Durchschnitt eine Stufe schlechter als bei der Bewertung des praktischen Nutzens (FB5-H1 und H2). Die größten Abweichungen erfahren die Drill-Down-Analyse und die Umweltleistung. Der Proband zeigt sich über die Idee sehr interessiert, einen Umweltbericht computergestützt auf Basis der Input-Output-Bilanz erstellen zu können. Somit lässt sich seine Kritik über die Verständlichkeit der Umweltleistung dahingehend erklären, dass die nicht völlig ausgereifte Umweltleistungsfunktion noch keine geistige Verbindung zu der Möglichkeit eines solchen automatisierten Umweltberichts zulässt. Auch deuten die gemachten Beobachtungen auf keine weiteren Irritationen hin, wobei jedoch die Quicktour und die Drill-Down-Analyse am schlechtesten abschneiden (BB5-H1 und H2). Auch wünscht sich der Proband einen besseren „Zuschnitt des Tools auf seine Branche" (FB5-H3). Er findet das Tool ein wenig befremdlich, da es von der Ontologie der Brauereibranche geprägt ist. Der Proband sieht das Umweltkennzahlenmanagement in Verbindung zu allen unter FB5-I2a1 aufgeführten Managementarten und kann sich auch für all diese Bereiche eine Tool-Unterstützung vorstellen. Die kollaborativen Filter fallen ihm sehr positiv auf. Er sieht jedoch in der mangelnden Möglichkeit einer Rechtevergabe auf User-Ebene ein Problem. Hier wünscht er sich, dass verschiedenen Mitarbeitern spezielle Einsicht- und Editierrechte gegeben werden können. Der Proband kann sich nicht eindeutig festlegen, ob das Tool insgesamt geeignete und verständliche Funktionen für seine Ansprüche anbietet, sieht jedoch das Tool als eine gute Ergänzung zum Umweltmanagement an (FB5-I1a-3a und 3b). Es lässt sich somit zusammenfassen, dass die Hypothese 3 nur eingeschränkt widerlegt werden kann.

Die Kosten-/Nutzeneffekte eines Umweltmanagements werden vom Probanden überwiegend positiv beurteilt. Er hält zwar ein Umweltmanagement für ein wenig zu teuer, seine Aufwendungen stehen jedoch im Verhältnis zum Ertrag (FB5-F1-3 und -4). Als Hauptkostenfaktoren des Umweltmanagements sieht er eindeutig die benötigte Zeit und Infrastruktur und auch ein wenig das benötigte Wissen (FB5-F1-5). Der Proband kennt zwar keine Software zum Umweltmanagement, schätzt jedoch die Kosten einer geeigneten Software auf ca. 4000 Euro (FB5-I2a2 und I2a3). Jede der weiteren Fragen zum Nutzenpotenzial des Umweltmanagements beantwortet er positiv und betont, dass eine durch ein verbessertes Image erhöhte Kundenakzeptanz insbesondere für die Gewinnung von im Exportbereich (Europäische Union) liegenden Kunden wichtig ist (FB5-F1-6). Insgesamt kann er zustimmen, dass EPI eine Möglichkeit bietet, Umweltmanagement kostengünstig zu betreiben (FB5-I1a-4). Die Hypothese 4 kann somit als klar widerlegt angesehen werden. Die positive Einschätzung des Kosten-/Nutzenverhältnisses des Umweltmanagements kann kein Grund für eine Ablehnung des Tools sein.

Die Untersuchung findet auf einem 700-MHz-Computer mit 64 MB Arbeitsspeicher statt. Als Browser wird der Internet Explorer Version 6 eingesetzt. Der Computer ist mir dem LAN verbunden, welches wiederum über ISDN mit dem Internet verbunden ist (FB5-C1 bis C4). Die Untersuchung fand morgens und nachmittags nach der Mittagspause statt. Schon morgens sind einige Wartezeiten mit fünf- bis zehnsekundigen Pausen zu verzeichnen, die aber das Arbeiten noch erträglich gestalten. Mittags jedoch machen die häufig über zehn Sekunden andauernden Wartezeiten das Arbeiten unzumutbar (BB5-C1 und C2). Der Proband glaubt, in dem nach der Mittagspause verstärkten Senden von E-Mails den Grund für die schlechte Netzverfügbarkeit zu kennen. Somit bewertet der Proband die Software in ihrer Arbeitsgeschwindigkeit nur als mittelmäßig. So kann die Hypothese 5 nicht eindeutig widerlegt werden. Die schleppende Arbeitsgeschwindigkeit des Tools kann eine Ablehnung des Tools bewirken.

Die Computererfahrung des Probanden kann man als eher mittelstark einschätzen. Er nutzt den Computer erst seit weniger als drei Jahren, arbeitet jedoch bis zu 25 Stunden pro Woche am Rechner. Das Internet wiederum nutzt er weniger als eine Stunde pro Woche (FB5-E1 bis E3). Die Beobachtungen zeigen überwiegend, dass der Proband ein wenig Schwierigkeiten mit der Bedienung des Tools bzw. des Computers hat. Die Wiederholungen der Arbeitsschritte fallen ihm ein wenig schwer und auch zur Bedienung des Tools benötigt er ab und an eine Anleitung (BB5-E). Im Ganzen lässt sich jedoch die Hypothese 6 widerlegen, da trotz mancher Schwächen des Probanden in der Bedienung des Tools bzw. des Computers die Anwendungsfähigkeit insgesamt nicht wesentlich beeinträchtigt ist.

Die menschen- und aufgabengerechte Gestaltung der Ergebnisdarstellung des Tools wird als gut bezeichnet (FB5-I1a-7). Auch die Beobachtungen zeigen, dass der Proband die Darstellung der Ergebnisse der Hauptfunktionen auf Anhieb versteht (BB5-I). Somit kann die Hypothese 7 klar als widerlegt gelten.

Die vorhandene Datenbasis hält er generell für jede Branche für ausreichend. Für den Probanden ist es jedoch wichtig, dass möglichst viele benachbarte Unternehmen aus dem südlichen Afrika in der Datenbasis vorhanden sind, so dass aufgrund ähnlicher wirtschaftlicher und klimatischer Bedingungen ein Vergleich möglich wird. Im Ganzen lässt sich die Hypothese 8 widerlegen.

4.3.2.2.3 Schlussfolgerungen aus der Fallstudienuntersuchung

Der Proband zieht unter der Bedingung, dass auch die Branche der Schlachtereien miteinbezogen wird, in Betracht, das Tool in Zukunft zu nutzen. Er bejaht auch die Anreizfunktion des Tools (FB5-I1 und I2). Die Software muss jedoch in englischer Sprache angeboten werden. Die in Entwicklungs- und Schwellenländern mancherorts noch anzutreffende veraltete IT-Ausrüstung und langsame Internetanbindung[633] sollten Ansporn sein, das Tool noch „schlanker" zu programmieren und den Datenaustausch auf ein Minimum zu reduzieren. Auch sollte näher untersucht werden, warum der Kennzahlenimport über den Upload der Excel-Tabelle mit Sicherheitsbestimmungen zum Firmennetzwerk kollidieren kann. Auch sollte die Bedienbarkeit verbessert werden, indem auf jedem Fenster unabhängig von Scrollen ein Zurück-Button integriert wird. Ebenso sollten die Bezugsmöglichkeiten bei der Benchmarking-Funktion transparent gemacht werden. Die Idee der computergestützten Erstellung eines Umweltberichts wird zum wiederholten Male als interessant eingestuft. Auch die kollaborativen Filter fallen wieder positiv auf. Wichtig ist dem Probanden die Möglichkeit, verschiedenen Usern eines Unternehmens spezielle Rechte für die Nutzung dieses Tool einstellen zu können. Interessant erscheint auch die Feststellung des Probanden, dass in der Datenbasis möglichst viele Unternehmen der benachbarten Länder enthalten sein sollten, um auch regionalspezifische Vergleiche anstellen zu können. Analog zum Fall D strebt das Unternehmen auch eine baldige Einführung eines umfassenden Umweltmanagementsystems und eine Zertifizierung nach ISO 14000 an. Die langfristige Strategie dieses Unternehmens ist jedoch, dass zusammen mit einem angestrebten Arbeitsschutzmanagementsystem ein integriertes Management entsteht, welches die Standards ISO 9000, 14001 und BS 8800 bzw. OHSAS 18001 vereint.[634] So sollte auch die zukünftige Entwicklungsstrategie des Tools auf eine Befriedigung des durch diese Zertifizierungsprozesse hervorgerufenen Unterstützungsbedarfs ausgerichtet sein.

4.3.2.3 Interpretation des Fallblocks D bis E

Insgesamt kann auch für die untersuchten Unternehmen die Usability (Hypothesen 1, 3, 5-8) des Tools als geeignet beschrieben werden, wobei hier noch Optimierungspotenzial vorzufinden ist. So sollten die Bestrebungen, ein schlankes Tool mit minimiertem Datenaustauschbedarf zu entwickeln, verstärkt werden. Auch mit einer schlechten Internetverbindung und älterer Hardware sollte man mit dem Tool mit befriedigenden Zugriffszeiten arbeiten können. Auffallend ist der Wunsch von beiden Unternehmen nach einer internationalen Ausrichtung der Datenbasis. Dies hängt wahrscheinlich einerseits mit der Exportgerichtetheit dieser Unternehmen zusammen, andererseits fehlt auch meist eine genügend große Anzahl von vergleichbaren Unternehmen im eigenen Land, um eine regionenspezifische Analyse erstellen zu können. Das Tool sollte im nächsten Entwicklungsschritt zumindest zweisprachig (Deutsch / Englisch) gestaltet werden. Auch müssen mögliche Interdependenzen zwischen dem Tool und den Sicherheitstechnologien (bspw. Firewall) der Unternehmensnetzwerke genauer untersucht werden. Auffallend ist auch der gemeinsame Wunsch nach einer computergestützten Umweltberichterstellung. Dies lässt sich wahrscheinlich aus dem Zusammenlegen der Gründe „Kunden im Ausland wollen Umweltbericht" und „hoher Aufwand einer manuellen Erstellung" erklären. Desgleichen lässt der Wunsch nach weiteren Modulen darauf schließen, dass der Softwarebedarf auch in anderen Managementbereichen groß ist.

In den Fallstudienuntersuchungen zeigt sich, dass die Bereitstellung von allgemein zugänglichen Umweltmanagementsystemen (hier in Form des EPI-Tools) eine effizientere Nutzung eingesetzter Rohstoffe (Ökoeffizienz) bewirken kann. Auch die Schaffung von Wettbewerbsvorteilen, besonders im Exportmarkt, kann herausgelesen werden. Beide Unternehmen streben eine ISO 14000-Zertifizierung an und wünschen eine Prozessunterstützung durch das Tool (bzw. weitere Tools) zur Erfüllung der strengen internationalen Vorgaben. Lokale Gesetze werden bei der Untersuchung nicht erwähnt. Auch spielt während der Untersuchung die

---

[633] Vgl. Kröll 1998 und Jensen 1998.
[634] BS = British Standard; OHSAS = Occupational Health and Safety Management Systems-Specification.

Begrenzung der Gefahr von Haftungsansprüchen keine Rolle. Tabelle 28 zeigt die zentralen Ergebnisse des zweiten Fallblocks im Überblick.

Elemente der Mustererkennung UM = Umweltmanagement	Fall D (großes Unternehmen im südlichen Afrika, Brauerei)	Fall E (mittelgroßes Unternehmen im südl. Afrika, Schlachterei)
UM etabliert?	Ja	Ja
Umweltbericht?	Nein	Nein
Stellung des Befragten	Engineering Manager	Plant Engineer
Hypothese 1: Bedienbarkeit	Gut (+) (nur bedingt testbar)	Gut (+)
Mängel	- starre Einhaltung von Bedienschritten - schlechte Verständlichkeit der Fehlermeldung	- missverständliche Bezeichnungen, Begriffe, da in deutscher Sprache; Tool muss auch in englischer Sprache angeboten werden, teilweise unnötige Unterbrechungen der Arbeit, verbesserungswürdige Bearbeitungszeiten, Upload der Excel-Tabelle funktioniert nicht, Zurück-Button muss besser sichtbar sein, Bezugsmöglichkeiten bei Benchmarking transparenter machen
Hypothese 2: Einstellung zum UM	Positiv (aktiv)	Positiv (aktiv)
Hypothese 3: Funktionalität	Gut (insbesondere die Idee „Umweltbericht aus Umweltleistung" und kollaborative Filter")	Gut (insbesondere die Idee „Umweltbericht aus Umweltleistung" und kollaborative Filter")
• Praktischer Nutzen	(++)	(++)
• Verständlichkeit	(++)	(+(+))
• Vollständigkeit	(+-)	(+-)
Mängel / Gewünschte Erweiterungen	Drill-Down-Analyse soll das Herunterbrechen einer aggregierten Kennzahl in die verschiedenen Unternehmensbereiche zulassen, Berichtszeiträume auch Woche und Monat	Rechtevergabe für spezielle User im Unternehmen
Hypothese 4: Kosteneffekte der Tool-Nutzung		
• Allg. Kosten-/Nutzeneinschätzung zum UM	(+-)	(+)
• Hauptkostenfaktor des UM	Zeit, Wissen, Infrastruktur	Zeit, Infrastruktur, teilweise Wissen
• UM birgt Kosteneinsparpotenziale	Ja	Ja
• UM senkt Ress.verbrauch/ Schadstoff-/ Abfallausstoß	Ja / ja / ein bisschen	Ja/ ja / ja
• Imagegewinn	Ja	Ja
• Kosten-/Nutzeneffekte des Tools	Ja/Nein	Ja

Elemente der Mustererkennung UM = Umweltmanagement	Fall D (großes Unternehmen im südlichen Afrika, Brauerei)	Fall E (mittelgroßes Unternehmen im südl. Afrika, Schlachterei)
Hypothese 5: Arbeits- und Zugriffsgeschwindigkeit	300 MHz + Modem: befriedigend	700 MHz + ISDN: befriedigend bis mangelhaft
Hypothese 6: Computererfahrung	Sehr gut	Mittel, trotzdem ist Anwendungsfähigkeit gegeben
Hypothese 7: Ergebnisdarstellung	Gut	Gut
Hypothese 8: Umfang der Datenbasis	Nicht ausreichend. Wunsch nach internationaler Ausrichtung,	Ausreichend, jedoch sind Unternehmen der gleichen Branche aus Nachbarländern wichtig
Zukünft. Nutzung von EPI?	Ja	Ja
Anreiz von EPI?	Ja	Ja
Weitere Module möglich?	Qualitätsmanagement, Risikomanagement	Qualitäts-, Hygiene, Risiko- und Arbeitssicherheitsmanagement

Tabelle 28: Mustererkennung des Fallblocks D bis E
(Quelle: Eigene Darstellung)

Aus dieser Mustererkennung können weitere zentrale Gegenstände der Optimierung identifiziert werden (vgl. Tabelle 26), die auch eine Chance auf eine mittelfristige Umsetzung besitzen:

Nr.	Gegenstand der Optimierung	Beschreibung der Optimierung
18	Zurück-Button	Der Zurück-Button muss unabhängig vom Scrollstatus auf jedem Fenster ersichtlich sein.
19	Tool in Englisch	Der User des Tools sollte die von ihm präferierte Sprache frei wählen können.
20	Kollisionsfreiheit mit Sicherheitsbestimmungen der Unternehmen	Sowohl der gesamte Aufruf als auch der Upload der Excel-Tabelle kann aufgrund von Sicherheitsbestimmungen blockiert sein. Hier müssen die Restriktionen genau untersucht und wenn möglich beseitigt werden. Zumindest eine ausführliche Fehlererklärung für den User muss bereitgestellt werden.
21	User-Rechte	Es sollte möglich sein, für verschiedene User eines Unternehmens spezielle Rechte zu vergeben.
22	Zugriffs- und Arbeitsgeschwindigkeit	Das Tool sollte diesbezüglich optimiert werden. Dazu müssen die Datenströme zwischen dem beim User aufgerufenen Tool und dem Tool-Server und die Belastung des aufrufenden Computers genau untersucht werden.
23	Datenbasis	Bei der Integration weiterer Branchen in das EPI-Tool sollte die Datenbasis jeweils international ausgerichtet sein.

Tabelle 29: Zusätzliche Gegenstände der Optimierung
(Quelle: Eigene Darstellung)

Somit lässt sich die Konklusion bilden:

Software-Tools wie EPI können auch für Unternehmen in Entwicklungs- und Schwellenländern Anreize schaffen, ein Betriebliches Umweltmanagement / Nachhaltigkeitsmanagement zu initiieren (falls noch keines besteht) oder zu vertiefen, wenn

- die Zugriffs- und Arbeitszeiten des Tools auch bei langsameren Internetverbindungen und bei älteren Rechnern zufriedenstellend ist,
- das Tool möglichst in der Heimatsprache des Tool-Users angeboten wird,
- die Datenbasis internationaler und gleichsam regionaler ausgerichtet ist.

Insgesamt kann festgehalten werden, dass Tools dieser Art auch für Entwicklungs- und Schwellenländer zumindest für mittelgroße und große Unternehmen geeignet erscheinen.

4.3.3 Zusammenfassende Betrachtung der Fälle

Durch die Analyse bzw. Interpretation der Fälle können verschiedene Erkenntnisfelder bedient werden. So können mit Hilfe der aufgedeckten technischen Mängel weitere wichtige Entwicklungsschritte geplant werden (vgl. Tabelle 26 und Tabelle 29). Darüber hinaus kann man durch Musterkennung über alle Fälle hinweg auch bezüglich der zum Tool geeigneten Zielgruppe wichtige Informationen sammeln (vgl. Tabelle 25 und Tabelle 28). Eine solche Mustererkennung ist jedoch nicht einfach, da, durch den dynamischen Interaktionsprozess zwischen Forscher und Proband bedingt, je nach Fall unterschiedliche Schwerpunke in der Betrachtung des Tools nicht auszuschließen sind. Im Folgenden soll trotzdem der Frage nachgegangen werden, ob das hier untersuchte EPI-Tool, abhängig von der Größe eines Unternehmens und vom regionalen Einsatz, unterschiedliche Wirkungsmuster aufweist. Anschließend sollen für die Weiterentwicklung Schwerpunktfelder gesetzt werden.

Ein prägnantes Muster ergibt sich beim Vergleich des praktischen Nutzens des Tools. Hier bewertet das kleine Unternehmen diesen am besten und das große Brauunternehmen in Deutschland am schlechtesten. Die mittelgroße deutsche Brauerei und die beiden Unternehmen im südlichen Afrika beurteilen das Tool immer noch positiv. Dieses Muster scheint die Annahmen zu bekräftigen, dass dieses Tool eher den bescheideneren Ansprüchen der kleinen und mittelgroßen Unternehmen genügt und dass Unternehmen in Entwicklungsländern wegen vergleichbarer Schwierigkeiten mit kleinen und mittelgroßen Unternehmen entwickelter Industrienationen zu vergleichen sind und somit einer KMU-bezogenen Zielgruppendefinition entsprechen würden. Dieses scheint auch in weiteren Mustern wiederzukehren. So ist die große deutsche Brauerei das einzige Unternehmen, welches eine zukünftige Nutzung des Tools ablehnt. Auch erkennt dieses Unternehmen keine Anreizwirkung des Tools, das Umweltmanagement auszubauen. Die mittelgroße deutsche Brauerei sieht zwar einen Anreiz des Tools, schränkt diesen jedoch lediglich auf das Kennzahlenmanagement, als nur einem Teil ihres gesamten Umweltmanagements, ein. Die kleine deutsche Brauerei und die Unternehmen im südlichen Afrika bejahen die Anreizwirkung des Tools. Auch ist die große deutsche Brauerei das einzige Unternehmen, welches zu weiteren EPI-ähnlichen Tools (Modulen) keine Ideen oder Anwendungsfelder sieht. Auch die Bewertung der Pobanden bezüglich der Kosten-/Nutzeneffekte des Tools bekräftigen bedingt die Annahmen: Während die kleine deutsche Brauerei sich hier eindeutig positive Effekte verspricht und die mittelgroßen Unternehmen insgesamt immer noch positive Wirkungen sehen, äußern sich die großen Unternehmen eher skeptisch. Bei der Beurteilung der Ergebnisse zeigt sich auch, dass die Ansprüche der Unternehmen diesbezüglich umso höher werden, je großer sie sind.

Für eine weitere Bekräftigung der Annahmen sind sicherlich zusätzliche Fallstudienuntersuchungen, insbesondere in kleinen Unternehmen im südlichen Afrika, notwendig.[635] Jedoch soll aus den gemachten Erfahrungen die Empfehlung abgeleitet werden, die Zielgruppe des Tools (und weiterer Tools) auf die kleinen und mittelgroßen Unternehmen einzuschränken und ein für diese Zielgruppe verfeinertes „Service Engineering" (vgl. Kapitel 3) voranzubringen. Insgesamt scheint das Tool den Anforderungen möglicher Nutzer dieser Zielgruppe zu entsprechen, jedoch sollte man für die Verbesserung und Weiterentwicklung folgende Schwerpunkte definieren:

- Genaue Analyse des gewünschten Funktionsumfangs, den ein Tool zum Umweltkennzahlenmanagement, aber auch zum Umweltmanagement insgesamt aus der Sicht der definierten Zielgruppe aufweisen soll (Vollständigkeit).

---

[635] Unter der Voraussetzung, dass auch kleine Unternehmen in Entwicklungsländern verstärkt den Zugang zum Internet finden, besteht gerade über die kostenfreie Zurverfügungsstellung von internetgestützten Services die Möglichkeit, die bestehende Bevorzugung von Großbetrieben in Entwicklungsländern bei Zugangsmöglichkeiten zu intelligenten Lösungen abzubauen und den allg. geforderten Technologietransfer zu verstärken (vgl. Hemmer 2002, S. 767 und 671 und Detzer, et al. 1999, S. 214).

- Die Kosten-/Nutzeneffekte des Tools müssen für den User deutlicher sichtbar gemacht bzw. es müssen Modifikationen am Tool vorgenommen werden, so dass das Tool eindeutig positive Kosten-/Nutzeneffekte ausweist.
- Insgesamt sollte eine Anwendbarkeitsquote von 100 % angestrebt werden. Das bedeutet, dass – unabhängig vom Browser-Typ, von Sicherheitseinstellungen des Unternehmens, von der Leistungsfähigkeit der beim User eingesetzten Hardware, von der Art der Internetverbindung und der Muttersprachlichkeit des Users – das Tool genutzt werden kann.
- Nicht nur die bloße Anzahl der in der Datenbasis vorhandenen Unternehmen muss erweitert werden. Es sollen auch in angemessener Weise regionale und internationale Vergleichsmöglichkeiten zu einer Branche in die Struktur der Datenbasis einfließen. Auch muss der Prozess der Datenübernahme aus den Umweltberichten in die Datenbasis des Tools überarbeitet werden. Hier müssen für eine bessere Vergleichbarkeit insbesondere Verbesserungen in den Branchen- und Kennzahldefinitionen erreicht werden.

5 Weiterentwicklungen zum Nachhaltigen Management

Im Folgenden wird untersucht, wie auf Basis der bisher erarbeiteten Konzepte und Lösungen ökosoziotechnoökonomischer Systeme Weiterentwicklungen zum Nachhaltigen Management gestaltet werden können. Dies geschieht mit drei verschiedenen Foki: Mit dem Fokus *Innovation* wird das Forschungsobjekt (Tools / Services) an sich betrachtet und Weiterentwicklungen identifiziert. Der Fokus *Technologie* zielt auf fortgeschrittenere Konzepte zur technologischen Realisierung der Innovation. *Forschungsmethodik*, als weiterer Fokus, beleuchtet die Erkenntnisgewinnung im Umgang mit der in dieser Arbeit eingesetzten Pilotierung und seinen Methoden.

5.1 Die Innovation im Fokus

Internetgestützte Tools bzw. Services für ein Nachhaltiges Management als *Innovation* – pilotiert am Prototyp EPI – zeigen ein grundsätzliches Potenzial auf, als „Enabler" für eine effizientere Gestaltung dieser betriebswirtschaftlichen Teildisziplin fungieren zu können. Jedoch bedarf es für eine umfassende Alltagstauglichkeit noch gewisser Weiterentwicklungen. Die in Abschnitt 4.3.3 identifizierten Schwerpunktfelder einer Verbesserung und Weiterentwicklung des Umweltkennzahlen- und Benchmarking-Tools EPI werden im Folgenden sowohl als Anhaltspunkte für eine Optimierung von EPI und der Tool-Landschaft an sich (Abschnitt 5.1.1), als auch für eine Projektion auf weitere zu entwickelnde Tools (Abschnitt 5.1.2) analysiert. Die mit EPI gemachten Erfahrungen können wichtige Wissensbausteine für die Gestaltung einer erweiterten Tool-Landschaft sein. Diese gilt es in einen systemtheoretischen Rahmen zu setzen. Dies erfolgt in Abschnitt 5.1.3.

5.1.1 Weiterentwicklung der Tool-Landschaft in die Tiefe

Ein sich in Kapitel 4 herauskristallisiertes zentrales Problemfeld eines kennzahlenorientierten Informationssystems bzw. Tools ist die Datenqualität, insbesondere die der Benchmarking-Daten.[636] Neben einer zu geringen Anzahl von Vergleichspartnern sind vor allem die einge-

---

[636] Bei der Entwicklung eines Informationssystems ist das Miteinbeziehen von Qualitätsaspekten von zentraler Bedeutung. „Qualität von Informationssystemen darf jedoch [ergänzt durch den Autor] nicht um jeden Preis oder zufällig erreicht werden, sie muß plan-, steuer- und kontrollierbarer Bestandteil des Gestaltungsprozesses sein. Dies ist die Aufgabe des Managements der Qualitätssicherung, welches hier als Qualitätsmanagement bezeichnet wird" (Bächle 1996, S. 9). Neben einer mängelbehafteten Funktionslogik können Fehler im Datenbestand zu negativen Effekten, wie die Unterbrechung von Geschäftsprozessen, verzögerte oder verfälschte Entscheidungen, gestörte Kommunikation oder Krea-

gebenen Kennzahlen bezüglich ihrer Vergleichbarkeit kritisch zu hinterfragen. Dies liegt insbesondere an dem noch niedrigen Standardisierungsniveau in der Umweltberichterstattung.[637] Die Heterogenität in der Umweltberichterstattung resultiert aus der Anforderung, ein Kennzahlensystem speziell auf die Ziele und Eigenschaften des jeweiligen Unternehmens auszurichten. Allgemein empfohlene Kennzahlen werden i.d.R. an die unternehmensspezifischen Bedingungen angepasst und um weitere, branchen- oder unternehmensspezifische Kennzahlen ergänzt. Erschwerend kommt hinzu, dass einige Sachverhalte nicht (leicht) mess- und quantifizierbar sind.[638] KIENBAUM und SCHRÖDER weisen in diesem Zusammenhang darauf hin, dass wegen der jeweils unterschiedlichen Rahmen- und Ausgangsbedingungen eines Unternehmens keine vollständige Vergleichbarkeit der Benchmarking-Partner garantiert werden kann. Diese Einschränkung widerspräche jedoch nicht den Zielsetzungen des Instruments, da es bei einem Benchmarking darum geht, Hinweise zu „best practices" zu erhalten, deren (modifizierte) Übernahmen dann ohnehin noch zu prüfen sind.[639] Für die Verwaltung von „best practices" bzw. „good-practices" wurde im Rahmen des Projekts Ökoradar ein erster Prototyp entworfen („gp_Finder", vgl. Abschnitt 2.7.3).[640]

Trotz dieser von KIENBAUM und SCHRÖDER relativierten Einschränkung gilt es, innerhalb eines wirtschaftlich vernünftigen Rahmens die Verbesserungspotenziale der Datenqualität auszuschöpfen. Unterstützend kommt hinzu, dass es in einzelnen Branchen erste Ansätze gibt, ein überbetriebliches Benchmarking für Umweltkennzahlen zu systematisieren.[641] Pionierarbeit hierzu wurde u.a. vom Bundesverband Druck, dem Verein für Umweltmanagement in Banken, Sparkassen und Versicherungen (VfU) und dem Verband Deutscher Maschinen- und Anlagenbauer e.V. geleistet.[642]

Wenn für eine Branche noch kein standardisiertes Umweltkennzahlensystem vorliegt, könnte dies durch einen intensiven Dialog über Umweltkennzahlensystem-Standards mit Vertretern der jeweiligen Branche erreicht werden. Dadurch ließen sich u.U. auch bestimmte Kennzahlen identifizieren, die sich besonders für einen Vergleich innerhalb der Branche eignen bzw.

---

tivitätshemmungen führen. Eine hohe Daten- und Informationsqualität sind entscheidende Faktoren für effiziente Unternehmensprozesse (vgl. Riga Technical University 2004).
[637] Vgl. Zwingel 1997, S. 271f. und Ahrens, et al. 2001, S. 445.
[638] Vgl. Schaltegger, et al. 2002, S. 29 und 61.
[639] Vgl. Kienbaum und Schröder 1997, S. 7 und Brauweiler 2002, S. 43.
[640] Dieser Prototyp kann über www.oekoradar.de/onesus aufgerufen und getestet werden.
[641] Vgl. Ahrens, et al. 2001, S. 445.

die sich aufgrund ihres unternehmensindividuellen und nach außen nicht transparenten Aggregationsgehalts für einen Vergleich nicht eignen. Dies gilt auch für mit dem Tool individuell kombinierbare relative Kennzahlen. Für einen Vergleich oder für eine Relationsstellung besonders geeignete Kennzahlen sollten im Tool für den User sichtbar gemacht werden.

Die Beschränkung auf wenige Kennzahlen, die für ein Benchmarking zugelassen sind, könnte auch (sinnvollerweise) eine veränderte Aufgabenverteilung zwischen User, Benchmarking- und Tool-Administrator nach sich ziehen (vgl. Abschnitte 2.6.1 und 2.6.2). Während bisher der Tool-Administrator ein (aus seiner Sicht komplettes) branchenbezogenes Kennzahlensystem auf Basis der Analyse einiger Umwelterklärungen der jeweiligen Branche definierte, in einem weiteren Schritt der Benchmarking-Administrator für jede im System definierte Kennzahl möglichst zahlreiche Vergleichswerte von unterschiedlichen Unternehmen bzw. deren Umwelterklärungen einpflegte und der User auf Basis dieses (für ihn starren) branchenbezogenen Kennzahlensystems seine unternehmenseigenen Kennzahlenwerte eingab, würde der User bei einer Weiterentwicklung Aufgaben des Administrators übernehmen: Nicht mehr der Tool-Administrator würde ein (ohnehin nie vollständiges) Branchenkennzahlensystem definieren, sondern der User selbst würde sein eigenes individuelles Kennzahlensystem festlegen. Dieses System ordnet er einem NACE-Code zu. Der Tool-Administrator definiert nur noch wenige, dafür aber zentrale Benchmarking-Kennzahlen, die er für alle Branchen (NACE-Codes) festlegt. Der Benchmarking-Administrator extrahiert aus den Umwelterklärungen dann nur noch diese zentralen Branchenkennzahlen.[643]

Das Nutzungs- und das Nutzenpotenzial eines Tools lässen sich zweifelsohne durch Mehrsprachigkeit massiv erweitern. Dies entspricht auch der Forderung nach einer Bereitstellung von Umweltmanagementinstrumenten für weniger umweltpolitisch entwickelte Regionen. Der größte Grenznutzen ist hier wahrscheinlich durch eine Übersetzung des Tools in das Englische zu bewirken. Darüber hinaus erreicht die Tool-Nutzung nur dann die gewünschte Intensität, wenn für die zentralen Branchen Kennzahlensysteme mit einer ausreichenden Anzahl an Vergleichspartnern angeboten werden. Erst eine kritische Masse an Vergleichspartnern

---

[642] Vgl. Clausen und Kottmann 2001, S. 243.
[643] Umwelterklärungen nach EMAS als Bezugsquelle für die Benchmarking-Datenbasis haben sich trotz oben vorgestellter Vergleichsschwierigkeiten ihrer Inhalte grundsätzlich bewährt. Im Gegensatz zu anderen Umweltberichten weisen Umwelterklärungen Ansätze geregelter Verfahrensweisen und Inhaltsbestimmungen auf. Daher können sie als erster Standardisierungsversuch für Umweltberichte angesehen werden (vgl. Schaltegger, et al. 2002, S. 29).

macht es sinnvoll, ein internetgestützes Tool zum Benchmarking im Alltag zu nutzen; erst eine kritische Masse an Vergleichsinformationen macht es wert, in den Informationsbeständen zu recherchieren und erst wenn die Funktionalitäten des Tools die Arbeit umfassend genug unterstützen, geht der Anwender den Schritt zur Computernutzung bzw. zum internetgestützten Umweltmanagement.[644] Wichtiger Bestandteil der Funktionalität von Tools ist auch die Gewährleistung der Sicherheit und des Schutzes der vom Tool-User eingegebenen Daten.[645] Somit muss für die Tool-Landschaft ein umfassendes Sicherheitskonzept entworfen werden.

Eine Förderung der Nutzung kann auch durch eine Qualifizierung potenzieller User erfolgen.[646] Obwohl die Forderung nach einfach zu verstehenden und zu bedienenden Tools besteht, können Qualifizierungsmaßnahmen weitere Nutzungshemmungen abbauen. Diese Maßnahmen können sich auf die Widerstände gegen eine Technologieeinführung, auf die zur Tool-Nutzung organisatorisch notwendigen Maßnahmen und auf die neue Technologie an sich beziehen. Solche Qualifizierungsmaßnahmen können durch vor Ort gehaltene Kurzseminare oder auch durch kleine Werbefilme realisiert werden.

Auch eine Benutzerpartizipation im Weiterentwicklungsprozess kann die für eine breite Tool-Nutzung entscheidenden Beiträge liefern. Hier könnte man an zwei bis drei sog. Lead User[647] denken, deren Erfahrungen bei der Tool-Nutzung regelmäßig aufgenommen werden. Dies umfasst auch Erfahrungswerte von technologischen Parametern, z.B. Zugriffs- und Antwortzeiten, eingesetzter Browser-Typ und Nutzungsrestriktionen wegen Sicherheitseinstellungen. Darüber hinaus kann eine Partizipation von Stakeholdern einer Organisation wichtig sein. Diese umfasst sowohl die Personen, die per Gesetz oder Normen an umweltmanagementrelevanten Entscheidungen beteiligt sind, wie bspw. diverse Behördenvertreter und Auditierer (ggf. auch den Datenschutzbeauftragten), als auch jene Personen, deren Interessen faktisch

---

[644] Vgl. Schwabe 2000, S. 234.
[645] Vgl. Holste 2002, S. 59ff. und Stahlknecht und Hasenkamp 2002, S. 481.
[646] Potenzielle User von Tools für das Umweltmanagement sind auch Studenten dieses Vertiefungsfaches. Über eine Einbindung solcher Tools in das Vorlesungsmaterial können Studenten frühzeitig an die Nutzung herangeführt und deren Nutzungserfahrungen in den Weiterentwicklungsprozess integriert werden. Dies soll auch mit der Lehrstuhl- und Lernplattform www.umho.de in den nächsten Entwicklungsschritten umgesetzt werden.
[647] Eine detaillierte Beschreibung des Lead User-Konzepts findet man in Reckenfelderbäumer und Busse 2003, S. 162f.

betroffen sind (bspw. Kunden oder Nachbarn des Unternehmens).[648] Eine Erhöhung der Nachfragerakzeptanz durch Benutzerpartizipation ist auch durch eine für das jeweilige Tool gestaltete virtuelle Gemeinschaft möglich. Aus den dort abgelegten Beiträgen der Community-Mitglieder kann der Tool-Betreiber die für eine Weiterentwicklung des Tools relevanten Informationen extrahieren.[649]

Ebenfalls kann durch die Kräfte des Wettbewerbs die Tool-Nutzung vorangetrieben werden. Entscheidungsträger sind einem Wettbewerb ausgesetzt. Dieser bezieht sich sowohl auf einen innerbetrieblichen Wettstreit mit Kollegen als auch den Konkurrenzkampf des Unternehmens auf dem Markt. Auch der Umweltmanager ist Träger von erfolgskritischen Entscheidungen. So müssen für internetgestützte Tools für das Umweltmanagement klare Wettbewerbsvorteile herausgearbeitet werden, die der Anwender durch ihre Nutzung erhält. Oder anders ausgedrückt: Nicht-Nutzer müssen von diesen Vorteilen ausgeschlossen sein. Um die Vorteilhaftigkeit zu „beweisen", sollten glaubhafte und realitätsnahe Szenarien entwickelt werden, die mit und ohne die Tool-Nutzung unterschiedlich erfolgreiche Entscheidungen aufzeigen. Auch sind Anreizsysteme für eine verstärkte Tool-Nutzung einsetzbar.[650] So wäre es bspw. denkbar, dass Unternehmen, die internetgestützte Tools für das Umweltmanagement nutzen, öffentliche Fördergelder oder andere Leistungen erhalten, wie z.B. kostenlose Umweltberatertage.

Ferner sollte während der Einführung und Weiterentwicklung eines Tools ein Erwartungsmanagement betrieben werden. Im Projektverlauf müssen die Erwartungen der User immer wieder auf ein realistisches Maß zurechtgerückt werden. Dies beinhaltet die Kommunikation von zu erwartenden Schwierigkeiten und von dem zu erwartenden Nutzen. Auch eine realistische Zeitplanung, die aufzeigt, wann die User was zu erwarten haben, stärkt das Vertrauen in die Leistungsfähigkeit von internetgestützten Tools und ihren Implementierern.[651]

---

[648] Vgl. Schwabe 2000, S. 231.
[649] Vgl. Holste 2002, S. 72f.
[650] Vgl. Schwabe 2000, S. 232f.
[651] Vgl. Schwabe 2000, S. 235.

5.1.2 Weiterentwicklung der Tool-Landschaft in die Breite

Im Folgenden werden Tools bzw. Tool-Funktionen beschrieben, die anhand der in diesem Pilotierungsprojekt gemachten Erfahrungen eine sinnvolle Erweiterung der Tool-Landschaft darstellen können.

Vor dem Hintergrund der anhaltenden Nachhaltigkeitsdiskussion und einer populärer werdenden Nachhaltigkeitsberichterstattung ist für das Umweltweltkennzahlen- und Benchmarking-Tool neben einer (erfolgten) Erweiterung mit Verkehrskennzahlen im Umweltleistungsbereich[652] die Weiterentwicklung zu einem dreisäuligen Kennzahlensystem eines Nachhaltigen Managements wünschenswert.[653] Zusätzlich ist es sinnvoll, die ökologische, ökonomische und soziale Dimension um den Aspekt der „Integrierten Leistung" zu erweitern, da für eine umfassende (kennzahlenbasierte) Abbildung der Nachhaltigkeit eine isolierte Betrachtung der einzelnen Dimensionen nicht sinnvoll ist. So können Änderungen an einer Kennzahl einer Dimension oft auch Größen anderer Dimensionen tangieren. Somit ist es notwendig, geeignete integrierte Indikatoren zu definieren, die verschiedene Referenzpunkte aus den Dimensionen zu integrierten Nachhaltigkeitskennzahlen bündeln.[654] Der Begriff „Nachhaltigkeitskennzahl" ist in der betriebswirtschaftlichen Praxis noch nicht sehr verbreitet.[655]

Grundsätzlich kann man zwei Typen von integrierten Nachhaltigkeitskennzahlen unterscheiden: *Systemindikatoren* setzen die Aktivitäten einer Organisation in Bezug zu einem größeren Kontext aus Wirtschafts-, Umwelt- und Gesellschafts-/Sozialsystemen, die die Organisation umgeben. So z.B. wäre hier eine Kennzahl vorstellbar, welche die geschaffenen Arbeitsplätze eines Unternehmens ins Verhältnis zu den insgesamt geschaffenen Arbeitsplätzen einer Region setzt. *Querschnittsindikatoren* setzen Kennzahlen aus zwei oder drei Dimensionen der ökonomischen, ökologischen und gesellschaftlichen/sozialen Leistung ins Verhältnis. Bei-

---

[652] Vgl. Abschnitt 2.7.2. Der Prototyp eines Verkehrskennzahlen-Tools („veto") kann unter www.oekoradar.de/onesus aufgerufen und getestet werden.
[653] Vgl. Fichter und Strobel 2001, S. 672. Die Global Reporting Initiative (GRI), das World Business Council for Sustainable Development (WBCSD), das Council on Economic Priorities (CEP), die United Nation Intergovernmental Working Group of Experts on International Standard of Accounting and Reporting (UN ISAR), New Economics Foundation (NEF) und das Institute for Social and Ethical AccountAbility erarbeiten Leitfäden zur Definition und Integration sozialer Kennzahlen. Social Accountability 8000 oder AccountAbility AA 1000 stellen weitere Bemühungen zur Etablierung eines Sozialmanagements dar (vgl. Schaltegger, et al. 2002, S. 60 und 99).
[654] Vgl. Global Reporting Initiative 2002, S. 40f.
[655] Vgl. Schaltegger, et al. 2002, S. 60.

spiele einer solchen integrierten Kennzahl wären *die Menge der Emissionen pro monetäre Einheit des Umsatzes, Krankentage/10000 € Umsatz* oder *die Fluktuationsrate/1000 t Emissionen von einer bestimmten Art*.[656]

Ökonomische Leistungsindikatoren beschreiben die Auswirkungen einer Organisation auf die wirtschaftlichen Umstände externer Anspruchgruppen und auf lokale, nationale und globale ökonomische Systeme, sie gehen in ihrem Umfang und Zweck über die der traditionellen Finanzkennzahlen hinaus. Diese ökonomischen Effekte kann man in direkte und indirekte Wirkungen unterteilen. Indikatoren, welche die direkten Wirkungen abbilden, messen die durch bestimmte Geldströme zwischen der Organisation und ihren Stakeholdern bewirkten Veränderungen der wirtschaftlichen Umstände dieser Stakeholder. Kennzahlen der indirekten Wirkung geben die Effekte von sog. Externalitäten wieder. Externalitäten umfassen Kosten- und Nutzengrößen, die nicht vollständig in monetären Werten abgebildet werden können. Beispiele für Externalitäten sind Innovationen, gemessen durch Patente und Partnerschaften, oder die ökonomischen Wirkungen durch Änderungen des Standorts. Beispiele für ökonomische Leistungsindikatoren sind Nettoumsatz, Kosten aller eingekauften Waren, Materialien und Dienstleistungen, Summe der Lohnzahlungen und Zusatzleistungen, gezahlte Steuern und Spenden.[657]

Ökologische Leistungsindikatoren umfassen die von einer Organisation ausgehenden Belastungen für ihr ökologisches Umfeld. Dies beinhaltet Belastungen für lebende und nichtlebende natürliche Systeme, also auch für Ökosysteme, Land, Luft und Wasser.[658] Diese Kennzahlen wurden in Abschnitt 2.4.1.2 beschrieben.

Gesellschaftliche/soziale Leistungsindikatoren umfassen die Auswirkungen einer Organisation auf die Gesellschaft. Diese Kennzahlen decken soziale Themenfelder ab, wie z.B. Arbeitspraxis, Menschenrechte, Konsumenten und Anwohner. Jedoch sind in dieser Dimension – noch mehr als in der ökonomischen und ökologischen – einige der beobachtbaren Variablen nicht einfach quantifizierbar. So kann man den Indikator „Beschreibung des formalen Gesundheitskomitees eines Unternehmens" kaum in Zahlen umformen bzw. quantifizieren. Jedoch finden sich auch hier Beispiele von Indikatoren, die ein quantitatives Kennzahlensystem

---

[656] Vgl. Global Reporting Initiative 2002, S. 41.
[657] Vgl. Global Reporting Initiative 2002, S. 42ff.
[658] Vgl. Global Reporting Initiative 2002, S. 46.

um soziale Aspekte erweitern können: Mitarbeiterzahl, Anstellungsart (Vollzeit, Teilzeit), Vertragstyp (unbeschränkt oder Zeitvertrag), Prozentsatz der gewerkschaftlich organisierten Mitarbeiter, Anzahl von Verletzungen, arbeitsplatzbezogene Todesfälle, Trainingsstunden pro Mitarbeiter, Anteil der operativen Erträge, die an die lokalen Gemeinden zurückverteilt werden, Zahlungen an politische Parteien und Anzahl von Gerichtsentscheiden, Beschwerden und Gesetzesbrüche zu verschiedenen gesellschaftskritischen Themen.[659]

Aufgrund der im Tool implementierten Eigenschaft, Kennzahlensysteme hierarchischer Form aufnehmen zu können, stellt die Integration weiterer ökonomischer und sozialer Kennzahlensysteme keine große technische Entwicklungsaufgabe dar.[660] Über die schon implementierte Möglichkeit der Definition von relativen Kennzahlen hinaus, könnten Kennzahlen verschiedener Dimensionen untereinander verknüpft werden. Der fachliche Implementierungsaufwand wäre hingegen nicht zu unterschätzen. Die schon bei der Gestaltung branchenbezogener Umweltkennzahlensysteme aufgekommenen Probleme aufgrund der Heterogenität der Umweltberichte würden sich durch das Hinzufügen weiterer Dimensionen wahrscheinlich potenzieren. Nach Meinung des Autors sollte diese Aufgabe trotzdem mutig angegangen werden, da es schon heute, durch gesetzliche Regelungen, Normen und Branchenvereinbarungen (vgl. Abschnitt 5.1.1) vorangetrieben, Tendenzen zu Vereinheitlichung von Berichten gibt.[661]

Auch für eine Verbesserung der Umweltkommunikation von Unternehmen ließe sich die bisher gestaltete Tool-Landschaft ausbauen bzw. modifizieren. Ein Umweltbericht, verstanden als Instrument für einen offenen Dialog mit externen Anspruchsgruppen, besteht aus mindestens zwei Komponenten: Text und Kennzahlen. In fortschrittlicheren Berichten werden zusätzlich Graphiken eingefügt, die in geeigneter Weise zentrale Inhalte kompakt wiedergeben. Trends für die Umweltberichterstattung zeigen auf, dass in Zukunft mit einer steigenden Bedeutung professioneller Nutzer zu rechnen ist. Zu denken ist hier bspw. an Finanzanalysten, Anlageberater, Versicherungen und Umweltspezialisten, die eine aussagekräftige und qualitativ hochwertige Umweltberichterstattung einfordern. Angesichts der vielfältigen Informati-

---

[659] Vgl. Global Reporting Initiative 2002, S. 41ff.
[660] „Keine große Entwicklungsaufgabe" bedeutet nicht, dass es innerhalb weniger Stunden umsetzbar wäre. Die Erfahrungen der Tool-Entwicklung des Projekts Ökoradar haben gezeigt, dass für überschaubare Weiterentwicklungsschritte eines Tools immer auch eine gewisse Test- und „Reifezeit" angesetzt werden muss, da gerade bei internetgestützten Tools mit zahlreichen Unvorhersehbarkeiten gerechnet werden muss.
[661] Vgl. Fichter und Strobel 2001, S. 671.

onsinteressen einzelner Zielgruppen und der damit einhergehenden Forderung nach einer zielgruppenspezifischen Umweltkommunikation geht die Tendenz in Richtung multimedialer Umweltberichterstattungssysteme, die für die jeweilige Anspruchsgruppe individuelle Zugänge zu den Umweltdaten schaffen.[662] Die Infrastruktur, die mit EPI geschaffen wurde, kann dafür einen interessanten Beitrag leisten. Unternehmen legen ihre Umweltdaten (Kennzahlen) wie gewohnt in ihrem Tool-Konto ab. Doch anstelle einer Übernahme dieser Kennzahlen – ggf. mit dem Benchmarking-, dem Soll-Ist-Vergleich- oder der Zeitreihenanalyse generierten Graphiken – in einen gewöhnlichen Umweltbericht verbleiben die Daten im EPI-Tool und werden den jeweiligen Anspruchsgruppen direkt zugänglich gemacht. Dazu müsste noch ein Rechte- und Zugangsmanagementsystem in das Tool integriert werden, mit dem jedes in EPI registrierte Unternehmen seinen Anspruchsgruppen einen kontrollierten Zugang zu seinen Daten verschaffen könnte. Auch die Möglichkeit der Aufnahme sog. „weicher Daten" (Texte) müsste geschaffen werden. Das Ergebnis wären hochflexible Auswertungs- und Darstellungsmöglichkeiten, die den Aufwand einer bisherigen (händischen) individuellen Informationsaufbereitung drastisch reduzieren könnten.

Zur Unterstützung der für Ökoradar geforderten Frühwarnfunktion (vgl. Abschnitte 1.5.2 und 3.1.6) sollten weitere Prognosemethoden eingeführt werden. In Modulen abgebildete Methoden, wie Trendextrapolation und Indikatorprognosen, können auf das bisherige Systemgerüst des Umweltkennzahlen- und Benchmarking-Tools aufsetzen. Eine weitere interessante Tool-Erweiterung könnte eine branchenweite Trendanalyse darstellen. Durch die Aggregation von Umweltkennzahlenwerten, wie bspw. der jährliche Wasserverbrauch pro 1 Mio. Euro Branchenumsatz, unterstützt durch eine geeignete graphische Darstellung eines Zeitreihenvergleichs, könnten Aussagen über die nachhaltige Entwicklung einer bestimmten Branche aufgezeigt werden. Auch könnten durch die Integration einer Benchmarking-Partner-Börse Verbesserungen in der Vergleichbarkeit von Unternehmen erreicht werden.[663] In einer solchen Börse könnte jeder User seine Benchmarking-Partner selber wählen und mit ihnen entsprechende Vergleichspläne vereinbaren. Dadurch wäre eine wesentlich genauere Benchmarking-Datenzuordnung möglich. Auch wäre eine automatische bzw. anonymisierte Anfrage[664] Vergleichspartnern möglich.

---

[662] Vgl. Fichter und Strobel 2001, S. 671 und Zschaage 1984, S. 109.
[663] Vgl. Rau 1996, S. 16.
[664] Ähnlich wie beim Auktionshaus ebay, wo vor dem Auktionsende der Verkäufer anonym angeschrieben werden kann.

5.1.3 Expertensysteme als systemtheoretischer Rahmen für eine erweiterte Tool-Landschaft

Ein weiterer Schritt in der Entwicklung der Tool-Landschaft besteht in einer systemtheoretischen Integration der in den Abschnitten 5.1.1 und 5.1.2 vorgestellten Weiterentwicklungen einer Tool-Lanschaft und der in Abschnitt 3.2 beschriebenen Modultypen bzw. in einer Konsolidierung der für diese Modultypen entwickelten Plattformen. Während „EcOObjects" als elementare Bausteine der in dieser Arbeit identifizierten und entwickelten Module eines entscheidungsorientierten BUIS („onesus", vgl. Abschnitt 3.1.4) gelten, stehen die sog. „EcOWizards" und „EcOAvatars" noch isoliert neben dieser Tool-Plattform (vgl. Abbildung 58). Einen theoretischen Integrationsrahmen bieten hierfür die sog. Expertensysteme, da sie eine Erweiterung von EUS (vgl. Abschnitt 3.1.2.1) und ihren eingesetzten Methoden und Technologien hinsichtlich einer menschenfreundlicheren Interaktionsweise zwischen Mensch und Maschine darstellen können.[665]

„Expertensysteme decken einen Zweig der Künstlichen Intelligenz ab. Es sind Programme, die mit Hilfe von Symbolwissen das Verhalten menschlicher Experten nachvollziehen. Bei dieser Form der Datenverarbeitung wird nicht einfach nur auf Datensätze zugegriffen […], sondern hier wird von Aussagen ausgegangen, die in einem Formalismus zur Wissensrepräsentation dargestellt sind. Diese Aussagen sind z.B. Wenn-Dann-Aussagen, die in einer erweiterungsfähigen Wissensbasis gespeichert sind".[666] Es bestehen jedoch außerdem Forderungen, über die Techniken der klassischen Wissensrepräsentation hinaus auch entscheidungsorientierte Methoden (Planungsmethoden) zum Einsatz kommen zu lassen. Die Anwendungsformen, die Anwendungsdaten und die „Bedienungsanleitungen" dieser Methoden stellen dann eine Erweiterung der Wissensdatenbasis der elektronischen Experten dar. Das Expertensystem kann dadurch den User bei der Verwendung von Methoden bzw. Tools begleitend unterstützen. Diese Konstellation zwischen der Methodendatenbank und einem darauf aufsetzenden Expertensystem wird auch „übergeordnetes Expertensystem" genannt.[667]

Die Evolution der (Experten-)Systeme kann man am Entwicklungspfad der Schnittstelle Mensch-Maschine ablesen. Während die ersten Expertensysteme nur vom System definierte Kommandos akzeptierten, bekommt der User bei den Menü-gesteuerten Systemen eine Liste

---

[665] Vgl. Leigh und Doherty 1986, S. 190.
[666] Bill 1994, S. 110.

der im aktuellen Systemstatus gültigen Anweisungen in strukturierter Form angezeigt. Später wurden sog. Icon-basierte Schnittstellen entworfen, welche die rein textuellen Menüs in Bilder oder Symbole übersetzen. Als grundlegenden Weiterentwicklungsschritt kann man die natürlich-sprachlichen Schnittstellen ansehen. Diese Technologie ist immer noch in einem recht frühen Entwicklungsstadium.[668] Der in Abschnitt 2.7.4 vorgestellte Avatar „Gaia" ist der Prototyp einer natürlich-sprachlichen Schnittstelle.

Abbildung 62 zeigt die (vereinfachte) Architektur eines übergeordneten Expertensystems mit einer natürlich-sprachlichen Schnittstelle („Gaia"). Die Komponenten „Methodendatenbank", „Ablaufsteuerung", „Datenbanksystem" und Dialogführung stellen klassische Bestandteile eines EUS dar.[669] Durch die Erweiterung des EUS um die mit Regeln und Fakten gefüllte „Wissensdatenbank" wird ein Expertensystem geformt.[670] Mit dem Hinzufügen einer natürlich-sprachlichen Schnittstelle wird die „Dialogführung" aus dem EUS in das Gesamtsystem integriert.

Diese Architektur eines „Betrieblichen Umweltexpertensystems" (BUES) stellt eine Erweiterung der Tool-Plattform der „EcOObjects" (vgl. Abbildung 24 und Abbildung 56) um den Modultyp „EcoAvatars" dar. Betrachtet man die „Ablaufsteuerung" als zwischen Datenbank- und Präsentationsschicht vermittelnde Applikationsschicht, so erkennt man die Grundzüge der in Abschnitt 2.5.2 vorgestellten dreischichtigen Tool-Plattform.[671]

---

[667] Vgl. Zelewski 1994, S. 784.
[668] Vgl. Leigh und Doherty 1986, S. 66ff.
[669] Vgl. Behme 1992, S. 182.
[670] Vgl. Macharzina 1999, S. 661ff.
[671] In Abbildung 24 (Abschnitt 2.5.2) befindet sich jedoch die Methodendatenbank „EcOObjects" auf der Applikationsschicht.

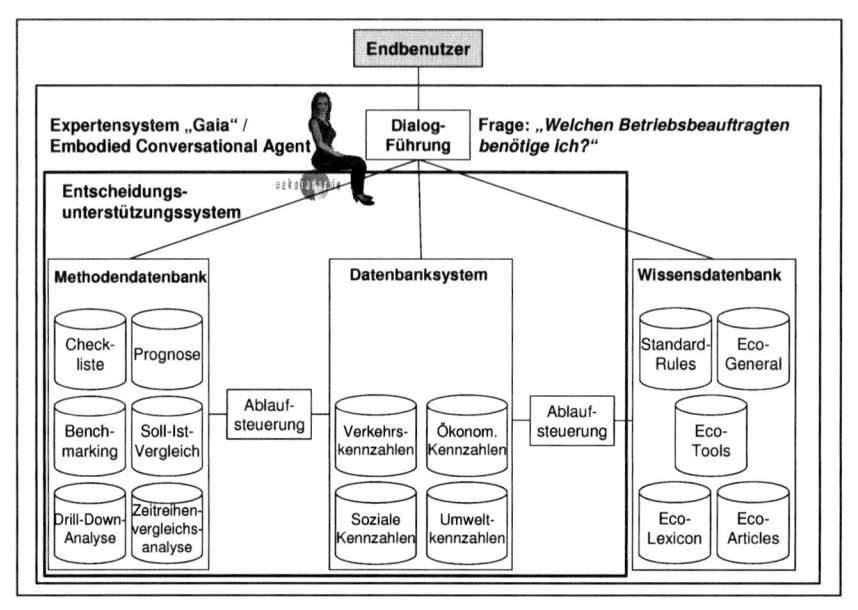

Abbildung 62: Architektur eines Online-BUES
(Quelle: Eigene Darstellung, Teile in Anlehung an Behme 1992, S. 182)

In diese Architektur können auch die Tools integriert werden, die auf Basis der checklistengeleiteten „EcOWizards" erstellt sind („beto" und „veto", vgl. Abschnitte 2.7.1, 2.7.2 und 3.2.2). Dieses in den interaktiven Checklisten konservierte Expertenwissen kann in Regeln umgeformt und in die Wissensdatenbank des Expertensystems eingepflegt werden. So ließe sich zwischen Gaia und dem User zur „Bestimmung der Betriebsbeauftragten" (beto) folgender Dialog vorstellen:

Gaia: *„Ich begrüße Sie auf Ihrem Nachhaltigkeitsportal Ökoradar. Wie darf ich Sie nennen?"*
User: *„Rudi"*
Gaia: *„Hallo Rudi. Freut mich, dich wieder begrüßen zu dürfen. Für den folgenden Dialog werde ich auf deine mir schon seit Deiner Registration vom 3.1.2004 bekannten Nutzerdaten zugreifen. Ok?"*
User: *„Ja"*
Gaia: *„Wie kann ich dir helfen?"*
User: *„Welchen Betriebsbeauftragten benötige ich?"*

Gaia: *„Stimmen die Daten noch, die ich aus deiner Kennzahlendatenbank erhalte: 1075 m^3 Abwasser pro Tag und 238 Mitarbeiter"?*

User: *„Ja"*

Gaia: *„Ich brauche noch ein paar Angaben: Arbeitet dein Unternehmen mit Gefahrstoffen"?*

User: *„Ja"*

...

Gaia: *„Laut deinen Angaben musst du einen Gewässerschutzbeauftragten und einen Abfallbeauftragten bestellen". Darf ich dir dazu noch die neuesten Artikel in Ökoradar zeigen?"*

...

Ein solches „Dialogorientiertes Nachhaltiges Management" könnte die Hemmungen, ein Nachhaltiges Management einzuführen, überwinden und es gleichsam hocheffizient zu gestalten helfen.

5.2 Die Technologie im Fokus

Die in den Abschnitten 2.5, 3.1 und 3.2 vorgestellten Technologien haben sich für die Entwicklung erster Prototypen als geeignet erwiesen. Insbesondere die Ansätze der „Objekte des Umweltmanagements" (EcOObjects, vgl. Abschnitte 2.5.2 und 3.2.1), der werkzeug- bzw. methodenorientierten Modularisierung (vgl. Abschnitt 3.1.4) und das Vorgehensmodell zur Entwicklung von Portal Services (vgl. Abschnitt 3.1.5) verheißen vielversprechende Pfade einer Weiterentwicklung internetgestützter Services für ein Nachhaltiges Management. Jedoch bedarf es für eine Marktdurchdringung bzw. Diffusion dieses Ideenbündels einer erweiterten technologischen Perspektive: Open Source (vgl. Abschnitt 5.2.1) und Web Services (vgl. Abschnitt 5.2.2).

5.2.1 Open Source-Strategien zur Entwicklung von Umweltmanagement-Software

Projekte wie OpenCMS oder OpenOffice haben gezeigt: Open Source ist keine Randerscheinung mehr. Sogar die für ein Unternehmen erfolgskritischen ERP-Systeme werden nach diesem Prinzip entwickelt (bspw. www.*compiere*.org und www.*fisterra*.org). Um das in Abschnitt 5.1.3 vorgestellte Online-BUES zu entwickeln, bedarf es einer enormen Kraftanstrengung, die sich von einer einzelnen Institution kaum stemmen lässt. Im Folgenden wird erklärt, was sich hinter dem Begriff „Open Source" verbirgt (vgl. Abschnitt 5.2.1.1) und wie der Open Source-Gedanke in Verbindung mit einer Software-Entwicklungs-Community zur Bündelung der Kräfte für eine Entwicklung von Umweltmanagement-Software eingesetzt werden kann (vgl. Abschnitt 5.2.1.2).

5.2.1.1 Was ist Open Source?

Die Software-Landschaft im Umweltmanagement ist von individuellen und oft von nichtintegrierten Lösungen geprägt.[672] Diese Heterogenität kann zu Inkompatibilitäten und somit zu einer verminderten Systemeffizienz in einem Unternehmen führen. Mit dem Einsatz von isolierten Lösungen wird das Gefahrenpotenzial vergrößert, in den Datenstrukturen und im Funktionsumfang zwischen den einzelnen Teilsystemen gewisse Überlappungen vorzufinden. Dies kann zu Redundanz und Inkonsistenten führen. Zusätzlich sind Informationssysteme für das Umweltmanagement oft in sich geschlossen, was zu einer reduzierten Anpassungsfähigkeit an die Bedürfnisse des Systembetreibers und zu eingeschränkten Datenaustauschmöglichkeiten mit anderen Unternehmenssystemen führt.[673] Darüber hinaus ist volks- und weltwirtschaftlich kritisch zu hinterfragen, ob die isolierte Mehrfachentwicklung einzelner Systeme für das Umweltmanagement sinnvoll ist. Hierbei werden mit relativ viel Aufwand Inhalte schon bestehender Systeme wiederholt erstellt, um sie letztlich nur noch mit neuen Aspekten des Umweltmanagements bzw. weiterer Funktionalität zu erweitern. So ist es denkbar, dass ein Student irgendwo auf der Welt an einem Software-Prototyp eines speziellen Kennzahlensystems für die Tourismusbranche „bastelt" und dabei die gesamte allgemeine Logik für Kennzahlensysteme aufarbeiten und mühsam programmieren muss, wobei der eigentliche Mehrwert, also der wissenschaftliche Erkenntniszugewinn bzw. die Wertschöpfung, nur auf die besonderen Aspekte dieses Kennzahlensystems für die Tourismusbranche beschränkt bleibt, da die Logik allgemeiner Kennzahlensysteme schon von einem anderem Entwickler programmiert worden war. Der hier vorgestellte Vorschlag zur Lösung dieses Problems zielt auf die Schaffung einer katalogisierten „Asservatenkammer" von Software-Bausteinen für das Umweltmanagement.[674] Diese Software-Bausteine dürfen von jedem Interessierten angeschaut, kopiert und erweitert werden, wobei ggf. neu geschaffene Bausteine erst nach einem Prüfungsprozess in den Katalog aufgenommen werden. Das Schlagwort zu dieser Idee heißt „Open Source".

Was ist Open Source? *„Open Source Software is software distributed under terms that comply with the Open Source Definition"*.[675] Die Open Source Definition (OSD) ist ein Dokument,

---

[672] Vgl. Mayer 2001, S. 284.
[673] Vgl. Braun, et al. 2002, S. 225.
[674] Diese „Asservatenkammer" entspricht der in Abbildung 20 beschriebenen Klassenbibliothek und des in Abbildung 50 dargestellten Modul-Repository.
[675] Feller und Fitzgerald 2002, S. 12.

welches von der Open Source Initiative (OSI)[676] betreut wird. Die OSD an sich ist keine Lizenz. In der OSD wird beschrieben, welche Eigenschaften eine Software, neben der grundsätzlichen Forderung nach freiem Zugang zum Quellcode, haben muss, damit sie den Anforderungen an Open Source Software (OSS) genügt. Es ist jedoch möglich, eine Software von der OSI zertifizieren zu lassen („OSI Certified"). Die meisten auf dem Markt befindlichen OSS-Produkte sind „selbst-zertifiziert". Die Anforderungen an eine OSS werden im Folgenden verkürzt dargestellt:[677]

1. Freie Weiterverteilung: Angelehnt an die Eigenschaften von Free Software, darf die Lizenz keine Restriktionen bezüglich einer Weiterverteilung, auch nicht eines Weiterverkaufs, enthalten.
2. Quellcode: Der Quellcode muss im Programm enthalten oder frei erhältlich und für einen Dritten verständlich dargestellt sein. Der Quellcode darf auch frei weiterverteilt werden.
3. Weiterentwicklungen: Die Lizenz muss Weiterentwicklungen und die Verteilung dieser Weiterentwicklungen unter den gleichen Bedingungen der Lizenz der ursprünglichen Software erlauben.
4. Integrität des Autors Quellcode: Schutz der geistigen Eigentums durch korrekte Wiedergabe der individuellen Leistungen.
5. Keine Diskriminierung von Personen oder Gruppen: Die Lizenz darf keine Bestimmungen zur Diskriminierung von Personen oder Gruppen enthalten.
6. Keine Diskriminierung von bestimmten Interessen: Niemand darf über die Lizenz an der Nutzung der Software gehindert werden.
7. Weiterverteilung der Lizenz: Die Lizenzbedingungen finden Anwendung auf jeden dem die Software weitergegeben wurde.
8. Die Lizenz darf nicht produktspezifisch sein: Die Lizenzbedingungen finden auch Anwendung auf herausgenommene Teile von sog. Distributionen.
9. Die Lizenz darf andere Software-Produkte nicht beeinträchtigen: Andere auf einem Medium vertriebene Software-Produkte müssen keine OSS sein.

---

[676] http://www.opensource.org.
[677] Vgl. Feller und Fitzgerald 2002, S. 12ff.

Die meist verwendete Programmiersprache zur Entwicklung von OSS ist immer noch C. Diese wird überwiegend zur Erstellung von Hardware-nahen Programmen eingesetzt.[678] Es gibt jedoch einen starken Trend in Richtung objektorientierter Sprachen, wie C++, Eiffel oder Java. Ein weiterer zentraler Charakter von OSS ist die sog. Modularität. So besteht bspw. das OSS-Produkt „Apache Web Server"[679] aus ungefähr 40 Modulen, wobei jedes einzelne Modul bestimmte Funktionen und Aufgaben des Apache Web Servers übernimmt. Jedes dieser Module kann unabhängig von den anderen modifiziert und weiterentwickelt werden.[680] Durch die Übersetzung eines Moduls in für die Objektorientierung typische Klassen mit definierten Import- und Output-Methoden ist es möglich, parallel und dezentral an verschiedenen Modulen zu entwickeln. Trotz der modularen Gestaltung von OSS-Produkten ist die mit dem Wachsen eines Produktes einhergehende Komplexität nicht zu verhindern. Dieser Tendenz muss mit ausführlichen Spezifikationen und Dokumentationen zu den Modulen und einzelnen Programmen begegnet werden.[681]

Traditionelle Lebenszyklusmodelle von Software-Entwicklungsprojekten sind meist in die Phasen *Planung*, *Analyse*, *Entwicklung* und *Implementierung* eingeteilt.[682] Das Lebenszyklusmodell von OSS unterscheidet sich jedoch davon recht deutlich. Hier übernimmt meist der ursprüngliche Projektbegründer die ersten drei Phasen. Diese Phasen sind somit kein Teil des eigentlichen OSS-Entwicklungszyklus. In diesen Phasen werden wichtige Grundlagen für eine verteilte Weiterentwicklungsfähigkeit der Software geschaffen. Insbesondere der Definition von geeigneten Modulen kommt hier eine besondere Bedeutung zu. JORGENSEN identifiziert folgende Phasen eines OSS-Entwicklungszyklus:[683]

Code
➔ Review
   ➔ Pre-commit test
      ➔ Development Release
         ➔ Parallel debugging
           ➔ Production Release

---

[678] Vgl. Balzert 1999, S. 79.
[679] Auch im Projekt Ökoradar wurde als Web Server das Produkt von Apache eingesetzt.
[680] Zur parallelen Entwicklung von Modulen vgl. Müller 2000, S. 48.
[681] Vgl. Feller und Fitzgerald 2002, S. 74ff.
[682] Zu Phasen der Softwareentwicklung vgl. Abschnitt 2.1.

Somit beginnt der eigentliche OSS-Entwicklungszyklus erst mit der Lieferung von Software-*Codes* eines Entwicklers, der auf die vom Projektbegründer geschaffene Plattform neue Funktionalitäten einbringen möchte. In einem *Review* wird der Code von unabhängigen OSS-Entwicklern geprüft. Im Gegensatz zu etablierten OSS-Entwicklern kann es für Neueinsteiger jedoch schwierig sein, motivierte Reviewer zu finden. Bevor der Code veröffentlicht wird, muss er genauestens auf mögliche Fehler analysiert werden *(Pre-commit test)*. Hierbei ist insbesondere darauf zu achten, dass die Installationsfähigkeit und -einfachheit dieses Software-Pakets bzw. Moduls auf weitere Rechner geprüft wird. Dazu gehört auch die Erstellung von detaillierten und verständlichen Installationsanleitungen. Wenn das betreffende Modul einen gewissen Reifegrad erreicht hat, wird es in einem sog. *Development Release* implementiert. Da OSS-Projekte meist über das Medium Internet betrieben werden, ist ein globales *paralleles Debugging* (Fehlerauffinden und -beseitigen) möglich. Wird ein Fehler gefunden, so kann dieser in einer Community-Datenbank veröffentlich werden. Diese Erkenntnisse fließen dann wieder in die vorhergehenden Phasen der Entwicklung zurück. Sind alle gefundenen Fehler beseitigt, so kann das neu gestaltete Modul in ein sog. *Production Release* integriert werden, welches im produktiven Einsatz betrieben wird.[684]

Für die Koordination der Teilnehmer eines OSS-Entwicklungsprozesses und ihrer Beiträge ist eine geeignete Kooperationsplattform zu gestalten. Meist findet man eine solche Plattform bei OSS-Projekten in Form einer internetgestützten Community. Eine solche Community wird im folgenden Abschnitt für die Entwicklung von Umweltmanagement-Software im Projekt Ökoradar visionshaft skizziert.

5.2.1.2 Gestalt einer Community für die Entwicklung von Umweltmanagement-Software

Durch die weltweite Vernetzung über das Internet sind Gemeinschaften und ihre Interaktionen nicht an einen physischen Ort gebunden. Das gemeinsame Interesse an einem Thema und das gemeinsame Erarbeiten von Lösungen sind grundlegende Eigenschaften einer Gemeinschaft, welche in einer virtuellen Community durch internetgestützte Kommunikations- und Kooperations-Services auf besonders effiziente Weise unterstützt werden können.[685] Besonders signifikant erscheinen diese Effizienzeffekte bei der Betrachtung von OSS-Projekten, die von virtuellen Communities getragen werden (siehe www.linux.org und

---

[683] Vgl. Jorgensen 2001.
[684] Vgl. Feller und Fitzgerald 2002, S. 101ff.
[685] Vgl. Brunold, et al. 2000, S. 23ff.

www.openoffice.org). Hier entstehen Software-Systeme, deren Gesamtintelligenz mehr als die Summe der einzelnen Programmierteilleistungen darstellen kann.[686] Eine solche internetgestützte Bündelung verteilter Entwicklerkompetenz zur gemeinschaftlichen, systematischen und kooperativen Gestaltung von Service-orientierter Software wird als *Collaborative Service Engineering* (CSE) bezeichnet.[687]

Die hier vorgestellte Projektkonzeption zur Schaffung einer OSS-Community für die Erstellung von Umweltmanagement-Software ist in das Mutterprojekt Ökoradar eingebettet. Hauptziel dieser zu gestaltenden Community soll die Schaffung eines umfassenden Repository („Asservatenkammer", siehe oben) von Software-Bausteinen (Modulen und EcOObjects) für das Umweltmanagement bzw. das Nachhaltige Management sein. Wichtige Vorarbeiten zur Modularisierung und Objektorientierung wurden dazu in den Abschnitten 2.5.2, 3.2.1 und 3.1.4 geleistet. Abbildung 63 umreißt die Elemente der geplanten OSS-Community „www.OpenEcOO.org".

---

[686] Vgl. Braun, et al. 2003c, auch für nachfolgende Absätze zum Thema „OSS-Community in Ökoradar".
[687] Vgl. Kersten, et al. 2003, S. 352ff.

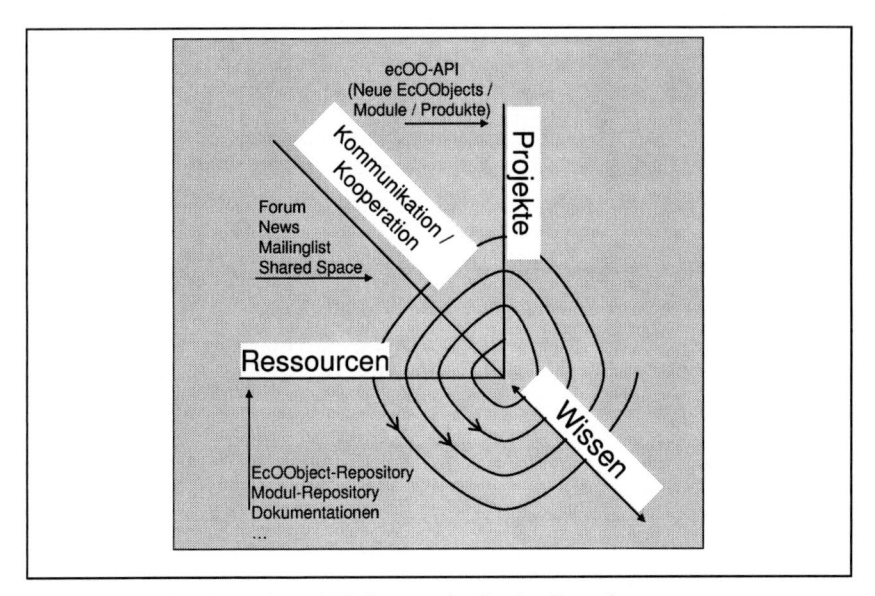

Abbildung 63: Elemente einer OSS-Community für das Umweltmanagement
(Quelle: In Anlehnung an Braun, et al. 2003c, S. 166, Teile in Anlehung an Balzert 1998, S. 130)

Die OSS-Community wird durch drei Hauptachsen bzw. Rubriken getragen. Die eigentliche OSS-Entwicklung findet im Rahmen von *Projekten* statt, an denen einzelne Entwickler oder Entwicklerteams arbeiten (vgl. Abbildung 63). Diese Projekte stellen die Innovationstreiber der Community dar. Abbildung 64 zeigt ein Vorgehensmodell für ein partnerschaftliches Projekt einer Produkt-/Service-Entwicklung. Dieses Modell greift das in Abschnitt 3.1.5 vorgestellte Vorgehensmodell zur Service-Entwicklung wieder auf, integriert den in Abbildung 20 vorgestellten Prozess der EcOObject-Entwicklung (EcOObjects als Bausteine von Modulen) und fügt die für einen OSS-Entwicklungsprozess in Abschnitt 5.2.1.1 vorgestellten typischen Phasen des „Reviewer Teams" an.

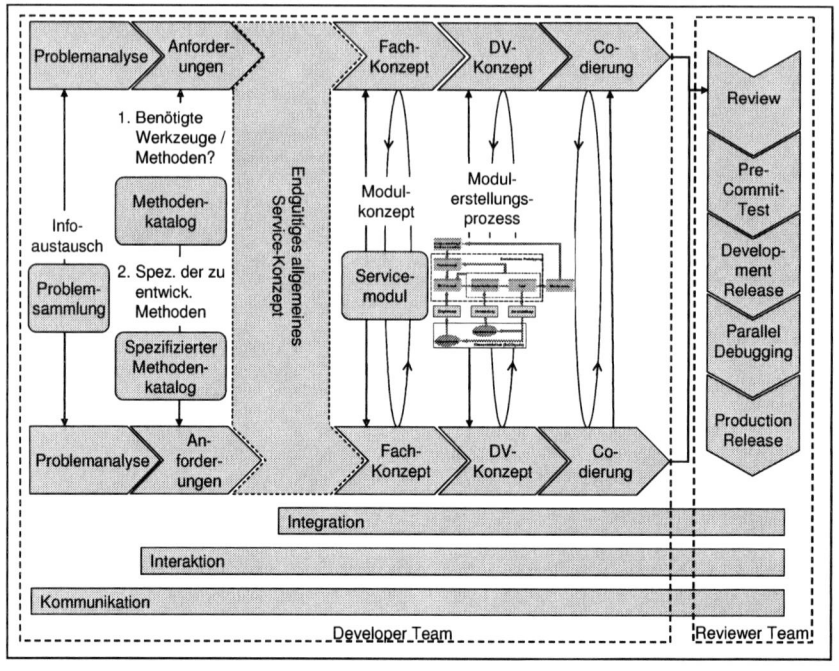

Abbildung 64: Ein Vorgehensmodell für eine partnerschaftliche OSS-Entwicklung
(Quelle: Eigene Darstellung, Teile in Anlehnung an Kersten, et al. 2003, S. 360 und Jorgensen 2001)

In diesem Beispiel finden sich zwei Partner zusammen, die gemeinsam einen Service für das Nachhaltige Management entwickeln wollen. Dieses „Projekt" wird mit der Phase *Problemanalyse* gestartet (vgl. Abbildung 64). Die Analyse bezieht sich auf den Bedarf an methodischer Unterstützung der Service-Zielgruppe. Nachdem in der Phase *Anforderungen* die benötigten und zu entwickelnden Methoden in einen Methodenkatalog aufgenommen worden sind, wird ein allgemeines Konzept des zu entwickelnden Service (Produkt) entworfen und in geeigneten Modellen festgehalten (vgl. Abbildung 46 und Abbildung 47). In der Phase *Fachkonzept* können dann Modulkonzepte (z.B. in Form von EPKs) für die entsprechenden Methoden entworfen und gemeinsam ausdiskutiert werden. Im *DV-Konzept* können zu diesen Modellen technologienähere Beschreibungsmittel (wie bspw. UML-Diagramme, vgl. Abbildung 56) eingesetzt werden, mit denen u.a. die für das jeweilige Modul notwendigen, jedoch in den Repositories noch nicht vorhandenen EcOObjects beschrieben werden. Nach der gemeinsamen Fertigstellung des vorläufigen Codes geht das Projekt vom Entwicklungsteam (*Developer Team*) zum *Reviewer Team* über, welches dann die in Abschnitt 5.2.1.1 beschriebenen Phasen eines OSS-Entwicklungsprozesses durchschreitet.

Vor der eigentlichen Service-Entwicklung sind jedoch Entwicklungen zentraler Systemelemente notwendig. Das erste für Ökoradar bereits gestartete Projekt ist die Entwicklung eines Application Programming Interface (API), welches zukünftige Produktentwicklungen beschleunigen soll. Ein Application Programming Interface ist die von einem Betriebssystem oder einem Anwendungsprogramm vorgegebene Schnittstelle, über die anderen Anwendungen standardisierte Softwarekomponenten zur Verfügung gestellt werden.[688] Weitere Projekte beschäftigen sich mit der schon gestarteten Entwicklung zentraler EcOObjects (vgl. Abschnitte 2.5.2 und 3.2.1).

Ein wesentlicher Aspekt des Open Source-Gedankens ist die Neugenerierung von Wissen zur Software-Entwicklung über *Kommunikation* (vgl. Abbildung 63 und Abbildung 64):[689] Aus neuem Wissen kann die Erweiterung von Handlungsoptionen und die Beschleunigung von Innovationszyklen bei der Entwicklung von Software folgen. Neu generiertes Wissen muss kommuniziert, konserviert und zugänglich gemacht werden. Beispielsweise ermöglicht ein Diskussionsforum (wie bspw. unter www.notes.net) den freien globalen Wissensaustausch. Es konserviert die abgeschlossenen Beiträge der Community-Mitglieder (Fragen und Antworten) im System und erfüllt damit zugleich die Funktion eines Wissensarchivs. Eine andere wesentliche Funktion einer organisierten Kommunikation innerhalb eines OSS-Projektes ist die Erhöhung von Wissenstransparenz und des effektiven *Kooperierens* bei den Entwicklern von Software. Dies kann zur Vermeidung von Wissensdefiziten, Steigerung der Innovationsfähigkeit, Erhöhung von Effizienz und Produktqualität der entwickelten Software führen.

Der dritte wesentliche Aspekt ist die Bereitstellung von *Ressourcen* für die Entwicklergemeinde (vgl. Abbildung 63). Dazu zählen fertige, im Repository abgelegte Module sowie der dazugehörige Quellcode (bspw. validierte EcOObjects) und Dokumentationen. Das Wissen ist über eine Volltextsuche stets abrufbar: Verkürzung von Suchzeiten der Entwickler, bspw. bei der Suche nach speziellem Programmcode, ist die Folge. So können durch die Vermeidung von Parallel- und Doppelarbeiten bei der Entwicklung Synergiepotenziale entstehen. Auch die Bereitstellung von Software-Komponenten anderer OSS-Projekte ist denkbar. So z.B. ist

---

[688] Vgl. Stickel 1997, S. 34f. und SAP AG 2001, S. 28.

eine Erweiterung mit Software-Komponenten des Projekts bzw. Produkts OpenCMS vorstellbar. OpenCMS steht für <u>O</u>pen Source <u>C</u>ontent <u>M</u>anagement <u>S</u>ystem. Dieses Produkt liefert alle zentralen Funktionen eines gängigen CMS. Beispielsweise können hier Dokumente, verschiedene Templates, Textbausteine und Graphiken abgelegt und je nach Bedarf neu komponiert werden. Jedem EPI-User könnte man ein Konto in einem „EcOOpenCMS" einrichten, in das automatisch die von ihm im EPI-Tool eingegebenen und generierten Daten (Kennzahlen, Übersichten und Graphiken) übertragen werden würden. Innerhalb seines Kontos könnte dann der User diese Daten wunschgemäß zu einem Umweltbericht zusammenstellen und ggf. erweitern. Dadurch ließen sich einige redaktionelle Kosten im Erstellungsprozess der Umweltberichterstattung reduzieren.[690]

Alle drei Achsen zusammen repräsentieren das Wissen über die Entwicklung von internetgestützten Services für ein Nachhaltiges Management. Der messbare Output besteht in erster Linie aus den entwickelten EcOObjects, Modulen und Produkten bzw. Services im Rahmen eines OSS-Projektes. Diese Produkte, wie bspw. neue Tool Services, können dann entsprechend den in Abschnitt 5.2.1.1 vorgestellten Bedingungen an eine OSS vertrieben werden. Die in der Nutzungsphase gemachten Erfahrungen können wiederum in die Weiter- oder Neuentwicklung von anderen Produkten einfließen. Dieser evolutionäre Charakter wird in Abbildung 63 durch den spiralförmigen Entwicklungspfad zum Ausdruck gebracht.

5.2.2 EcOOWebServices

Die in dieser Arbeit entwickelten Tool Services und ihre identifizierten Bausteine (Module und EcOObjects) können mit verschiedenen Technologien umgesetzt und zugänglich gemacht werden. Die Technologie der Web Services stellt hierbei einen viel versprechenden Ansatz auf Basis des traditionellen ASP-Konzeptes dar (Application Service Providing). Das Baisiskonzept von ASP ist die (partielle) Überführung vormals im Unternehmen selbst betriebener Anwendungen an einen externen Spezialisten.[691] Dies greift auch wieder die in Abschnitt 1.4 beschriebene Ur-Idee des Internets auf, einerseits verteilte Systeme zusammenzuführen und andererseits verteilte Systeme erst zu ermöglichen. Auch PAGE und HILTY sehen in der

---

[689] Vgl. Kersten, et al. 2003, S. 358.
[690] Zu Kosten der Umweltberichterstattung vgl. Fichter und Strobel 2001, S. 664f.
[691] Zu ASP, vgl. Krcmar 2003, S. 309ff.

Idee der verteilten Systeme ein zentrales Zukunftskonzept für die Entwicklung von Umweltinformationssystemen.[692]

5.2.2.1 Fachliche Grundlagen zu Web Services und EcOOWebServices

Die modernen Informations- und Kommunikationstechnologien ermöglichen einen weiteren Schritt in der globalen Spezialisierung und Arbeitsteilung. Während das Out-sourcen ganzer Software-basierter Prozesse, wie z.B. die Lohn- und Gehaltsabrechnung, schon heute gang und gäbe ist (ASP), können mit sog. Web Services auch einzelne Aktivitäten (Aufgaben) aus Prozessen an dafür spezialisierte Systeme von Drittanbietern übergeben (verteilt) werden. Man spricht hierbei auch vom Out-tasking.[693] Die Wirtschaft sieht in dieser neuen Stufe der Spezialisierung bzw. in der fortgeschrittenen Konzentration auf die Kernkompetenzen ein großes Potenzial, insbesondere in der Verbesserung der Rendite, der Möglichkeit des Anbietens kompletter Lösungen und der Minimierung des eigenen Risikos.[694] Weitere Vorteile in der Nutzung von Web Services liegen u.a. in einer Reduktion manueller Schnittstellen, verbesserten Kostenkontrolle bzw. -transparenz, ständigen Verfügbarkeit und einfachen Konfiguration.[695]

So sind heute schon (für den Kunden meist unbemerkt) zahlreiche Drittanbieter von digitalen Dienstleistungen in verschiedene Unternehmensprozesse eingebunden. Web Services übernehmen hierbei „klar abgrenzbare, hoch standardisierbare Aufgaben aus Prozessen, sind zeit- und/oder transaktionsbasiert verrechenbar und in die Applikationswelt von Unternehmen wie z.B. Enterprice Resource Planning (ERP)-, Customer Relationship Management (CRM)-, Katalog-, Advanced Planning and Scheduling (APS)- und Portal-Systeme integrierbar"[696]. Abbildung 65 zeigt den Stand der Marktentwicklung zu Web Services über einen Zeitraum von vier Jahren.

---

[692] Vgl. Page und Hilty 1994, S. 16.
[693] Vgl. Österle und Reichmayr 2003, S. 566f.
[694] Vgl. Overby, et al. 2001.
[695] Vgl. Österle und Reichmayr 2003, S. 579.
[696] Österle und Reichmayr 2003, S. 571.

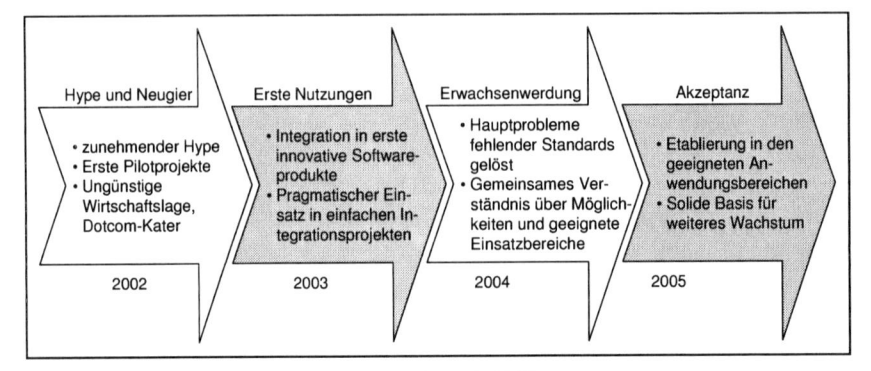

Hype und Neugier	Erste Nutzungen	Erwachsenwerdung	Akzeptanz
• zunehmender Hype • Erste Pilotprojekte • Ungünstige Wirtschaftslage, Dotcom-Kater	• Integration in erste innovative Softwareprodukte • Pragmatischer Einsatz in einfachen Integrationsprojekten	• Hauptprobleme fehlender Standards gelöst • Gemeinsames Verständnis über Möglichkeiten und geeignete Einsatzbereiche	• Etablierung in den geeigneten Anwendungsbereichen • Solide Basis für weiteres Wachstum
2002	2003	2004	2005

Abbildung 65: Entwicklung von Web Services bis 2005
(Quelle: Berlecon Research aus Hattwig 2002, S. 45)

Gerade für die Einbindung von Web Services in Unternehmens-Portalen findet man prominente Beispiele. So kann die Suchfunktionalität von Google auch per Web Service aufgerufen und in die Applikationswelt eines Unternehmens integriert werden (www.google.com/apis). Auch Amazon bietet ihren Web-Shop für die Einbindung in andere Internet-Auftritte an (www.amazon.com/webservices). Ebenso Microsoft bietet Web Services an. Über www.microsoft.com/mappoint/net kann Kartenmaterial online bezogen und u.a. in das eigene Unternehmensportal integriert werden.[697]

Zur Kategorisierung von Web Services im betriebswirtschaftlichen Sinne hat das IWI HSG eine Web Service-Architektur entworfen. In dieser Architektur werden auf der obersten Ebene Web Services nach Geschäftsprozessen (Ebene I: *Business Process Services*) klassifiziert. Dann werden ebenenweise die Services abgeleitet, die für die übergeordnete Ebene benötigt werden (Ebene II: *Content und Transaktion Services*; Ebene III und IV sprechen technische Aspekte an). So kann bspw. der Web Service „Parcel Tracking" auf der Business Process-Ebene der Funktion Logistik zugeordnet werden. Oder zum Bereich der Zahlungsabwicklung kann ein Web Service der Steuerberechnung zugeordnet werden. Die Content und Transaction Services der Ebene II liefern geschäftsprozess- und bereichsübergreifende IT-Anwendungsfunktionen. Hier werden Web Services zur Informationssammlung und zum Informationsaustausch zugeordnet. Diese umfassen im weitesten Sinne Telekooperations- und

---

[697] Vgl. Eberhart und Fischer 2003, S. 342.

Community-Funktionalitäten, wie bspw. virtuelle Räume für verteilte Projektteams und Instant Messaging.[698]

In dieses Schema lassen sich auch Ideen und Konzepte für Web Services mit Nachhaltigkeitscharakter bzw. mit Bezug zum Umweltmanagement einordnen. Vormals manuell oder mit relativ hohem Implementierungs- und Pflegeaufwand computergestützt vollzogene Umweltmanagementaufgaben könnten von sog. EcOOWebServices übernommen werden. Darüber hinaus ist es denkbar, dass EcOOWebServices die Kosten verschiedener Aufgaben des Umweltmanagements senken können, so dass auch bisher als nicht profitabel eingestufte (freiwillige) Aufgaben angegangen werden. EcOOWebServices werden analog zu anderen Web Services von Anbietern bezogen und in die Applikationswelt des Unternehmens integriert. Die heute schon in der Praxis angewendeten Web Services wie bspw. Balance Reporting, Import und Export Reporting, Management Reporting und Inventory Status[699] können sowohl als konzeptionelle als auch als technische Vorlage für EcOOWebServices dienen. Beispiele von EcOOWebServices sind *Unterstützung bei der Erstellung von Umweltberichten*[700], für die im Abfallmanagement verankerte *Erstellung von Abfallbegleitscheinen* oder ein in dieser Arbeit mit EPI vorgestelltes *Umweltkennzahlenmanagement*.[701] Neben diesen auf der Ebene I (Business Process Services) angesiedelten Beispielen von EcOOWebServices sind weitere auch auf der Ebene II sinnvoll integrierbar. Insbesondere die Aufgaben der Umweltkommunikation können durch Telekooperations- und Community-Funktionalitäten unterstützt werden.[702]

Zentrale Voraussetzungen für die Erstellung von EcOOWebService sind, neben der allgemeinen Web Service-Technologie, die ab Abschnitt 3.1 entwickelten und identifizierten Module und die in den Abschnitten 2.5.2 und 3.2.1 vorgestellten EcOObjects. Die dort verankerten

---

[698] Vgl. Österle und Reichmayr 2003, S. 581ff.
[699] Vgl. Österle und Reichmayr 2003, S. 583.
[700] FICHTER spricht in diesem Zusammenhang „von der ‚additiven' zur ‚integrierten' Umweltberichterstattung. „Additiv" bedeutet, dass die Umweltberichterstattung weitgehend losgelöst von anderen Berichterstattungssystemen im Unternehmen erfolgt. Erst der Einsatz moderner Technologien (bspw. Web Services) macht eine effiziente Integration aller Funktionsbereiche und deren Berichterstattungssysteme möglich (vgl. Fichter und Strobel 2001, S. 671).
[701] Weitere Konzepte und Ideen für Umweltmanagement-Web Services (EcOOWebServices) können aus Tabelle 14 und Tabelle 15 entnommen werden. Die aus dem Planungs- und Entscheidungsprozess des Umweltmanagements generierten Tools bzw. deren Bausteine können gedanklich auf die oben vorgestellte Ebene I (Business Process Services) der Web Service-Architektur übertragen werden.

Entwicklungs- und Gestaltungsprinzipien der Modularisierung und Objektorientierung erlauben eine anforderungsbezogene Erweiterung der Funktionalität, eine geeignete Strukturierung Umweltmanagement-relevanter Inhalte („Kapselung", vgl. Abschnitt 2.5.1) und eine variable Granularität des Umfangs gewünschter und aufgerufener Funktionalität eines EcOOWebServices. Dies sind Voraussetzungen für eine dynamische, entsprechend den sich verändernden Ansprüchen der Unternehmenspraxis gestaltete Weiterentwicklung und Einbindung von EcOOWebServices.

5.2.2.2 Technische Grundlagen von Web Services und EcOOWebServices

Eine große Herausforderung in der Gestaltung von Web Services steckt in der Forderung nach einer Interoperabilität sowohl zwischen einzelnen Web Services als auch im Zusammenwirken von Web Services und den im Unternehmen eingesetzten Applikationen. Die Schlüsseltechnologie für ein Zusammenspiel verschiedener Applikationswelten ist XML (Extensible Markup Language).[703] Während HTML (Hypertext Markup Language) nur die Anordnung und das Format der übertragenen Inhalte festlegt (vgl. Abschnitt 1.4), können mit XML durch die freie Definition von sog. Tags eigene Datendefinition und -strukturen festgelegt werden.[704] Haben sich Kommunikationspartner auf eine Definition und Struktur ihrer auszutauschenden Daten geeinigt, können Kommunikationsprozesse durch elektronische Agenten übernommen werden. „Ein Web Service ist eine durch einen URI [Uniform Resource Identifiers: Anmerkung des Verfassers] eindeutig identifizierte Softwareanwendung, deren Schnittstellen als XML-Artefakte definiert, beschrieben und gefunden werden können. Ein Web Service unterstützt die direkte Interaktion mit anderen Softwareagenten durch XML-basierte Nachrichten, die über Internetprotokolle ausgetauscht werden".[705] Weitere wichtige XML-angelehnte Technologien sind die sog. Namespaces und das XML Schema.[706]

Um nun die in einem Tool oder seinen Bausteinen gekapselte Umweltmanagementlogik (Module und EcOObjects) in andere Applikationswelten einfließen zu lassen, muss diese Logik über die für Web Service typische Schnittstellen zugänglich gemacht werden. Dazu eignet

---

[702] In Tabelle 14 und Tabelle 15 sind in der Horizontalen zentrale Telekooperations- und Community-Funktionalitäten aufgeführt. Im Allgemeinen eignen sich diese Funktionalitäten für eine Umsetzung in Web Services.
[703] Die in Abschnitt 2.5.1 vorgestellte CORBA-Spezifikation kann als Meilenstein der modernen Web Services-Technologie gedeutet werden (vgl. Eberhart und Fischer 2003, S. 63).
[704] Vgl. Stahlknecht und Hasenkamp 2002, S. 114.
[705] Eberhart und Fischer 2003, S. 67.

sich eine „Ummantelung" eines Tools oder seiner Bausteine mit einer XML-kompatiblen Schnittstelle. Je nachdem, ob man ein ganzes Tool, ein Modul oder nur ein EcOObject aufruft, können unterschiedliche Granularitäten von EcOOWebServices definiert werden. Abbildung 66 zeigt diese Ummantelung am Beispiel des EcOObjects CTM (*Conversion Table Management*, aus Abbildung 56, oben Mitte). Der Aufruf der CTM-Methode „GetIndicatorData" über XML ist im Folgenden beispielhaft und verkürzt dargestellt:

```
<?xml version='1.0' ?>
<env:Envelope xmlns:env="http://www.w3.org/2003/05/soap-envelope"
    <env:Header>
    ...
    </env:Header>
    <env.Body>
    <?xml version="1.0" encoding="utf-8"?>
    <doc:CTM.GetIndicatorData
xmlns:doc="http://www.oekoradar.de/module7/CTM">
        <!--Nimmt den Namen und die Einheit der betreff. Kennzahl in das System auf-->
        <doc:IndicatorName>Heizöl</doc:IndicatorName>
        <doc:IndicatorUnit>kWh</doc:IndicatorValue>
        </doc: CTM.GetIndicatorData >
    </env:Body>
</env:Envelope>
```

Hat das System den Kennzahlennamen (IndicatorName) und die Einheit (IndicatorUnit) korrekt aufgenommen, so wird die CTM-Methode *ShowConversionResults* (vgl. Abbildung 56, oben Mitte) aufgerufen, die dann eine Übersicht über alle gängigen Alternativeinheiten zu dieser Kennzahl in einer auf Client-Seite weiter zu verarbeitenden XML-Datei zurückgibt.

SOAP (Simple Object Access Protocol) ist das Kommunikationsprotokoll, mit dem Web Services kommunizieren bzw. aufgerufen werden. Mit SOAP wird auf Basis von XML ein Rahmenwerk für den Austausch von Nachrichten beschrieben. Es wird oftmals auch als XML Protocol (XMLP) bezeichnet. SOAP setzt dabei auf dem HTTP-Protokoll auf (vgl. Abschnitt 1.4). Das SOAP-Nachrichtenformat hat drei Grundelemente: Der SOAP Envelope ist eine Art virtueller Umschlag. In diesem sind der SOAP Header und der SOAP Body enthalten. Im SOAP Body werden letztlich die XML-Anwendungsdaten transportiert (vgl. oberes Beispiel

---

[706] Vgl. Eberhart und Fischer 2003, S. 129ff.

zu CTM.GetIndicatorData).[707] Im Web Services-Modell gibt es verschiedene Rollen. Zunächst sucht der Dienstnutzer (Client) nach einer von ihm gewünschten Funktionalität. Dazu greift er bzw. seine Software auf sog. UDDI Directories (Universal Description, Discovery and Integration) zu. Ein UDDI ist der Verzeichnisdienst für Web Services. Die dort gelisteten Dienste werden in WSDL (Web Service Description Language) beschrieben. Im Beispiel von Abbildung 66 findet der Client im UDDI den von ihm gewünschten Web Service *Conversion Table Management* (CTM). Anhand der WSD (Web Service Description) weiß der Client, wie er bzw. seine Software auf den Web Service zugreifen kann.[708] Die in Abbildung 66 dargestellte beispielhafte Einbindung des Unternehmens-ERP ist optional.

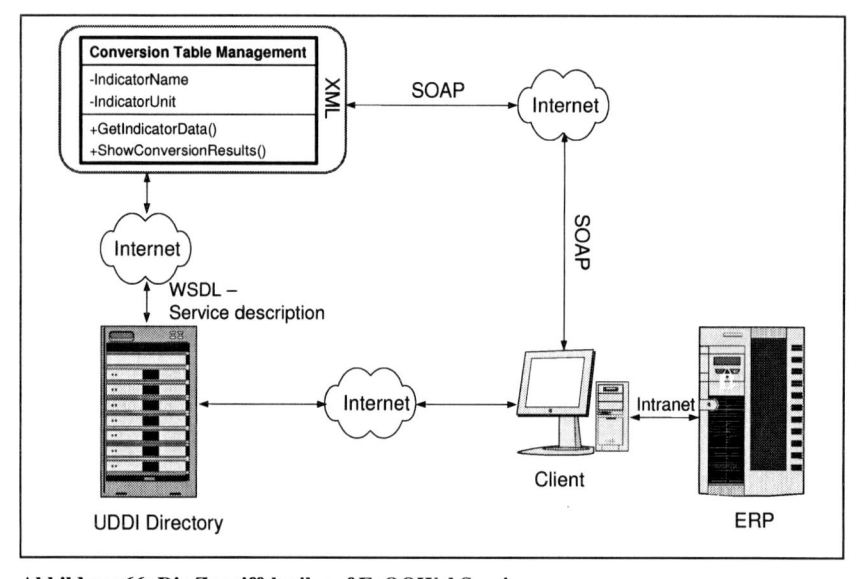

Abbildung 66: Die Zugriffslogik auf EcOOWebServices
(Quelle: In Anlehnung an Braun, et al. 2003c, S. 170)

Auch das in dieser Arbeit pilotierte EPI-Tool kann gemäß dem in Abbildung 66 vorgestellten Vorgehen als EcOOWebService aufgerufen werden: Der EPI-EcOOWebService kann auf dem Client als Standalone oder in der Applikationswelt des aufrufenden Unternehmens integriert sein. Als Standalone wäre die Nutzung analog dem in Abschnitt 2.6.1 vorgestellten EPI-

---

[707] Vgl. Eberhart und Fischer 2003, S. 177ff.
[708] Vgl. Eberhart und Fischer 2003, S. 74 und 299ff.

Tool, wobei das Erscheinungsbild der Software in das Design der Unternehmensapplikationen integriert sein könnte. Der wirkliche Mehrwert der Web Service-Technologie wird jedoch erst deutlich, wenn neben der darstellungsbezogenen Integration auch eine Einbindung des EcOOWebServices in die Applikationswelt des aufrufenden Unternehmens vollzogen ist. So z.B. könnte der EPI-EcOOWebService auf die in einem ERP-System verwalteten Daten zugreifen, die für ein Auffüllen eines Umweltkennzahlensystems notwendigen Daten sammeln und diese weiteren Auswertungsfunktionen von EPI (bspw. Soll-Ist-Analyse, Zeitreihenanalyse) zugänglich machen. So entfiele weitestgehend der manuelle Schritt der Kennzahleneingabe.

5.2.2.3 Integration von EcOOWebServices mit ERPs am Beispiel von SAP R/3

In diesem Abschnitt werden die konzeptionellen und technologischen Voraussetzungen für eine Integration von EcOOWebServices mit der unternehmesinternen Applikationswelt geschaffen. Dies erfolgt am Beispiel von SAP R/3.

5.2.2.3.1 Grundlagen eines Fachkonzepts

Der Zugriff auf für Instrumente des Umweltmanagements benötigte Daten in einem ERP-System kann meist nicht auf direkte Weise geschehen, insbesondere, wenn die jeweiligen Instrumente im ERP-Systemstandard noch nicht integriert sind. Folglich liegen die für das jeweilige Umweltmanagementsinstrument benötigten Daten im ERP meist nur unaufbereitet bzw. verstreut vor. Das bedeutet, dass in einem ersten Schritt analysiert werden muss, welche spezifischen Daten das jeweils gewünschte Umweltmanagementinstrument benötigt. Diese Analyse und weitere Schritte, die für eine weitergehende Integration eines ERPs und EcOOWebServices notwendig sind, werden im Folgenden am Beispiel des ERPs SAP R/3 und eines standortbezogenen Umweltkennzahlensystems (ohne Kostenaspekte) beschrieben.

Zur Erstellung eines standortbezogenen Umweltkennzahlensystems müssen folgende Daten vorliegen: Massen der ein- und ausgehenden Materialien und Stoffe (z.B. kg pro Stück für Stückgut), um eine Umrechnung von der Menge zur Masse zu ermöglichen. Dies gilt sowohl für Waren, Hilfs- und Betriebsstoffe, Energie als auch für nichtwarenförmige Ressourcen, wie Wasser und Luft oder Schadstofffrachten. Auch die Abfallmengen müssen bekannt sein, die nach Abfallarten klassifiziert sein sollten. Um eine Bezugsgröße für die ermittelten Umweltkennzahlen zu haben, muss die Produktionsmenge des Standorts bekannt sein. Die Produktionsmenge ist für die Berechnung relativer Umweltkennzahlen relevant. Darüber hinaus müssen die Daten eindeutig einem bestimmten Bezugszeitraum zugeordnet sein. Auch ist es wünschenswert, wenn die Daten zumindest für jeden Monat verfügbar sind.[709]

Generell findet man Stoffdaten in SAP R/3 hauptsächlich in Stücklisten, im Artikelstamm, in Lieferantendaten, Bestellungen, Lieferscheinen und Rechnungen. Abfalldaten können aus Entsorgungsaufträgen oder ggf. aus dem Abfall- und Gefahrstoffmanagement entnommen werden. Weitere ablaufbezogene Datenquellen sind Arbeitspläne, Fertigungsaufträge und Kundenaufträge. Die speziell für ein standortbezogenes Umweltkennzahlensystem notwendigen Daten können aus folgenden Teilen des SAP R/3 gewonnen werden:[710]

- Einkaufsmaterialien in beschafften Mengen: Lieferscheine, Lieferantenrechnungen oder *Wareneingangsbestätigungen*.
- Ausgehende Waren in Mengen: an Kunden gestellte Rechnungen oder abgewickelte Kundenaufträge.
- Verwendete Energie in Mengen: Energierechnungen
- Menge der Abfälle nach Abfallarten klassifiziert: Abfallbilanz
- Wasser- und Luftemissionen in ihrer Konzentration und in ihrer Menge in Form von Schadstofffrachten: Müssen entweder gemessen oder überschlägig aus den eingesetzten Energieträgern berechnet werden.
- Abgeführte Energie in Mengen: Muss entweder gemessen oder überschlägig aus den eingesetzten Energieträgern berechnet werden.
- Produktionsmenge des Standorts als Bezugsgröße: Rückgemeldete Produktionsaufträge.

Nachdem im vorigen Schritt die Fundorte der benötigten Daten aufgezeigt wurden, stellt sich im Folgenden die Frage, wie ein EcOOWebService in geeigneter Weise auf diese Daten zugreifen kann. SAP fasst seine gängigsten Schnittstellenmöglichkeiten unter dem Konzept des *SAP Business Framework* zusammen. Dieses Konzept beschreibt ein in unabhängige Komponenten unterteiltes R/3-System („Business Components"). Die Komponenten können

---

[709] Vgl. Lang und Rey 2002, S. 6ff.
[710] Vgl. Lang und Rey 2002, S. 12.

R/3-Module wie bspw. „Materialwirtschaft" (MM) oder „Finanzwesen" (FI) oder auch Modulteilmengen darstellen. Abbildung 67 zeigt in einem Überblick diese Module.[711]

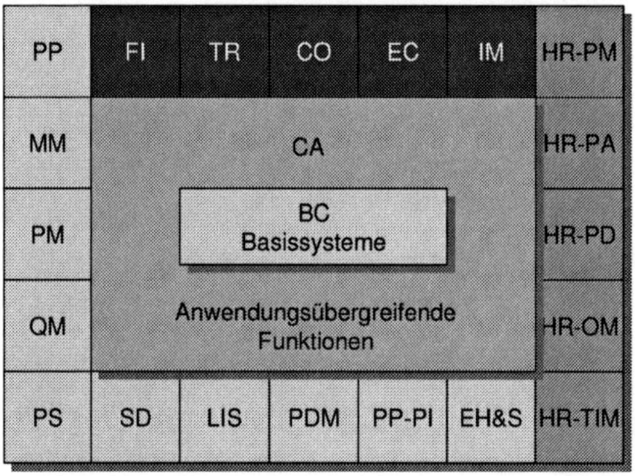

PP	FI	TR	CO	EC	IM	HR-PM
MM	CA					HR-PA
PM	BC Basissysteme				HR-PD
QM	Anwendungsübergreifende Funktionen				HR-OM
PS	SD	LIS	PDM	PP-PI	EH&S	HR-TIM

Abbildung 67: Übersicht über SAP R/3-Module
(Quelle: In Anlehnung an SAP AG 1998)

Erweitert wird diese Sichtweise durch das Einbeziehen R/3-fremder Anwendungen als zusätzliche Komponenten, wie bspw. Web Services zum Umweltmanagement. Die Verbindungsmöglichkeit der einzelnen Components zeigt Abbildung 68.

---

[711] In Abbildung 67 wird auch das in R/3 vorhandene Modul EH&S (Environment, Health & Safety) gezeigt. Dieses Modul bildet erste Inhalte eines Umwelt- und Gefahrstoffmanagements ab.

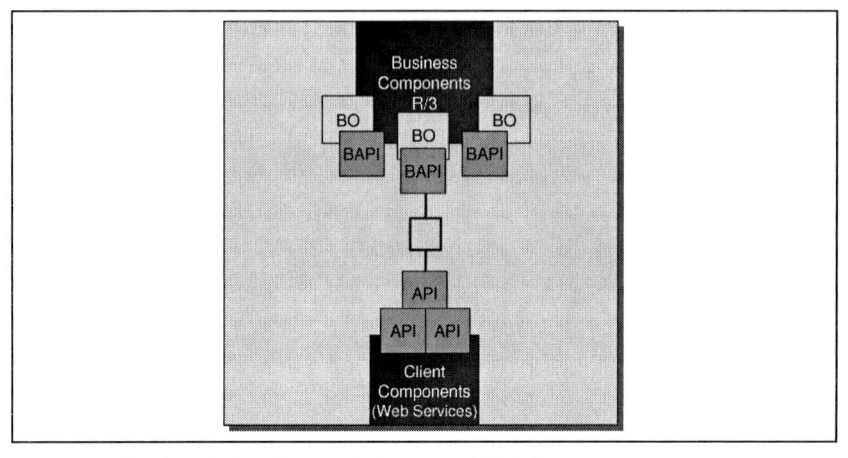

Abbildung 68: Die Schnittstellenarchitektur von SAP R/3
(Quelle: In Anlehnung an SAP AG 2004a)

Das eigentliche Andocken fremder Komponenten wird über die in R/3 den jeweiligen Business Components zugeordneten SAP Business Objects (BOs) und ihren BAPIs (Business Application Programming Interface(s)) vollzogen. Business Objects kapseln realexistierende Entitäten, wie z.B. *Kunde* oder *Wareneingangsbestätigung*.[712] Die BAPIs sind die Methoden dieser BOs. Sie sind die eigentliche Kontaktstelle zur Außenwelt bzw. zu R/3-fremden Komponenten.[713] Möchte eine fremde Komponente (bspw. Web Services) auf die Inhalte eines BOs zugreifen, muss das für die Behandlung der jeweiligen Inhalte zuständige BAPI von der fremden Komponente aufgerufen werden. Abbildung 69 zeigt den Aufbau eines BOs. Die äußerste Schale beschreibt die Technologien, die das BO für einen Zugriff unterstützt. So lassen BOs auch den für Web Services typischen Zugriff mit XML/SOAP auf ihre Methoden (BAPIs, zweite Schale) zu. Die eigentlichen Inhalte eines BOs befinden sich im sog. Kernel, der noch durch eine Sicherheitsschale (*Integrity*) geschützt ist. Im Folgenden wird der Zugriff auf ein ausgesuchtes BO näher untersucht, welches sich für die (Teil-) Belieferung der für ein Umweltkennzahlensystem erforderlichen Daten eignen kann.

---

[712] Die SAP Business Objects entsprechen dem in Abschnitt 2.5.1 vorgestellten CORBA-Standard der Object Management Group (OMG) (vgl. SAP AG 2004d).
[713] Vgl. SAP AG 2004e.

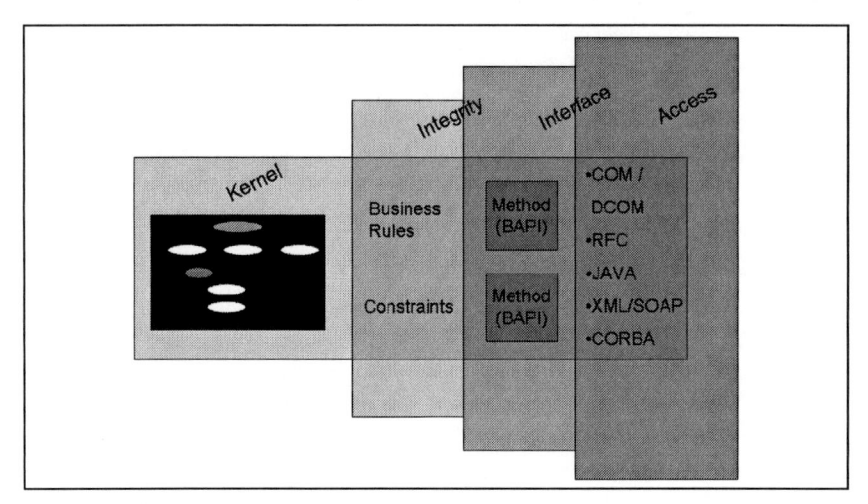

Abbildung 69: Das R/3-Business Object
(Quelle: In Anlehnung an SAP AG 2004b und Hofmann und Killer 1995, S. 7)

Die für die Instrumente des Umweltmanagements, wie Umweltbilanz, Umweltkennzahlensystem oder Flusskostenrechnung, wichtigsten Daten finden sich im Business Component *Logistics*, welches u.a. die Module Materials Management (MM) und Sales and Distribution (SD) umfasst. Hier sind sowohl die Materialien und ihre Bewegungen als auch der Ablauf der Produktion abgebildet.[714] Im Modul MM findet man den Bereich Inventory Management mit seinem BO *GoodsReceipt*. Dieses BO enthält die Geschäftslogik für *Wareneingangsbestätigungen*. Jede einzelne Wareneingangsbestätigung führt zu einer Erhöhung des Lagerbestandes. Dieses BO hat u.a. die Methode (BAPI) *GetItems*, welche erlaubt, Wareneingangsbestätigungen auszulesen, die ein bestimmtes Kriterium erfüllen. So können hier über den Parameter bzw. das Kriterium *Posting date (structure PSTNG_DATE_RA)* bspw. alle Wareneingangsbestätigungen für den Zeitraum eines bestimmten Jahres ausgelesen werden. Dieses Ergebnis kann man noch über weitere Parameter, wie bspw. *MaterialRa*, auf bestimmte Materialarten eingrenzen.[715] Als Ergebnis erhält man eine mit den gewünschten Daten befüllte Tabelle, aus der man wichtige inputbezogene Umweltkennzahlen aus dem SAP R/3 herauslesen kann. Auch für die meisten anderen Daten, die für die Befüllung eines Umweltkennzahlensystems benötigt werden, lassen sich geeignete BOs finden.

---

[714] Vgl. Lang und Rey 2002, S. 18.

5.2.2.3.2 Grundlagen eines DV-Konzeptes

SAP R/3 bietet für das Andocken fremder Systeme an die Business Objects verschiedene Technologien an, wobei hier eine Java-basierte Variante mit XML/SOAP (vgl. Abbildung 69) untersucht werden soll.

Java von Sun bietet über das WSDP (Java Web Services Developer Pack) eine Sammlung von Hilfsmitteln und APIs für die Entwicklung von Web Services an. Das WSDP erweitert dabei die über das J2EE-Paket (Java 2 Platform, Enterprise Edition) gelieferte Infrastruktur um weitere Web Services-bezogene Klassen. Es unterstützt Web Service-Standards, wie bspw. WSDL, SOAP und UDDI. Innerhalb des WSDPs findet man das sog. *Java API for XML-Based RPC-Paket* (JAX-RPC[716]), welches als Schlüsseltechnologie für die Interoperabilität von Web Services dient. Dieses Paket wurde für verschiedene Plattformen und verschiedene Sprachen entwickelt. Mit dem Programmiermodell JAX-RPC wird es möglich gemacht, RPCs über SOAP-Nachrichten abzubilden. JAX-RPC wandelt den Remote Procedure Call eines Clients automatisch in eine SOAP-Nachricht um und sendet diese zum Web Service als einen Http-Request. Auf der Serverseite empfängt die JAX-RPC-Runtime-Umgebung diese Anfrage und übersetzt die SOAP-Nachricht in einen Remote Procedure Call und ruft die entsprechende Methode auf. Dieser Prozess geschieht auch in umgekehrter Richtung. Auch bietet JAX-RPC eine automatische Java-WSDL- und eine WSDL-Java-Übersetzung, was wiederum zu einer Vereinfachung der Web Service-Entwicklung beiträgt.[717]

Diese Standards sind im R/3 unter den Technologiebündeln *SAP Business Connector* bzw. *SAP Java Connector* zusammengefasst. So kann auf BAPIs unter Nutzung der SAP Connectoren über das Internet zugegriffen werden. Die Connectoren generieren aus einem BAPI-Aufruf ein SOAP-konformes XML-Dokument bzw. wandeln ein eingehendes XML-Dokument in einen BAPI-Aufruf um. Somit ist es möglich, BAPI-Aufrufe als XML-Dokumente zu verschicken und dadurch die Kommunikation von über das Internet verbundenen Komponenten im Sinne des Web Service-Modells zu realisieren. Im XML-basierten In-

---

[715] Der gesamte Katalog der SAP R/3 Business Objects kann unter http://ifr.sap.com/catalog/query.asp eingesehen werden.
[716] RPC steht für „Remote Procedure Call"-Technologie. „Procedure" steht hierbei für ein (Teil-) Programm, welches von einem anderen Programm über definierte Schnittstellen aufgerufen werden kann.
[717] Vgl. Sun Microsystems 2004 und Eberhart und Fischer 2003, S. 78.

terface Repository (IFR)[718] sind alle BAPIs zentral veröffentlicht und zusätzlich als XML-Schema abgelegt und somit direkt für den Einsatz mit den SAP Connectoren verfügbar.[719] Dieses IFR kann man mit dem im Kontext der Web Services bekannten UDDI Directory vergleichen. Vor diesem Hintergrund kann man auch ein SAP R/3 Business Object als Web Service oder als Teil eines Web Services verstehen, die mit Nicht-SAP-Services, so auch mit Web Services zum Umweltmanagement (EcOOWebServices) interoperieren können.

5.2.2.4 Nutzungsszenarien von EcOOWebServices

Mit Hilfe der Web Service-Technologie kann man der Vision eines überall verfügbaren und auf die jeweiligen Anforderungen flexibel anpassbaren BUIS ein großes Stück näherkommen. Ein solches Informationssystem soll von einem Verantwortlichen des Umweltmanagements über einen gängigen Internet-Browser aufgerufen werden können und dabei in sein Enterprise Information Portal (EIP) integriert sein (vgl. Abbildung 70). Ein EIP wird in diesem Zusammenhang als ein Browser-basierter, gebündelter und personalisierter Zugang zu denjenigen Informationssystemen verstanden, auf die ein Mitarbeiter eines Unternehmens zugreifen soll bzw. darf.[720] So kann ein EIP bspw. den Zugang zum persönlichen E-Mail-System beinhalten und die Ein- und Ausgabefenster der vom jeweiligen Mitarbeiter zu betreuenden Prozesse anbieten. Vorteile eines solchen gebündelten Zugangs sind u.a. verminderte Umstellungs- und Eingewöhnungszeiten des Users und ein verminderter Client-Betreuungsaufwand. Der „Workplace" eines solchen EIPs kann dabei in verschiedene Bereiche aufgeteilt sein. Einer dieser Bereiche stellt das „Umweltmanagement" dar.

---

[718] Weiterführende Informationen hierzu findet man in der Dokumentation zum Interface Repository unter http://ifr.sap.com.
[719] Vgl. SAP AG 2004c.
[720] Vgl. Kreeb, et al. 2002, S. 258.

Die Technologie im Fokus

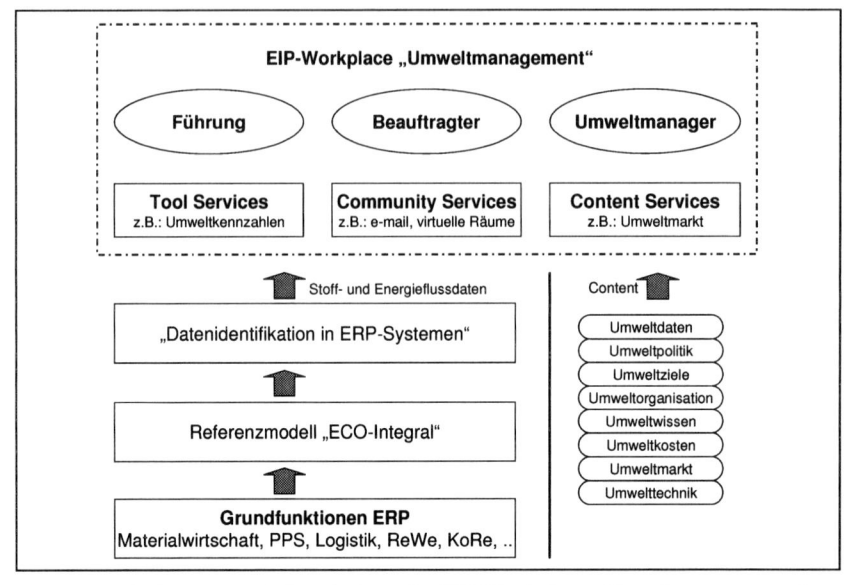

Abbildung 70: Konzept und Entwicklung des EIP-Workplace „Umweltmanagement"
(Quelle: In Anlehnung an Kreeb, et al. 2002, S. 258)

In Abbildung 70 wird ein EIP-Workplace „Umweltmanagement" im oberen Kasten vorgestellt. Je nachdem, welche Rolle (bspw. Führung, Beauftragter oder Umweltmanager) ein bestimmter User einnimmt, bekommt er in diesem Bereich entsprechende Funktionen und Inhalte angeboten. Die Inhalte des „Workplace Umweltmanagement" können modulartig zusammengesetzt werden. So können Tools, bspw. zur Berechnung von Umweltkennzahlen, wie auch *Communitiy Services*, wie bspw. ein virtueller Arbeitsraum zum Austausch von Materialien für die anstehende Rezertifizierung nach ISO 14001, integriert werden. Die Software zu diesen Services kann in Form der oben beschriebenen Web Services von intern wie auch von Drittanbietern bezogen werden. Durch die XML-Technologie ist es auch möglich, in diesen Workplace textuelle und graphische Inhalte von Internetauftritten, wie bspw. von www.oekoradar.de, einzubinden (*Content Services*).

Neben dem in dieser Arbeit aufbereiteten Wissen über die Gestaltung von EcOOWebServices und deren Integrationsmöglichkeiten mit einem ERP wurden in den letzten Jahren wichtige Erkenntnisschritte unternommen, die für die Schaffung eines solchen Workplace-Ansatzes hilfreich waren. So konnten mit Hilfe des Referenzmodells „Eco-Integral" mögliche Erweiterungen eines ERPs um umweltmanagementspezifische Inhalte auf einer fachkonzeptionellen Ebene transparent gemacht werden.[721] In einem weiteren Schritt war es für ein integriertes Lösungskonzept notwendig, die für Instrumente des Umweltmanagements relevanten Datenquellen in einem ERP zu identifizieren (vgl. Abbildung 70).[722]

5.3 Die Forschungsmethodik im Fokus

Die kritische Reflexion des Forschungsdesigns der Pilotierung und ihrer Methoden erfolgt anhand der im Ökoradar-Teilprojekt Services gemachten Erfahrung, theoretischen Vorarbeiten des Autors und einer begleitenden Literaturanalyse. Diese Erfahrungen werden mit Erfahrungen anderer Pilotierungsprojekte verglichen, um sie zu robusten (validen) Handlungsleitsätzen bzw. Merksätzen für weitere Pilotierungen von Informationssystemen bzw. Services, insbesondere im Nachhaltigkeitsbereich, weiterzuentwickeln. Jedoch muss betont werden, dass innerhalb dieser Arbeit die Pilotierungssequenzabfolge *Entwicklung – Gestaltung – Forschung* bzw. *Entwicklung – Evaluation* aufgrund von Ressourcenrestriktionen nur einmal durchlaufen werden konnte.[723] Die in dieser Arbeit gewonnenen Erkenntnisse haben den Charakter einer Grundlagenforschung und können für die Planung weiterer Pilotierungssequenzabfolgeschleifen (vgl. Abbildung 10) eingesetzt werden, die mit dem Prototyp EPI und weiteren internetgestützten Services durchlaufen werden können. Gleichwohl können diese Erfahrungen in weitere Projekte der Umwelt- bzw. Nachhaltigkeitsinformatik einfließen.

Um die Vielfalt an Erkenntnisgewinnung (*lessons learned*) dieses Pilotierungsprojektes sinnvoll einordnen und problembezogene Handlungsleitsätze entwickeln zu können, wird auf das Kategorisierungsmuster von SCHWABE / KRCMAR zurückgegriffen. Dabei wird zwischen *action lessons*, die aus der Interventionsphase stammen (Tool bzw. Service wird im Feld getestet), und *research lessons*, die dem wissenschaftlichen Erfahrungsschatz zuzuordnen sind, unterschieden. Ferner wird zwischen der Domäne der Sozialwissenschaft und der Software-

---

[721] Vgl. Krcmar 2000.
[722] Wichtige Erkenntnisse zur Identifikation von für das Umweltmanagement relevanten Datenquellen in einem ERP konnten im Projekt Eco-Rapid gewonnen werden (vgl. Scheide, et al. 2001; vgl. auch Lang und Rey 2002).
[723] Vgl. Abschnitt 1.7.1. Üblicherweise ist der Aufwand für ein Pilotierungsprojekt immens (vgl. Schwabe 2000, S. 201ff.), so auch für das Teilprojekt *Services*.

entwicklung differenziert.[724] In der abschließenden Kategorie der *Administration Lessons* werden Erfahrungen des allgemeinen Managements von Pilotierungsprojekten aufgezeigt.

1. Social Action Lessons

Das schwächste unentbehrliche Element des soziotechnischen Gesamtsystems einer Pilotierung bestimmt den Gesamterfolg der Intervention.[725] Eine Pilotierung zeichnet sich dadurch aus, dass sie bewusst die Praxis in ihr Forschungsdesign mit einschließt. Die Praxis ist für eine Pilotierung unentbehrlich. So erfordert auch die in dieser Arbeit vorgestellte Pilotierung des Services EPI ein Eintauchen in das ihm zugesprochene Feld des Umweltmanagements. Dieses Eintauchen ist die Intervention einer Pilotierung, da der neue Service einen Eingriff in das bestehende soziotechnische Gesamtsystem darstellt. Wie in dieser Pilotierung erfahren, kann es schwierig sein, die für eine aussagekräftige Evaluation nötige Anzahl an Praxispartnern zu finden. So war der Zeitraum der EPI-Evaluation (vgl. Abschnitt 4.3) für die Brauereien nicht günstig. Einerseits waren einige Ansprechpartner im Urlaub oder aufgrund eines ungewöhnlich heißen Sommers (2003) und der damit einhergehenden höheren Produktion an Bier unabkömmlich. Man spricht hier auch von der „Eigenzeitlichkeit der Praxis", was bedeutet, dass Synchronisationsprobleme zwischen der Eigenzeitlichkeit der Praxis und der Eigenzeitlichkeit der Forschung zu erheblichen Abstimmungsproblemen führen können. Dies kann auch zu einem fatalen Praxisdruck auf die Forschung führen.[726] „Um Frustrationen auf Seiten der Praxispartner zu vermeiden, werden praxisrelevante Arbeitspakete parallel zu eigentlich vorgelagerten Forschungsschritten begonnen. Es besteht dabei die Gefahr, dass Umsetzungen eingefordert werden, ohne dass die wissenschaftliche Basis bereits vorhanden ist".[727] So muss man bei der Service-Entwicklung aufpassen, dass man ein geeignetes Erwartungsmanagement gegenüber der Praxis betreibt. Hier gilt es, die richtige Balance zwischen *Interesse wecken* und *Erwartungen dämpfen* zu finden.

2. Social Research Lessons

Ein Pilotierungsprojekt sollte von seinem eigenen Methodenpaket begleitet werden, welches das Forschungsdesign dynamisch weiterentwickelt und verfeinert.[728] Dies gilt umso mehr, wenn das Projekt nicht allein auf analytisches Wissen hin ausgelegt ist. So auch in der Nach-

---

[724] Vgl. Schwabe und Krcmar 2000, S. 137f.
[725] Vgl. Schwabe und Krcmar 2000, S. 137.
[726] Vgl. Luley und Schramm 2003, S. 9.
[727] Steinberg und Schubert 2002.

haltigkeitsforschung, wo es meist eine Koexistenz von analytisch-deskriptivem Wissen (Beschreibung des Ist-Zustandes), normativem Wissen (Zieldefinition bzw. Orientierung, „was ist nachhaltig") und operativem Wissen (Umsetzungswissen, „wie erstelle ich Services") gibt. Typisch für Pilotierungsprojekte, wechseln sich analytisch-deskriptive bzw. empirische, operative und normative Phasen ab (vgl. Abschnitt 1.7.1 *Entwicklung – Gestaltung – Forschung*).[729] Der eigenständige Charakter des Methodenpaketes dieses Pilotierungsprojektes kommt inbesondere in der Entwicklung eines speziellen Fallstudiendesigns zum Ausdruck (vgl. Abschnitt 4.2). Dieses Design erwies sich als geeignet, gleichzeitig „harte" Daten bezüglich Tauglichkeit des EPI-Tools zu sammeln, aber auch Eindrücke der Unternehmenspraxis vor Ort zu erhalten, die nicht durch bloßes Ankreuzen eines Fragebogenfeldes festzuhalten wären. Seine Dynamik erfuhr das Forschungsdesign im Projekt der Services-Entwicklung insbesondere in der Evaluationsphase (vgl. Abschnitt 4.3), in der sowohl der Bezugsrahmen als auch der Fragebogen der Fallstudien sukzessive dem veränderten Erkenntnisstand und veränderten Rahmenbedingungen angepasst wurden. Insgesamt lässt sich feststellen, dass sich das fallstudienorientierte Evaluationsdesign gerade für die Gewinnung erster Erfahrungen aus dem Praxiseinsatz eines Tools bzw. Service bewährt hat.[730] Dies scheint sich auch bei anderen Projekten einer praxisorientierten Nachhaltigkeitsforschung zu bestätigen, in denen Fallstudien im Rahmen einer aktivierenden Forschung (vgl. Abschnitt 1.7.2 „Aktionsforschung") zur Sammlung von Praxiseindrücken und Praktikererfahrungen eingesetzt werden.[731]

In Pilotprojekten wird ein tiefergehendes Verständnis nicht durch die Konzentration auf eine Variable erreicht. Nicht eine einzelne Variable, sondern die Beziehungen mehrerer unabhängiger Variablen zueinander liegen im Fokus der Erkenntnisgewinnung eines Pilotierungsprojektes.[732] In dieser Pilotierung konnte gezeigt werden, dass die für hiesige Zwecke konfigurierten Forschungsmethoden *Fallstudienuntersuchung* und *Prototyping* geeignet sind, die Variablenbündel einer bestimmten Domäne (hier: Umweltmanagementwerkzeuge bzw. -methoden) und ihre Beziehungen zu erklären. Typisch für diese Forschungsmethoden ist vielmehr, die Variation der Bedingungen zu variieren, als die Anzahl der Beobachtungen (für eine einzelne Variable) zu erhöhen (vgl. Abschnitte 2.2 und 4.2.1).[733] Zur Überwindung kog-

---

[728] Vgl. Schwabe und Krcmar 2000, S. 133.
[729] Vgl. Luley und Schramm 2003, S. 5.
[730] Vgl. Nägele und Vossen 2003, S. 536.
[731] Vgl. Luley und Schramm 2003, S. 43.
[732] Vgl. Schwabe und Krcmar 2000, S. 138.
[733] Vgl. Lee 1999, S. 15f.

nitiver Grenzen bei der Verarbeitung der Variablenbündel bietet sich ein regelmäßiges beschreibendes und analytisches Niederschreiben der Eindrücke und Beobachtungen an. Dieses Niederschreiben ist ein wichtiges Werkzeug, um die Phasen der Reflexion durchführen und neue Ideen generieren zu können, und wurde in dieser Pilotierung über diverse Veröffentlichungen und den hermeneutischen Ansatz im Fallstudiendesign (vgl. Abschnitte 4.1 und Abbildung 59) in den Gesamtprozess integriert. Aber auch traditionelle Forschungsmethoden können in Pilotierungsprojekte gewinnbringend eingebunden werden.[734]

Aus dem Verhalten der Pilotgruppe kann nicht direkt auf die Allgemeinheit geschlossen werden, da der (meist) freiwillige Eintritt in die Pilotgruppe auch schon gewisse Verhaltensmuster aufzeigt, die so in der Gesamtheit der Zielgruppe bzw. der Unternehmen nicht anzutreffen wären. So z.B. zeigt der freiwillige Eintritt in die EPI-Evaluationsgruppe, die mit neuartiger Informationstechnologie zum Umweltmanagement konfrontiert wird, dass eine gewisse Technologieoffenheit vorherrscht.[735]

3. Engineering Action Lessons
Pilotprojekte benötigen Prototypen einer weit besseren Qualität als die von üblichen Demonstrationsprototypen.[736] Aufgrund der Komplexität des Themas „Nachhaltigkeit und Informationssysteme" reicht es nicht aus, den Projekterfolg durch reine textbasierte Veröffentlichungen zu dokumentieren. Ergebnisse aus Projekten zu diesem Thema müssen viel früher in geeigneter Weise der Praxis zugänglich gemacht werden.[737] Dazu eignen sich jedoch nur Prototypen, die eine hohe Reife besitzen. Die Erfahrungen aus diesem Projekt haben gezeigt, dass die ohnehin geringe Bereitschaft der Praxis, eine Innovation ausführlich zu testen, nicht durch einen unausgereiften Prototyp vollends ausgelöscht werden darf. Dem Paradigma des vertikalen Prototyping folgend (vgl. Abschnitt 2.2), sollte das Testobjekt (Service) die zentralen Eigenschaften und Funktionen einer bestimmten Dienstleistung von der Präsentationsebene über die Applikationsebene bis zur Datenebene laufstabil aufweisen. Hätte man den hier eingesetzten Prototyp EPI nur auf der Präsentationsebene umgesetzt, hätte sich kaum ein Testuser die Interaktion mit dem Service (Tool) vorstellen können, und der Erkenntnisgewinn für die Forschung wäre um ein Vielfaches kleiner gewesen. Jedoch sollte dabei nicht vergessen werden, dass ein Pilotierungsprojekt „nur" die Durchführbarkeit einer Innovation prüft.

---

[734] Vgl. Schwabe und Krcmar 2000, S. 137.
[735] Vgl. Witte 1997, S. 429f.
[736] Vgl. Schwabe und Krcmar 2000, S. 138.

Der Pilotierungsprototyp ist jedoch kein Produkt, das den Markt umgehend betreten könnte.[738]

4. Engineering Research Lessons

Es ist weit einfacher und lohnender, sich um das Integrieren der Innovationen in das Arbeitsumfeld der Testuser zu bemühen, als sich auf Funktionsinnovationen während des Pilotprojektes zu konzentrieren.[739] Dies zeigte sich auch während dieser Pilotierung: Die Testuser wollen lieber eine mit ihren Alltagsinstrumenten integrierte Testumgebung als irgendwelche Filigranlösungen, die zwar wissenschaftlich relevant und hochinteressant sind, jedoch an der Nützlichkeit und am praktischen Erfolg vorbeigehen. Mit der Testumgebung muss „arbeitbar" sein. Man muss den Gegenstand der Forschung und die Forschungsergebnisse für die Praxis attraktiv machen. Dazu gehört im Falle der Service-Entwicklung, dass die Prototypen speziell den Interessen der testenden Unternehmen und ihrer Branche angepasst werden. Analog zu anderen medialen Darstellungen ist die Rezeptionsfreundlichkeit das oberste Gebot. Es gilt bei der Zielgruppe anzukommen und verstanden zu werden.[740]

5. Administration Lessons

Ein gemeinsames Verständnis von „Nachhaltiger Entwicklung" und der Problemlage ist notwendig.[741] Speziell für die Entwicklung von Services steht hier weniger die allgemeine Diskussion zu Inhalten und Begriffsbestimmungen der Nachhaltigkeit im Vordergrund, sondern vielmehr das Verständnis dynamisch interagierender Teilsysteme (Wirtschaft, Umwelt, Soziales, Technologie) der Nachhaltigkeit (vgl. Abschnitt 1.3) und der damit verbundenen Problematik. Der soziotechnische Forschungsansatz des Informationsmanagements liefert dazu das nötige Grundverständnis für die Interdependenz zwischen verschiedenen Teilsystemen.[742] Dieses Grundverständnis muss für Forschungen zur Nachhaltigkeit hin zu einem ökosoziotechnoökonomischen Ansatz weiterentwickelt und den Pilotierungspartnern vermittelt werden.

---

[737] Vgl. Luley und Schramm 2003, S. 7.
[738] Vgl. Schwabe und Krcmar 2000, S. 138.
[739] Vgl. Schwabe und Krcmar 2000, S. 138.
[740] Vgl. Luley und Schramm 2003, S. 11 und 47.
[741] Vgl. Luley und Schramm 2003, S. 9 und Bortz und Döring 1995, S. 318.
[742] Vgl. Schwabe und Krcmar 2000, S. 138.

Pilotprojekte berühren insbesondere die politische Dimension.[743] Neben dem inhärenten Forschungsziel eines Pilotprojektes, die Entscheidungsgrundlage von etwas „Großem" zu schaffen, wo dann immer auch politische Interessen eine Rolle spielen, sind bei einem Pilotprojekt meist viele Beteiligte mit unterschiedlichen Interessen involviert, die es zu koordinieren gilt. Insbesondere müssen die verschiedenen Interessenlagen zwischen Wissenschaftlern und Praktikern in Einklang gebracht werden.

Pilotprojekte können teuer und zeitintensiv sein und sind nicht vollständig planbar. Insbesondere bei informationstechnologielastigen Entwicklungen ist teueres Spezialistenwissen erforderlich. Hinzu kommt, dass bei Pilotprojekten aufgrund der oben beschriebenen Eigenzeitlichkeit der Beteiligten oft auf Zwischenergebnisse gewartet werden muss, die für den nächsten Schritt der Weiterentwicklung unbedingt nötig sind. Für die Aufrechterhaltung des Gesamtbetriebs einer Pilotierung sind daher Instrumente einer flexiblen Planung notwendig.[744]

Insgesamt kann man feststellen, dass die Komplexität der zu bewältigenden Aufgaben, insbesondere bei einem Pilotierungsprojekt im Themenbereich der Nachhaltigkeit, als hoch eingestuft werden kann. Wie im Pilotierungsprojekt der Service-Entwicklung erfahren, erfordert die Koordination aller Beteiligten und Projektvariablen ein Grundverständnis der am Entwicklungsprozess beteiligten Disziplinen (vgl. Abschnitt 1.7.3, Rolle des *Entwicklungsmanagers*).[745]

5.4 Zusammenfassung und Vision

Diese Arbeit hatte die Pilotierung von internetgestützten Services für das Nachhaltige Management zum Inhalt. Unter Pilotierung wird die erprobende Gestaltung neuer Technologie im Kontext einer bestimmten Domäne (hier Nachhaltiges Management bzw. Umweltmanagement) verstanden. Nur auf der Basis von Erkenntniszugewinnen in diesem Pilotprojekt konnten folgende grundlegende Fragen beantwortet werden (vgl. auch Abschnitt 1.6 *Forschungsfragen*):[746]

---

[743] Vgl. Witte 1997, S. 419ff.
[744] Vgl. Schwabe 2000, S. 190 und Luley und Schramm 2003, S. 6. Zur *flexiblen Planung*, vgl. Adam 1996, S. 299ff.
[745] Vgl. Luley und Schramm 2003, S. 6f.
[746] Vgl. Schwabe 2000, S. 675.

1. Machbarkeit: Inwieweit sind internetgestützte Services für das Nachhaltige Management derzeit machbar? Nicht selten entpuppen sich euphorische Konzepte als nicht umsetzbar. Dieser Aspekt zielt auf die Beantwortung der ersten Forschungsfrage ab, welche Technologien sich für die Konstruktion eines Tools eignen (vgl. Abschnitt 1.6). Das in Abschnitt 2.5 beschriebene Konzept einer Tool-Plattform hat sich bewährt. Die in Abschnitt 3.2 dargestellte Weiterentwicklung dieser Tool-Plattform, insbesondere die in Abschnitt 3.2.1 entwickelten EcOObjects als Bausteine eines modularen Online-BUES (vgl. Abschnitt 5.1.3), lassen auf einen Paradigmenwechsel hoffen – weg von monolithischen und hin zu flexibel anpassbaren und erweiterbaren Systemen für das Umweltmanagement, und in einem weiteren Schritt, für das Nachhaltige Management.[747]

2. Vorgehensweise und Gestaltung: Wie ist bei einer Pilotierung von internetgestützten Services für das Nachhaltige Management vorzugehen? Diese Frage betrifft die Inhalte des Forschungsdesigns. Als Inhalte der *Konklusion* (vgl. Abbildung 10) konnten in einer Reflexion auf das hier verwendete Forschungsdesign dessen Schritte und Variablen kritisch durchleuchtet werden (vgl. Abschnitt 5.3). Insgesamt lässt sich feststellen, dass sich das für diese Arbeit gestaltete Vorgehen einer Pilotierung bewährt hat. Wichtig zu erfahren wäre in einer weiteren Pilotierungsschleife u.a., welche Tools bzw. Methoden für das Umweltmanagement von der Praxis aktuell am dringlichsten benötigt werden und welche Kosten-/Nutzeneffekte ein Einsatz des jeweiligen Tools bewirken kann. Darüber hinaus müsste sondiert werden, welche praxisrelevanten Mindestfunktionen jedes einzelne zu entwickelnde Tool haben sollte, um im täglichen Geschäftsbetrieb eingesetzt werden zu können. Dafür müssten auch die (empirischen) Forschungsmethoden hin zu einer eher quantitativen Ausrichtung angepasst werden.

Der Fokus dieser Arbeit lag auf dem Umweltmanagement als einer Komponente eines Nachhaltigen Managements. Nun gilt es in weiteren Pilotierungsschleifen, das Blickfeld in Hinsicht der sozialen Komponente eines Nachhaltigen Managements zu weiten. Darüber hinaus konnte in dieser Arbeit die Erkenntnis gewonnen werden, dass der Kontakt zur Praxis, insbesondere zu Branchenverbänden, vertieft werden muss. Eine interessante Aufgabenstellung stellt auch die Frage dar, ob und wie in einer weiteren Pilotierungsschleife das in Abschnitt 5.2.1.2 vorgestellte Konzept einer Open Source-Community integriert werden kann.

---

[747] Vgl. Hattwig 2002, S. 42ff.

„Gestaltung" bezieht sich auf die zweite Forschungsfrage, wie ein Prototyp eines Services bzw. Tools zu gestalten ist, der bestimmte Problemvariablen berücksichtigt (vgl. Abschnitte 1.7.3 und 1.6). Dazu konnte ein geeigneter Prototyp entwickelt werden („EPI", vgl. Abschnitt 2.6). Zu „Gestaltung" gehört auch die grundsätzliche Fragestellung, was man generell unter einem Service bzw. Tool versteht. Antworten auf diese Frage konnten in den Abschnitten 1.8 und 3.1 gegeben werden.

3. Wirkungen und Projektion: Welche Wirkungen hat die Innovation internetgestützer Tools auf das Umweltmanagement bzw. Nachhaltige Management (dritte Forschungsfrage, vgl. Abschnitt 1.6)? Mit dem in Abschnitt 4.3 vorgestellten Fallstudienuntersuchungen konnten bezüglich des Nutzens und der Anreize des Prototyps lediglich grundsätzliche Aussagen formuliert werden. Nachdem über die Fallstudienuntersuchungen eine grundsätzliche Bejahung der Tauglichkeit von internetgestützten Services und die offensichtlichsten Mängel des Prototyps abgefragt werden konnten (vgl. Abschnitt 4.3), muss man nun in einer weiteren Pilotierungsschleife die Fragestellung verfeinern. So gälte es zu erfahren, wie die genauen Zusammenhänge zwischen dem Einsatz internetgestützter Services und der Effizienz des Nachhaltigen Managements strukturiert sind und welche zusätzlichen Optimierungsfelder und -potenziale in einer Projektion auf weitere denkbare internetgestützte Services für das Nachhaltige Management (bspw. auch Mobile Services) identifiziert werden können.

Eine Projektion des bisher Erfahrenen auf weitere Entwicklungsschritte beinhaltet auch die Frage, welche IT-Strategien für das Nachhaltige Management verfolgt werden sollen (vierte Forschungsfrage, vgl. Abschnitt 1.6). Hierzu konnten die Inhalte einer vierstufigen Strategie aufgezeigt werden. Die erste Stufe umfasst die Aufgabe, sinnvolle Objekte des Umweltmanagements (EcOObjects bzw. methodenorientierte Module) zu identifizieren, um diese entsprechend den Geboten der objektorientierten Entwicklung in wieder verwendbare und erweiterbare Software (hier: Services) umzusetzen. Dazu konnten in dieser Arbeit entsprechende Vorarbeiten geleistet werden (vgl. u.a. Abschnitte 2.5.2 und ab Abschnitt 3.1). Zur Erhöhung der Interoperatibilität entwickelter Services mit anderen Systemen müssen für diese Services in einer zweiten Entwicklungsstufe Schnittstellenstandards entwickelt werden. Dafür erscheint der in Abschnitt 5.2.2 beschriebene Ansatz XML/SOAP-basierter Web Services und der darauf aufbauenden *EcOOWebServices* als geeignet. Die dritte Stufe umfasst den Aufbau einer Open Source-Community (vgl. Abschnitt 5.2.1), in der dann gemeinsam Objekte und Module entwickelt und in einem allgemein zugänglichen Repository abgelegt werden sollen (vierte

Entwicklungsstufe). Aus diesen Modulen können dann Tools bzw. Services entwickelt werden. Abbildung 71 beschreibt diese vier Entwicklungsstufen als ein technologisches Innovationsbündel.

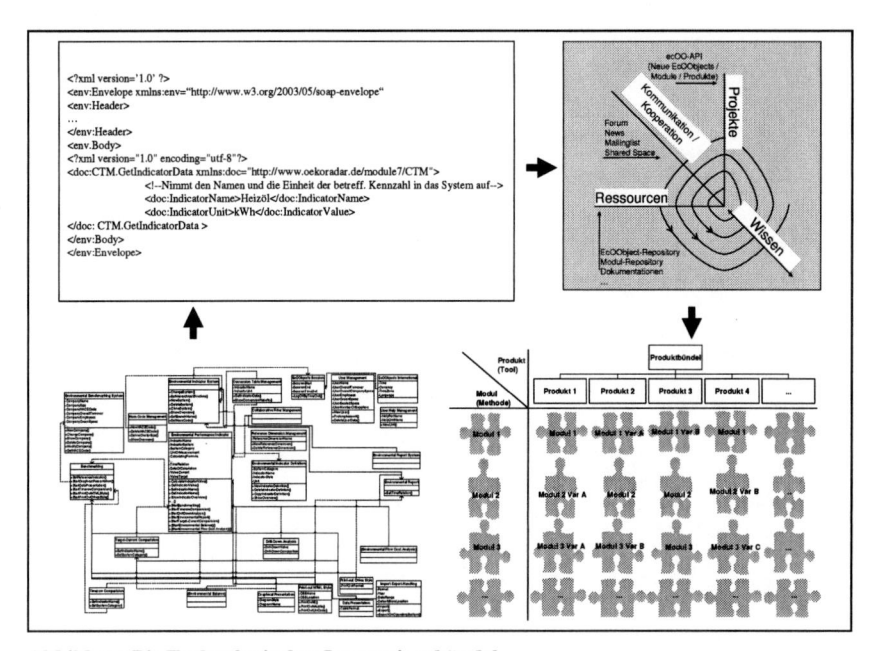

Abbildung 71: Technologisches Innovationsbündel
(Quelle: Eigene Darstellung, komponiert aus Abbildung 56, Abbildung 63 und Abbildung 50)

Sobald erste Ergebnisse in Form von EcOOWebServices vorliegen, gilt es, die Markteinführung zu planen. Hierzu können Konzepte zur Markteinführung traditioneller Dienstleistungen einen hilfreichen Beitrag leisten. Vor jedem am Markt einzuführenden EcOOWebService sollte mit diesem nochmals eine Pilotierungsschleife durchlaufen werden (vgl. Abbildung 10). Insbesondere die Evaluation des Service mit ausgesuchten Vertretern der Zielgruppe erscheint wichtig, um noch rechtzeitig etwaige Änderungen am Service vornehmen zu können.[748] Bei jedem Service ist zu gewährleisten, dass der Gebrauch dem Nutzer einen relativen Leistungsvorteil gibt, eine Kompatibilität mit den Normen und Werten des Nutzers eingehalten wird, der Gebrauch des Service eine geringe Komplexität aufweist, der Service in geeigneter Weise

---

[748] Vgl. Bruhn 2003, S. 236ff.

testbar ist und die Vorteile des Service für den Nutzer direkt einsehbar sind.[749] Die große Herausforderung wird hier die *Institutionalisierung* dieser Qualitätssicherungsprozesse in einer Open Source-Community sein. Darüber hinaus müssen vor der Markteinführung Konzepte zur Etablierung einer Marke entworfen werden.[750]

Abschließend sei erwähnt, dass sich die Umweltinformatik und die noch junge Disziplin der Nachhaltigkeitsinformatik ihrer Erneuerungs- und Veränderungskraft und ihrer damit einhergehenden gesellschaftlichen Verantwortung noch mehr bewusst werden müssen. Die globalen Optimierungspotenziale in den Bereichen Umwelt, Soziales und Wirtschaft, geschaffen durch informationstechnische Innovationen, erscheinen immens. Insbesondere gilt es, intelligente Systeme zu entwickeln, welche den „immer mehr auch informationstechnisch verwüsteten"[751] Entwicklungsländern helfen. Abgesehen von oft immer noch ungenügenden Zugangsmöglichkeiten zum Internet in Entwicklungsländern („Digitale Spaltung", vgl. Abschnitt 1.3), stellen die in dieser Arbeit pilotierten internetgestützten Services einen ersten Versuch dar, die in Software verpackte Intelligenz für ein Nachhaltiges Management jedem zugänglich zu machen.

---

[749] Vgl. Guiltinan 1999, S. 513, nach Rogers 1995, S. 212-244.
[750] Vgl. Holste 2002, S. 65ff.
[751] Capurro 1992, S. 353.

Anhang

1. Ecological Footprint	11. Bewertungs-Tool zu Artikel
2. Umweltmanagertypanalyse-Tool	12. eVoting-Tool (Meinungsberater)
3. Übersichtsseite aller Links samt Erläuterungen	13. Förderprogrammanalyse-Tool
4. Konfigurator	14. Ökosteuer-Rechner
5. Excel-Tool für Zertifizierungsprozess	15. Überblick Umwelt im Internet
6. Suche von Beispiel-Unternehmen im meinem PLZ-Bereich	16. Kommentar-Tool zu Artikel
7. Best Practice Tool	17. Gefahrstoffdatenbank
8. Kategorisierungs-Tool für Zertifizierungsprozess	18. Planspiel Öko-Fugger
9. Ideen-Wettbewerbs-Tool	19. Chat-Forum
10. Schockierendes Tool	20. Beraterdatenbank mit Ranking

Abbildung 72: Ergebnisse des Voting (als unkommentiertes Ergebnis der Voting-Runde)
(Quelle: Eigene Darstellung)

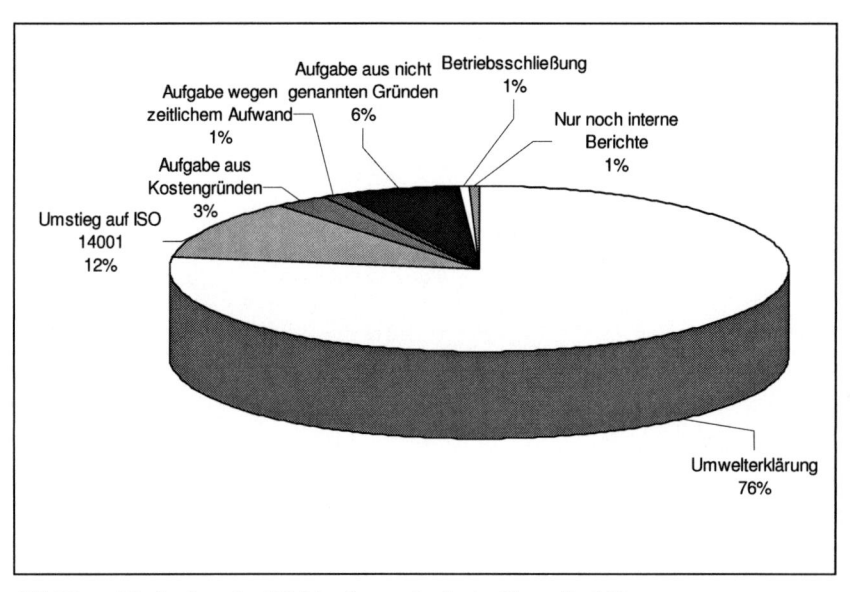

Abbildung 73: Analyse des Rücklaufs angeforderter Umwelterklärungen
(Quelle: Eigene Darstellung)

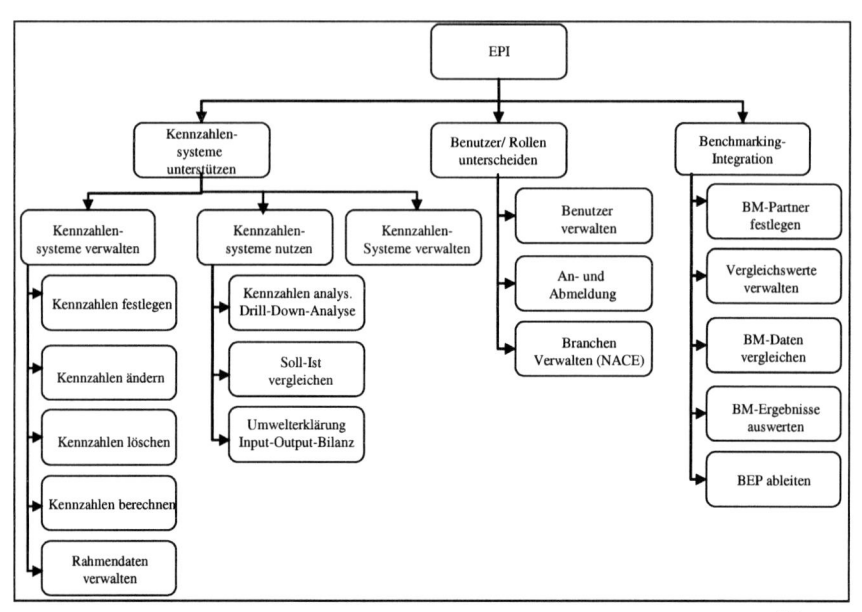

Abbildung 74: Funktionsbaum des Umweltkennzahlen- und Benchmarking-Tools[752]
(Quelle: Eigene Darstellung, in Anlehnung an Krcmar et al. 2000, 156)

---

[752] Abbildung 74 gibt eine stark verkürzte Übersicht über die Funktionen des Umweltkennzahlen- und Benchmarking-Tools (EPI-Tool).

Anhang

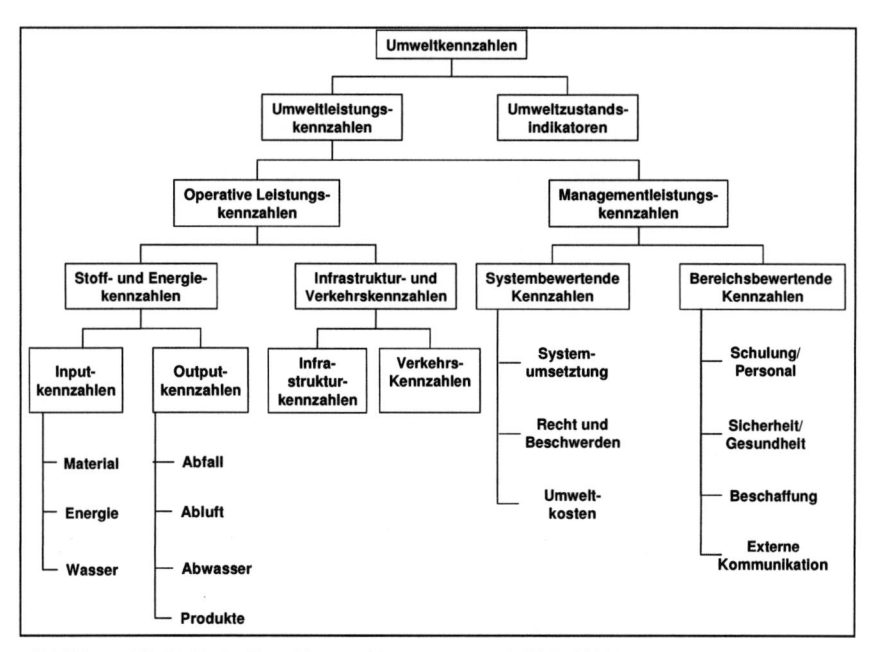

```
                              Umweltkennzahlen
                    ┌──────────────┴──────────────┐
          Umweltleistungs-                  Umweltzustands-
            kennzahlen                         Indikatoren
          ┌──────┴──────┐
Operative Leistungs-    Managementleistungs-
    kennzahlen               kennzahlen
```

- Stoff- und Energiekennzahlen
  - Inputkennzahlen
    - Material
    - Energie
    - Wasser
  - Outputkennzahlen
    - Abfall
    - Abluft
    - Abwasser
    - Produkte
- Infrastruktur- und Verkehrskennzahlen
  - Infrastrukturkennzahlen
  - Verkehrs-Kennzahlen
- Systembewertende Kennzahlen
  - Systemumsetztung
  - Recht und Beschwerden
  - Umweltkosten
- Bereichsbewertende Kennzahlen
  - Schulung/Personal
  - Sicherheit/Gesundheit
  - Beschaffung
  - Externe Kommunikation

Abbildung 75: Vollständiges Kennzahlensystem nach ISO 14031
(Quelle: In Anlehnung an Rauberger und Wagner 1997, S. 158)

Variablen und Indikatoren der Hypothese 1 (Fragebogen)						
			Intervallskala = IVS Überzeugungsfrage = ÜF			
Hypothese	Variable	Subvariable	Indikator	Skala	Frage Nr.	Frageart
1	Bedienbarkeit	Aufgabenangemessenheit	Kompliziertheit der Bedienung	IVS	G1	ÜF
			Einfache Automatisierung sich wiederholender Arbeitsschritte	IVS	G2	ÜF
		Selbstbeschreibungsfähigkeit	Überblick über die Funktionen	IVS	G3	ÜF
			Verständlichkeit der Begriffe, Menüs, Symbole	IVS	G4	ÜF
			Angebot situationsspezifischer Erklärungen	IVS	G5	ÜF
		Steuerbarkeit	Vorhandensein starrer Arbeitsabläufe	IVS	G6	ÜF
			Ausführbarkeit eines Menüwechsels	IVS	G7	ÜF
			Erzwungene Unterbrechungen der Arbeit	IVS	G8	ÜF

		Erwartungs-konformität	Einheitlichkeit der Gestaltung	IVS	G9	ÜF
			Vorhersehbarkeit der Bearbeitungszeiten	IVS	G10	ÜF
		Fehlertoleranz	Aussagekräftigkeit von Fehlermeldungen	IVS	G11	ÜF
		Lernförderlichkeit	Zeitaufwand des Erlernens	IVS	G12	ÜF
			Einprägsamkeit des Erlernten	IVS	G13	ÜF
			Notwendigkeit fremder Hilfe beim Erlernen	IVS	G14	ÜF
			Ausreichendheit der Quicktour	IVS	G15	ÜF
		Allg. Bedienbarkeit	Verständlichkeit der einzelnen Funktionen	IVS	H2	ÜF
			Allgemeine übergreifende Meinung zur Bedienung	-	I1a-1	ÜF

Variablen und Indikatoren der Hypothese 2 (Fragebogen)

ÜF = Überzeugungsfrage	OS = Ordinalskala
o = offen	FF = Faktfrage

Hypothese	Variable	Subvariable	Indikator	Skala	Frage-Nr.	Frageart
2	Einstellung zum Umweltmanagement	Einstellung zum Umweltmanagement	Position / Aufgabenbereich im Unternehmen	-	D3	FF, o
			Zutreffende Eigenschaften des Umweltmanagements (wünschenswert / notwendiges Übel)	OS	F1-1 und 2	ÜF
			Wichtigkeit von Umwelt-Management im Unternehmen	-	I1a-2	ÜF
		Unternehmensgröße	Mitarbeiterzahl im Unternehmen		A1	FF, o
			Umsatz pro Jahr	-	A2	FF, o
			Gesamtausstoß an Bier in hl	-	A3	FF, o
		Stand des Umweltmanagements	Betreiben von Umweltmanagement	-	B1	FF
			Erstellung eines Umweltberichts	-	B2	FF
			Nutzung von Umweltkennzahlen	-	B3	FF

Variablen und Indikatoren der Hypothese 3 (Fragebogen)

IVS = Intervallskala	ÜF = Überzeugungsfrage
o = offen	FF = Faktfrage

Hypothese	Variable	Indikator	Skala	Frage-Nr.	Frageart
3	Funktionalität von EPI	Praktischer Nutzen der einzelnen Funktionen	IVS	H1	ÜF

Anhang

			Verständlichkeit der einzelnen Funktionen	IVS	H2	ÜF
			Vollständigkeit der gewünschten Funktionen	-	H3	FF, o
			Eignung der Funktionen für die Ansprüche des Probanden	-	I1a-3a	ÜF
			Nutzung eines anderen Programms / EPI als Neuerung / Ergänzung der Software	-	I1a-3b	ÜF

Variablen und Indikatoren der Hypothese 4 (Fragebogen)

UM = Umweltmanagement FF = Faktfrage
ÜF = Überzeugungsfrage o = offen

Hypothese	Variable	Subvariable	Indikator	Skala	Frage-Nr.	Frageart
4	Kostenfixierung des Probanden bzgl. Umweltmanagement	Größe des Unternehmens	Mitarbeiterzahl im Unternehmen	-	A1	FF, o
			Umsatz	-	A2	FF, o
			Gesamtausstoß an Bier in hl	-	A3	FF, o
		Einstellung zum Umweltmanagement bzgl. Kosten und Nutzen	Ansicht, UM ist (zu) teuer	-	F1-3	ÜF
			Ansicht, der UM-Ertrag ist ungleich den UM-Kosten	-	F1-4	ÜF
			Ansicht, die Hauptkostenfaktoren des UM sind die Zeit, die Infrastruktur oder das Wissen	-	F1-5	ÜF, o
			Ansicht, UM birgt Nutzen	-	F1-6a	ÜF
			Ansicht, UM-Nutznießer ist der Staat, die Umwelt oder die Menschen	-	F1-6b	ÜF
			Ansicht, UM birgt Kosteneinsparungspotenzial	-	F1-6b	ÜF
			Ansicht, UM senkt den Ressourcenverbrauch	-	F1-6d	ÜF
			Ansicht, UM senkt den Schadstoffausstoß	-	F1-6e	ÜF
			Ansicht, UM senkt den Abfallausstoß	-	F1-6f	ÜF
			Ansicht, UM führt zum Imagegewinn	-	F1-6g	ÜF
			Allg. Einstellung zum UM bzgl. Kosten	-	I1a-4	ÜF

Variablen und Indikatoren der Hypothese 5 (Fragebogen)

FF = Faktfrage ÜF = Überzeugungsfrage
o = offen NoS = Nominalskala

Hypothese	Variable	Indikator	Skala	Frage-Nr.	Frageart

5	Zugriffs- und Arbeits-geschwindigkeit	Prozessorgeschwindigkeit des Testrechners in GHz	-	C1	FF, o
		Speicher des Rechners in Megabyte	-	C2	FF, o
		Verwendeter Browser und Version	NoS	C3	FF
		Art des Internetzugangs	NoS	C4	FF
		Empfinden des Probanden bzgl. Arbeitsgeschwindigkeit	-	I1a-5	ÜF

Variablen und Indikatoren der Hypothese 6 (Fragebogen)

RS = Ratioskala   FF = Faktfrage

Hypothese	Variable	Indikator	Skala	Frage-Nr.	Frageart
6	Computererfahrung des Probanden	Nutzungsdauer eines Computers in Jahren	RS	E1	FF
		Durchschnittliche Arbeitszeit am Computer pro Woche	RS	E2	FF
		Durchschnittliche Arbeitzeit pro Woche mit dem Internet	RS	E3	FF

Variablen und Indikatoren der Hypothese 7 (Fragebogen)

ÜF = Überzeugungsfrage

Hypothese	Variable	Indikator	Skala	Frage-Nr.	Frageart
7	Verständlichkeit der Ergebnisdarstellung	Meinung über die Verständlichkeit der Ergebnisdarstellung	-	I1a-7	ÜF

Variablen und Indikatoren der Hypothese 8 (Fragebogen)

ÜF = Überzeugungsfrage   o = offen

Hypothese	Variable	Indikator	Skala	Frage-Nr.	Frageart
8	Notwendiger Umfang der Datenbasis	Meinung über notwendigen Umfang der Datenbasis	-	I1a-8	ÜF, o

Allgemeine und ergänzende Variablen (Fragebogen)

FF = Faktfrage   NoS = Nominalskala
ÜF = Überzeugungsfrage   o = offen

Variable	Indikator	Skala	Frage-Nr.	Frageart
Gesamtbild des Probanden	Alter	-	D1	FF, o
	Geschlecht	NoS	D2	FF
Zukünftige Nutzung von EPI	Zukünftige Nutzung von EPI	-	I1	FF
Allgemeine Anreizfunktion von EPI, Umweltmanagement zu betreiben	Persönliche Meinung zur allgemeinen Anreizfunktion von EPI	-	I2	ÜF

| EPI-Verbesserungsmöglichkeiten | EPI-Verbesserungsvorschläge | - | I3 | FF, o |

Tabelle 30: Variablen und Indikatoren des Befragungsbogens
(Quelle: In Anlehnung an Deisenroth 2003, S. 39ff.)

Variablen und Indikatoren der Hypothese 1 (Beobachtungsbogen)					
OS = Ordinalskala			ÜF = Überzeugungsfrage		
Hypothese	Variable	Indikator	Skala	Frage-Nr.	Frageart
1	Bedienbarkeit	Verständnis der Angaben / Ausgaben von EPI	OS	G1	ÜF
		Navigationsschwierigkeiten	OS	G2	ÜF, o
		Eingabeschwierigkeiten	OS	G3	ÜF
Variablen und Indikatoren der Hypothese 3 (Beobachtungsbogen)					
	Variable	Indikator	Skala	Frage-Nr.	Frageart
	Funktionalität von EPI	Reaktionen bei Erstkontakt mit einer Funktion	OS	H1	ÜF
		Verweildauer in einer Funktion	OS	H2	ÜF
Variablen und Indikatoren der Hypothese 5 (Beobachtungsbogen)					
Hypothese	Variable	Indikator	Skala	Frage-Nr.	Frageart
5	Zugriffs- und Arbeitsgeschwindigkeit	Empfinden des Beobachters, Wartezeiten	NoS	C1	ÜF
		Wartezeiten	NoS	C2	FF
Variablen und Indikatoren der Hypothese 6 (Beobachtungsbogen)					
	Variable	Indikator	Skala	Frage-Nr.	Frageart
	Computererfahrung des Probanden	Unsichere Mausführung	OS	E1	ÜF
		Kenntnis der Computer-Grundbegriffe	OS	E2	ÜF
		Überforderung mit der Bedienung und gleichzeitiger Eingabe von Daten	OS	E3	ÜF
		Geschwindigkeit der Ausführung von Arbeitsschritten	OS	E4	ÜF
		Steigerung des Arbeitstempos bei Wiederholung von Schritten	OS	E5	ÜF
		Plan- und Ziellosigkeit der Bedienung	OS	E6	ÜF
Variablen und Indikatoren der Hypothese 7 (Beobachtungsbogen)					
	Variable	Indikator	Skala	Frage-Nr.	Frageart
	Darstellungsverständlichkeit	Häufigkeit des Erklärungswunsches der dargestellten Ergebnisse	NoS	I	ÜF

Variable	Indikator	Skala	Frage-Nr.	FF
der Ergebnisse				
Ergänzende Variablen und Indikatoren (Beobachtungsbogen)				
Umfeld der Erhebung	Vorhandensein eines eigenen Computers, Arbeitsplatzes und Büros	-	U	FF
Störungen bei der Erhebung	Auftreten von Telefonanrufen oder Publikumsverkehr	-	U	FF
Grundstimmung des Probanden	Verhalten / Stimmung in der Interaktion	OS	S	ÜF

Tabelle 31: Variablen und Indikatoren des Beobachtungsbogens
(Quelle: In Anlehnung an Deisenroth 2003, S. 53ff.)

1. Fassung des Befragungsbogens

A1	Mitarbeiterzahl Ihrer Firma	
A2	Umsatz	
A3	Gesamtausstoß an Bier in HL	

B1	Betreibt Ihre Firma Umweltmanagement?
Nein ☐ Ja ☐	

B2	Verfasst Ihre Firma einen periodischen Umweltbericht?
Nein ☐ Ja ☐ Wenn ja, in welchem Zeitabstand ? _____	

B3	Nutzt Ihre Firma Kennzahlen zur Analyse von...		
Ressourcenverbrauch		Ja ☐	Nein ☐
Schadstoffausstoß		Ja ☐	Nein ☐
Abfallaufkommen		Ja ☐	Nein ☐

	Verwendete Hardware und benutzte Zugangsart			
C1	Geschwindigkeit (GHZ)			
C2	Speicher des Zugangsrechners (MB)			
C3	Browser	IE ☐	Netscape ☐	Version:
C4	Internetzugang	Modem ☐ ISDN ☐ DSL ☐		
		SDSL ☐		
		Sonstiges:		

D1	Ihr Alter	
D2	Ihr Geschlecht	Männlich ☐ Weiblich ☐
D3	Ihre Position / Aufgabenbereich	
E1	Seit wie viel Jahren nutzen Sie schon einen Computer?	
	< 1 J. ☐ 1-3 J. ☐ 3-5 J. ☐ >5 J. ☐	
E2	Wie viel Stunden arbeiten Sie pro Woche durchschnittlich am Computer?	
	< 6h ☐ 6-15h ☐ 15-25h ☐ >25h ☐	
E3	Wie viel Stunden pro Woche benutzen Sie das WWW?	
	< 1h ☐ 1-4h ☐ 4-10h ☐ >10h ☐	

F1	Welche Eigenschaften treffen Ihrer Meinung nach auf Umweltmanagement (UM) zu?			
	Bitte jeden Unterpunkt ankreuzen.	stimmt	ein bisschen	stimmt nicht
1	Betriebliches UM ist ein notwendiges Übel.	☐	☐	☐
2	Ein betriebliches UM ist allgemein wünschenswert.	☐	☐	☐
3	Ein betriebliches UM ist zu teuer.	☐	☐	☐
4	UM ist zu aufwändig und steht nicht im Verhältnis zum Ertrag.	☐	☐	☐
5	Was sind Ihrer Meinung nach Hauptkostenfaktoren des UM?			
	Die benötigte Zeit			
a	Die benötigte Infrastruktur (Computer, Software etc.)	☐	☐	☐
b	Das benötigte Wissen (kompetente Mitarbeiter, Consulting)	☐	☐	☐
c		☐	☐	☐
	Sonstiges _____			
6	Was sind Ihrer Meinung nach Nutzenpotenziale des UM?			
a	UM birgt keinen Nutzen.	☐	☐	☐
b	Der Nutznießer von UM ist nicht das Unternehmen, sondern die Umwelt, die Menschen oder der Staat allgemein.	☐	☐	☐
c	UM birgt Kosteneinsparungspotenziale für das Unternehmen.	☐	☐	☐
d	UM kann unseren Ressourcenverbrauch senken.	☐	☐	☐
e	UM kann unseren Schadstoffausstoß reduzieren.	☐	☐	☐
f	UM kann unseren Abfallausstoß reduzieren.	☐	☐	☐
g	UM verbessert unser Image, führt zu mehr Kundenakzeptanz und so zu einer besseren Marktposition.	☐	☐	☐
	Sonstiges:			

	Aufgabenangemessenheit							
	Die Software...	+++	++	+	0	-	--	---	Die Software...
G1	ist unkompliziert zu bedienen.	☐	☐	☐	☐	☐	☐	☐	ist kompliziert zu bedienen.
G2	bietet gute Möglichkeiten, häufig wiederholende Bearbeitungsvorgänge zu automatisieren	☐	☐	☐	☐	☐	☐	☐	bietet schlechte Möglichkeiten, sich häufig wiederholende Bearbeitungsvorgänge zu automatisieren.
Selbstbeschreibungsfähigkeit									
G3	bietet einen guten Überblick über ihr Funktionsangebot.	☐	☐	☐	☐	☐	☐	☐	bietet einen schlechten Überblick über ihr Funktionsangebot.
G4	verwendet gut verständliche Begriffe, Bezeichnungen, Abkürzungen oder Symbole in Masken und Menüs	☐	☐	☐	☐	☐	☐	☐	verwendet schlecht verständliche Begriffe, Bezeichnungen, Abkürzungen oder Symbole in Masken und Menüs.
G5	bietet auf Verlangen oder von sich aus situationsspezifische Erklärungen, die konkret weiterhelfen.	☐	☐	☐	☐	☐	☐	☐	bietet auf Verlangen oder von sich aus keine situationsspezifischen Erklärungen, die konkret weiterhelfen.
Steuerbarkeit									
G6	erzwingt keine unnötig starre Einhaltung von Bearbeitungsschritten.	☐	☐	☐	☐	☐	☐	☐	erzwingt eine unnötig starre Einhaltung von Bearbeitungsschritten.
G7	ermöglicht einen leichten Wechsel zwischen einzelnen Menüs oder Masken.	☐	☐	☐	☐	☐	☐	☐	ermöglicht keinen leichten Wechsel zwischen einzelnen Menüs oder Masken.
G8	erzwingt keine unnötigen Unterbrechungen der Arbeit	☐	☐	☐	☐	☐	☐	☐	erzwingt unnötige Unterbrechungen der Arbeit.
Erwartungskonformität									
G9	erleichtert die Orientierung, durch eine einheitliche Gestaltung.	☐	☐	☐	☐	☐	☐	☐	erschwert die Orientierung durch eine uneinheitliche Gestaltung.
G10	reagiert mit gut vorhersehbaren Bearbeitungszeiten.	☐	☐	☐	☐	☐	☐	☐	reagiert mit schwer vorhersehbaren Bearbeitungszeiten.
Fehlertoleranz									
G11	liefert gut verständliche Fehlermeldungen	☐	☐	☐	☐	☐	☐	☐	liefert schlecht verständliche Fehlermeldungen
	Es gab keine Fehlermeldung	☐							
	Es gab keine Fehler	☐							
Lernförderlichkeit									
	Die Software...	+++	++	+	0	-	--	---	Die Software...
G12	erfordert wenig Zeit zum Erlernen	☐	☐	☐	☐	☐	☐	☐	erfordert viel Zeit zum Erlernen.
G13	ist so gestaltet, dass sich einmal Gelerntes gut einprägt.	☐	☐	☐	☐	☐	☐	☐	ist so gestaltet, dass sich einmal Gelerntes schlecht einprägt.
G14	ist gut ohne fremde Hilfe erlernbar.	☐	☐	☐	☐	☐	☐	☐	ist schlecht ohne fremde Hilfe erlernbar.
G15	Die Quicktour ist eine ausreichende Erklärung für alle Funktionen	☐	☐	☐	☐	☐	☐	☐	Die Quicktour ist keine ausreichende Erklärung für alle Funktionen

H1	Bewerten Sie die Funktionen der Software nach praktischem Nutzen							
		Hoher Nutzen		Neutral			Kein Nutzen	
		+++	++	+	0	-	--	---
Quicktour		□	□	□	□	□	□	□
Eingabe von Kennzahlen		□	□	□	□	□	□	□
Kennzahlen-Benchmarking		□	□	□	□	□	□	□
Import / Exportfunktion		□	□	□	□	□	□	□
Soll / Ist-Vergleich		□	□	□	□	□	□	□
Zeitreihenanalyse		□	□	□	□	□	□	□
Drill Down Analyse		□	□	□	□	□	□	□
Erstellung eines Umweltberichts (Input/Output)		□	□	□	□	□	□	□

H2	Bewerten Sie die Funktionen der Software nach Verständlichkeit							
		sehr verständlich		verständlich			unverständlich	
		+++	++	+	0	-	--	---
Quicktour		□	□	□	□	□	□	□
Eingabe von Kennzahlen		□	□	□	□	□	□	□
Kennzahlen-Benchmarking		□	□	□	□	□	□	□
Import / Exportfunktion		□	□	□	□	□	□	□
Soll / Ist-Vergleich		□	□	□	□	□	□	□
Zeitreihenanalyse		□	□	□	□	□	□	□
Drill Down Analyse		□	□	□	□	□	□	□
Erstellung eines Umweltberichts (Input/Output)		□	□	□	□	□	□	□

H3	Würden Sie sich zusätzliche Funktionen wünschen?

Nein □   Weiß nicht □   Ja □   Welche:_____

I1a	Vermitteln Sie bitte Ihre Meinung zu EPI / zum Umweltmanagement: (Bitte jeden Unterpunkt ankreuzen)		
	Ich stimme dem linken Satz zu	beides	Ich stimme dem rechten Satz zu

1	Die Software ist zu kompliziert zu bedienen / man kommt damit nicht zurecht.	☐	☐	☐	Die Bedienung der Software ist einfach.
2	Umweltmanagement spielt in meiner Firma keine Rolle.	☐	☐	☐	Umweltmanagement ist wichtig in meiner Firma.
3 a	Die Software hat für meine Ansprüche keine geeigneten oder unverständlichen Funktionen.	☐	☐	☐	Die Software bietet für meine Ansprüche geeignete, verständliche Funktionen.
3 b	Wir benötigen EPI nicht, da wir bereits ein anderes Programm benutzen. Welches ? _____	☐	☐	☐	Wir haben noch keine Software dieser Art / EPI ist eine gute Ergänzung für unser UM.
4	Umweltmanagement ist auch mit einem kostenlosen Benchmarking-Tool wie EPI zu teuer.	☐	☐	☐	EPI bietet eine Möglichkeit, kostengünstig Umweltmanagement zu betreiben.
5	Die Arbeitsgeschwindigkeit mit der Software ist schlecht.	☐	☐	☐	Die Arbeitsgeschwindigkeit mit der Software ist gut.
7	Die dargestellten Ergebnisse sind nicht verwertbar aufgrund ihrer unverständlichen Darstellung.	☐	☐	☐	Man bekommt durch die Software relativ einfach betrieblich verwertbare Information bzw. ein verwertbares Ergebnis.
8	Die vorhandene Datenbasis (17 Brauereien) ist zu gering – ein Benchmark ist nicht möglich oder nicht aussagekräftig.	☐	☐	☐	Ich bekomme mit der vorhandenen Datenbasis von 17 Brauereien aussagekräftige Benchmarks.
	Daten von wie vielen Brauereien (pro Jahr) sollte die Datenbasis mindestens enthalten? _____				

Sonstige Nutzungs- oder Ablehnungsgründe für EPI:

I1	Ziehen Sie in Betracht, in Zukunft das Tool zu benutzen? ☐ Nein ☐ Weiß nicht ☐ Ja
I2	Bietet die Software Anreize, oder kann die Software helfen, sich mit Umweltmanagement auseinander zu setzen oder bestehendes Umweltmanagement zu vereinfachen oder zu vertiefen?

Nein ☐	Ja ☐

I3	Haben Sie weitere Verbesserungsvorschläge, die noch nicht genannt wurden?

Nein ☐   Ja ☐   Welche ? _____

Tabelle 32: 1. Fassung des Befragungsbogens
(Quelle: In Anlehnung an Deisenroth 2003, S. 104ff. Frageblock G in Anlehnung an Prümper und Anft 1993)

Beobachtungsbogen:	
C1	Beobachtete Computergeschwindigkeit ist...	
schleppend / zäh / langsam / unzumutbar – der Anwender wartet immer auf das Programm	☐
ausreichend / manchmal Wartephasen / nicht schnell, aber noch erträglich	☐
zufriedenstellend / wenig Wartephasen / man kann damit arbeiten	☐
gut / so gut wie keine Wartephasen / guter Arbeitsfluss mgl. / das Programm wartet immer auf den Anwender	☐

C2	Beobachtete Computergeschwindigkeit – Wartezeit – es gibt...	
häufig Pausen über 10 Sekunden		☐
manchmal Pausen zwischen 5 und 10 Sekunden		☐
seltene Pausen länger als 5 Sekunden		☐
keine Pausen über 3 Sekunden		☐

E	Beobachte Computererfahrung			
		Oft /ja	manchmal	Nie/nein

		Oft /ja	manchmal	Nie/nein
1	Der Proband hat eine unsichere Mausführung (z.B. ein Symbol anzuklicken)	☐	☐	☐
2	Der Proband fragt häufig nach Grundbegriffen des Internets / der Computerbedienung (Fenster, Scrollbalken, Menü, Anmelden etc.).	☐	☐	☐
3	Der Proband ist mit der Bedienung des Programms und der gleichzeitigen Eingabe von Daten überfordert.	☐	☐	☐
4	Der Proband braucht sehr lange, um einen Arbeitsschritt auszuführen.	☐	☐	☐
5	Wiederholungen von Arbeitsschritten fallen genauso schwer wie der erste Versuch.	☐	☐	☐
6	Die Bedienung ist planlos / ziellos / nur nach Anleitung mgl.	☐	☐	☐

G	Bedienung			
		Oft /ja	manchmal	Nie/nein
1	Der Proband versteht die Ausgaben / Angaben des Programms nicht (z.B. Fehlermeldungen, Aufforderungen, etc.).	☐	☐	☐
2	Der Proband fragt mehrmals nach den gleichen Navigationselementen / ... sucht, findet aber die gewünschten Elemente nicht / ... ist sich unsicher, mit welchem Klick er das Gewünschte erreicht. (Ich will da raus – wo muss ich klicken?) (z.B. wo: _____	☐	☐	☐
3	Der Proband hat Schwierigkeiten bei der Eingabe von Daten (z.B. Punkt oder Komma, Umlaute, Kennzahlen etc.)	☐	☐	☐

H1	Der Proband zeigt äußerst positive / negative Reaktionen bei der Nutzung der Funktion:						
	+++	++	+	0	-	--	---
Quicktour	☐	☐	☐	☐	☐	☐	
Eingabe von Kennzahlen	☐	☐	☐	☐	☐	☐	☐
Kennzahlen-Benchmarking	☐	☐	☐	☐	☐	☐	☐
Import / Exportfunktion	☐	☐	☐	☐	☐	☐	☐
Soll / Ist-Vergleich	☐	☐	☐	☐	☐	☐	☐
Zeitreihenanalyse	☐	☐	☐	☐	☐	☐	☐
Drill Down Analyse	☐	☐	☐	☐	☐	☐	☐
Erstellung eines Umweltberichts (Input/Output)	☐	☐	☐	☐	☐	☐	☐

H2	Der Proband beschäftigt / interessiert sich besonders lange mit / für:							
		Hält sich lange auf				Klickt sich schnell durch		
		+++	++	+	0	-	--	---
Quicktour		☐	☐	☐	☐	☐	☐	☐
Eingabe von Kennzahlen		☐	☐	☐	☐	☐	☐	☐
Kennzahlen-Benchmarking		☐	☐	☐	☐	☐	☐	☐
Import / Exportfunktion		☐	☐	☐	☐	☐	☐	☐
Soll / Ist-Vergleich		☐	☐	☐	☐	☐	☐	☐
Zeitreihenanalyse		☐	☐	☐	☐	☐	☐	☐
Drill Down Analyse		☐	☐	☐	☐	☐	☐	☐
Erstellung eines Umweltberichts (Input/Output)		☐	☐	☐	☐	☐	☐	☐

I	Darstellung der Benchmark-, Zeitreihen-, Soll-Ist-Vergleich-Ergebnisse	
Der Proband versteht sofort die Darstellungen		☐
Der Proband muss mehrmals nachfragen / sich die Grafik erklären lassen		☐
(insbes. bei _____)		
Der Proband fragt bei jeder Darstellung nach der Aussage der Grafik		☐

U			
Umfeld / Störfelder		ja	nein
Eigener Arbeitsplatz		☐	☐
Eigener Computer		☐	☐
Eigenes Büro		☐	☐
Ungestört		☐	☐
Publikumsverkehr		☐	☐
Telefonate		☐	☐

S	Persönliche Einstellung / Stimmung: Der Proband wirkt ...			
		Oft /ja	manchmal	Nie/nein

angespannt	☐	☐	☐
offen, hört zu	☐	☐	☐
freundlich	☐	☐	☐
kurz angebunden, meist nur knappe Äußerungen	☐	☐	☐
eilig (schaut auf die Uhr etc.)	☐	☐	☐
unsicher	☐	☐	☐
genervt	☐	☐	☐
interessiert	☐	☐	☐
arrogant / überheblich	☐	☐	☐

Tabelle 33: Der Beobachtungsbogen
(Quelle: In Anlehnung an Deisenroth 2003, S. 110ff.)

UNIVERSITÄT HOHENHEIM
Institut für **Betriebswirtschaftslehre**
LEHRSTUHL FÜR UMWELTMANAGEMENT (510 M), D-70593 STUTTGART
Prof. Dr. Werner F. Schulz
Betreuender Mitarbeiter: Dipl. oec. Rudolph Braun
Tel.: 0711 459 3672
Fax: 0711 459 3474
rubraun@uni-hohenheim.de

Stuttgart, den 17.06.2003

An die Geschäftsleitung bzw. die Abteilung
des betrieblichen Umweltmanagements

Online Umweltkennzahlen und Vergleich mit anderen der gleichen Branche

Sehr geehrte Damen und Herren,

das Großprojekt Ökoradar will mit möglichst einfachen Mitteln jene Unternehmen zum nachhaltigen Wirtschaften motivieren, die sich mit diesem Aspekt bislang gar nicht oder kaum beschäftigen konnten. Das Projekt gehört zum neuen Förderschwerpunkt "Integrierter Umweltschutz - Betriebliche Instrumente für nachhaltiges Wirtschaften" des Bundesforschungsministeriums und es beteiligen sich inzwischen über 80 deutsche Unternehmen. Das Projekt wird in enger Kooperation mit der privaten Universität Witten/Herdecke und dem Lehrstuhl für Umweltmanagement an der Universität Hohenheim durchgeführt. Nähere Informationen finden Sie unter www.oekoradar.de.

Im Rahmen dieses Projektes suchen wir nun Unternehmen, die uns beim Test und der Evaluation des webbasierten Umweltkennzahlen- und Benchmarking-Tools (kurz: EPI-Tool, Environmental Performance Indicator) unterstützen. Das Tool ermöglicht es Unternehmen ihre Umweltkennzahlen kostenlos, online und anonym mit den Daten ihrer Konkurrenten in ihrer Branche zu vergleichen. Eine Datenbasis von 17 Brauereien ist bereits vorhanden. So kann man bspw. einsehen, in welchem Verhältnis die eigene Abwasser/Bierproduktionsmengen-Quote zu der der Mitbewerber steht und wie sich dieses Verhältnis über mehrere Berichtszeiträume entwickelt.

Wir würden Sie gerne dafür gewinnen, das bisher noch nicht öffentlich zugängliche Tool zu testen und uns Ihre Meinung darüber darzulegen. Dazu würden wir zu Ihnen vor Ort kommen und mit Ihnen gemeinsam die ersten Schritte mit diesem Tool gehen. Den Zeitaufwand können Sie je nach Ihren Wünschen flexibel gestalten. Es ist mit ca. 2 Stunden zu rechnen.

Ihr Vorteil: Sie erhalten durch uns in Ihrem Betrieb eine kostenlose Einführung in das EPI-Tool und können es danach ausführlich testen und in einem späteren Produktiveinsatz beherrschen. Hierbei lernen Sie das zentrale Know-how zum Management von Umweltkennzahlen kennen. Weiterhin können Sie durch Ihre Meinung auf die weitere Entwicklung und Verbesserung des Tools Einfluss nehmen und somit einen wichtigen Beitrag zur Umweltmanagement-Forschung leisten. Über das Internet Portal Oekoradar.de werden wir nach der Testphase dieses Tool kostenlos zur Verfügung stellen.

Wenn wir Ihre Aufmerksamkeit geweckt haben und Sie an nachhaltigem Wirtschaften und an unserem EPI-Tool interessiert sind, setzen Sie sich bitte mit uns in Verbindung. Der Untersuchungszeitraum wird aller Voraussicht nach Mitte bis Ende Juli sein.

Mit freundlichen Grüßen

Prof. Werner F. Schulz

Abbildung 76: Anschreiben an die Brauereien
(Quelle: Deisenroth 2003, S. 96)

Literaturverzeichnis

Abbott, R. J. (1983): *Program Design by Informal English Descriptions.* In: Comm. of the ACM, 26:11, S. 882-894.

Adam, D. (1996): *Planung und Entscheidung: Modelle - Ziele - Methoden; mit Fallstudien und Lösungen.* 4. vollst. überarb. u. wesentlich erw. Aufl. Wiesbaden: Gabler.

Ahrens, A.; Jeppsen, D. und Sander, K. (2001): *Abfallwirtschaft.* In: Handbuch Umweltcontrolling. Hrsg.: Bundesumweltministerium und Umweltbundesamt. 3 Aufl. Müchen: Vahlen. S. 313-328.

Alakeson, V.; Aldrich, T.; Goodman, J. und Jorgensen, B. (2003a): *Making the net work: Sustainable Development in a digital Society.* Middlesex: Xeris.

Alakeson, V.; Aldrich, T.; Goodman, J.; Jorgensen, B. und Miller, P. (2003b): *Social Responsibility in the Information Society.* Digital Europe: e-business and sustainable development.

Amshoff, B. (1997): *Checklisten.* In: Gabler-Lexikon Controlling und Kostenrechnung. Hrsg.: Liessmann, K. Wiesbaden: Gabler. S. 94.

Arlinghaus, S. und Catalina, B. (2003): *Application of Environmental-oriented Cost Management (EoCM®) in a particle- and fibreboard company.* Working Paper, Bonn: GTZ.

Armstrong, J. S. (1999): *Forecasting for Environmental Decision Making.* In: Tools to Aid Environmental Decision Making. Hrsg.: Dale, V. H. und English, M. R. New York et al.: Springer. S. 192-225.

Arndt, H.-K. (1997): *Betriebliche Umweltinformationssysteme: Gestaltung und Implementierung eines BUIS Kernsystems.* Wiesbaden: Gabler.

Atteslander, P. (2000): *Methoden der empirischen Sozialforschung.* 9. neu bearb. u. erw. Aufl. Berlin, New York: de Gruyter.

Bächle, M. (1996): *Qualitätsmanagement der Softwareentwicklung: das QEG-Verfahren als Instrument des Total Quality Managements.* Wiesbaden: Gabler Verlag, Deutscher Universitäts-Verlag.

Balzert, H. (1998): *Lehrbuch der Softwaretechnik: Software-Management, Software-Qualitätssicherung, Unternehmensmodellierung.* Heidelberg, Berlin: Spektrum Akademischer Verlag.

Balzert, H. (1999): *Lehrbuch Grundlagen der Informatik: Konzepte und Notationen in UML, Java und C++ Algorithmik und Software-Technik Anwendungen.* Heidelberg, Berlin: Spektrum Akademischer Verlag.

Bartolomeo, M. und Ranghieri, F. (1998): *Öko-Benchmarking in Italien*. In: Ökologisches Benchmarking von Unternehmen. Hrsg.: Kottmann, H. und Clausen, J. Berlin: IÖW. S. 1-16.

Bauer, C. (1995): *Möglichkeiten visueller Simulation im Internet* (WWW-Seite, Stand: k.A.). Internet: http://plasticplanet.com/buf/artikel/vissim.htm, Zugriff: 18.04.2004.

Bauer, H. (2001): *Unternehmensportale: Geschäftsmodelle, Design, Technologien*. Bonn: Galileo.

Baumann, W.; Kössler, W. und Promberger, K. (2003): *Betriebliche Umweltinformationssysteme: Anforderungen, Umsetzung, Erfahrungen*. Wien: Linde.

Baumast, A. (2001): *Betriebliches Umweltmanagement im Jahre 2022: ein Ausblick*. In: Betriebliches Umweltmanagement: Theoretische Grundlagen; Praxisbeispiele. Hrsg.: Baumast, A. und Pape, J. Stuttgart (Hohenheim): Ulmer. S. 240-253.

Baumgarten, U.; Krcmar, H.; Reichwald, R. und Schlichter, J. (2001): *Community Online Services And Mobile Solutions - Projektstartbereicht des Verbundvorhabens COSMOS*. TUM-INFO-10-I0105-100/1.-FI. München: Institut für Informatik der Technischen Universität München.

Behme, W. (1992): *ZP-Stichwort: Entscheidungsunterstützungsprobleme*. In: Zeitschrift für Planung:2, S. 179-184.

Bill, R. (1994): *Raumbezogene Datenverarbeitung in Umweltinformationssystemen*. In: Handbuch der Informatik: Informatikmethoden für Umweltschutz und Umweltforschung. Hrsg.: Page, B. und Hilty, L. M. München, Wien: Oldenbourg. S. 103-126.

Blohm, H. (1969): *Informationswesen*. In: HWO. Hrsg.: Grochla, E. Stuttgart: S. 727-734.

Blum, B. (1996): *Schadstoffe in elektrischen und elektronischen Geräten*. Berlin u.a.: Springer.

Blume, V.; Gehrmann, C. und Haasis, H.-D. (2001): *Überbetriebliches Informations- und Entscheidungsmanagement am Beispiel der Kreislaufwirtschaft*. In: Information Age Economy, 5. Internationale Tagung Wirtschaftsinformatik Augsburg. Hrsg.: Buhl, H. U. et al. Heidelberg: Physica-Verlag. S. S. 787 - 800.

Booch, G. (1994): *Objektiorientierte Analyse und Design: Mit praktischen Anwendungsbeispielen*. Bonn u. a.: Addison-Wesley.

Bortz, J. und Döring, N. (1995): *Forschungsmethoden und Evaluation*. 2., vollst. überarb. und aktualisierte Aufl. Berlin, Heidelberg: Springer.

Bortz, J. und Döring, N. (2002): *Forschungsmethoden und Evaluation*. 3. überarbeitete Aufl. Berlin: Springer.

Braun, R. (2002): *Pilotierung*. In: Workshop Proceedings: Reader zum Seminar zur Forschungsmethodik. Hrsg.: Krcmar, H. Stuttgart: Lehrstuhl für Wirtschaftsinformatik der Universität Hohenheim (Prof. Krcmar). S. 122-142.

Braun, R. und Krcmar, H. (2002): *Webbasierte Informations- und Interaktionsdienste im Betrieblichen Umweltmanagement: Ein Überblick.* Projektinternes Arbeitspapier, Stuttgart: Lehrstuhl für Umweltmanagement (Universität Hohenheim) und Lehrstuhl für Wirtschaftsinformatik (Technische Universität München).

Braun, R.; Nicolescu, V.; Krcmar, H.; Schulz, W. F. und Kreeb, M., (2003a, 24.-26.09.): *Modern communication instruments for the imparting of sustainable management: By the example of an avatar.* Beitrag, vorgestellt auf: The Information Society and Enlargement of the European Union - 17th International Conference Informatics for Environmental Protection: Cottbus. Hrsg. der Conference Proceedings: Gnauck, A. und Heinrich, R.: Metropolis. 1 (2), S. 94-101.

Braun, R.; Russ, M. und Krcmar, H., (2002, 25.-27.09.): *Web-based Tools for Environmental Performance Indicators.* Beitrag, vorgestellt auf: Environmental Communication in the Information Society: EnviroInfo Vienna 2002: Wien. Hrsg. der Conference Proceedings: Pillmann, W. und Tochtermann, K.: Metropolis. 1 (2), S. 225-232.

Braun, R.; Russ, M.; Schulz, W. F. und Krcmar, H., (2003b, 01.04.): *Überbetriebliche Informationssysteme für ein Nachhaltiges Management: am Beispiel eines Internetgestützten Umweltkennzahlen- und Benchmark-Tools - 11. Tagung der Fachgruppe Betrieblicher Umweltinformationssysteme der Gesellschaft für Informatik e.V.* Beitrag, vorgestellt auf: Integration von Unweltinformationen in betriebliche Informationssysteme: Stuttgart - Vahingen. Hrsg. der Conference Proceedings: Heubach, D. und Rey, U.: Shaker. S. 133-148.

Braun, R.; Russ, M.; Schulz, W. F.; Krcmar, H. und Kreeb, M., (2003c, 24.-26.09.): *An Open-Source Community for building ecological tools.* Beitrag, vorgestellt auf: The Information Society and Enlargement of the European Union - 17th International Conference Informatics for Environmental Protection: Cottbus. Hrsg. der Conference Proceedings: Gnauck, A. und Heinrich, R.: Metropolis. 1 (2), S. 165-170.

Braun, R.; Schulz, W. F. und Krcmar, H. (2003d): *DV-Konzept für das Ökoradar-Tool "Verkehrsbilanz"; Erstellt auf Basis des Fachkonzepts von Ellen Frings (IFEU-Institut).* Internes Arbeitspapier, Stuttgart: Lehrstuhl für Umweltmanagement (Universität Hohenheim) und Lehrstuhl für Wirtschaftsinformatik (Technische Universität München).

Braun, R.; Schulz, W. F. und Krcmar, H. (2003e): *Internet-Portale und ihre Services: Grundlagenstudie zur Entwicklung web-basierter Services für das betriebliche Umweltmanagement.* Internes Arbeitspapier, Stuttgart, München: Lehrstuhl für Umweltmanagement (Universität Hohenheim) und Lehrstuhl für Wirtschaftsinformatik (Technische Universität München).

Braun, R.; Schulz, W. F.; Krcmar, H.; Russ, M.; Maute, S.; Hermann, B.; Nicolescu, V.; Kreeb, M. und Kolb, H. (2004): *System Architecture and Maintenance of the Ecoradar Web Portal.* In: Environmental Online Communication. Hrsg.: Scharl, A. London: Springer. S. 147-160.

Brauweiler, J. (Hrsg.)(2002): *Benchmarking von umweltorientiertem Wissen auf unterschiedlichen Aggregationsebenen.* Wiesbaden: Deutscher Universitäts Verlag.

Bronner, R. (1999): *Planung und Entscheidung: Grundlagen - Methoden - Fallstudien.* 3., völlig überarb. Aufl. München, Wien: Oldenbourg.

Brooks, F. (1987): *No silver bullets: Essence and accidents of software engineering.* In: IEEE Computers, 20:4, S. 10-19.

Bruhn, M. (2003): *Markteinführung von Dienstleistungen: Vom Prototyp zum marktfähigen Produkt.* In: Service Engineering: Entwicklung und Gestaltung innovativer Dienstleistungen. Hrsg.: Bullinger, H.-J. und Scheer, A.-W. Berlin u.a.: Springer. S. 235-258.

Brunold, J.; Merz, H. und Wagner, J. (2000): *www.cyber-communities.de: Virtual Communities : Strategie, Umsetzung, Erfolgsfaktoren.* Landsberg/Lech: Moderne Industrie Verlag.

Budde, R. und Züllighoven, H. (1990): *Softwarewerkzeuge in einer Programmierwerkstatt.* München, Wien: Oldenbourg.

Budde, R. und Züllighoven, H. (1992): *Software Tools in a Programming Workshop.* In: Software Development and Reality Constuction. Hrsg.: Floyd, C. et al. Berlin u.a.: Springer. S. 252-268.

Bullinger, H.-J.; Baumann, T.; Fröschle, N.; Mack, O.; Trunzer, T. und Waltert, J. (2002): *Business Communitys: Professionelles Beziehungsmanagement von Kunden, Mitarbeitern und B2B-Partnern im Internet.* Bonn: Galileo Press.

Bullinger, H.-J. und Scheer, A.-W. (2003): *Service Engineering - Entwicklung und Gestaltung innovativer Dienstleistungen.* In: Service Engineering: Entwicklung und Gestaltung innovativer Dienstleistungen. Hrsg.: Bullinger, H.-J. und Scheer, A.-W. Berlin u.a.: Springer. S. 3-17.

Bumatay, M.; Chan, C. und Pileggi, S. (2001): *ONE OUT OF EVERY THREE AMERICANS VISITS A SEARCH ENGINE, PORTAL OR COMMUNITY SITE, ACCORDING TO NIELSEN//NETRATINGS.* Monthly Internet Ratings from Nielsen//NetRatings – May 2001, New York: Nielsen//NetRatings.

Bundesumweltministerium und Umweltbundesamt (1997): *Leitfaden betriebliche Umweltkennzahlen.* Bonn, Berlin: Bundesministerium/Umweltbundesamt.

Bundesumweltministerium und Umweltbundesamt (Hrsg.)(2001): *Handbuch Umweltcontrolling.* 2 Aufl. München: Vahlen.

Burschel, C. (2001): *Ökologisches Produktdesign.* In: Handbuch Umweltcontrolling. Hrsg.: Bundesumweltministerium und Umweltbundesamt. 2 Aufl. München: Vahlen. S. 269-280.

Buß, E. (1985): *Lehrbuch der Wirtschaftssoziologie.* Berlin, New York: de Gruyter.

Camp, R. C. (1994): *Benchmarking.* München, Wien: Hanser.

Canon AG (2002): *Canon (Schweiz) AG Umweltbericht 2002* (PDF-Datei, Stand: k.A.). Internet: http://www.canon.ch/download_uw/canon_ub_2002_d.pdf, Zugriff: 25.04.2004.

Canon Inc. (2003): *CANON Sustainablity Report 2003* (PDF-Datei, Stand: k.A.). Internet: http://www.canon.com/environment/report/report2003e.pdf, Zugriff: 25.04.2004.

Capurro, R. (1992): *Die Herausforderung der Informatik für die Praktische Philosophie*. In: Sichtweisen der Informatik. Hrsg.: Coy, W. et al. Braunschweig, Wiesbaden: Vieweg. S. 343-366.

Carrol, J. (1992): *Making Errors, Making Sense, Making Use*. In: Software Development and Reality Constuction. Hrsg.: Floyd, C. et al. Berlin u. a.: Springer. S. 155-167.

Chein, I.; Cook, S. W. und Harding, J. (1948): *The field of action research*. In: The American Psychologist, 3, S. 43-50.

Clausen, J. und Kottmann, H. (2001): *Ökologisches Benchmarking*. In: Handbuch Umweltcontrolling. Hrsg.: Bundesumweltministerium und Umweltbundesamt. 2 Aufl. München: Vahlen. S. 241-254.

Clausen, J. und Rubik, F. (1996): *Von der Suggestivkraft der Zahlen*. In: Ökologisches Wirtschaften:2/1996, S. 13-15.

Coad, P. und Yourdan, E. (1991): *Object-oriented analysis*. 2 Aufl. Englewood Cliffs: Prentice Hall.

Coenenberg, G. (1987): *Strategisches Controlling*. Stuttgart: Fachverlag für Wirtschaft und Steuern Schäffer.

Coy, W. (1992): *Soft Engines - Mass-Produced Software for Working People*. In: Software Development and Reality Constuction. Hrsg.: Floyd, C. et al. Berlin u. a.: Springer. S. 269-279.

Coy, W. et al. (1992): *Informatik und Verantwortung, Positionspapier des Fachbereichs "Informatik und Gesellschaft" der Gesellschaft für Informatik*. In: Sichtweisen der Informatik. Hrsg.: Coy, W. et al. Braunschweig: Vieweg. S. 311-325.

Daldrup, H. (2001): *Umweltschutz-Reporting*. In: Betriebliches Umweltmanagement: Theoretische Grundlagen: Praxisbeispiele. Hrsg.: Baumast, A. und Pape, J. Stuttgart (Hohenheim): Ulmer. S. 108-123.

Dale, V. H. und English, M. R. (Hrsg.)(1999): *Tools to Aid Environmental Decision Making*. New York et al.: Springer.

Dale, V. H. und O'Neill, R. V. (1999): *Tools to Characterize the Environmental Setting*. In: Tools to Aid Environmental Decision Making. Hrsg.: Dale, V. H. und English, M. R. New York et al.: Springer. S. 62-90.

Daniel, A. (2001): *Implementierungsmanagement: Ein anwendungsorientierter Gestaltungsansatz*. 1. Aufl. Wiesbaden: Gabler.

Daum, M.; Klein, A.; Leimeister, J. M. und Krcmar, H. (2001): *Webbasierte Informations- und Interaktionsdienste für Krebspatienten: Ein Überblick*. Arbeitspapier, Nr. 109. Stuttgart Hohenheim: Universität Hohenheim, Lehrstuhl für Wirtschaftsinformatik.

Davenport, T. H. (1993): *Process Innovation: Reengineering Work through Information Technology*. Boston: Harvard Business School Press.

de la Chevallerie, L. und Servatius, H.-G. (2001): *Früherkennung ökologischer Chancen und Risiken*. In: Handbuch Umweltcontrolling. Hrsg.: Bundesumweltministerium und Umweltbundesamt. 2. Aufl. München: Vahlen. S. 101-120.

Deisenroth, C. (2003): *Konzept und Durchführung einer Fallstudie zur Evaluation der Nutzung eines Web-basierten Umweltmanagement-Tools*, Diplomarbeit, Lehrstuhl für Umweltmanagement, Universität Hohenheim.

Detzer, K. A.; Dietzfelbinger, D.; Gruber, A.; Uhl, W. P. und Wittmann, U. (1999): *Nachhaltig Wirtschaften: Expertenwissen für umweltbewußte Führungskräfte in Wirtschaft und Politik - Daten - Argumente - Fakten*. Augsburg: KOGNOS.

Doluschitz, R. (2002a): *Betriebszweig-, Betriebs- und Unternehmensebene der landwirtschaftlichen Primärproduktion*. In: Agrarinformatik. Hrsg.: Doluschitz, R. und Spilke, J. Stuttgart: Ulmer. S. 266-321.

Doluschitz, R. (2002b): *Das Internet und seine Dienste*. In: AGrar-Finanz: Betrieb, Wirtschaft, Geld ; Fachmagazin der Sparkassen-Finanzgruppe, 50:9, S. 22-23.

Doluschitz, R. und Spilke, J. (2002): *Bedeutung und Aufgaben der Information*. In: Agrarinformatik. Hrsg.: Doluschitz, R. und Spilke, J. Stuttgart: Ulmer. S. 18-23.

Dumont du Voitel, R.; Klug, M. und Weiß, C. (2002): *E-Learning Erfolg in Management und Vertrieb*. Heidelberg: ddv.

Dyllick, T. und Schneidewind, U. (1995): *Ökologische Benchmarks: Erfolgsindikatoren für das Umweltmanagement von Unternehmen*. St. Gallen: Universität St. Gallen.

Eberhart, A. und Fischer, S. (2003): *Web Services: Grundlagen und praktische Umsetzung mit J2EE und .NET*. München, Wien: Carl Hanser.

Edvardsson, B. und Olsson, J. (1996): *Key Concepts for New Service Development*. In: The Service Industries Journal, 16:2, S. 140-164.

Eisenhardt, K. M. (1989): *Building Theories from Case Study Research*. In: Academy of Management Review, 14:4, S. 532-550.

Endres, A. (2000): *Umweltökonomie*. 2. vollst. überarb. und erw. Aufl. Aufl. Stuttgart, Berlin, Köln: Kohlhammer.

English, M. R. und Dale, V. H. (1999): *Next Steps for Tools to Aid Environmental Decision Making*. In: Tools to Aid Environmental Decision Making. Hrsg.: Dale, V. H. und English, M. R. New York et al.: Springer. S. 317-328.

English, M. R.; Dale, V. H.; Van Riper-Geibig, C. und Ramsey, W. H. (1999): *Overview*. In: Tools to Aid Environmental Decision Making. Hrsg.: Dale, V. H. und English, M. R. New York et al.: Springer. S. 1-31.

Erler, T. (2000): *Business Objects als Gestaltungsobjekt strategischer Informationssystemplanung*. Frankfurt am Main et. al: Peter Lang.

Faßbender-Wynands, E. und Seuring, S. A. (2001): *Grundlagen des Umweltcontrolling - Aufgaben, Instrumente, Organisation*. In: Betriebliches Umweltmanagement: Theoretische Grundlagen; Praxisbeispiele. Hrsg.: Baumast, A. und Pape, J. Stuttgart (Hohenheim): Ulmer. S. 139-153.

Feller, J. und Fitzgerald, B. (2002): *Understanding Open Source Software Development*. London et al.: Addison-Wesley.

Fichter, K. (2003): *E-Commerce: Sorting out der Environmental Consequences*. In: Journal of Industrial Ecology, 6:2, S. 25-41.

Fichter, K. und Strobel, M. (2001): *Umwelterklärungen und Umweltberichte*. In: Handbuch Umweltcontrolling. Hrsg.: Bundesumweltministerium und Umweltbundesamt. 2. Aufl. München: Vahlen. S. 659-677.

Figge, F. und Hahn, T. (2002): *Sustainable Value Added: Measuring Corporate Sustainable Performance beyond Eco-Efficiency*. Lüneburg: Centrum für Nachhaltigkeitsmanagement e.V.

Flämig, H. (2001): *Verkehr und Logistik*. In: Handbuch Umweltcontrolling. Hrsg.: Bundesumweltministerium und Umweltbundesamt. 2. Aufl. München: Vahlen. S. 357-374.

Frese, E. und Kloock, J. (1989): *Internes Rechnungswesen und Organisation aus der Sicht des Umweltschutzes*. In: Betriebswirtschaftliche Forschung und Praxis, 41:1, S. 1-29.

Frings, E. und Schmidt, M. (2001): *Betriebliche Umweltinformationssysteme*. In: Handbuch Umweltcontrolling. Hrsg.: Bundesumweltministerium und Umweltbundesamt. 2. Aufl. München: Vahlen. S. 575-595.

Galliers, R., (1991, 14.-16. 12. 1990): *Choosing Appropriate Information Systems Research Approaches: A Revised Taxonomy*. Beitrag, vorgestellt auf: Information Systems Approaches & Emergent Traditions: IFIP TC8/WG 8.2 Working Conference on the Information Systems Research Arena of the 90's. Copenhagen, Denmark.: Amsterdam u. a. Hrsg. der Conference Proceedings: Nissen, H.-E. et al.: North-Holland.

Gälweiler, A. (1980): *Was ist Strategie? Was heißt strategisches Denken, Entscheiden und Handeln?* In: Produkt-Markt-Strategien: Neue Instrumente erfolgreicher Unternehmensführung. Hrsg.: Pümpin, C. et al. Bern: Paul Haupt. S. 33-54.

Gamma, E.; Helm, R.; Johnson, R. und Vlissides, J. (1996): *Entwurfsmuster: Elemente wiederverwendbarer objektorientierter Software*. München: Addison-Wesley.

Global Reporting Initiative (2002): *SUSTAINABILITY REPORTING GUIDELINES 2002* (PDF-Datei, Stand: k.A.). Internet:
http://www.globalreporting.org/guidelines/2002/2002Guidelines_German.pdf, Zugriff: 06.02.2004.

Goebels, T. (2001): *Umwelt-Auditing*. In: Betriebliches Umweltmanagement: Theoretische Grundlagen; Praxisbeispiele. Hrsg.: Baumast, A. und Pape, J. Stuttgart (Hohenheim): Ulmer. S. 95-107.

Goldmann, B.; Rauberger, R. und Seidel, E. (2001): *Umweltkennzahlen zur Unterstützung betrieblicher Entscheidungen*. In: Handbuch Umweltcontrolling. Hrsg.: Bundesumweltministerium und Umweltbundesamt. 2. Aufl. München: Vahlen. S. 597-624.

Goldmann, B. und Schellens, J. (1995): *Betriebliche Umweltkennzahlen und ökologisches Benchmarking*. Frankfurt am Main: Gutke.

Göllinger, T. (2001): *Strategien für eine nachhaltige Energiewirtschaft: Ein Beitrag zur Ökologischen Ökonomie*. Aachen: Shaker.

Grablowitz, A.; Rudeloff, M. und Voss, G. (2001): *Erkennnisgegenstand: BMBF-Förderschwerpunkt "Integrierter Umweltschutz - Betriebliche Instrumente für nachhaltiges Wirtschaften"*. In: Umwelt Wirtschafts Forum, 9:1, S. 64-67.

Graham, I. (1991): *Object oriented methods*. Reading u. a.: Addison-Wesley.

Gregory, R. (1999): *Identifying Environmental Values*. In: Tools to Aid Environmental Decision Making. Hrsg.: Dale, V. H. und English, M. R. New York et al.: Springer. S. 32-58.

Gröger, H. (2000): *Die Integration von SAP R/3*. In: Notes/Domino-Integration. Hrsg.: Gröger, H. Böblingen: C&L Computer und Literaturverlag. S. 391-469.

Grossmann, W. D., (1998, *Umweltgestaltungsforschung für eine nachhaltige Informationsgesellschaft*. Beitrag, vorgestellt auf: Umweltinformatik '98 (12. Symposium): Bremen. Hrsg. der Conference Proceedings: Haasis, H.-D. und Ranze, K. C.: Metropolis Verlag, Marburg. 1 (2), S. 61-82.

Grossmann, W. D.; Multhaup, T. und Rösch, A. (1999): *Nachhaltige Entwicklung in der Informationsgesellschaft - Von der "bürokratischen" zur "vergnügten" Nachhaltigkeit*. In: Nachhaltigkeit: Bilanz und Ausblick. Hrsg.: Grossmann, W. D. et al. Frankfurt a. M. u. a.: Peter Lang. S. 129-146.

Gryczan, G. und Züllighoven, H. (1992): *Objektorientierte Systementwicklung: Leitbild und Entwicklungsdokumente*. In: Informatik Spektrum, 15:5, S. 264-272.

Guiltinan, J. P. (1999): *Launch Strategy, Launch Tactics and Outcomes*. In: Journal of Product Innovation Management, 6:16, S. 509-529.

Günther, K. und Kottmann, H. (1998): *ASU-Öko-Benchmarking: Umweltpreis fördert Vergleich von Umweltmanagementsystemen*. In: Ökologisches Benchmarking von Unternehmen. Hrsg.: Kottmann, H. und Clausen, J. Berlin: IÖW. S. 83-94.

Günther, O.; Radermacher, F. J. und Riekert, W.-F. (1994): *Umweltmonitoring: Modelle, Methoden und Systeme*. In: Handbuch der Informatik: Informatikmethoden für Umweltschutz und Umweltforschung. Hrsg.: Page, B. und Hilty, L. M. München, Wien: Oldenbourg. S. 51-77.

Haasis, H.-D.; Hilty, L. M.; Kürzl, H. und Rautenstrauch, C. (1995): *Anforderungen an Betriebliche Umweltinformationssysteme (BUIS) und Ansätze zur Realisierung*. In: Betriebliche Umweltinformationssysteme (BUIS) - Projekte und Perspektiven. Hrsg.: Haasis, H.-D. et al. Marburg: Metropolis.

Hall, M. (2001): *Core Servlets und JavaServer Pages*. Upper Saddle River: Prentice Hall.

Hallmann, M. (1990): *Protyping komplexer Softwaresysteme*. Stuttgart: Teubner.

Hartfiel, G. und Hillmann, K.-H. (1982): *Wörterbuch der Soziologie.* 3. Aufl. Stuttgart: Kröner.

Hattwig, J. (2002): *Applikations-Monolithen - wer wo und wie andocken darf.* In: is report, 6:6, S. 42-46.

Heidegger, M. (1986): *Sein und Zeit.* Tübingen: Max Niemeyer.

Hemmer, H.-R. (2002): *Wirtschaftsprobleme der Entwicklungsländer.* 3. neubearb. u. erw. Aufl. München: Vahlen.

Hermann, B. (2002): *Software Engineering: Developing a web Application for the Project Ecoradar.* Stuttgart: ITM Beratungsgesellschaft mbH.

Hinterhuber, H. H. (1980): *Struktur und Dynamik der strategischen Unternehmensführung.* In: Strategische Unternehmensplanung. Hrsg.: Hahn, D. und Taylor, B. Heidelberg: Physica. S. 38-59.

Hofmann, M. und Killer, B. (1995): *INTEROPERABILITY BETWEEN AND WITHIN ENTERPRISES.* Walldorf: Sap Technology Marketing.

Holste, A. (Hrsg.)(2002): *Erfolgsgrößen von Dienstleisterportalen im Electronic Business.* Wiesbaden: Universitäts Verlag.

Hörschgen, H. (2001): *Handlungskompetenz: Voraussetzung für den Erfolg in Studium und Beruf.* Stuttgart Hohenheim: Universität Hohenheim, Lehrstuhl für Absatzwirtschaft.

Horvath, P. (1990): *Controlling.* 3. Aufl. München: Vahlen.

Horváth, P. H., R.N. (1992): *Benchmarking - Vergleich mit den Besten der Besten.* In: Controlling, 4.:1, S. 4-11.

Höschele, W. (1992): *Zur Rettung des planeten Erde: Strategien für eine ökologisch nachhaltige Weltwirtschaft.* Frankfurt a. M.: Fischer.

IHK (2003): (WWW-Seite, Stand: 10.07.2003). Internet: http://www.emas-register.de, Zugriff: 06.04.2004.

Jaschinski, C. (1998): *Qualitätsorientiertes Redesign von Dienstleistungen.* Aachen: Shaker.

Jensen, M. (1998): *African Internet Connectivity* (WWW-Seite, Stand: k.A.). Internet: http://www3.sn.apc.org/africa/, Zugriff: 28.04.2004.

Jorgensen, N. (2001): *Putting it all in the trunk: incremental software development in the FreeBSD Open Source Project.* In: Information Systems Journal, 11:4, S. 321-336.

Junginger, M.; Loser, K.-U.; Hoschke, A. und Krcmar, H. (2003): *Kooperationsunterstützung und Werkzeuge für die Dienstleistungsentwicklung: Die pro-services Workbench.* In: Service Engineering: Entwicklung und Gestaltung innovativer Dienstleistungen. Hrsg.: Bullinger, H.-J. und Scheer, A.-W. Berlin u.a.: Springer. S. 591-617.

Kämpf, R. und Dieffenbacher, O. (2004): *VMI – Vendor Managed Inventory* (WWW-Seite, Stand: k.A.). Internet: http://www.ebz-beratungszentrum.de/logistikseiten/artikel/vmi.htm, Zugriff: 07.04.2004.

Kanning, H. und Müller, M. (2001): *Bedeutung des Nachhaltigkeitsleitbildes (sustainable development) für das betriebliche Management*. In: Betriebliches Umweltmanagement: Theoretische Grundlagen; Praxisbeispiele. Hrsg.: Baumast, A. und Pape, J. Stuttgart (Hohenheim): Ulmer. S. 13-27.

Karlöf, B. (1994): *Das Benchmarking-Konzept: Webweiser zur Spitzenleistung in Qualität und Produktivität*. München: Franz Vahlen.

Kern, H. (1982): *Empirische Sozialforschung. Ursprünge, Ansätze und Entwicklungslinien*. München: Beck.

Kern, W. (1971): *Kennzahlensysteme als Niederschlag interdependenter Unternehmensplanung*. In: Zeitschrift für betriebswirtschaftliche Forschung, 23, S. 701-718.

Kersten, W.; Kern, E.-M. und Zink, T. (2003): *Collaborative Service Engineering*. In: Service Engineering: Entwicklung und Gestaltung innovativer Dienstleistungen. Hrsg.: Bullinger, H.-J. und Scheer, A.-W. Berlin u.a.: Springer. S. 351-369.

Kienbaum, J. und Schröder, A. (1997): *Benchmarking in der Praxis*. In: Benchmarking Personal: Von den Besten lernen. Hrsg.: Kienbaum, J. Stuttgart: Schäffer-Poeschel. S. 3-16.

Kilbert, K.; Gryczan, G. und Züllighoven, H. (1993): *Objektorientierte Anwendungsentwicklung*. Braunschweig, Wiesbaden: Vieweg.

Kilbert, K.; Gryczan, G. und Züllighoven, H. (1994): *Objektorientierte Anwendungsentwicklung: Konzepte, Strategien, Erfahrungen*. 2. verb. Aufl. Braunschweig, Wiesbaden: Vieweg.

Kirchgäßner, H. (1995): *Informationsinstrumente einer ökologieorientierten Unternehmensführung: Ökobilanz - EU-Öko-Audit - Industrielle Kostenrechnung*. Wiesbaden: Gabler.

Kirchgeorg, M. (2001): *Portfolioanalyse, ökologieorientierte*. In: Lexikon Nachhaltiges Wirtschaften. Hrsg.: Schulz, W. F. et al. München u. a.: Oldenbourg. S. 295-299.

Klein, H. K. und Myers, M. D. (1999): *A Set of Principles for Conducting and Evaluating Interpretive Field Studies in Information Systems*. In: MIS Quarterly, 23:1, S. 67-94.

Köhler, R. (1982): *Marketing-Controlling*. In: Die Betriebswirtschaft, 42, S. 197-215.

König, W. (1994): *Profil der Wirtschaftsinformatik*. In: Wirtschaftsinformatik, 36:1, S. 80-81.

König, W.; Heinzl, A. und Poblotzki, A. (1995): *Die zentralen Forschungsgegenstände der Wirtschaftsinformatik in den nächsten 10 Jahren*. In: Wirtschaftsinformatik, 37:6, S. 558-569.

Kottmann, H.; Loew, T. und Clausen, J. (1999): *Umweltmanagement mit Kennzahlen*. München: Vahlen.

Krcmar, H. (2000): *Informationssysteme für das Umweltmanagement: das Referenzmodell ECO-Integral*. München: Oldenbourg.

Krcmar, H. (2002): *Grundlagen*. In: Workshop Proceedings - Reader zum Seminar zur Forschungsmethodik. Hrsg.: Krcmar, H. Stuttgart: Prof. Dr. Helmut Krcmar, Lehrstuhl für Wirtschaftsinformatik der Universität Hohenheim. S. 6-8.

Krcmar, H. (2003): *Informationsmanagement*. 3. Aufl. Berlin, Heidelberg: Springer.

Krcmar, H.; Braun, R.; Russ, M.; Zerbe, S. und Maute, S. (2003): *Projekt Ökoradar: Präsentation der Zwischenergebnisse des Fachbereichs Wirtschaftsinformatik an der Universität Witten/Herdecke*. Stuttgart: Universität Hohenheim, Technische Universität München, ITM Informations- und TechnologieManagement Beratungsgesellschaft mbH.

Krcmar, H. und Wolf, P. (2002): *Ansätze zur Überwindung der digitalen Spaltung*. In: Herausforderung "Internet für alle" Nutzung, Praxis, Perspektiven: Stuttgarter Beiträge zur Medienwirtschaft: 4, S. 29 - 42.

Kreeb, M. (2001a): *Betriebliche Umweltinformationssysteme*. In: Lexikon Nachhaltiges Wirtschaften. Hrsg.: Schulz, W. F. et al. Münchem, Wien: Oldenbourg. S. 440-447.

Kreeb, M. (2001b): *Ecotainment*. In: Lexikon Nachhaltiges Wirtschaften. Hrsg.: Schulz, W. F. et al. München, Wien: Oldenbourg. S. 73-75.

Kreeb, M.; Schulz, W. F.; Krcmar, H.; Gutterer, B.; Burschel, C. und Rudel, A., (2002, *Implementing an Environmental Management Web-Portal*. Beitrag, vorgestellt auf: Environmental Communication in the Information Society: EnviroInfo Vienna 2002: Wien. Hrsg. der Conference Proceedings: Pillmann, W. und Tochtermann, K.: 2 (2), S. 254-261.

Kreikebaum, H. (1981): *Strategische Unternehmensplanung*. Stuttgart u. a.: Kohlhammer.

Kröll, M. (1998): *Internetinfrastruktur in Afrika* (WWW-Seite, Stand: k.A.). Internet: http://www.interasia.org/results/afrika/infrastruktur.html, Zugriff: 22.04.2004.

Kromrey, H. (1994): *Empirische Sozialforschung*. 6. Aufl. Opladen: Leske + Budrich.

Kubicek, H. (1977): *Heuristische Bezugsrahmen und heuristisch angelegte Forschungsdesigns als Elemente einer Konstruktionsstrategie empirischer Forschung*. In: Empirische und handlungstheoretische Forschungskonzeptionen in der Betriebswirtschaftslehre. Hrsg.: Köhler, R. Stuttgart: C. E. Poeschel. S. 4-36.

Kuhlen, R. (2000): *Ambivalenz von Filter-, Abblock- und Rating-Verfahren*. In: Jahrbuch Telekommunikation und Gesellschaft. Hrsg.: Kubicek, H. et al. Heidelberg: Hüthig. S. 371-384.

Kuhndt, M.; von Geibler, J.; Türk, V.; Moll, S.; Schallaböck, K. O. und Steger, S. (2003): *Virtual dematerialisiation: ebuisness and faktor X*. Wuppertal: Wuppertal Institute.

Küpper, H.-U. (1997): *Controlling: Konzeption, Aufgaben und Instrumente*. Stuttgart: Schäffer-Poeschel.

Küpper, H.-U.; Weber, J. und Zünd, A. (1990): *Zum Verständnis des Controlling - Thesen zur Konsensbildung.* In: ZfB:60, S. 281-293.

Kurbel, K. und Teuteberg, F. (1998): *Betriebliche Internet-Nutzung in der Bundesrepublik Deutschland - Ergebnisse einer empirischen Untersuchung,* 2. erweit. Auflage. Frankfurt (Oder): Europa-Universität Viadrina Frankfurt (Oder), Lehrstuhl für Wirtschaftsinformatik.

Kyas, O. (1996): *Internet professionell: Technologische Grundlagen & praktische Nutzung.* Bonn u.a.: International Thomson Publishing.

Lang, C. und Rey, U. (2002): *INTUS - Operationalisierung von Instrumenten des Umweltcontrolling durch den effektiven Einsatz von Betrieblichen Umweltinformationssystemen: Analyse von ERP-Systemen als Datenlieferant für Betriebliche Umweltinformationssysteme zur Unterstützung von Instrumenten des Umweltcontrollings.* Ergebnisbericht aus Arbeitspaket 1.3., Stuttgart: IAT Institut Arbeitswissenschaft und Technologiemanagement, Universität Stuttgart und Institut für ökologische Wirtschaftsforschung.

Lang, J. M. und Reinhardt, U. J. (2003): *Neue Medien: Es gibt vielfältige Möglichkeiten - nutzen Sie sie!* In: ProUmwelt: Der Leitfaden für Umwelt-PR - Beispiele und Tipps aus der Praxis für die Praxis. Hrsg.: Ministerium für Umwelt und Verkehr des Landes Baden-Württemberg und Universität Hohenheim Fachgebiet Kommunikationswissenschaften und Journalistik. Villingen-Schwenningen: Neckar-Verlag. S. 108-115.

Laxhuber, D.; Kelnhofer, E. und Schlemminger, H. (1998): *Maßgeschneiderte Umweltmanagementsysteme.* Heidelberg: Müller.

Lee, A. S. (1989): *A Scientific Methodology for MIS Case Studies.* In: MIS Quarterly, March, S. 33-50.

Lee, A. S. (1999): *Researching MIS.* In: Rethinking Management Information Systems. Hrsg.: Currie, W. und Galliers, B. New York: Oxford University Press. S. 7-27.

Legner, C. (1999): *Benchmarking informationsgestützter Geschäftsprozesse.* Wiesbaden: Gabler.

Lehmann, S. (2001): *Die Stoff- und Energiebilanz im Betrieb.* In: Handbuch Umweltcontrolling. Hrsg.: Bundesumweltministerium und Umweltbundesamt. 2. Aufl. München: Vahlen. S. 199-216.

Leifried, K. H. J. und McNair, C. J. (1996): *Benchmarking: Von der Konkurrenz lernen, die Konkurrenz überholen.* 2. Aufl. Freiburg i. Br.: Haufe.

Leigh, W. E. und Doherty, M. E. (1986): *Decision Support and Expert Systems.* Cincinnatti u.a.: South-Western Publishing Co.

Lewis, J. W. (1999): *Identifying Environmental Values: Decision-Maker Response.* In: Tools to Aid Environmental Decision Making. Hrsg.: Dale, V. H. und English, M. R. New York et al.: Springer. S. 59-61.

Liessmann, K. (1997): *Gabler-Lexikon Controlling und Kostenrechnung.* Wiesbaden: Gabler.

Loew, T. und Hjálmarsdóttir, H. (1996): *Umweltkennzahlen für das betriebliche Umweltmanagement.* Arbeitsbericht, Berlin: IÖW.

Loew, T.; Kottmann, H. und Clausen, J. (1997): *Entwicklungsstand von Umweltkennzahlen und Umweltkennzahlensystemen in Theorie und Praxis.* Arbeitsbericht, 40/97. Berlin: IÖW.

Loske, R. und Bleischwitz, R. (1996): *Zukunftsfähiges Deutschland: Ein Betrag zu einer globalen nachhaltigen Entwicklung.* Basel u. a.: Birkäuser.

Luley, H. und Schramm, E. (2003): *Optionen in der Nachhaltigkeitsforschung: Hinweise für die Konzeption und Durchführung von Kooperationsprojekten mit Praxispartnern.* Materialien Soziale Ökologie (MSOE 22), Frankfurt am Main: Institut für sozialökologische Forschung (ISOE).

Maaß, S. (1993): *Software-Ergonomie.* In: Informatik Spektrum, 16:4, S. 191-205.

Maaß, S. und Oberquelle, H. (1992): *Perspectives and Methaphors for Human-Computer Interaction.* In: Software Development and Reality Constuction. Hrsg.: Floyd, C. et al. Berlin u. a.: Springer. S. 233-251.

Macharzina, K. (1999): *Unternehmensführung: das internationale Managementwissen; Konzepte - Methoden - Praxis.* 3., aktualisierte und erw. Aufl. Wiesbaden: Gabler.

Manderfeld, C., (2002, *Umweltinformationen im Internet - Ein "State of the Art"-Bericht.* Beitrag, vorgestellt auf: Environmental Communication in the Information Society: EnviroInfo Vienna 2002: Wien. Hrsg. der Conference Proceedings: Pillmann, W. und Tochtermann, K.: International Society for Environmental Protection. 2 (2), S. 2-8.

Markus, M. L. (1983): *Power, Politics, and MIS Implementation.* In: Communications of the ACM, 26:6, S. 430-444.

Maute, S. (2001): *Operational Concept of the Technical Infrastructure Behind Ecoradar.* Stuttgart: ITM Beratungsgesellschaft mbH.

Mayer, T. (2001): *Software for the Material Flow Management: Market Overview and Practical Insights.* In: Sustainability in the Information Society, 15th International Symposium Informatics for Environmental Protection. Hrsg.: Hilty, L. M. und Gilgen, P. W. Marburg: Metropolis. S. 279-286.

Meffert, H. und Kirchgeorg, M. (1992): *Marktorientiertes Umweltmanagement: Grundlagen und Fallstudien.* Stuttgart: Schäffer-Poeschel.

Meffert, H. und Kirchgeorg, M. (1998): *Marktorientiertes Umweltmanagement: Konzeption - Strategie - Implementierung mit Praxisfällen.* 3. überarb. u. erw. Aufl. Stuttgart: Schäffer-Poeschel.

Merkhofer, M. W. (1999): *Assessment, Refinement, and Narrowing of Options.* In: Tools to Aid Environmental Decision Making. Hrsg.: Dale, V. H. und English, M. R. New York et al.: Springer. S. 231-281.

Meyer, B. (1988): *Object oriented software construction.* New York u. a.: Prentice Hall.

Meyer, J. (1996): *Möglichkeiten und Grenzen des Benchmarkings*. In: Möglichkeiten und Grenzen des Benchmarkings. Hrsg.: Meyer, J. Stuttgart: Schäffer-Poeschel. S. 3-28.

Meyer, M. H. und Lenhard, A. P. (1997): *The Power of Product Plattforms*. New York u. a.: Free Press.

Meyers, N. (2003): *Informationsüberflutung durch Internet kann Krankheiten verursachen* (WWW-Seite, Stand: k.A.). Internet: http://www.wissenschaft-australien.de/australien000048.html, Zugriff: 08.04.2004.

Mössenböck, H. (2001): *Sprechen Sie Java?* Heidelberg: dpunkt.verlag.

Müller, M. (2000): *Management der Entwicklung von Produktplattformen*. Bamberg: Difo.

Müller-Christ, G. (2001): *Umweltmanagement: Umweltschutz und nachhaltige Entwicklung*. München: Vahlen.

Nagel, K. (1988): *Nutzen der Informationsverarbeitung: Methoden zur Bewertung von strategischen Wettbewerbsvorteilen, Produktivitätsverbesserungen und Kosteneinsparungen*. München, Wien: Oldenburg.

Nägele, R. und Vossen, I. (2003): *Erfolgsfaktor kundenorientiertes Service Engineering - Fallstudienergebnisse zum Tertiarisierungsprozess und zur Integration des Kunden in die Dienstleistungsentwicklung*. In: Service Engineering: Entwicklung und Gestaltung innovativer Dienstleistungen. Hrsg.: Bullinger, H.-J. und Scheer, A.-W. Berlin u.a.: Springer. S. 531-561.

Newell, A.; Shaw, J. C. und Simon, H. A. (1965): *Report on a General Problem-Solving Program*. In: Readings in Mathematical Psychology. Hrsg.: Luce, R. D. et al. 2. Aufl. New York u. a.: S. 41-57.

Nicolescu, V. (2003): *Avatare für Web-Portale - Übersicht, Konzeption und Implementierung eines Prototypen*, Diplomarbeit, Lehrstuhl für Wirtschaftsinformatik, Universität Hohenheim.

Nieschlag, R.; Dichtl, E. und Hörschgen, H. (1997): *Marketing*. 18. Aufl. Berlin: Duncker & Humblot.

Nua Internet Surveys (2004): *How Many Online?* (WWW-Seite, Stand: September 2002). Internet: www.nua.ie/surveys/how_many_online/index.html, Zugriff: 16.04.2004.

o.V. (2000): *Eutrophierung*. In: Duden, Das große Fremdwörterbuch: Herkunft und Bedeutung der Fremwörter.Mannheim u.a.: Wissenschaftlicher Rat der Dudenredaktion, BI & Brockhaus.

o.V. (2002): *Online-Tarifrechner für KFZ-Versicherung* (WWW-Seite, Stand: 2003). Internet: http://www.hdi.de/geschaeftskunden/gewerbe/sparten/kraftfahrtversicherung/index.php, Zugriff: 20.04.2004.

o.V. (2003a): *Car Configurator* (WWW-Seite, Stand: k.A.). Internet: http://www.audi.com/de/de/neuwagen/a6/a6.jsp, Zugriff: 08.04.2004.

o.V. (2003b): *MyPhone Web* (WWW-Seite, Stand: k.A.). Internet: http://www.telekom.at/Content.Node2/de/index_frameset.php, Zugriff: 08.05.2003.

o.V. (2003c): *Recyclingbörse* (WWW-Seite, Stand: k.A.). Internet: http://recy.ihk.de/, Zugriff: 05.05.2003.

o.V. (2004a): *Digital Recording Network Camera* (WWW-Seite, Stand: k.A.). Internet: http://www.mobotix.com/mx_english/mx_demo.htm, Zugriff: 20.04.2004.

o.V. (2004b): *Grüne Seiten* (WWW-Seite, Stand: k.A.). Internet: http://www.umweltbranchen-buch.de/index2.htm, Zugriff: 20.04.2004.

Object Management Group (1996): *Common Business Objects and Business Object Facility* (Common Facilities RFP-4, Stand: 18. Januar). Internet: ftp://ftp.omg.org/pub/docs/cf/96-01-04.pdf, Zugriff: 02.04.2004.

Oechsler, W. A. (1994): *Personal und Arbeit: Einführung in die Personalwirtschaft.* 5. überarb. u. erw. Aufl. Münschen u. a.: Oldenbourg.

Osleeb, J. P. und Kahn, S. (1999): *Integration of Geographic Information.* In: Tools to Aid Environmental Decision Making. Hrsg.: Dale, V. H. und English, M. R. New York et al.: Springer. S. 161-189.

Österle, H. und Reichmayr, C. (2003): *Out-tasking mit WebServices.* In: Service Engineering: Entwicklung und Gestaltung innovativer Dienstleistungen. Hrsg.: Bullinger, H.-J. und Scheer, A.-W. Berlin u.a.: Springer. S. 565-589.

Overby, C. S.; Cameron, B.; Jastrzembski, E.; Dawe, C. und Ysaguirre, D. (2001): *Orchestrating Service Providers.* Cambridge: Forrester Research Inc.

Page, B. und Hilty, L. M. (1994): *Umweltinformatik als Teilgebiet der Angewandten Informatik.* In: Handbuch der Informatik: Informatikmethoden für Umweltschutz und Umweltforschung. Hrsg.: Page, B. und Hilty, L. M. München, Wien: Oldenbourg. S. 13-26.

Page, B.; Jaeschke, A. und Pillmann, W. (1990): *Angewandte Informatik im Umweltschutz.* In: Informatik Spektrum, 13:1, S. 6-16.

Peters, R. (1999): *Business Objects, Workflow und die UML.* In: OBJEKTspektrum, S. 69-73.

Picot, A. (1978): *Auswirkungen des sozialen Umfeldes auf die Unternehmensführung.* In: RKW-Handbuch Führungstechnik und Organisation. Hrsg.: Potthoff, E. Berlin: Schmidt.

Picot, A.; Reichwald, R. und Wigand, R. T. (2001): *Die grenzenlose Unternehmung: Information, Organisation und Management.* 4. vollst. überarb. u. erw. Aufl. Wiesbaden: Gabler.

Pieske, R. (1992): *Am Klassenbesten orientieren: Quelle für Wettbewerbsvorteile.* In: Absatzwirtschaft, 35. Jg.:Sonderheft.

Pieske, R. (1995): *Benchmarking in der Praxis: erfolgreiches Lernen von führenden Unternehmen.* Landsberg, Lech: Verlag Moderne Industrie.

Poensgen, O. H. und Hort, H. (1980): *Determinanten der Planung und ihre Wirkung auf den Erfolg*. In: DBW-Depot 1980, 80-4-5.

Pohle, H. (1991): *Chemische Industrie: Umweltschutz, Arbeitsschutz, Anlagensicherheit; rechtliche und technische Normen; Umsetzung in der Praxis*. Weinheim; New York; Basel; Cambridge: VCH Verlagsgesellschaft mbH.

Pomberger, G. und Blaschek, G. (1996): *Software Engineering*. 2. Aufl. München, Wien: Hanser.

Prümper, J. und Anft, M. (1993): *Beurteilung von Software auf Grundlage der internationalen Ergonomie-Norm 9241/10* (PDF-Datei, Stand: 1993). Internet: http://wwwicg.informatik.uni-rostock.de/Lehre/DSE/pdf_scripte/isonorm10-Fragebogen.pdf, Zugriff: 10.07.2003.

Radermacher, F. J., (1994, *Decision support systems: scope and potential*. Beitrag, vorgestellt auf: Decision support systems: North-Holland. S. 257-265.

Ramaswamy, R. (1996): *Design and Management of Service Processes*. Reading et al.: Addison-Wesley.

Rao, P. K. (2000): *Sustainable Development: Economics and Policy*. Malden, Oxford: Blackwell Publishers.

Rappaport, A. (1999): *Shareholder Value. Ein Handbuch für Manager und Investoren*. 2 Aufl. Stuttgart: Schäffer-Poeschel.

Rathje, B. (2001): *Die Organisation des betrieblichen Umweltmanagements*. In: Betriebliches Umweltmanagement: Theoretische Grundlagen; Praxisbeispiele. Hrsg.: Baumast, A. und Pape, J. Stuttgart (Hohenheim): Ulmer. S. 79-94.

Rau, H. (1996): *Mit Benchmarking an die Spitze. Von den Besten lernen*. Wiesbaden: Gabler.

Rauberger, W. und Wagner, B. (Hrsg.)(1997): *Sachstandsanalyse "Betriebliche Umweltkennzahlen"*. Berlin: Umweltbundesamt.

Rautenstrauch, C. (1999a): *Betriebliche Umweltinformationssysteme Grundlagen, Konzepte und Systeme*. 1. Aufl. Berlin et al.: Springer.

Rautenstrauch, C. (1999b): *Betriebliche Umweltinformationssysteme: Grundlagen, Konzepte und Systeme*. Berlin: Springer.

Reckenfelderbäumer, M. und Busse, D. (2003): *Kundenmitwirkung bei der Entwicklung von industriellen Dienstleistungen - eine phasenbezogene Analyse*. In: Service Engineering: Entwicklung und Gestaltung innovativer Dienstleistungen. Hrsg.: Bullinger, H.-J. und Scheer, A.-W. Berlin u. a.: Springer. S. 145-170.

Reichmann, T. und Lachnit, L. (1976): *Planung, Steuerung und Kontrolle mit Hilfe von Kennzahlen*. In: Zeitschrift für betriebswirtschaftliche Forschung:28, S. 705-723.

Reichwald, R.; Englberger, H. und Möslein, K. (1998): *Telekooperation im Innovationstest: Strategieorientierte Evaluation von Pilotprojekten*. In: Wirtschaftsinformatik, 40:3, S. 205 -213.

Reuter, K. P. (1982): *Strategische Programmanalyse: Ein Beitrag zu einer zukunftsbezogenen Unternehmenspolitik*. In: BFuP 1982, S. 274-284.

Riga Technical University (2004): *International Workshop on Data and Information Quality (DIQ) in conjunction with CAiSE*04: The 16th International Conference on Advanced Information Systems Engineering, June, 8th 2004 - Riga, Latvia* (WWW-Seite, Stand: 23.12.03). Internet: http://www.computing.dcu.ie/DIQ/, Zugriff: 04.02.2004.

Rogers, E. (1995): *Diffusion of Innovation*. 4 Aufl. New York: Free Press.

Rolf, A. und Hilty, L. M. (1994): *Orientierungen für die Umweltinformatik*. In: Handbuch der Informatik: Informatikmethoden für Umweltschutz und Umweltforschung. Hrsg.: Page, B. und Hilty, L. M. München, Wien: Oldenbourg. S. 257-270.

Russ, M. (2002): *Internetbasierte Kennzahlen-Tools für das Umweltmanagement*, Diplomarbeit, Lehrstuhl für Wirtschaftsinformatik, Universität Hohenheim.

Russ, M. und Diffenhard, V. (2004): *CASHdriver* (WWW-Seite, Stand: k.A.). Internet: http://www.umho.de, Zugriff: 21.04.2004.

SAP AG (2001): *mySAP TECHNOLOGY FOR OPEN E-BUSINESS INTEGRATION – OVERVIEW: Version 1.1*. SAP White Paper: mySAP™ TECHNOLOGY, Walldorf: SAP AG.

SAP AG (2004a): *Allgemeine Einführung in die BAPIs (CA-BFA)* (WWW-Seite, Stand: k.A.). Internet: http://help.sap.com, Zugriff: 05.03.2004.

SAP AG (2004b): *Business-Objekttypen* (WWW-Seite, Stand: k.A.). Internet: http://help.sap.com, Zugriff: 05.03.2004.

SAP AG (2004c): *Universelle Einsetzbarkeit von BAPIs* (WWW-Seite, Stand: k.A.). Internet: http://help.sap.com, Zugriff: 02.02.2004.

SAP AG (2004d): *Vorteile von BAPIs* (WWW-Seite, Stand: k.A.). Internet: http://help.sap.com, Zugriff: 03.03.2004.

SAP AG (2004e): *Ziele bei der Implementierung von BAPIs* (WWW-Seite, Stand: k.A.). Internet: http://help.sap.com, Zugriff: 08.03.2004.

SAP AG (1998): *SAP Visual CeBIT '98 (CD): Präsentationen auf der CeBIT in Hannover*. Walldorf: SAP AG.

Sarker, S. und Lee, A. S. (2002): *Using a Positivist Case Research Methodology to Test Three Competing Theories-in-Use of Business Process Redesign*. In: Journal of the Association for Information Systems, 2:7, S. 1-72.

Schaltegger, S.; Herzig, C.; Kleiber, O. und Müller, J. (2002): *Nachhaltigkeitsmangement in Unternehmen: Konzepte und Instrumente zur nachhaltigen Unternehmensentwicklung*. 1. Aufl. Bonn, Berlin: Bundesministerium für Umwelt, Naturschutz und Reaktorsicherheit; Bundesverband der deutschen Industrie e.V.

Scheer, A.-W. (1998a): *Wirtschaftsinformatik. Studienausgabe. Referenzmodelle für industrielle Geschäftsprozesse*. 2., durchgesehene Aufl. Berlin u. a.: Springer.

Scheer, A.-W. (1998b): *Wirtschaftsinformatik: Referenzmodelle für industrielle Geschäftsprozesse.* 4., vollständig überarbeitete und erweiterte Aufl. Berlin u. a.: Springer.

Scheer, A.-W. (2002): *ARIS: Vom Geschäftsprozess zum Anwendungssystem.* 4. Aufl. Berlin u. a.: Springer.

Scheer, A.-W.; Grieble, O. und Klein, R. (2003): *Modellbasiertes Dienstleistungsmanagement.* In: Service Engineering: Entwicklung und Gestaltung innovativer Dienstleistungen. Hrsg.: Bullinger, H.-J. und Scheer, A.-W. Berlin u.a.: Springer. S. 19-50.

Scheide, W.; Strobel, M.; Enzler, S.; Pfennig, R. und Krcmar, H., (2001, *Flow Cost Accounting in Practice - ERP-Based Solutions of the ECO-Rapid-Project.* Beitrag, vorgestellt auf: 15th International Symposium Informatics for Environmental Protection: Zürich. Hrsg. der Conference Proceedings: Lorenz M. Hilty, P. W. G.: GI-Fachausschuss 4.6 "Informatik im Umweltschutz". 1 (2), S. 287-296.

Schenk, M. (1987): *Medienwirkungsforschung.* Tübingen: Mohr.

Scheuing, E. und Johnson, E. M. (1989): *A Proposed Model for New Service Development.* In: Journal of Services Marketing, 3:2, S. 25-34.

Schitag Ernst & Young (1995): *Das Buch des Umweltmanagements.* Weinheim u. a.: VCH.

Schneider, K. und Wagner, D. (2003): *Vorgehensmodelle zum Service Engineering.* In: Service Engineering: Entwicklung und Gestaltung innovativer Dienstleistungen. Hrsg.: Bullinger, H.-J. und Scheer, A.-W. Berlin u.a.: Springer. S. 117-141.

Schnell, R.; Hill, P. B. und Esser, E. (1999): *Methoden der empirischen Sozialforschung.* 6. Aufl. München: Oldenburg.

Schrage, M. (1990): *Shared minds: the new technologies of collaboration.* New York: Random House.

Schulz, E. und Schulz, W. F. (1993): *Umweltcontrolling in der Praxis: ein Ratgeber für Betriebe.* München: Vahlen.

Schulz, W. F. (1985): *Der monetäre Wert besserer Luft: Eine empirische Analyse individueller Zahlungsbereitschaften und ihrer Determinanten auf der Basis von Repräsentativumfragen.* Frankfurt, Bern, New York: Peter Lang.

Schulz, W. F.; Burschel, C.; Weigert, M.; Liedtke, C.; Bohnet-Joschko, S.; Kreeb, M.; Losen, D.; Geßner, C.; Diffenhard, V. und Maniura, A. (Hrsg.)(2001): *Lexikon Nachhaltiges Wirtschaften.* München u. a.: Oldenbourg.

Schulz, W. F.; Krcmar, H.; Kreeb, M.; Diffenhard, V.; Voßeler, C. und Braun, R., (2002, *Oekoradar.de - Auf dem Weg zum Nachhaltigen Wirtschaften.* Beitrag, vorgestellt auf: Globale Klimaerwärmung und Ernährungssicherung - 34. Hohenheimer Umwelttagung: Stuttgart. Hrsg. der Conference Proceedings: Böcker, R. und Sandhage-Hofmann, A.: Günter Heimbach. S. 71-86.

Schulz, W. F. und weitere Autoren (2002a): *Industrieumfrage:Nachhaltiges Wirtschaften in Deutschland: Unternehmen im Spannungsfeld zwischen Ökonomie, Ökologie und Sozialem - Kurzauswertung einer Umfrage bei deutschen Industrieunternehmen durch das Münchner ifo-Institut für Wirtschaftsforschung für das "Verbundprojekt Ökoradar"*. Stuttgart: Fachgebiet für Umweltmanagement an der Universität Hohenheim, Deutsches Kompetenzzentrum für Nachhaltiges Wirtschaften (dknw) an der Privaten Universität Witten/Herdecke gGmbH, ifo Institut für Wirtschaftsforschung.

Schulz, W. F. und weitere Autoren (2002b): *Nachhaltiges Wirtschaften in Deutschland Erfahrungen, Trends und Potenziale*. Broschüre, Stuttgart: Fachgebiet für Umweltmanagement an der Universität Hohenheim, Deutsches Kompetenzzentrum für Nachhaltiges Wirtschaften (dknw) an der Privaten Universität Witten/Herdecke gGmbH, ifo Institut für Wirtschaftsforschung.

Schwabe, G. (1995): *Objekte der Gruppenarbeit: Ein Konzept für das Computer Aided Team*. Wiesbaden: Gabler.

Schwabe, G. (2000): *Telekooperation für den Gemeinderat*. 1. Aufl. Stuttgart u.a . Kohlhammer.

Schwabe, G. und Krcmar, H., (2000, *Piloting Socio-technical Innovation*. Beitrag, vorgestellt auf: 8th European Conference on Information Systems ECIS 2000: Wien. Hrsg. der Conference Proceedings: Hansen, H. R. et al., S. 132-139.

Schwarzer, B. und Krcmar, H. (1999): *Wirtschaftsinformatik: Grundzüge der betrieblichen Datenverarbeitung*. 2., überarb. und erw. Aufl. Stuttgart: Schäffer-Poeschel.

Schweitzer, M. (1994): *Industriebetriebslehre: Das Wirtschaften in Industrieunternehmen*. 2., völlig überarb. und erw. Aufl. München: Vahlen.

Seidel, E. (1998): *Umweltorientierte Kennzahlen und Kennzahlensysteme: Leistungsmöglichkeiten und Leistungsgrenzen, Entwicklungsstand und Entwicklungsaussichten*. In: Umweltkennzahlen: Planungs-, Steuerungs- und Kontrollgrößen für ein umweltorientiertes Management. Hrsg.: Seidel, E. et al. München: Franz Vahlen. S. 9-31.

Seidel, E.; Clausen, J. und Seifert, E. K. (1998): *Ausblick*. In: Umweltkennzahlen: Planungs-, Steuerungs- und Kontrollgrößen für ein umweltorientiertes Management. Hrsg.: Seidel, E. et al. München: Franz Vahlen. S. 247-250.

Shostack, G. L. (1984): *Designing services that deliver*. In: Harvard Business Review, 62 (Jan-Feb), S. 133-139.

Staehle, W. H. (1969): *Kennzahlen und Kennzahlensysteme als Mittel der Organisation und Führung von Unternehmen*. Wiesbaden: Gabler.

Staehle, W. H. (1999): *Management: Eine verhaltenswissenschaftliche Perspektive*. 8. überarb. Aufl. München: Vahlen.

Stahlknecht, P. und Hasenkamp, U. (2002): *Einführung in die Wirtschaftsinformatik*. 10. Aufl. Berlin u .a.: Springer.

Stahlmann, V. (1994): *Umweltverantwortliche Unternehmensführung:Aufbau und Nutzen eines Öko-Controlling*. München: Beck.

Stauss, B. (2003): *Plattformstrategien im Service Engineering*. In: Service Engineering: Entwicklung und Gestaltung innovativer Dienstleistungen. Hrsg.: Bullinger, H.-J. und Scheer, A.-W. Berlin u.a.: Springer. S. 329-350.

Steinberg, G. und Schubert, S., (2002, *Forscher und Praxispartner - ein Widerspruch? Integration von Praxispartnern in die Freitzeitverkehrsforschung*. Beitrag, vorgestellt auf: Tagungsband zum 3. Aachener Kolloquium "Mobilität und Stadt" AMUS: Aachen. Hrsg. der Conference Proceedings: Beckmann, K. J.: Institut für Stadtbauwesen und Stadtverkehr der RWTH Aachen. S. 27-31.

Steinmetz, R. (2000): *Multimedia-Technologie: Grundlagen, Komponenten und Systeme*. 3. Aufl. Berlin u. a.: Springer.

Steinmüller, W. (1993): *Informationstechnologie und Gesellschaft: Einführung in die Angewandte Informatik*. Darmstadt: Wissenschaftliche Buchgesellschaft.

Stickel, E. (1997): *API (application program interface)*. In: Gabler-Wirtschaftsinformatik-Lexikon. Hrsg.: Stickel, E. Wiesbaden: Gabler. S. 34f.

Stronks, B.; Nijholt, A.; van der Vet, P. E. und Heylen, D., (2002, *Friendship Relations with Embodied Conversational Agents: Integrating Social Psychology in ECA Design*. Beitrag, vorgestellt auf: Proc. CHI 02 Workshop Philiosophy and Design of Social Technologies: Minneapolis. Hrsg. der Conference Proceedings: Marsh, S. et al.: BiBTex. S. 25-28.

Sun Microsystems (2004): *XML: Java API for XML-Based RPC (JAX-RPC) Overview* (WWW-Seite, Stand: k.A.). Internet: http://java.sun.com/xml/jaxrpc/overview.html, Zugriff: 22.03.2004.

Szyperski, N. (1971): *Zur wissensprogrammatischen und forschungsstrategischen Orientierung der Betriebswirtschaft*. In: Zeitschrift für betriebswirtschaftliche Forschung, 23, S. 261-282.

Tarara, J. (1997): *Ökologieorientierte Informationsinstrumente in Unternehmen: Einflußfaktoren und Erfolgsbedingungen*. Wiesbaden: Gabler.

Thimme, P. M. (2001): *Potentiale betrieblichen Umweltschutzes in Entwicklungsländern - dargestellt am Beispiel Zimbabwes*. In: Betriebliches Umweltmanagement: Theoretische Grundlagen; Praxisbeispiele. Hrsg.: Baumast, A. und Pape, J. Stuttgart (Hohenheim): Ulmer. S. 228-239.

Trevor, J.; Rodden, T. und Blair, G., (1993, *COLA: A lightweight platform for CSCW*. Beitrag, vorgestellt auf: Third European Conference on Computer-Supported Cooperative Work - ECSCW '93: Kluwer, Dordrecht et al. Hrsg. der Conference Proceedings: Michelis, G. et al., S. 15 - 30.

Troßmann, E. (1993): *Vorgehensprinzip computergestützter Planung*. In: Das Wirtschaftsstudium / WISU-Studienblatt:4.

Troßmann, E. (1994): *Kennzahlen als Instrument des Produktionscontrolling*. In: Handbuch Produktionsmanagement: Strategie - Führung - Technologie. Hrsg.: Corsten, H. Wiesbaden: Gabler. S. 517-536.

Troßmann, E. (1998): *Investition*. Stuttgart: Lucius und Lucius.

Tschamler, H. (1996): *Wissenschaftstheorie: eine Einführung für Pädagogen*. 3., erw. und neubearb. Aufl. Bad Heilbrunn: Klinkhardt.

Turowski, K.; Ackermann, J.; Brinkop, F.; Conrad, S.; Fettke, P.; Frick, A.; Glistau, E.; Jaekel, H.; Kotlar, O.; Loos, P.; Mrech, H.; Ortner, E.; Raape, U.; Overhage, S.; Sahm, S.; Schmietendorf, A. und Teschke, T. (2002): *Vereinheitlichte Spezifikation von Fachkomponenten: Memorandum des Arbeitskreises 5.10.3 Komponentenorientierte betriebliche Anwendungssysteme*. Augsburg: Universität Augsburg.

United Nations, (2002, 26 August - 4 September): *Report of the World Summit on Sustainable Development*. Beitrag, vorgestellt auf: The World Summit on Sustainable Development: Johannesburg. Hrsg. der Conference Proceedings: United Nations New York.

Van Eimeren, B.; Gerhard, H. und Frees, B. (2001): *ARD/ZDF-Online-Studie 2001: Internetnutzung stark zweckgebunden*. In: Media Perspektiven:8, S. 382-397.

Vertrieb, V.-G. E. K. (1993): *VDI-Richtlinie 2221: Methodik zum Entwickeln und Konstruieren technischer Systeme und Produkte*. Düsseldorf: Beuth.

Visser, W. (2002): *Can we survive the future? Only if business shapeshifts from lions into elephants!* In: NAMASTE, 19.

Volpert, W. (1992): *Erhalten und Gestalten*. In: Sichtweisen der Informatik. Hrsg.: Coy, W. et al. Braunschweig: Vieweg. S. 171 - 180.

Voßbein, R. (1990): *Management der Bürokommunikation: Strategische und konzeptionelle Gestaltung von Bürokommunikationssystemen*. Wiesbaden: Vieweg.

Walsham, G. (1993): *Interpreting Information Systems in Organizations*. Chichester: Wiley.

Weizenbaum, J. (1966): *Eliza: A computer program for the study of natural language communication between man and machine*. In: Communication of the ACM:9, S. 36-45.

Wilcox, S. K. (1998): *Web Developer.com: Guide to 3D Avatars*. New York: Wiley Computer Publishing.

Williamson, O. E. (1990): *Die ökonomischen Insitutionen des Kapitalismus: Unternehmen, Märkte, Kooperation [The Economic Institution of Capitalism, 1985]*. Tübingen: Mohr.

Winograd, T. und Flores, F. (1986): *Understanding Computers and Cognition: A New Foundation for Design*. Norwood: Ablex Publishing Corporation.

Wirth, H. (1999): *Planungstechniken: Methoden und Anwendungen im Überblick*. Stuttgart: Dt. Sparkassen Verl.

Witte, E. (1997): *Feldexperimente als Innovationstest: Die Pilotprojekte zu neuen Medien*. In: zfbf, 49:5, S. 419-436.

Wöhe, G. (1993): *Einführung in die allgemeine Betriebswirtschaftslehre*. 18., überarb. und erw. Aufl. München: Vahlen.

WSIS Executive Secretariat, (2003, 18 February 2004): *REPORT OF THE GENEVA PHASE OF THE WORLD SUMMIT ON THE INFORMATION SOCIETY.* Beitrag, vorgestellt auf: World Summit on the Information Society: Genf. Hrsg. der Conference Proceedings: ITU.

Yin, R. K. (1994): *Case Study Research: Design and Methods.* Thousand Oaks, London et al: Sage Publications.

Zachman, J. A. (1987): *A Framework for Information Systems Architecture.* In: IBM Systems Journal, 26:3.

Zelewski, S. (1994): *Expertensysteme in der Produktionsplanung und -steuerung.* In: Handbuch Produktionsmanagement: Strategie - Führung - Technologie. Hrsg.: Corsten, H. Wiesbaden: Gabler. S. 781-802.

Zerbe, S. (2000a): *Globale Teams - Ein Ansatz zur Formulierung von Gestaltungsvorschlägen für verteilte, teamorientierte Organisationsformen.* Wiesbaden: Deutscher Universitätsverlag.

Zerbe, S. (2000b): *Globale Teams - Organisatorische und technische Gestaltung kooperativer Arrangements.* Wiesbaden: Gabler.

Zigmund, W. G. (1997): *Business Research Methods.* 5. Aufl. Fort Worth u. a.: The Dryden Press.

Zschaage, K.-J. (1984): *Decision Support Systems: Managementnahe Datenverarbeitung.* In: Office Management, 32:2, S. 106-109.

Züllighoven, H. (1992): *Umgang mit Software oder Software als Werkzeug und Material.* In: Sichtweisen der Informatik. Hrsg.: Coy, W. et al. Braunschweig, Wiesbaden: Vieweg. S. 141-157.

Zwingel, T. (1997): *Einsatzmöglichkeiten und Grenzen von Kennzahlen und Kennzahlensystemen im Rahmen eines ökologischen Controllingkonzepts.* München: VVF.